ANKLAGE
UNERWÜNSCHT!

Jürgen Roth
Rainer Nübel
Rainer Fromm

ANKLAGE UNERWÜNSCHT!

Korruption und Willkür
in der deutschen Justiz

Eichborn

2 3 4 08 07

Umschlaggestaltung: Gesche Harms
Lektorat: Beate Koglin, Carmen Kölz
Layout: Susanne Reeh
Satz: Fuldaer Verlagsanstalt, Fulda
Druck und Bindung: GGP Media GmbH, Pößneck
ISBN: 978-3-8218-5667-4

Verlagsverzeichnis schickt gern:
Eichborn Verlag, Kaiserstraße 66, 60329 Frankfurt am Main
www.eichborn.de

Inhalt

Einleitung

Überall prangt sie an den Justizgebäuden: Justitia, die römische Göttin der Gerechtigkeit, aufrecht und durch nichts zu erschüttern. Einst, zu römischen Zeiten, hielt sie einen Ölzweig in der Hand als Symbol des Lebens. Seit dem späten Mittelalter bis heute ist der Ölzweig durch das Schwert ersetzt – als Zeichen für eine gerechte Strafe. Die Augenbinde trägt sie, weil sie ihre wichtige Arbeit ohne Ansehen der jeweiligen Person verrichtet, die Waage als Symbol für sorgfältige Abwägung. Unabhängig, unbestechlich, nur der Verfassung, dem Recht und der Wahrheit verpflichtet, sich ihrer eigenen definierten Macht bewusst und keiner anderen Macht zugeneigt, engagiert, realitätsbewusst und selbstkritisch – so sollte eine demokratische Justiz eigentlich aussehen. Nur unter diesen Bedingungen werden die unbestechlichen Hüter des Rechtsstaates ihrer Aufgabe und Stellung als »dritte Gewalt« gerecht.

Doch leider wird das Bild einer unabhängigen Justiz hierzulande inzwischen in einer Häufigkeit und negativen Qualität Lügen gestraft, die sich der deutsche Bürger kaum vorstellen kann. Es sei denn, er ist selbst betroffen. Dabei geht es keineswegs lediglich um den von Juristen gern bemühten Unterschied von Rechtsprechung und Rechtsempfinden, sondern vielmehr um ein breites Spektrum skandalöser Realitäten: Da verstoßen Staatsanwaltschaften krass gegen das Legalitätsprinzip, das die Strafverfolgungsbehörden verpflichtet, gegen jeden Verdächtigen vorzugehen, gleich welchen Hintergrundes, und leiten keine oder nur sehr zögerlich Ermittlungsverfahren ein, wenn es um einflussreiche politische oder wirtschaftliche Macht-Habende geht. Vor allem bei Korruption und organisierter Wirtschaftskriminalität gilt in vielen Justizbehörden inzwischen das ungeschriebene Gesetz: wegschauen, abtauchen, nicht bewegen, sonst hat man schon verloren – auf dem eigenen Karriereweg nach oben.

Tatsächlich stößt man in immer mehr Bereichen des Rechtssystems und der Rechtsprechung – bis hinein in gesellschaftspolitisch brisante Fälle wie Kinderprostitution oder Geldwäsche in Spielbanken – auf das höchst fragwürdige Prinzip: Anklage unerwünscht. Oder: Im Zweifel für die Mächtigen. Das jedoch ist nicht nur ein Struktur-, sondern vielmehr ein Systemproblem. Der SPD-Vorsitzende Kurt Beck mahnte auf einem Wirtschaftskongress seiner Partei im November 2006, er könne nicht akzeptieren, dass entsprechende Vorgänge – er bezog sich auf die gerade heiß diskutierten Korruptionsvorgänge bei Siemens – »schleichend zur Realität und über die Realität irgendwann zu augenzwinkernd akzeptiertem Verhalten werden«.[1]

Dabei geht es schon lange nicht mehr um die Frage, ob wir uns, irgendwie »schleichend«, auf eine entsprechende Bahn begeben könnten. Persönliche Vorteilsinteressen der politischen und wirtschaftlichen Funktionselite haben längst jegliche Gemeinwohlinteressen zur Seite geschoben. Wahrnehmungen der gesellschaftlichen Realitäten, das zeigt sich hier wieder einmal, können also ganz unterschiedlich sein, insbesondere wenn Spitzenpolitiker diese Realitäten betrachten. Und die Justiz ist auch Abbild dieser Gesellschaft, in der die Käuflichkeit der politischen Eliten letztlich nur eine Frage des Preises ist.

Im Zweifel geht es eben vielen Staatsanwälten und Richtern um die eigene Macht und das eigene berufliche Fortkommen. Begehen Strafverfolgungsbehörden bei wichtigen Ermittlungen wie etwa im Fall von Sexualmorden gravierende, folgenschwere Fehler, dann verfallen einige in die Handlungsmuster ihrer Klientel: Spuren werden verwischt, Wahrheiten vertuscht und eigene Beamte, die auf die Pannen gestoßen sind, verraten und verkauft. Oder sie werden gemobbt.

Wegen der Straftatbestände der Rechtsbeugung und der Strafvereitelung im Amt im Zusammenhang mit Fehlurteilen gab es in der bundesdeutschen Rechtsgeschichte bisher kaum eine Verurteilung. Weshalb wohl? Weil Richter oder Staatsanwälte sakrosankt sind? Sind sie unfehlbar? Ist es die Angst, dass bei offensichtlichen Fehlurteilen die Justizkasse durch Schadensersatzprozesse gefordert wäre? Oder ist es das alte Krähensyndrom, nach dem ja bekanntlich eine Krähe der anderen kein Auge aushackt?

Doch wieder zurück zu etwas Grundsätzlichem. Der feine Unterschied zum normalen Bürger, dem Staatsanwälte wie Richter eigentlich dienen sollen, besteht bekanntlich in ihrer Machtfülle, insbesondere wenn Rechtsmittel, also Berufungen, ausgeschlossen werden. Die geplante Justizreform, die bereits von der rot-grünen Bundesregierung angestoßen wurde, hat genau im Sinn, diese Rechtsmittel noch weiter einzuschränken. Genüsslich weiden unterdessen schon jetzt manche Richter und Staatsanwälte ihre Allmacht aus – als wahre Götter in Robe.

Transparenz und Kritikfähigkeit, viel beschworene Prinzipien der Justiz, mutieren endgültig zur Farce, wenn Vertreter der Justiz selbst Täter werden: Dann ist höchste klandestine Energie gefragt, dann wird die heikle Sache zur Unkenntlichkeit gebogen und gedrechselt.

Auffällig ist auch, dass teilweise wegen fehlender Geldmittel nicht ermittelt wird. Wirtschaftskriminelle dagegen beschäftigen große Anwaltskanzleien und hochkarätige Wirtschaftsberater, um ihre kriminellen Machenschaften in komplizierten Vertragswerken zu verstecken, ihre Finanzgeschäfte zu verschleiern und rechtschaffene Unternehmer zu ruinieren. Was schlaue Köpfe, findige Juristen und Banker mit viel Know-how und Energie ausgetüftelt haben, sollen dann ein Staatsanwalt und ein Wirtschaftskriminalist, die zusätzlich noch viele andere Fälle bearbeiten müssen, innerhalb der Verjährungsfrist aufklären. Normalerweise werden zur Lösung solcher Fälle Sachverständige und Gutachter eingesetzt. »Normal« in Zeiten klammer Kassen ist allerdings eher, was der Leiter des Wirtschaftsdezernats einer Staatsanwaltschaft einem Wirtschaftskriminalisten unverblümt sagte: »Ein Gutachten würde unseren Justizhaushalt sprengen.«

Der Frankfurter Oberstaatsanwalt Wolfgang Schaupensteiner berichtete, dass Wirtschaftsprüfungsgesellschaften der Staatsanwaltschaft bereits ihre Dienste anbieten, weil diese personell völlig unterbesetzt ist. »Das kommt einer Privatisierung der Strafverfolgung gleich«, befürchtet der Frankfurter Oberstaatsanwalt.[2] »Es gilt das Recht des Stärkeren oder desjenigen, der seine Interessen am gewieftesten durchsetzt bei einem geringen Risiko, erwischt zu werden«, klagt der Hamburger Rechtsanwalt Oliver Nix uns gegenüber. Für ihn sind die Folgen eindeutig: »Der Staat und die Justiz haben gerade im Bereich der Wirtschaftskriminalität die Segel gestrichen. Strafverfolgung findet hier nur noch in einem geringen Umfange statt – und insoweit ist die Justiz in diesen Feldern des wirtschaftlichen Lebens praktisch ohne Bedeutung. Sie findet nicht mehr statt und wird ignoriert.«

Der blanke Zynismus besteht darin, dass das System »Anklage unerwünscht« bei Wirtschaftskriminellen der Steuerzahler zu zahlen hat, der letztendlich für den Schaden aufkommen muss. Dieser wird im Bereich Wirtschaftskriminalität und Steuerbetrug auf jährlich mindestens fünfundvierzig Milliarden Euro geschätzt. »Alle Bankräuber in Deutschland müssten – ich habe das mal ausgerechnet – 259 Jahre lang Banken überfallen, um die Schäden zu verursachen, die jährlich durch Wirtschaftskriminalität verursacht werden. Die Herren Räuber, die sich auf Geldtransportüberfälle spezialisiert haben, müssten sogar 2625 Jahre lang arbeiten, um die jährlichen Schadenszahlen aus dem Bereich der Wirtschaftskriminalität zu erreichen.«

Das sagte der Frankfurter Rechtsanwalt Helmut Görling in seiner Laudatio auf Johann Podolsky, als dieser den Verdienstorden »Bul le Mérite« des Bundes Deutscher Kriminalbeamter (BDK) verliehen bekam. Johann Podolsky vom Landeskriminalamt in Baden-Württemberg hat das Instrument der Vermögensabschöpfung bundesweit bekannt gemacht. Damit wird bei Straftaten sofort das Vermögen der Betroffenen eingezogen, der Staat behält es.

Manchmal bleiben Ermittlungsverfahren aber auch jahrelang in der Schwebe. Für die Betroffenen, die in der Zeitung lesen können, gegen sie laufe ein Ermittlungsverfahren, kann das zu existenziellem Ruin führen, ganz zu schweigen von den seelischen Belastungen. Und da spielt es keine Rolle, wenn sich später herausstellt, dass sie unschuldig sind. Gründe für die schleppende Bearbeitung sind häufig eine miserable Ausstattung der Justiz und überlastete Staatsanwälte.

Gäbe es tatsächlich die »gute alte Justitia«, sie würde sich wohl die Binde vom Kopf reißen, wenn sie wüsste, was in ihrem Namen heute geschieht. Dass zum Beispiel in Verfahren wegen hochkarätiger Wirtschaftskriminalität die Justiz kapituliert hat, indem sie im Vorfeld »Deals« aushandelt. Diese bescheren den finanziell gut gepolsterten Angeklagten, meist Wirtschaftsfürsten, einen kurzen und oft komfortablen Prozessabschluss. Bei diesen unappetitlichen Deals drücken Staatsanwaltschaften und Richter beide Augen zu: Wenn etwa der Vorstandsvorsitzende der Deutschen Bank, der millionenschweren Untreue angeklagt, ungestraft in seinen Chefsessel zurückkehren kann, indem er einen für seine opulenten finanziellen Verhältnisse lächerlichen »Peanuts-Betrag« abdrückt. Angesichts dessen, was da beim Mannesmann-Prozess im Herbst 2006 im Namen des Volkes gefingert wurde, würde Justitia sicherlich nicht das Siegeszeichen machen.

Denn es war nicht gerade ein Akt hehrer Rechtsprechung, sondern eher ein anrüchiges Schauspiel, das die pure Ohnmacht des Rechts offenbarte. Verkauft wurde es jedoch als geltendes Recht. Selbst darüber könnte man streiten. Der in Anspruch genommene Paragraf 153 a des Strafgesetzbuches lässt nur Verfahrenseinstellungen zu, wenn dadurch das öffentliche Interesse an der Strafverfolgung beseitigt werden kann und die Schwere der Schuld dem nicht entgegensteht. Dass hier kein öffentliches Interesse vorgelegen habe – was muss in den Köpfen dieser Richter eigentlich vorgegangen sein?

Hochrangige Justizvertreter wie die Generalbundesanwältin Monika Harms kritisieren solche Deals scharf und sehen eine »fatale« Entwicklung des Strafrechts. »Es bricht auseinander«, beklagt auch der renommierte Strafrechtler Professor Detlef Krauß. Die Empörung in der Bevölkerung über diese Basarpraxis ist groß – zu Recht, im buchstäblichen Sinne.

Doch es nützt nichts. Als am 17. Januar 2007 der Prozess vor dem Landgericht Braunschweig gegen den ehemaligen VW-Arbeitsdirektor Peter Hartz begann, wurde bereits im Vorfeld eine Urteilsabsprache getroffen. Zwar warf die Staatsanwaltschaft Braunschweig Peter Hartz (der Symbolfigur für die Verelendung der deutschen Arbeitslosen und dem engen Freund des Altbundeskanzlers Gerhard Schröder) Untreue in vierundvierzig Fällen vor. In dreiundzwanzig Fällen ging es um die Begünstigung eines Betriebsrats. Dafür drohen dem normalen Sterblichen bis zu zehn Jahre Gefängnis. Da Hartz bereit war, ein Geständnis abzulegen, kam es zum Deal: zwei Jahre Haft auf Bewährung und eine Geldstrafe in Höhe von 576 000 Euro. Der Justizapparat schonte seine finanziellen und personellen Ressourcen, dem Beschuldigten ersparte das Gericht den Auftritt von Luxusnutten und die Frage, was er sich beim Kauf des Betriebsratsvorsitzenden gedacht hatte.

Heribert Prantl brachte diese Praxis der Deals in einem Kommentar in der *Süddeutschen Zeitung* auf den Punkt: »Zu beklagen ist das Dahinscheiden des klassischen deutschen Strafprozesses. Wir nehmen Abschied von der deutschen Rechtstradition, tragen zu Grabe das ›Prinzip der materiellen Wahrheit‹, verabschieden uns vom ›Amtsermittlungsgrundsatz‹ und vom ›Legalitätsprinzip‹, wonach das Gericht verpflichtet war, von Amts wegen die Wahrheit zu erforschen und nicht einfach das als Wahrheit zu nehmen, was Ankläger und Verteidiger dafür erklären.«[3]

Schuld wird mit Geld aufgewogen – das befördert sicher nicht das Rechtsgefühl der Bürger. »Strafrecht soll seine Funktion wahren, Rechtsfrieden zu stiften durch gerechten Schuldausgleich nach rechtsstaatlichem Verfahren. Absprachen sind für die Öffentlichkeit in jedem Einzelfall verstehbar und nachvollziehbar zu machen. Sonst bleiben tatsächliche und gefühlte Gerechtigkeit auf der Strecke.«[4] Das schreibt der Kriminologe Arthur Kreuzer. Der Professor an der Universität Gießen ist inzwischen emeritiert. Seine Studenten werden derartige Warnsignale allenfalls noch in den Zeitungen lesen.

Dubiose Justizinszenierungen dieser Art, so plakativ sie bei prominenter Besetzung in den Medien immerhin thematisiert werden, sind nur ein Indikator für die schwere Krise der deutschen Justiz. Sie ist viel tiefer und weitgehender, sie erschüttert inzwischen die Grundfesten des Rechtsstaates – und damit der Demokratie. Experten, die sich seit vielen Jahren mit der deutschen Justiz intensiv auseinandergesetzt oder den fachkundigen Blick von außen haben, erkennen grundlegende Missstände und brisante Entwicklungen im gesamten System. Kurt Tucholsky hatte bekanntlich bereits vor vielen Jahren gesagt: »Politik kann man in diesem Lande definieren als die Durchsetzung wirtschaftlicher Zwecke mit Hilfe der Gesetzgebung.«

Diese bis heutige gültige Erkenntnis erklärt auch, warum die politische Elite in Berlin vieles dafür tut, dass bestimmte erfolgreiche strafrechtliche Sanktionsinstrumente – die in anderen europäischen Ländern mit Erfolg gegen kriminell agierende Konzerne eingesetzt werden – nicht in Gesetzesform gegossen werden. Die Rede ist vom Unternehmensstrafrecht. Das Problem der strafrechtlichen Verantwortung von Unternehmen ist bis heute in Deutschland ungelöst. Der deutsche Gesetzgeber hat offenkundig den Zusammenhang zwischen einer effektiven strafrechtlichen

Sanktionierung von Unternehmenskriminalität und den Wettbewerbschancen der Wirtschaft nicht begriffen oder will ihn aus anderen interessengeleiteten Motiven nicht begreifen.

Tragendes Element des politischen Systems in Deutschland ist die Wirtschaft. »Das verfassungsgemäß konditionierte System hat ja ein Blackout – die Wirtschaft. Sie kommt im Grundgesetz nicht vor. Sie war von Anfang an der Machtfaktor, der nicht infrage gestellt wurde«, konstatiert Strafrechtsprofessor Detlef Krauß im Gespräch mit den Autoren dieses Buches. »Gerade bei der Wirtschaftskriminalität muss man umdenken, vom Einzeltäter zum Systemtäter. Für diesen Bereich fehlt häufig jedoch die notwendige Kompetenz, sie wird in der juristischen Ausbildung kaum vermittelt.«

Zudem stellt Krauß eine neue Entwicklung fest: »In der Strafverfolgung hat die Justiz schon immer auch eine politische Verantwortung. Zunehmend gibt es aber von oben Anweisungen, wie mit einzelnen Fällen zu verfahren ist.« Man nennt das Staatsraison.

»Staatsraison ist bekanntlich die Außerkraftsetzung von Rechten, Regeln, Normen und Werten zugunsten jenes höheren Guts, das der Erhalt des Ganzen darstellt. Der Staat ist also gezwungen zu sündigen.«[5]

Der Basler Strafrechtler Mark Pieth, Experte für Korruption in der internationalen »Organisation für wirtschaftliche Zusammenarbeit und Entwicklung« (OECD), geht noch einen Schritt weiter. Er sagte uns: »Das Problem in Deutschland ist, dass die Ministerialbürokratie eine starke Rolle bei der Beförderungspolitik spielt und damit einen großen Einfluss auf die Karriere von Richtern und Staatsanwälten hat. Dieses System züchtet staatstreue, willfährige Leute.«

Alle derartigen Vorgänge sind für einen demokratischen Rechtsstaat untragbar, bedrohen die Wehrhaftigkeit, wenn nicht sogar das Fortbestehen der von uns bislang geschätzten Demokratie. Aber diese Vorgänge sind in diesem Land allesamt Realität, dokumentiert in vielen konkreten Fällen, auf die wir gestoßen sind – von Korruption bis sexuellem Missbrauch und Ärztepfusch. Jeder Fall ist für sich schon ein Skandal. Und ein Skandal ist ebenso, dass die wenigsten überhaupt an die Öffentlichkeit gelangen. Vor allem zeigen die vielen Beispiele, dass die massiven Verstöße gegen die Grundprinzipien der Verfassung System haben.

Es wäre jedoch ein Fehler, den Richtern oder Staatsanwälten allein die Schuld für diesen Zustand aufzubürden. Immerhin bestätigen inzwischen selbst amtierende Justizvertreter wie der Stuttgarter Oberlandesgerichtspräsident Eberhard Stilz, dass die Justiz »Gerechtigkeitsdefizite« produziere und den »Vertrauensverlust« in der Bevölkerung fördere. Doch begründet wird dies meist damit, dass sie total überlastet sei, Personal abgebaut werde und die Verfahren zu lange dauerten. So rügte der Deutsche Juristentag 2006 in Stuttgart, dass bei den Gerichten die Stellen gestrichen werden und gleichzeitig die Aufgaben wachsen würden. Die Kluft zwischen schönem Schein und tristem Sein beklagte der Deutsche Amtsrichterverband schon im Jahr 2003 – nur wollte es damals niemand wissen. Eberhard Stilz erklärte nun in Stuttgart drei Jahre später, dass allein in Baden-Württemberg in den »vergangenen zehn Jahren 822 Stellen gestrichen wurden«. Er sprach von »der Ohnmacht insbesondere der Strafjustiz«. Und »wäre der Öffentlichkeit die Lage in vollem Umfang bewusst, wäre die Auswirkung auf das Rechtsbewusstsein verheerend«.[6]

Ein Jahr zuvor hatte jedoch noch der Deutsche Richterbund in einem Positionspapier zur geplanten Justizreform tollkühn behauptet: »Die Justiz sichert den Rechtsfrieden, gewährleistet den Rechtsschutz des einzelnen Bürgers und Rechtssicherheit für alle und setzt so letztlich die rechtsstaatliche Ordnung durch. Sie hat damit in unserer Gesellschaft eine unverzichtbare Stabilisierungsfunktion. Die Gesellschaft erwartet zu Recht ein Maximum an Gründlichkeit und Einzelfallgerechtigkeit.« Der ehemalige Vorsitzende des Deutschen Richterbundes, Geert Mackenroth, ist heute als Justizminister von Sachsen einer der leidenschaftlichsten Gesundbeter der Justiz – trotz des miserablen Zustandes der Justiz seines Landes.

Da wundern sich über eine derartige Chuzpe der Repräsentanten der deutschen Richter nicht nur die Bürger, sondern viele Richter und Richterinnen selbst. Ein Amtsrichter fragte in Anbetracht der schlechten Ausstattung der Justiz: »Na wenn das alles so super ist, warum sollten dann die Politiker überhaupt Grund haben, etwas an unserer Armut und unseren unwürdigen Arbeitsbedingungen zu ändern?« Und ein anderer Richter schreibt in einem offenen Brief an den Vorsitzenden des Richtervereins Baden-Württemberg (in dem übrigens der Justizminister des Landes, Ulrich Goll, Mitglied ist): »Niemand hat Sie darüber aufgeklärt, dass viele von uns zu zerbrechen drohen, zu zerbrechen nicht in erster Linie deshalb, weil wir viel zu tun haben, sondern deshalb, weil wir immer orientierungsloser gemacht werden und weil wir gar nicht mehr alle die Ansprüche erfüllen können, die von verschiedenen Seiten an uns gestellt werden.«

In Hessen klagen Polizeibeamte in der Landeshauptstadt Wiesbaden, dass die dortige Staatsanwaltschaft eher armselig ermittelt und trotz entsprechender polizeilicher Erkenntnisse am liebsten jedes einigermaßen komplizierte Verfahren einstelle. In Frankfurt wiederum, nicht einmal fünfzig Kilometer entfernt, agiert dagegen eine engagierte Staatsanwaltschaft im Bereich Wirtschaftskriminalität und Organisierte Kriminalität (OK). Und sie beschwert sich bitter darüber, dass die Frankfurter Polizei nicht mehr in der Lage sei, entsprechende Ermittlungen zu führen. Was daran liegen könnte, dass Sabine Thurau, die Vizepräsidentin im Polizeipräsidium, aufgrund ihrer Berufserfahrung für diesen Kriminalitätsbereich als nicht besonders ausgewiesen gilt.

Was nichts daran änderte, dass sie in internen Kreisen im Sommer 2006 erklärte: »Ich bestimme, welche OK-Verfahren das zuständige Kommissariat zu führen hat.« Dieses Kommissariat wiederum wird von einer Kriminalistin geführt, die von den Ermittlern und Staatsanwälten in Frankfurt, die seit langem Organisierte Kriminalität bekämpfen, nicht gerade ernst genommen wird. Die Frankfurter Richter äußern klammheimlich Freude, werden sie doch nicht mit komplizierten Verfahren behelligt. Nicht verwunderlich ist deshalb, dass es in der zentralen Fortbildungseinrichtung der hessischen Polizei, der Hessischen Polizeischule in Wiesbaden, seit Anfang 2007 keine qualifizierte Fortbildung im Bereich der Wirtschaftskriminalität mehr gibt. Die Begründung des Direktors der Hessischen Polizeischule, Manfred Tecl, ist, dass dringender Handlungsbedarf bestehe, die Kapazitäten in andere Bereiche zu verlagern, und Fortbildungsangebote im Bereich Wirtschaftskriminalität seien daher im bisherigen Umfang nicht mehr erforderlich.[7] So schließt sich mancher Kreis aus Versagen, Dummheit und Ohnmacht zum Nachteil der Bürger.

Fazit: Eine willfährige Justiz ist auf dem besten Wege, das Gewaltmonopol des Staates aufzuweichen und aufzulösen. Bürger und Wirtschaft verlieren zunehmend das Vertrauen in eine funktionierende Rechtspflege beziehungsweise halten sie für überflüssig. Viele setzen deshalb auf andere

Strategien zur Durchsetzung ihrer Interessen wie Korruption, Nötigung, Erpressung, Selbstjustiz. »Diese Justiz verliert Respekt und Anerkennung«, klagt deshalb der Hamburger Rechtsanwalt Oliver Nix. »Sie ist bereits jetzt in manchen Bereichen des gesellschaftlichen Lebens, zum Beispiel in der Wirtschaft, teilweise ohne praktische Bedeutung. Sozial auffällig wird heute derjenige, der – was eigentlich selbstverständlich sein sollte – auf die Einhaltung von Recht und Gesetz pocht. Diese ›Querulanten‹ werden belächelt und kaltgestellt.«

Wir sind bei unserer Recherche auf viele Menschen gestoßen, die unter der Willkür, Ignoranz oder Blindheit von Justizbehörden zu leiden haben. Gern werden die Betroffenen als Störenfriede abgestempelt. Manchmal sind es für den Außenstehenden anscheinend nur Kleinigkeiten, die für die Betroffenen jedoch zu existenziellen Krisen führen.

Glücklicherweise gibt es Bürger, die diese Verzerrung von Rechtsstaatlichkeit nicht hingenommen haben. Es sind Menschen, die der fundamentalen Krise der Justiz etwas ganz Wesentliches entgegensetzen: eigene Zivilcourage, mit der sie gravierende Missstände selbst aufdeckten, Justizvertreter ihrer Willfährigkeit überführten und sich beharrlich dafür einsetzten, dass Wahrheit und Gerechtigkeit nicht mächtig verdreht und verbogen werden. Viele erlebten dabei regelrechte Justizthriller, oft auch bizarre Rechtsstaatgrotesken. Sie gingen dabei nicht selten bis an die Grenzen ihrer privaten und beruflichen Existenz.

Diese Menschen, von denen das Buch auch erzählt, sind weder Querulanten noch romantische Robin-Hood-Verschnitte, sondern vielmehr engagierte Bürger mit ausgeprägtem Sinn dafür, was Rechtsstaatlichkeit und Demokratie bedeuten – und auch in Zukunft bedeuten müssen.

1. Ignoranz in Roben

Das große Spiel

Was sollen die Bürger eigentlich davon halten, wenn Straftaten verübt werden und die Gewinne in die Staatskasse fließen? Ist das kriminell, halbkriminell oder der »guten Sache« wegen gerade noch legal? Für Juristen müsste es klar sein: Rechtsbruch ist Rechtsbruch. Doch in Zeiten leerer Kassen, in denen die Leistungen von Landesregierungen nach deren Bonität gemessen werden, möchte niemand Finanzströme versiegen lassen – auch wenn die Quellen offenbar verseucht sind. Spielbanken liefern dafür ein gutes Beispiel.

Bis zum Jahr 1993 hatte Andreas Frank noch nie ein Kasino betreten. Die glitzernde Welt des Glücksspiels in gediegenen Räumen, wo die Kugel und der Rubel rollen, war dem Direktor eines privaten Geldinstituts fremd. Umso geschockter war er, als sich damals herausstellte, dass sein Direktorenkollege Roland S. der Spielsucht verfallen und darüber zum Straftäter geworden war. Er hatte zwischen 1990 und 1993 in der Spielbank Baden-Baden rund vierzehn Millionen D-Mark beim Roulette verzockt – darunter rund acht Millionen D-Mark Kundengelder seiner Bank. Der Bankdirektor S. war das, was man in Kasinokreisen einen »Großen Spieler« nennt. Er wurde wegen Untreue im Oktober 1994 zu drei Jahren und vier Monaten Haft verurteilt.

Andreas Frank begann, sich mit dem Problem der Spielsucht zu befassen, die seinen Kollegen in die Kriminalität getrieben hatte. Er wurde Mitglied des Fachverbands Glücksspielsucht. Und er fing an, sich für das Innenleben von Kasinos zu interessieren. Es gelang ihm, an erste Informationen heranzukommen, die ihm zu denken gaben: Wie das Landgericht

Baden-Baden im Urteil gegen seinen Bankkollegen feststellte, hatte Roland S. allein zwischen Oktober 1992 und Januar 1993, also innerhalb von vier Monaten, an einundsiebzig Abenden das Kasino Baden-Baden besucht und dabei Kundengelder in Höhe von 7,328 Millionen D-Mark verspielt. Damit hatte der Spielsüchtige pro Kasinobesuch im Schnitt 103 219 D-Mark verzockt.

Große Verluste, die das Kasino als großen Gewinn verbuchen konnte. Und damit auch der Staat. Denn die damals noch private Spielbank musste neunzig Prozent ihrer Einnahmen an das Land Baden-Württemberg abgeben. Sie hatte, so fand Frank heraus, in ihrem Jahresbericht für 1992 Bruttospieleinnahmen aus dem »Großen Spiel« – also Roulette, Bakkarat und Blackjack – von 72,889 Millionen D-Mark ausgewiesen. Was einen durchschnittlichen täglichen Bruttogewinn von 204 173 D-Mark ergibt. Im Jahr 1992 hatte die Spielbank täglich 1509 Besucher. Frank rechnete nach: Roland S. hatte damit bei jedem seiner einundsiebzig Besuche satte einundfünfzig Prozent der Kasino-Einnahmen bestritten. Ein Goldesel fürs Kasino – und den Staat.

»Warum hatte die Spielbank nicht eingegriffen und ihn gesperrt, als man merkte, dass der Bankdirektor ein Vermögen verzockte?«, fragte sich Frank. Die Chefs der legalen Hochglanz-Spielhölle hatten daran offenbar keinerlei Interesse. Denn das Kasino und gleichzeitig der Staat hatten an diesem Großspieler mächtig verdient, und zwar Geld in hohen Summen, das Roland S. veruntreut hatte. Schmutziges Geld, das aus einer Straftat stammte, war in die Spielbankkasse geflossen. Und das alles geschah unter den Augen des Staates, der die Aufsicht über Kasinos hat.

Der Schaden für die Privatbank war enorm. Doch das Geldinstitut schien sich merkwürdigerweise nicht mit der Spielbank anlegen zu wollen. Dafür ging Bankdirektor Andreas Frank in die Offensive. Zu sehr hatte das Verhalten der Kasinoleitung für ihn ein »G'schmäckle«.

1994/95 meldete sich das Finanzamt bei Roland S. und wollte Steuern auf das unterschlagene Geld. Frank kümmerte sich zu diesem Zeitpunkt immer noch um den spielsüchtigen Bankerkollegen und dessen Familie. »Das Finanzamt hatte unterdessen schon rund neunzig Prozent des unterschlagenen und verspielten Geldes als Spielbankabgabe vereinnahmt«, kommentiert Frank diesen Vorgang. »Nach der seltsamen Logik der Finanzverwaltung hätte der Staat also mehr als hundert Prozent an den Straftaten von Roland S. profitiert. Nur ein Eingeständnis des Mitverschuldens der Spielbankverantwortlichen, etwa durch einen Vergleich, hätte dieses Ansinnen gestoppt.«

Das Bankhaus trat per Vertrag schließlich seine Schadensersatzforderungen gegenüber dem Kasino an Frank ab. Er versuchte es zunächst mit einem Kompromissangebot: Über seinen Anwalt wollte er der Spielbank einen Vergleich vorschlagen, wonach sie 300 000 D-Mark Schadensersatz zahlen sollte. Das war zwar nur ein Bruchteil der unterschlagenen Kundengelder, die den Finanztopf der Spielbank und des Staates gefüllt hatten, doch die Kasinoführung lehnte kühl ab. Daraufhin wollte Frank es wissen: Er verklagte die Spielbank auf Zahlung des vollen Betrags – rund acht Millionen D-Mark.

Von da an entwickelt sich ein ungemein intensives Verhältnis zwischen der Spielbankleitung und Andreas Frank, das man auch als »kriegsartig« bezeichnen kann. Der Banker stößt im Laufe der Zeit auf eine ganze Serie hochbrisanter Vorgänge in deutschen Kasinos. Die pikante Palette reicht vom Anfüttern spielsüchtiger Großzocker bis zur Ermöglichung von Geldwäsche. Die Baden-Badener Spielbankverantwortlichen geraten unter Druck, doch sie können sich stets auf eines getrost verlassen: auf die Ignoranz der Justiz – und die freundliche Unterstützung prominenter Vertreter der »dritten Gewalt«.

Kein Einzelfall

Rasch stößt Frank darauf, dass der Fall seines Bankerkollegen Roland S. kein Einzelfall ist. Bei dem Autohändler Dieter H. lief es genauso: Er unterschlug als Repräsentant eines Automobilunternehmens in Osteuropa Millionen, die er 1993 und 1994 ins Kasino Baden-Baden trug. Wie eine Scheckliste der Spielbank auswies, verspielte H. in eineinhalb Jahren bei dreiundsechzig Besuchen mehr als dreizehn Millionen D-Mark, was einen Verlust von täglich 207 048 D-Mark ergibt – laut den Jahresberichten aus dieser Zeit nahm das Kasino täglich im Schnitt etwa dieselbe Summe ein. Will heißen: Dieter H. bestritt bei jedem seiner Besuche hundert Prozent der Spielbankeinnahmen. Ein Platinesel sozusagen. Dazu meint Frank ironisch: »Unter dem Gesichtspunkt der Gewinnmaximierung hätte man der Spielbank raten müssen, bei jedem Besuch von H. das Kasino für die durchschnittlich rund 1 500 normalen Gäste zu schließen.«

Doch auch in diesem Fall will die damalige Kasinoleitung partout nichts über die dunkle Herkunft des Geldes gewusst haben. Dabei hatte der Technische Direktor der Spielbank damals einen engeren Kontakt zu dem Autohändler. Dieter H. wurde wegen Betrugs und Untreue im Juni 1997 zu einer Haftstrafe verurteilt. Die Kasinobetreiber blieben unbehelligt. Hehlerei? Ein solch garstiger Verdacht war für die örtliche Staatsanwaltschaft undenkbar. Man liebt eben die Diskretion in der ehrwürdigen Kurstadt. Ein Kasinomitarbeiter vertraut später einem örtlichen SPD-Landtagsabgeordneten an, die Leitung der Spielbank habe sehr genau über die Betrugsfälle Roland S. und Dieter H. Bescheid gewusst – lange bevor diese aufgeflogen seien. Doch einige Tage später macht der Mann einen Rückzieher: Er will nicht mehr aussagen, weil er Angst um seinen Arbeitsplatz hat.

Geradezu als Hort großzügigster Resozialisierung erweist sich die Spielbank im Fall des Bankräubers Z. Zweimal hatte Z. Ende der Achtzigerjahre in der Region Baden-Baden eine Volksbank ausgeraubt, weil er Geld brauchte, um im Kasino weiterzuspielen. Beim dritten Überfall wurde er geschnappt und zu vier Jahren und neun Monaten Haft verurteilt. Die lokalen Medien berichteten groß über den Fall. Allerdings muss die Berichterstattung an der Spielbank irgendwie völlig vorbeigegangen sein, denn sie ließ Z. bereits in seiner Zeit als Freigänger wieder spielen. Mehr noch, der verurteilte Bankräuber wunderte sich nicht schlecht, als er später, nach seiner Haft, zum Ehrenspieler befördert wurde. Noch Jahre danach erinnerte er sich daran: »Als ich 1997 an einem Tag wieder mal 300 000 D-Mark verlor, ließ mir ein Mitarbeiter eine Ehrenkarte zukommen, mit der ich künftig nicht nur freien Eintritt hatte, sondern einmal monatlich an einem Gratisdinner teilnehmen durfte.«

Die – vom Staat »kontrollierte« – Spielbank legt für straffällig gewordene Großspieler den roten Teppich aus, nutzt ihre Spielsucht aus, füttert sie an, um den Reibach zu machen. Und ihre Verantwortlichen tun später so, als ob sie nicht den Hauch einer Ahnung gehabt hätten, was es mit ihren wunderbaren Goldeseln auf sich hatte. Dieses System wird weit über

Baden-Baden hinaus praktiziert. »Scoring« nennt man vornehm die Schnüffelmethode, mit der man potenzielle Großspieler in den Kasinos auf ihre finanzielle Attraktivität aushorcht: »Welche Hotelkategorie bevorzugen Sie?« »Wo machen Sie Urlaub?« »Welche Hobbys haben Sie?« Nur einige Fragen, die man ihnen diskret beim Spielbankbesuch stellt. Die Antworten werden minutiös festgehalten, die Spieler in verschiedene Kategorien eingeteilt.

Manager der Westspiel-Kasinos haben dieses »Scoring« besonders einfallsreich ausgetüftelt. Als einige von ihnen im Jahr 2002 beruflich in das neue Spielbankenparadies der Schweiz wechselten und ihre »Scoring«-Listen mitnahmen, kam es zu einem skurrilen Vorgang: Hunderte deutscher Spielbankbesucher wunderten sich, als sie plötzlich vom Kasino Baden bei Zürich zur Eröffnung gezielt eingeladen wurden. Unter ihnen war auch Roland S., der spielsüchtige Banker aus Baden-Baden, der unterschlagene Kundengelder in Höhe von rund acht Millionen D-Mark verzockt hatte. Er hatte seine Haftstrafe abgesessen und eine Therapie gemacht, um von der Spielsucht wegzukommen. Jetzt buhlte auf einmal das Schweizer Kasino um ihn: Man würde sich ungemein freuen, wenn er der Einladung folgen und es sich bei dem einen oder anderen Spielchen gut gehen lassen würde – als VIP, versteht sich. Es war, als ob man einem trocken gewordenen Alkoholiker einen Whiskey anbietet.

Spielbanken leugnen offiziell mit schöner Regelmäßigkeit, dass sie Spielsucht für ihre finanziellen Ziele nutzen. Und sie behaupten stets, dass sie über keine detaillierten Berichte über Gewinn und Verluste von Spielern verfügen. Die Leitung der Spielbank Baden-Baden tat dies über Jahre hinweg, wortreich und im Brustton der vollsten Überzeugung.

Mit dieser Mär ist es vorbei, als sich der unglaubliche Fall von Hans-Dieter H. ereignet: »Hansi«, wie er in Baden-Badener Kasinokreisen genannt wird, verspielt an vielen Abenden beim Roulette locker mal 100 000 D-Mark. Der stets elegant gekleidete Mann mit dicker Zigarre im Mundwinkel setzt am liebsten auf die grüne »Zero«. Manchmal spielt er an zwei, drei Tischen gleichzeitig. Der Jaguarfahrer ist ein sehr gern gesehener Gast im Kasino. Man hofiert den »Großen Spieler«. Spätestens seit Mitte 1999 ist für ihn ein Parkplatz in der Tiefgarage der Spielbank reserviert. Zuweilen erzählt »Hansi«, er sei freiberuflicher Immobilienmakler.

Eine stilvolle Legende, passend zum glänzenden Ambiente. In Wirklichkeit ist »Hansi« nur ein Angestellter der Sparkasse Lahr, der Firmenkunden berät – mit rund 5000 D-Mark Monatsgehalt. Im Sommer 2000 fliegt der »Felix Krull« von Lahr auf: Schon seit 1993, so stellt sich heraus, hat »Hansi« die Sparkasse Lahr mit fingierten Krediten betrogen. War der Kreditrahmen seiner Firmenkunden nicht ausgeschöpft, stellte er mit gefälschter Unterschrift einen neuen Kreditantrag, eröffnete ein Unterkonto und leitete die Kontoauszüge auf sich um. Mit diesem betrügerischen System schädigte er die kommunale Bank um rund dreizehn Millionen D-Mark – die er in der Spielbank Baden-Baden verzockte.

Als der Fall in der Öffentlichkeit bekannt wird, gibt sich die Kasinoleitung mal wieder ahnungslos. Sie räumt nur ein, es sei aufgefallen, dass »Hansi« viel Geld verspielt habe, und betont gleichzeitig: »Nach unseren Informationen war H. aber ein selbstständiger Versicherungsmakler.«[1] Die Geschäftsleitung weiß nur zu gut: Hat eine Spielbankdirektion Kenntnis davon, dass ein Besucher geraubtes Geld verspielt, ist sie verpflichtet, ihn zu sperren und eine Geldwäscheverdachtsmeldung an das Landeskriminalamt zu schicken. Bis zu seiner Verhaftung habe man nicht gewusst, dass H. nur ein Sparkassenangestellter sei, versichert damals die Kasinoleitung.

Andreas Frank, der inzwischen Zugang zu Insidern aus der Spielbank hat, verfügt nach eigener Darstellung frühzeitig über ganz andere Informationen. Er versicherte damals eidesstattlich, dass er schon vier Wochen vor »Hansis« Verhaftung den Technischen Direktor der Spielbank auf den Fall H. hingewiesen habe. Doch dieser bestreitet das. Frank führt auch an, er habe die Aufsichtsratsvorsitzende des Kasinos, die Baden-Badener Oberbürgermeisterin Sigrun Lang, bereits am 12. Oktober 1998, also knapp zwei Jahre vor »Hansis« Verhaftung, darüber informiert, dass dieser ein Angestellter der Sparkasse Lahr mit einem Gehalt von rund 5000 D-Mark sei und an manchen Abenden bis zu 200 000 D-Mark verliere. Tatsächlich erinnert sich ein Mitspieler »Hansis«, als der Betrugsfall aufgeflogen ist: »Alle wussten, dass er von der Sparkasse kam, der war im Kasino bekannt wie ein bunter Hund.«

Zunächst bleibt die Spielbank dabei: Man verfüge über keine detaillierten Berichte über Gewinne und Verluste von Spielern. Doch auch in diesem brisanten Punkt hat Andreas Frank längst die Erkenntnis von Spielbankexperten eingeholt – und bekam eine Praxis bestätigt, die seit Jahren in Baden-Baden und anderen Spielbanken üblich ist: Der diensthabende Saalchef fertigt jede Nacht nach Spielende einen Tagesbericht an. Darin notiert er auch hohe Gewinne und Verluste von Großspielern mit Namen. Die Tagesberichte werden so lange aufbewahrt, wie der Großspieler spielt. Genau dies ist auch im Fall »Hansi« geschehen.

Die Geschäftsführung des Kasinos rudert etwas zurück und versucht, die Sache herunterzuspielen. Bei den Tagesberichten handele es sich nur um Aufzeichnungen, die ausschließlich der Analyse des Spielablaufs und betriebsinterner Sicherheitskontrollen dienen, sagt man jetzt. Die Berichte würden aber schon nach ein paar Tagen weggeworfen.

Womit die Spielbankleitung nicht rechnet: Als die Staatsanwaltschaft Offenburg, die gegen »Hansi« ermittelt, am 8. November 2000 die Geschäftsräume der Spielbank durchsuchen lässt, stoßen Fahnder just auf diese Tagesberichte.[2] Mit dem Fund ist klar: Die Spielbankleitung wusste bis aufs Komma genau, welche hohen Summen »Hansi« verzockte. Wegschauen und kassieren heißt die Devise. Später taucht gar noch ein Schreiben des Leiters der staatlichen Spielbank-Kontrollgruppe an den Leiter des Baden-Badener Finanzamts auf, in dem bestätigt wird, dass die beim Finanzamt angesiedelte Kontrollgruppe von »Hansis« exzessivem Spielverhalten Kenntnis hatte.[3]

Der spielsüchtige Großzocker wird schließlich am 22. Juli 2001 von der Ersten Strafkammer des Landgerichts Offenburg wegen Untreue in 122 Fällen zu fünf Jahren Gefängnis verurteilt. Eine Strafe, die höher hätte ausfallen können, doch das Gericht hält »Hansi« zugute, dass die Spielbank nicht eingegriffen und ihn gebremst hatte. Im Urteil heißt es: »Strafmildernd wirkte sich aus, dass vonseiten der Verantwortlichen der Spielbank Baden-Baden die Vermögensverhältnisse des Angeklagten nicht überprüft wurden, obwohl hierzu spätestens ab Sommer 1998 Anlass bestanden hätte.«[4]

Geldwäsche – und die Justiz schaut weg

Für die Offenburger Ermittler waren die Informationsquellen von Andreas Frank sehr willkommen und hilfreich – was für die Baden-Badener Staatsanwaltschaft allerdings gar nicht gilt. Frank weiß, dass ihr das Urteil gegen »Hansi« vorliegt. Doch die örtliche Justizbehörde entwickelt nicht unbedingt einen Feuereifer, das dubiose Verhalten der Kasinoleitung intensiv ins Visier zu nehmen. Es werden zwar Nachforschungen unternommen, die Ermittlungen aber bald darauf wieder eingestellt. Die Staatsanwaltschaft kann sich dabei auf eine Entscheidung des Oberlandesgerichts (OLG) Karlsruhe vom April 1999 im Schadensersatz-Verfahren von Andreas Frank gegen die Spielbank stützen: Für Spielbanken bestehe keine Vermögensbetreuungs- und Fürsorgepflicht in Bezug auf die am Spielbetrieb teilnehmenden Personen.[5] So einfach ist das. Und so hermetisch ist das juristische System der Ignoranz gegenüber unglaublichen Realitäten.

Die Staatsanwaltschaft Baden-Baden muss damals auch davon Kenntnis gehabt haben, dass ihre Offenburger Kollegen bei ihrer Durchsuchung der Spielbank-Geschäftsräume einen weiteren erstaunlichen Fund gemacht hatten: Sie waren auf Listen gestoßen, auf denen Namen und hohe Geldbeträge erfasst wurden – Geldwäsche-Verdachtslisten, die von Mitarbeitern der Kasinokasse angefertigt wurden. Sie notierten die Namen von Spielbankbesuchern, die für hohe Summen Jetons eingetauscht hatten – Beträge, die über dem im Geldwäschegesetz vorgegebenen Limit von 15 000 Euro lagen. Nur: Auffällige Transaktionen aus diesen Listen sind in den allermeisten Fällen nicht an das Landeskriminalamt gemeldet worden, wie es das Gesetz vorsieht.

Ein Umstand, von dem das Landeskriminalamt Ende 2002 ein beredtes Klagelied singt: Das Kasino Baden-Baden und seine Dependance Konstanz hätten von 1993 bis Herbst 2002 ganze vier Verdachtsmeldungen wegen Geldwäsche weitergeleitet, stellt ein Mitarbeiter des Landeskriminalamts (LKA) gegenüber Andreas Frank fest. Wegschauen bei möglicher Geldwäsche, das ist eine bundesweit gepflegte Übung. Auch dem Bundeskriminalamt (BKA) kommen auf Anfrage von Frank Zweifel. Die Financial Intelligence Unit (FIU), innerhalb des BKA zuständig für die Verhütung und Bekämpfung von Geldwäsche, beklagt in ihrem Jahresbericht

2003: »Trotz der weit verbreiteten Vermutung der Nutzung von Spielbanken für Geldwäscheaktivitäten wurde der FIU im Jahr 2003 von Spielbanken nur eine einzige Verdachtsanzeige gemeldet.«[6] Und auch im Bundesinnenministerium weiß man expressiv verbis um diese Problematik: »Eine Geldwäsche in Spielbanken ist zum Beispiel möglich beim Tausch von (registrierten) Banknoten, beim Tausch von Jetons und Rücktausch sowie beim Spiel an Automaten mit Geldscheineinzugsvorrichtungen«, hält die ministeriale Arbeitsgruppe »Verschärfung der Zugangskontrollen zum Kleinen Spiel in Spielbanken« 2003 fest. Und die Arbeitsgruppe erklärt in ihrem Bericht auch: »Im Rahmen einer Umfrage im Jahr 2003 hat das Bundesministerium des Innern angesichts der auffallend geringen Zahl von ›Ersthinweisen‹ unter anderem aus dem Bereich der Spielbanken in den Jahren 1998 bis 2002 allerdings Zweifel an der ausreichenden Implementierung der Geldwäschevorschriften in diesen Bereichen geäußert.«[7]

Im Falle der Spielbank Baden-Baden weisen die sichergestellten Geldwäsche-Verdachtslisten Namen auf, bei denen Staatsanwälten die Ohren klingeln müssten: Mutmaßliche Waffenhändler und Mafiosi sind darunter, auch ein Chinese, der 2006 im Zusammenhang mit einer aufsehenerregenden deutschen Wettaffäre eine zentrale Rolle spielen wird und dem Ermittler eines anderen Bundeslandes organisierte Kontakte ins Reich der Mitte nachsagen werden. In den wenigsten Fällen kommt es zu Ermittlungen – die dann freilich bald wieder eingestellt werden.

Andreas Frank stößt auch darauf, dass Großspieler beim Kasino Baden-Baden Gelddepots anlegen dürfen. Inzwischen schaut auch die Landespolitik auf die Spielbank der Kur- und Bäderstadt: Abgeordnete des baden-württembergischen Landtags monieren diese Depotpraxis. Solche Depots, bemängeln sie, könnten zur Geldwäsche genutzt werden. Das Finanzministerium sieht dies nicht so.[8] Und freut sich weiter über die Spielbankabgabe von neunzig Prozent, die dem Land jährlich zweistellige Millionensummen beschert.

Für dubiose Nutznießer des obskuren Spielbanksystems ist Andreas Frank mit seinen Nachforschungen längst zu einer Gefahr geworden. Nach einem Gespräch mit der damaligen Kasino-Aufsichtsratschefin und Baden-Badener Oberbürgermeisterin Sigrun Lang im Februar 2001 hält Frank in einem Protokoll fest: Lang und ihr Mann hätten ihn gewarnt, er solle aufpassen, dass nicht eine Bombe unter seinem Auto angebracht werde. Gegenüber der Staatsanwaltschaft Baden-Baden erklärt Sigrun Lang wenig später, sie habe bei diesem Gespräch »keine konkrete Warnung« ausgesprochen. Vielmehr habe sie den Eindruck gehabt, dass sich Frank generell gegen die Spielindustrie engagiere, was zu ihrer Bemerkung Anlass gegeben habe, »dass so jemand sich wohl vorsichtig verhalten sollte«.[9]

Wie einfach es indes ist, im Kasino Baden-Baden Geld zu waschen, demonstriert im Jahr 2000 eine Frau aus Baden-Baden: Sie zahlt zunächst 20 000 D-Mark in der Spielbank auf ein Depot ein und erhält dafür eine Nummer. Ohne Angabe ihres Namens überweist sie danach weitere 35 000 D-Mark aufs Depot und lässt schließlich den Gesamtbetrag in Höhe von 55 000 D-Mark wieder nur unter Nennung der Depotnummer des Kasinos auf ihr privates Konto bei der Commerzbank transferieren. Der Test zeigt, wie leicht auch schmutzige Gelder, etwa aus dem Drogenhandel, gereinigt auf dem Konto eines Großkriminellen landen könnten. Damit kann sich die Spielbank der Beihilfe zur Geldwäsche strafbar machen.

Die Praxis der Gelddepots wirft die Frage auf, ob die Spielbank unerlaubte Bankgeschäfte betreibt. Ein ehemaliger Mitarbeiter des Bundesaufsichtsamts für Kreditwesen, der auf diese Praxis hingewiesen wird, spricht damals von einem »krassen Verstoß gegen das Kreditwesengesetz«.[10] Die Baden-Badener Staatsanwaltschaft prüft – und stellt die Ermittlungen in Sachen Gelddepots im November 2001 wieder ein.

Dabei haben dubiose Bankaktivitäten bei der Spielbank Baden-Baden »gute« Tradition: Schon im eingangs geschilderten Falle des spielsüchtigen Bankers Roland S., der Kundengelder verzockte, hatte sie Schecks akzeptiert, die im Kasinodepot mit Wertpapieren abgesichert wurden. Und an den später wegen Betrugs verurteilten Autohändler Dieter H. waren Barschecks in Höhe von dreizehn Millionen D-Mark ausbezahlt worden, ohne dass die Spielbank dessen Bonität geprüft hätte.

Einige Energie entwickeln Ermittler derweil im Falle des Testversuchs, der die fragwürdigen Bankgeschäfte bezüglich der Depotpraxis ans Tageslicht befördert hat. Die Frau, die das Depot eröffnet hatte, ist die Schwiegermutter von Andreas Frank. Prompt wird gegen sie ermittelt – wegen Geldwäsche. Erst nach rund sechs Monaten wird das Verfahren eingestellt.

Andreas Frank hat einen Mitstreiter – einen Insider: Hans Werner Kelch, von 1976 bis April 1995 Aufsichtsrat der Spielbank. Seinen Nachfolgern und den Verantwortlichen des Kasinos nimmt er die Ahnungslosigkeit nicht ab. »Die wussten genau Bescheid«, sagt Kelch, als der Fall des Bankangestellten H. im Jahr 2000 öffentlich geworden ist. »Die Verstöße, die sie sich haben zuschulden kommen lassen, müssten eigentlich mit Haftstrafen abgegolten werden.« Schon 1995 hat er dem damaligen Aufsichtsratschef und Oberbürgermeister von Baden-Baden, Ulrich Wendt, einen sechsseitigen Report übergeben, in dem er seine Vorwürfe gegen die Spielbankbetreiber auflistete, darunter den der Aufsichtspflichtverletzung gegenüber spielsüchtigen Großspielern. Der Bericht verschwand unter irgendeinem Aktenberg. Und Kelch, der im April 1995 aus Protest den Aufsichtsrat verließ, bekam einen Monat später prompt Hausverbot.

Ermittlungen gegen den kritischen Aufklärer

Die Spielbankbetreiber haben in diesem Krieg die stärkeren Bataillone. Auf die Baden-Badener Staatsanwaltschaft können sie sich jedenfalls verlassen. Sie steht parat, als die Kasinobetreiber scharf gegen Frank schießen. Am 16. Januar 2001 klingeln plötzlich örtliche Staatsanwälte an seiner Tür, halten ihm einen Durchsuchungsbefehl vor die Nase, lassen sein Büro filzen, Akten und Telefondaten beschlagnahmen. Der Vorwurf: Verdacht auf Ausspähung von Geschäftsgeheimnissen. Die Spielbankleitung hat gegen Frank Anzeige erstattet. »Sie wollten herauskriegen, wer meine Informanten sind«, sagt Frank heute. Die Staatsanwaltschaft ermittelt gegen ihn, stellt das Verfahren schließlich ein.

Doch für die Spielbank, so vermutet Frank, könnte allein die Hausdurchsuchung bei ihm schon nützlich gewesen sein: Die Staatsanwaltschaft ließ anhand der beschlagnahmten Telefonrechnungen von Frank per klickTel eine Liste mit den Namen aller Personen anfertigen, die mit der Spielbank in Zusammenhang stehen könnten. Frank erläutert: »Dabei gerieten auch Personen auf die Liste, die ich nicht kannte. In einem Fall hatte ich bei einem Hundezüchter Futter gekauft, der das Pech hatte, geschäftlich mit der Spielbank verbunden zu sein. Selbst Gespräche mit der Presse wurden aufgelistet – ein Verhalten, das normalerweise eher mit totalitären Systemen in Verbindung gebracht wird.«

Den Akten sei zu entnehmen, dass die Spielbank sofort Einsicht erhalten habe, erklärt Andreas Frank. »Tatsache ist, dass nach den Ermittlungen einige Kontaktpersonen, die im Kasino arbeiteten, davon berichtet haben, dass sie von der Spielbank observiert worden seien.« Weiterhin seien im Bericht der Staatsanwaltschaft Gespräche mit dem Finanzamt, dem Bundesamt für Kreditwesen, verschiedenen Zeitungen, Zeitschriften und Rundfunkanstalten aufgeführt, die ebenfalls im Zusammenhang mit der Spielbank stehen dürften. »Es ging der Spielbank offenbar darum, rauszubekommen, wer den Offenburger Ermittlern etwas gesagt hatte«, sagt Frank.

Selbst der damalige CDU-Innenminister von Baden-Württemberg will der Spielbank Baden-Baden keinen Persilschein ausstellen: Thomas Schäuble erklärt im Jahr 1999, beim Kasino sei in manchen Fällen »nicht alles korrekt abgelaufen«. Nachweisen lasse sich ein Verschulden der Spielbank allerdings nicht.

Wird Kritik am Kasino laut, kann die Spielbankleitung gelassen auf ein von den Gesellschaftern in Auftrag gegebenes Gutachten aus dem Jahr 1995 verweisen. Anlass für das Gutachten war die drohende Verstaatlichung der Spielbanken in Baden-Württemberg. Darin wird dem Kasino beschieden, dass es »in fünfundvierzig Jahren den Spielbankenbetrieb anstandslos und ohne eine einzige, der Geschäftsführung anzulastende Unkorrektheit geführt« habe. Der Verfasser des Gutachtens hat einen prominenten Namen: Hans-Jürgen Papier, damals Professor an der Ludwig-Maximilian-Universität München, heute Präsident des Bundesverfassungsgerichts.[11]

Papier ist schon Richter am höchsten deutschen Gericht, als sich just sein Senat mit der Spielbank zu beschäftigen hat. Deren Betreiber führen seit 1996 vor dem Bundesverfassungsgericht ein Beschwerdeverfahren gegen die Pläne der baden-württembergischen Landesregierung, das Kasino von 2001 an zu verstaatlichen. Sie stoßen in Karlsruhe auf beeindruckende Unterstützung: Der Erste Senat, dem Papier angehört, bescheinigt den privaten Spielbanken in Baden-Württemberg, konkret also Baden-Baden, dass sie »seit Jahrzehnten beanstandungsfrei, ja erklärtermaßen vorbildhaft betrieben« würden.[12]

Hans-Jürgen Papier ist jedenfalls geduldig, was seine eigene Befangenheit angeht. Erst wenige Monate vor der für das Kasino positiven Entscheidung des Bundesverfassungsgerichts im Juli 2000 erklärt er sich für befangen.[13] Ein Richter des Europäischen Gerichtshofs für Menschenrechte wird Andreas Frank später mitteilen, dass er dessen Befürchtungen bezüglich Papiers Befangenheit »sehr genau angeschaut und zur Kenntnis genommen« habe.[14]

Im Jahr 2000 läuft noch immer der Rechtsstreit, den Frank mit der Spielbank Baden-Baden aufgrund des Falles Roland S. führt. Seine Schadensersatzklage geht bereits ins vierte Jahr. Seit 1996 versucht er vor Gericht zu erreichen, dass das staatlich kontrollierte Kasino die rund acht Millionen D-Mark Kundengelder zurückzahlt, die sein Kollege dort verzockt hatte. Immer mit demselben »Erfolg«: In jeder Instanz wurde gegen ihn und für die Spielbank entschieden. Der Bundesgerichtshof (BGH) segnet dabei die Position des Oberlandesgerichts Karlsruhe ab, Kasinos hätten keine Vermögensbetreuungs- und Fürsorgepflicht gegenüber den Spielern.

Frank gibt nicht auf, er geht vor das Bundesverfassungsgericht. Dort erhebt er Verfassungsbeschwerde gegen die BGH-Entscheidung, zeitgleich zur – erfolgreichen – Klage der Spielbank gegen die Verstaatlichungspläne der Stuttgarter Landesregierung. Es ist Franks allerletzte Chance in diesem Fall. Als er in den Akten liest, wer Berichterstatter in seinem Verfahren ist, traut er seinen Augen nicht: Hans-Jürgen Papier. Das Ergebnis: Seine Verfassungsbeschwerde wird in Karlsruhe gar nicht erst zur Entscheidung angenommen.[15]

Andreas Frank kämpft weiter

Manch anderer Bürger würde angesichts einer solchen juristischen Phalanx die Segel streichen. Doch Andreas Frank ist ein Kämpfertyp. Und er hat Prinzipien. »Wir leben in einem Rechtsstaat« – das nimmt er wörtlich. Und deshalb wird er nicht müde, Protagonisten dieses Rechtsstaates in die Pflicht zu nehmen und sie ein Stück weit auch mit ihrem eigenen hartnäckigen Wegschauen zu provozieren.

Frank rechnet zusammen, was allein die Spielbankfälle Roland S., Dieter H. und Hans-Dieter »Hansi« H. bedeuten: insgesamt mehr als elf Jahre Gefängnis – und einen volkswirtschaftlichen Schaden von mehr als fünfzig Millionen Euro. Er lässt nicht locker. Die Feststellung des Landgerichts Offenburg im Urteil gegen den Sparkassenmitarbeiter »Hansi«, dass das Kasino den spielsüchtigen Bankangestellten hätte bremsen müssen, gibt ihm die Grundlage für einen neuen Vorstoß. Zusammen mit seinem Mitstreiter Hans Werner Kelch, dem langjährigen Aufsichtsrat der Spielbank, erstattet er 2003 Anzeige gegen die Kasinobetreiber. Der Vorwurf lautet »gewerbsmäßige Bandenhehlerei«. Er ergibt sich aus dem Paragrafen 260 a des Strafgesetzbuches. Um den Tatbestand der Hehlerei zu erfüllen, so erklärt der Anwalt von Frank und Kelch, genüge der »bedingte Vorsatz«: Es reiche aus, wenn die Spielbankverantwortlichen einen Spieler gewähren ließen, von dem sie auch nur den Verdacht hätten, er setze Geld aus fremdem Vermögen ein.

Frank und Kelch reichen die Strafanzeige bewusst nicht in Baden-Baden ein, wo nach dem Fall des Bankangestellten H. Ermittlungen gegen die Spielbank bald wieder eingestellt worden sind, sondern bei der Staatsanwaltschaft Stuttgart. Dort liegt sie allerdings nicht lange. Postwendend schicken die Stuttgarter Staatsanwälte die Anzeige an ihre Kollegen in der badischen Kur- und Bäderstadt. Das Landesjustizministerium, so hört Andreas Frank, wolle sich regelmäßig über den Stand der Ermittlungen berichten lassen. Das klingt für ihn vielversprechend. Doch am Ende kehrt wieder tiefe Ernüchterung bei Frank ein, und die Spielbank-Betreiber freuen sich über eine ungestörte Nachtruhe: Die örtliche Staatsanwaltschaft stellt das Verfahren ein.

Noch aber hat das bühnenreife Lehrstück in Sachen Rechtsstaat nicht seinen Höhepunkt erreicht. Als Andreas Frank 2005 Mitarbeiter der Baden-Badener Staatsanwaltschaft wegen Rechtsbeugung und Strafvereitelung anzeigt, nimmt es endgültig seinen grotesken Lauf. Bei Polizeibeamten, die in Verdacht geraten sind, eine Straftat begangen zu haben, ermittelt üblicherweise eine andere Dienststelle. Was aufgrund des Neutralitätsprinzips ja durchaus sinnvoll ist. Doch im Falle der Herren Staatsanwälte reagiert man buchstäblich eigen. Franks Strafanzeige landet just dort, wohin die Anzeige besonders zielt: beim Leitenden Oberstaatsanwalt.

Wie die Sache ausgeht? Dreimal darf man raten: Im April 2006 wird das Verfahren eingestellt. Der Leitende Oberstaatsanwalt kommt im eigenen Fall zu dem Ergebnis, Franks Anzeige enthielte keine Tatsachen, »die für einen Anfangsverdacht gegen mich sprechen könnten«. Sie beruhe auf »Vermutungen und haltlosen Unterstellungen«.[16] Minutiös listet der Behördenchef all die Ermittlungsverfahren auf, die man in Sachen Spielbank führte – und einstellte. Im Übrigen hält er fest: »Eventuelle Verstöße gegen das Geldwäschegesetz sind Ordnungswidrigkeiten, für deren Verfolgung die Staatsanwaltschaft nicht zuständig ist.«[17] Eine Befangenheit von sich und seiner Behörde kann der Leitende Oberstaatsanwalt partout nicht erkennen. Andreas Frank hält dagegen: »Nach dem Beamtengesetz dürfen Beamte nicht gegen sich selbst ermitteln. Durch ihr Verhalten verstößt die Staatsanwaltschaft gegen ein Grundprinzip des Rechtsstaates, nämlich die Gewaltenteilung.«

Fassen wir zusammen: Spielsüchtige Großzocker, deren Geld aus dunklen Kanälen kommt, werden in Kasinos durch allerlei Vergünstigungen angefüttert, statt dass sie intensiv geprüft und gesperrt werden. Solche Goldesel dürfen bei der Spielbank Gelddepots anlegen und stolze Summen transferieren. Mögliche Hinweise auf Geldwäsche werden nicht weitergeleitet, obwohl gerade in Kasinos laut Bundesinnenministerium schmutziges Geld trefflich gewaschen werden kann. Alles kein rechter Fall für die Justiz. Und der Staat, eigentlich Kontrolleur der Kasinos, profitiert qua Spielbankabgabe munter von diesem rechtsstaatlichen Phlegma, das System zu haben scheint. Ein geschlossener Kreis.

Derjenige, der ihn zu durchbrechen versucht, macht immer dieselbe Erfahrung: »Wohin ich mich wandte, fiel ich durch und rannte gegen Mauern. Staatsanwaltschaften ermittelten nicht, Gerichte blockten ab«, sagt Andreas Frank heute, der inzwischen als Unternehmensberater arbeitet. Er hat sich die Hacken abgerannt, wandte sich unter anderem auch an hochrangige Politiker. Ohne Erfolg. Da in Deutschland weder die Justiz noch die Politik reagierten, hat er seine Konsequenz daraus gezogen: Frank wandte sich 2004 an die Europäische Kommission – mit einer Beschwerde gegen die deutsche Regierung. Unter Bezugnahme auf den Landesbericht Deutschland des Internationalen Währungsfonds (IWF) und der in der Bekämpfung von Geldwäsche tätigen OECD-

Organisation Financial Action Task Force (FATF) legt er dar, dass Deutschland zumindest im Glücksspielbereich gegen die EU-Geldwäscherichtlinie verstoße. Und in Brüssel hat man offenkundig ein offenes Ohr für sein brisantes Anliegen: Frank wird zu Gesprächen bei der Europäischen Kommission eingeladen, und die Beschwerde wird mit Aktenzeichen angenommen.

Dabei bleibt es nicht: Im März 2007 leitet die EU-Kommission aufgrund von Franks Beschwerde tatsächlich gegen Deutschland ein Verfahren wegen Verletzung des EU-Vertrags ein. Die Bundesregierung muss zur beanstandeten Tatsache Stellung nehmen, dass es in Deutschland bisher keine rechtlichen Sanktionen gibt, wenn Spielbanken bei einem konkreten Geldwäscheverdacht keine Verdachtsanzeigen abgeben. Was den Erfolg von Andreas Frank noch vergrößert: Im Berliner Bundesfinanzministerium arbeitet man im Frühjahr 2007 schon daran, diese Gesetzeslücke zu schließen.

Die Spielbank Baden-Baden ist inzwischen verstaatlicht und hat eine neue Geschäftsführung. Andreas Frank, der Mann, der 1993 auszog, um die gewinnträchtige Förderung von Spielsucht und Ausbeutung von Spielern in Kasinos anzuprangern, bleibt optimistisch. Denn: Die Hochglanz-Mauern, hinter denen deutsche Kasinos in dubioser Weise jahrelang ihr großes Spiel spielten und der Staat abgabenselig zuschaute, beginnen zu bröckeln. Hohe Gerichte haben sich inzwischen einer Linie angenähert, für die Andreas Frank und der Verband Glücksspielsucht seit Jahren kämpfen: Für Spielbanken besteht eben doch eine Vermögensbetreuungs- und Fürsorgepflicht. Im Dezember 2005 entschied der Bundesgerichtshof, dass ein spielsüchtiger Spieler, der trotz einer Selbstsperre im Kasino weiterhin zocken kann, Anspruch auf die Erstattung verspielter Geldbeträge hat.[18] Eine Wende. Erste Urteile von Land- und Oberlandesgerichten gehen seitdem in dieselbe Richtung, auch in Baden-Baden.

Und vor allem den 28. März 2006 hat Andreas Frank als Erfolgsdatum rot angestrichen: An diesem Tag betonte das Bundesverfassungsgericht in seiner Sportwetten-Entscheidung, das staatliche Monopol dürfe nur aufrechterhalten werden, wenn Spielsüchtige geschützt würden. Seit seiner abgelehnten Verfassungsbeschwerde hatte sich zwischen Frank und dem Bundesverfassungsgericht ein zunächst einseitiger Gedankenaustausch entwickelt, der aber schließlich dazu führte, dass Franks Unterlagen offiziell den Verfassungsrichtern im Sportwetten-Verfahren zu Kenntnis gebracht wurden.

»Es bewegt sich etwas«, sagt Andreas Frank, »diese Entscheidung des Bundesverfassungsgerichts wird vielen Menschen helfen. Präsident Hans-Jürgen Papier hat offenbar eine Kehrtwende gemacht und die Einsicht gewonnen, dass Glücksspiel nicht eine Ware wie jede andere ist – sondern ein Suchtmittel.« Diese »neue Wahrheit« wird seither auch von verantwortungsbewussten Glücksspielmanagern gesehen. So betonte etwa der baden-württembergische Lottochef Friedhelm Repnik im Januar 2007: »Glücksspiele sind kein x-beliebiges Gut, das den freien Kräften des Marktes überlassen werden darf.« Nur ein staatliches Angebot könne Gefahren wie Spielsucht, Geldwäsche oder Manipulation wirksam unterbinden.[19]

»Die Judikative hat mit den Grundsatzurteilen den Weg vorgegeben, den die Länder nun in einem Staatsvertrag umsetzen wollen«, sagt Andreas Frank. Das Problem bleibe die Exekutive. Nur über eine Glücksspielaufsicht, die unabhängig davon ist, Einnahmen zu erzielen und politischen Einfluss zu nehmen, und die bundesweit einheitlich geregelt ist, lasse sich dieses Problem lösen. »Nach meiner Erfahrung darf nicht automatisch davon ausgegangen werden, dass sich die Verwaltung an Recht und Gesetz hält. Sie muss kontrolliert werden.«

Andreas Frank wird seinen Weg weitergehen. »Es bleibt viel zu tun.«

Dutroux darf es in Deutschland nicht geben

Der Spielbanken-Fall belegt beispielhaft, dass die Justiz, auch wenn sie um skandalöse Realitäten weiß, willfährige Ignoranz demonstriert und nicht handelt. Und wo mächtige Interessen bis hin zum finanziellen Nutzen des Staates durch Anklagen empfindlich gestört werden könnten, wird bewusst weggeschaut – auch wenn ein zentrales Stück Rechtsstaatlichkeit dabei auf der Strecke bleibt.

Doch es gibt eine weitere Form von Ignoranz, die ebenso drastisch die tiefe Krise der deutschen Justiz zeigt: Geht es um die Möglichkeit abgründigster, grausamster Straftaten mitten in der Gesellschaft, wird lieber gar nicht hingeschaut und geprüft, ob es diese schreckliche Realität gibt. Nach dem Motto: Dass nicht sein kann, was nicht sein darf. Langjährige Opfer von Sexualdelikten, die von bestialischen kinderpornografischen Gewalttaten berichten, kennen dieses zweifelhafte Prinzip: Eigentlich darf es diese Frauen nicht geben, eigentlich darf es die monströsen Leiden nicht geben, die sie schildern. Weil es für weite Teile der Justiz ähnliche Vorgänge wie im belgischen Horrorfall Dutroux in Deutschland nicht gibt. Nicht geben darf. Obwohl Kripobeamte eine neue negative Qualität bei Kinderpornografie erkannt haben, ignorieren zuständige Staatsanwaltschaften die mögliche Realität, tauchen ab – auch dann, wenn von ihnen selbst bestellte Gutachter den Opfern eine hohe Glaubwürdigkeit bescheinigen. Wie im Fall von Marie, der exemplarisch für zahlreiche andere Fälle steht.

Marie mag helle, große Räume mit viel Farbe. Mit ihrem Mann hat sie die geräumige Küche neu gestrichen. Gelber Putz mit ägyptischen Hieroglyphen. »So hat der Raum mehr Licht«, sagt uns die einundvierzigjährige Frau. In der Wohnung ist alles bunt, heiter. Kein Accessoire trägt die Farbe Schwarz. Oder Blau-Weiß. Darauf achtet Marie strengstens. In ihrem neuen Leben soll nichts, nicht die kleinste Kleinigkeit an das Dunkle, Grauenhafte und abgrundtief Böse von damals erinnern.

Doch wegstreichen, wie eine Küchenwand übermalen lässt sich das Leben, das Marie hinter sich hat, nicht. Immer wieder stößt die in Westdeutschland lebende Frau darauf, immer wieder springt die Vergangenheit sie an. Sieht sie irgendwo eine blau-weiße Fahne oder Decken mit bayerischem Rautenmuster, zuckt sie zusammen. »Einer der Männer, der mich als Kind vergewaltigte, trug ein blau-weißes Harlekinkostüm«, sagt sie uns. Noch schlimmer ist es, wenn bei Veranstaltungen oder Feiern ein Fremder die Videokamera zückt und losfilmt. Dann bekommt Marie Beklemmungen und Todesangst. »Damals wurde alles gefilmt, immer lief eine Kamera: wenn wir missbraucht und vergewaltigt wurden, wenn die vermummten Männer uns blutig schlugen, Stöcke in den Po rammten oder Nadeln in den Unterleib steckten.« Ihre Stimme bricht ab. Leise stammelt sie: »Auch wenn Kinder getötet wurden.«

Marie war nach eigener Schilderung mehr als zwanzig Jahre lang Opfer von kinderpornografischer Gewalt. Im Jahr 2003 erstattete sie über ihren Anwalt bei einer westdeutschen Staatsanwaltschaft Anzeige gegen die von ihr benannten Täter – wegen fortgesetzten Mords, Vergewaltigung und sexuellen Missbrauchs. Fast vier Jahre später sitzt Marie in ihrer Wohnung und sagt fassungslos: »Es hat sich nichts getan. Überhaupt nichts. Mein Anwalt und ich hören seit langem kein Wort von der Staatsanwaltschaft. Es wird nicht ermittelt.«

Dabei ist Deutschland in Sachen kinderpornografischer Gewalt alles andere als ein weißer Fleck auf der Landkarte. Die Quantität der Kinderpornografie ist seit längerem öffentlich bekannt und hat die Gesellschaft aufgeschreckt. Das Bundeskriminalamt (BKA) kennt inzwischen Fälle, bei denen mehr als 100 000 Internetdateien mit Bildern von Kindesmissbrauch bei einem Täter gefunden wurden.[20] Ein zwanzigjähriger Schüler, der über T-Online kostenlos eine Kinderpornoseite ins Netz stellte, verbuchte innerhalb von drei Tagen 550 000 Zugriffe.[21] Die im Auftrag der Länder tätige Arbeitsstelle Jugendschutz.net beobachtete auf Internetseiten, die nackte Mädchen zur Schau stellen, Besucherzahlen von 25 000 bis 30 000 – an einem Tag. Es gibt immer mehr solcher Vergehen. Nach Schilderungen von Kripobeamten bei einem BKA-Kongress 2002 in Wiesbaden kosten die grausamsten Filme bis zu 20 600 Euro; insgesamt seien rund zwanzig Millionen Filme für Pädophile auf dem Markt. Der jährliche Umsatz wird auf rund vier bis fünf Milliarden Euro geschätzt. Der Preis von solchen Bilddateien bestimmt sich im Regelfall über das Alter des Opfers und die Brutalität des Übergriffs: Je jünger das Opfer und je brutaler die Tat, desto höher der Preis.

In Bezug auf Gewalt und barbarische Torturen in kinderpornografischem Material gibt es nach Beobachtung von Experten eine drastische Entwicklung: Die Täter werden immer brutaler. Der expandierende Kinderporno-Milliardenmarkt verlangt nach immer neuen Perversionen. Weiten Teilen der Kundschaft reichen Bilder von Missbrauch für ihre Triebbefriedigung nicht mehr aus. Ihre ständig wachsenden Ansprüche werden gewinnträchtig erfüllt. Schon im Jahr 2002 stellte Max-Peter Ratzel, damals Chef der BKA-Abteilung Schwerkriminalität, fest: »Wir haben Beweise, dass die jungen Opfer körperlich misshandelt werden, neben der sexuellen Handlung als sexuellem Akt. Das ist eine Sache, die bei den Kunden sicherlich noch einen zusätzlichen Kick erzeugt.«

Im Oktober 2003 gelang es im Rahmen der »Operation Marcy«, ein weltweites Kinderporno-Netzwerk zu zerschlagen. Auf einen Schlag wurden bei der bisher international größten Aktion gegen die Szene achtunddreißig Zirkel im Internet gesprengt. Unter Federführung der Staatsanwaltschaft Halle/Saale kam es zu bundesweit 502 Hausdurchsuchungen bei 530 Tatverdächtigen. Die »Operation Marcy« markierte eine neue Qualität der Strukturen: Das zerschlagene Pädophilen-Netzwerk umfasste knapp 26 500 Sammler kinderpornografischer Bilddateien in insgesamt 166 Staaten.[22] Der damalige Justizminister von Sachsen-Anhalt, Curt Becker, sah »eine neue Dimension«, was den Umfang der Ermittlungen anbelangt: »Hier geht es um ein Netzwerk, das wie eine Spinne ausgebreitet ist über Deutschland und über Europa und die ganze Welt.«

Die Täter stammten nach Erkenntnissen der Fahnder aus der so genannten Mitte der Gesellschaft. Oberstaatsanwalt Peter Vogt erläutert: »Eine große Anzahl von Beschuldigten hat sozialen Kontakt, beruflichen Kontakt zu Kindern. Wir haben Lehrer, wir haben Ärzte, wir haben Vereinsvorsitzende von Betreuungsvereinen für Kinder, das ganze Spektrum der sozialen Berufe ist hier.« Allein die Tatsache, dass diese Berufe unter den Tätern überhaupt vorhanden sind, ist schon schlimm genug, doch sie seien in ihrer Anzahl sogar »eindeutig« überrepräsentiert, berichtet Vogt.[23] Zudem dokumentierte die »Operation Marcy«, dass die missbrauchten und gefolterten Kinder auf den Bildträgern immer jünger werden. In einem Computer wurden Bildträger beschlagnahmt, auf denen ein missbrauchtes Kind zu sehen war, das vier bis sechs Monate alt war.

Die »Marcy«-Fahnder stellten auch eine Ausweitung des Marktes in immer brutalere Einzelsegmente fest. Ein ins Visier geratener ukrainischer Internetvertrieb bot so genannte »Raritäten« an: darunter ein Vergewaltigungsstreifen mit einem vierjährigen Zwillingspaar, beworben mit der Auskunft, dass man die Schreie der kleinen Kinder hören könne. Im Katalog führt das Unternehmen siebenundachtzig so genannte »Models« zwischen vier und dreizehn Jahren auf, die Preisspanne der Filme liegt im vierstelligen Dollarbereich. Für Großkunden gibt es »Sonderpreise«: Wer das Komplettangebot ordert, zahlt für alle Kinderfoltervideos 15 000

Dollar. Der zynische Kommentar des Kinderpornovertriebs: »Sie sparen 47 495 Dollar.«

Die Kundenwünsche im Internet haben längst einen »Supermarkt des Horrors« entstehen lassen, wie italienische Ermittler schon im Jahr 2000 diese Entwicklung beschrieben.[24] Damals waren in Italien kinderpornografische Aufnahmen beschlagnahmt worden, auf denen auch der Körper eines aufgeschlitzten Mädchens zu sehen war. Der Staatsanwalt Alfred Ormanni wurde mit den Worten zitiert: »Leider sind wir zu der Überzeugung gekommen, dass es für die Opfer eine tragische Wende gibt. Einige von ihnen wurden letztlich ermordet.« Auch der österreichische Chefinspektor Franz Sonnleitner sprach 2002 von einem »Quantensprung der Grausamkeit«.[25] Der renommierte Frankfurter Oberstaatsanwalt Peter Köhler, der seit Jahrzehnten zu den konsequentesten deutschen Ermittlern in der Kinderpornoszene zählt, räumte im selben Jahr ein: »In einem Markt, den wir als Außenseitermarkt angesehen haben, hat sich in den letzten Jahren etwas entwickelt, womit wir nicht gerechnet haben und wo wir als Strafverfolger an unsere Kapazitäten stoßen.«

Maries leidvolle Geschichte

Marie hat, wie viele andere Opfer, lange geschwiegen. Aus Scham, aus Verzweiflung, vor allem aber aus Angst, die Täter werden sich an ihr rächen, wenn sie redet. Die Situation erschien ihr ausweglos. Denn: Der Ersttäter stammt – wie oft in solchen Fällen – aus der Familie. »Es ist mein Vater.« Die Frau mit den großen, wachen Augen hebt die Stimme: »Er und die anderen Täter sollen endlich bestraft werden.«

Mit einer Psychologin hat Marie ihren jahrelangen Albtraum aufgearbeitet. Sie wird auch von einem Rechtsanwalt betreut. Marie ist nicht sein einziger Fall. Einer jungen Frau, die in einer okkult-satanischen Gruppe vergewaltigt und misshandelt wurde, konnte er bereits vor Gericht zu Schadensersatz verhelfen.

Viele ihrer grauenhaften Erfahrungen hat Marie schriftlich festgehalten, sich von der Seele geschrieben. Soweit das möglich ist. »Als das kleine Mädchen 1965 im katholischen Krankenhaus geboren wurde«, schreibt sie, »war noch alles in Ordnung. Ein Körper, ein Geist, eine Seele.« Dann teilte das Grauen ihr Leben, ihr Ich. Sie wuchs »im gepflegten Hochhaus eines deutschen Vorortes« auf, besuchte den katholischen Kindergarten, Grundschule, Gymnasium, ging zur Kommunion, wurde gefirmt, machte Abi. Der Vater, ein Arbeiter und Kirchenchormitglied, habe ihr eingebläut: »Rede mit keinem Menschen, tue so, als wäre alles in Ordnung, beklage dich nicht, halte alles geheim.« Früh schon habe er seine Gewaltfantasien an ihrer Mutter und an ihr ausgelebt: »Er fesselte Mama nackt im Türrahmen vom Wohnzimmer und peitschte sie mit seinem Gürtel. Ich musste mit dem Strohhalm ihre Vagina ausschlürfen.«

Im Gespräch mit einem Gutachter beschreibt Marie später die Gewaltattacken ihres Vaters: »Er sagte oft auch Sätze: ›Lass mal sehen, die kleine Muschi, wie süß.‹ Er sagte dann auch öfters: ›Und wenn du ganz ruhig hältst, dann passiert auch nichts, dann tut es auch nicht weh.‹ Und wenn er dann so richtig wütend war, dann war er auch wirklich jemand anders in dem Moment, das ist eine unheimliche Zerstörungswut dann gewesen. Dann konnte er einen am Hals packen, an die Wand drücken und würgen. Bis mir schwarz vor Augen war.«[26]

Als sie drei war, hätten der Vater und ein Verwandter sie zu den »Profis« gebracht. Es sei der Beginn von Filmaufnahmen gewesen, der Herstellung so genannter Sadosex-Videos. Der Tatort: ein Forsthaus bei Berlin, »ein imposantes Bauwerk mitten im Wald, der Drehort war von Schutzhunden gesichert«. Marie legt ihre Aufzeichnungen beiseite, sie senkt den Kopf, horcht in sich hinein, reibt sich die Fingerknöchel. Dann sagt sie uns leise: »Zuerst wurde ich in ein Holzgitter gesperrt, mit anderen Kindern. Es war kalt und dunkel, ich schrie. Dann wurden wir geholt, sie vergewaltigten mich, schlugen auf mich ein, und immer lief die Kamera.«

Heute realisiert Marie die ganze Dimension der Scheußlichkeit: »Sie erzogen uns durch Folter dazu zu schweigen.« Eine besonders perfide Variante dieser Konditionierung werde sie nie mehr vergessen: »Sie steckten mich nachts stundenlang in ein Erdloch und sagten, ich wäre nicht mehr auf der Welt. Tatsächlich meinte ich, ich sitze im Weltall und schaue von dort auf die Erde. Heute weiß ich, ich sah den Mond.« Immer wieder sei diese Tortur wiederholt worden. »Ich fühlte mich unendlich einsam, hatte riesige Angst, hielt es nicht mehr aus, glaubte zu sterben.«

In einer der Schreckensnächte im Wald bei Berlin, so rekonstruiert Marie heute, habe bei ihr als Dreijährige erstmals der menschliche Schutzmechanismus reagiert: Um die Folter zu überleben, spaltete sich ein Teil von Maries Psyche ab und schuf so eine neue Person, die der Psyche die seelische Last abnimmt, mit den traumatischen Erfahrungen klarzukommen. Marie ist zur multiplen Persönlichkeit geworden, leidet an einer so genannten dissoziativen Identitätsstörung.[27] In der folgenden Zeit entstanden weitere »Innenkinder« – immer dann, wenn Marie bei den sadistischen Kinderpornoaufnahmen neue Vergewaltigungen und neue Folter über sich ergehen lassen musste.

Als sich Marie im Frühjahr 2003 über ihren Anwalt an die Staatsanwaltschaft wendet, schildert sie in der Anzeige detailliert ihre jahrelangen Erfahrungen kinderpornografischer Gewalt, benennt die Täter und konkrete Schauplätze des grausamen Geschehens. Zu einer förmlichen Vernehmung kommt es nicht. »Es hieß nur, man wolle sich mit mir mal unterhalten«, erzählt Marie.

Ein Jahr zuvor war vom zuständigen Versorgungsamt ein ärztliches Gutachten in Auftrag gegeben worden, um den Rentenanspruch von Marie zu prüfen. Das Gutachten belegt, dass Marie gebrochene Rippen hat und eindeutig durch sexuelle Gewalterfahrung traumatisiert ist. Der Gutachter diagnostiziert bei ihr eine »emotional-instabile Persönlichkeitsstörung vom Borderline-Typus (F60.1)«[28] und eine »chronische Posttraumatische Belastungsstörung«[29]. Wörtlich heißt es: »Die o. g. Gesundheitsstörungen sind zweifelsfrei auf die stattgehabten Traumatisierungen zwischen 1968 und 1989 zurückzuführen. Diese Missbrauchserlebnisse wiegen umso schwerer, da der Missbrauch über viele Jahre kontinuierlich angedauert hat, dass er sich insbesondere schon in der frühen Kindheit, also in vulnerablen Entwicklungsphasen vollzog, dass er als schwerwiegend zu bezeichnen ist (...). Wie zu erwarten, kam es bereits während des stattgehabten Missbrauchs zu entsprechenden typischen Reaktionen des Kindes auf den Missbrauch (...).« So schildert sie, »dass sie als Kind ständig Angst gehabt habe, unter Depressionen gelitten habe, sich auch oft selber Schmerzen zugefügt habe. Auch sei sie untergewichtig gewesen, habe Atemnotsanfälle gehabt, habe häufig eingenässt und Angst vor sozialen Kontakten gehabt.« (S. 57 f.) Die letzten im Gutachten dokumentierten

Übergriffe ereigneten sich im Jahr 1996, als Marie längst eine erwachsene Frau ist. (S. 58)

Dann gibt die Staatsanwaltschaft selbst ein psychiatrisches Gutachten in Auftrag – Maries Glaubwürdigkeit soll geprüft werden. Die Expertise liegt der Justizbehörde im Februar 2005 vor. Sie ist 159 Seiten lang und befasst sich intensiv mit Maries Gewaltschilderungen im Hinblick darauf, dass es sich bei ihr um eine multiple Persönlichkeit, also um einen Menschen mit einer dissoziativen Identitätsstörung handelt.

Der Gutachter, Chefarzt für Allgemeine Psychiatrie und Neurologie an einer westdeutschen Klinik, kommt zu dem Ergebnis: »Inwieweit es sich bei den von der Probandin geschilderten Widerfahrnissen um tatsächliche (reale) Erlebnisse handelt, vermag (wie immer in der Einzelfallanalyse) nur durch eine Würdigung entsprechender objektiver Beweismittel geklärt werden. Grundsätzlich ist jedoch bei einer kritischen gutachterlichen Würdigung aller bisher zur Persönlichkeit und Erlebnisgeschichte der Probandin bekannt gewordenen Einzelheiten davon auszugehen, dass ihr erhebliches Leiden verursachendes psychisches Störungsbild (dissoziative Identitätsstörung sowie chronische posttraumatische Belastungsstörung) mit sehr hoher Wahrscheinlichkeit auf in der Kindheit und später erlittene massive Gewalterfahrung ursächlich zurückzuführen ist.« Die dissoziative Identitätsstörung, so der Gutachter weiter, sei als ein Symptom zu verstehen, das es dem Betroffenen »überhaupt möglich macht, exzessive und gar todnahe Gewalt zu ertragen und zu verarbeiten«.

Zur Glaubwürdigkeit Maries tragen nicht nur Belege ihrer seelischen Traumata bei. Ein orthopädischer Befundbericht, den der Gutachter der Staatsanwaltschaft hinzuzieht, dokumentiert einen »Zustand nach Rippenfraktur der 11. Rippe rechts, Zustand nach körperlicher Misshandlung«. In Deutsch: Marie wurde eine Rippe gebrochen.[30] Gegenüber dem Gutachter erklärt sie dazu: »Im Alter von zwölf Jahren hatte ich einen Rippenbruch, hatte aber vorher schon mehrfache, das kam durch den Täter – nicht durch meinen Vater, sondern durch andere«.[31]

Kann das, was Marie über die bestialischen Gewalttaten der von ihr beschuldigten Täter ausgesagt hat, überhaupt Realität sein? Auch mit dieser – für solche Fälle ganz entscheidenden – Frage setzt sich der Gutachter auseinander. Werde man damit konfrontiert, entstünden hierbei unmittelbar Zweifel, »ob so etwas überhaupt menschenmöglich ist«, stellt er zunächst fest. Und zitiert dann in diesem Zusammenhang eine Arbeit des Professors Christian Scharfetter von der Psychiatrischen Universitätsklinik Zürich: »Die Berichte von Opfern des Satanic Ritual Abuse sind so grauenhaft, exzessiv, erschütternd, dass beim Zuhören tatsächlich starke Gegenbewegungen im Sinne des ›das kann doch nicht wahr sein‹ ausgelöst werden. Diese Reaktion ist leider falsch: Menschen haben seit jeher anderen Menschen so schreckliches Leid zugefügt, wie es keine Fantasie erfinden kann, wie es uneinfühlbar erscheint – und sie tun es weiter. Diese Horrortaten sind leider menschenmöglich. Die Geschichten könnten reale Geschehnisse spiegeln. Gerade darin liegt eine große Schwierigkeit – kognitiv und affektiv – für Betreuer, Therapeuten (...) Der Patient ist mit seiner Geschichte ernst zu nehmen.« [32]

Das von der Staatsanwaltschaft in Auftrag gegebene Gutachten hat Marie also eine hohe Glaubwürdigkeit bescheinigt. Zu diesem Zeitpunkt ist Marie noch optimistisch: »Jetzt müssten die Ermittlungen gegen die Täter losgehen.« Doch ihre Hoffnung trügt. Die Staatsanwaltschaft tut wenig. Zwar hat sie inzwischen das Landeskriminalamt eingeschaltet, doch konkrete Maßnahmen gegen mutmaßliche Täter bleiben aus, keine Hausdurchsuchung, keine Beschlagnahme, noch nicht einmal Vernehmungen. Als ihr Anwalt bei der Justizbehörde mehrfach nachhakt, stellt sich sogar heraus: Die Akten waren vorübergehend verschwunden. Sie seien bei der Generalstaatsanwaltschaft, heißt es. Doch Fakt bleibt: Es wird nicht ermittelt. Dasselbe gilt für die Anzeigen anderer Opfer extremer kinderpornografischer Gewalt, die Maries Anwalt auch vertritt. Obwohl auch hier Gutachten vorliegen, die den Frauen eine hohe Glaubwürdigkeit attestieren. Hoffte die Justizbehörde darauf, dass die Expertisen negativ ausfallen? Die Frage drängt sich auf. Selbst wenn die Staatsanwaltschaft zum Ergebnis kommt, die Anschuldigungen der Frauen könnten nicht realistisch sein, warum teilt sie dieses dem Anwalt nicht mit? Warum schweigt sie jahrelang? Marie erhält darauf keine Antwort.

Auf unsere Nachfrage verweist der ermittelnde Staatsanwalt im Januar 2007 auf die Komplexität des Verfahrens. So halte auch er Marie für glaubwürdig, »ansonsten hätte ich das Verfahren auch schon längst eingestellt«. Man könne bereits »dranfassen«. Doch als Staatsanwalt müsse er dem »Täter die Tat konkret vorwerfen können«. Dass in Berlin irgendwann einmal »ein Baby getötet worden« ist, sei »juristisch schwer fassbar«. Um zu handeln, brauche er »eine Konkretisierung der Taten«, das sei ein »generelles Problem«. Im Klartext: Tauchen keine neuen Fakten auf, ist der Aktendeckel wohl bald geschlossen.

Maries Rechtsanwalt, Dr. Rainer Fuellmich aus Göttingen, versteht die Welt nicht mehr: »Mehr, als die Namen der Täter, die Tatorte und die anderen Opfer zu bezeichnen, geht nicht. Ich kann es bis zu einem gewissen Grad nachvollziehen, dass der Staatsanwalt wegen den lange zurückliegenden Taten Ermittlungsschwierigkeiten hat, aber wir haben ihm eine Zeugin geliefert, die noch lebt und dazu schlau ist.« Ferner ergänzt Fuellmich: »Was will er denn noch mehr als eine Zeugin mit einem guten Glaubwürdigkeitsgutachten? Wenn man endlich anfinge zu ermitteln, würde man vielleicht noch eine Leiche oder Teile von ihr finden. Das Wichtigste ist eine Zeugin, die sich an alles erinnert, mit der man die Ermittlungen einleiten könnte. Wir haben das, worüber sich jeder Polizist freut: ganz konkrete Namen. Es ist mehr da, als sich die meisten Polizisten bei Gewaltverbrechen wünschen. Wir haben die Namen der Täter, wir haben Zeugen. Wenn man da nicht anfängt zu ermitteln, braucht man nirgendwo anfangen zu ermitteln.«

Marie habe das Gutachten »mit Bravour« bestanden. Aber wenn sie die Hürden des Gutachtens geschafft habe und trotzdem nicht ermittelt werde, »versagt das System komplett«. In diesem konkreten Fall, wo die Hürden, die die Justiz selbst aufbaue, genommen würden, könne er nachvollziehen, dass sich seine Mandantin »verschaukelt« fühle. Fuellmich erklärt dazu: »Ich glaube, die Angst vor Blamage steht bei den Ermittlern im Vordergrund. Das Thema ist so bizarr, dass sie sich das nicht vorstellen können. In diesem Fall glaube ich nicht, dass es die Macht der Täter ist, es ist die Angst der Staatsanwälte, sich zu blamieren.«

Virtuelle Vorlagen für Gewaltfetischisten

In der Therapie hat sich Marie die Dissoziation bewusst gemacht: »Wir sind ungefähr dreißig Leute, die denselben Körper benutzen, um in der Menschenwelt zu leben«, sagt sie heute. Jedes »Innenkind« trägt einen anderen Namen. »Manche sind leider immer noch im Trauma am Tatort gefangen.« Wie Merle, die auch bei den Sadosex- und Sodomie-Drehs im Forsthaus nahe Berlin »geboren« worden sei. In ihren schriftlichen Aufzeichnungen des Grauens hat Marie erinnernd festgehalten: »Es ist kühl. Viele Blätter liegen auf dem Boden. Ein Mann bringt mich nackt zu dem Baum, wo er mich mit den Armen nach oben festbindet. Dann geht er weg. Angst, Schmerzen in den Armen und im Genick. Ein Pentagramm, gezeichnet auf dem Waldboden, links neben mir. Grausame Stille. Eine Gestalt kommt, sie hat etwas Goldenes auf dem Kopf und tut mir weh. Ich weine, ich schreie, Schmerzen, heiß und kalt. Schmerzen ohne Ende. Alles schwarz.«

Pentagramme, Peiniger in schwarzen Gewändern, eine bizarre Mischung aus Pornografie und Okkultismus – Maries Schilderungen beinhalten immer wieder Anzeichen eines satanistischen Szene-Hintergrundes. Doch die 41-Jährige sagt selbst: »Hier ging es viel weniger um eine satanistische Sekte, sondern um eine Variante der Kinderpornografie, die besonders ausgefallene Wünsche von Kunden bedient. Es ging um reinen Gewaltfetischismus.« Bei den gedrehten Vergewaltigungen und Folterszenen seien die Täter nicht nur als vermummte Satansgestalten aufgetreten, sondern auch als Harlekin oder Ärzte. Die Kunden, die immer wieder auf dem Waldgelände aufgetaucht seien, hätten auswählen können – zwischen Satanismus, Sadomaso, Clownpartys und Snuff[33], also Videos, in denen es um primitivste Gewaltfantasien geht.

Der Sektenexperte Ingo Christiansen, Sachverständiger der Bundestags-Enquetekommission von 1998, beschäftigt sich seit langem mit Satanskulten. Er hat festgestellt: »Nicht erst seit Dutroux wissen wir, dass sich zwei große Industrien miteinander vernetzen, nämlich die pornografische Industrie mit dem organisierten Satanismus. Hier kommt es durchaus zum Austausch von Gewaltmaterial, Gewaltbildmaterial im kinderpornografischen Bereich.« Neben den Gewinnspannen sieht Christiansen eine zweite Gefahr: »Hier wird sukzessive das Menschenbild verändert zu einem darwinistischen, wo der Mensch das Recht hat, sich alles erlauben zu können, und wo das einzelne Menschenleben keinen Wert mehr hat.«

Überdeutlich wird der Übergang zwischen Kinderpornografie und okkult-satanistischen Gewaltfantasien in deutschsprachigen Prospekten, auf denen kommerzielle Anbieter von rituellen Kinderpornos ihre Ware anpreisen:

»Film 1: Schwarze Messe mit 12 Männern und 8 Frauen zwischen 13 und 28 Jahren. Extrem versaute Orgie, keine gestellten Szenen. Die Mitwirkenden sind durch Alkohol und Pillen völlig enthemmt. Ficken, Anal, Doppel, lesbisch, faust (...) Jeder macht es mit jedem, auch Geschwister (...)

Film 2: Aufnahmezeremonie. Eine 14-Jährige wird in den satanistischen Kreis aufgenommen. Sie wird von allen Männern (10) hart anal und vaginal gefickt, wobei die kleine Sau immer mehr in Fahrt kommt. Die anwesenden Frauen vergnügen sich bei diesem Anblick (...)

Film 3: Knallharter Sadosex. Eine völlig veranlagte 13-jährige Masofrau genießt alle möglichen Qualen. Schläge, Schnitte, Stiche mit Nadeln, Vaginal – und Anal – (...).«[34]

Überhaupt dürften Maries Erinnerungen heute keinen Ermittler mehr schocken. 2002 hatte es Deutschland amtlich: Armin Meiwes, der Kannibale von Rotenburg, tötete vor laufender Kamera einen Menschen und verspeiste Teile seines Opfers.[35]

Inzwischen gibt es bereits eine Meiwes-Fanseite im Internet. Im Repertoire steht neben einem Forum zum Austausch für die Kannibalenszene eine gruselige Auswahl von Kannibalen- und Snuff-Fotos.[36] Der Leiter der Kriminologischen Zentralstelle in Wiesbaden, Prof. Dr. Rudolf Egg, beschreibt Meiwes sogar heute »als Idol, als Vorbild« der Szene, »weil er es geschafft hat, so einen Kontakt über das Internet herzustellen und es bis zum Ende durchzuführen«.[37]

In zahlreichen deutschsprachigen Internetforen präsentieren sich heute Täter und Opfer des sexuellen Gewaltfetischismus. Beispielhaft sei die virtuelle Kontaktbörse »Das Reine Böse soll sich hier finden« genannt, die für »Schwule, die das Böse verehren und sich austauschen möchten«

ins Netz gestellt wurde. Anzeigen wie »Satanist sucht Opferdiener«, »Sadistischer SATANIST aus Berlin sucht Lustdiener, Sklaven, Lebensmüde, Neugierige, die es sich vorstellen können, in die schwärzeste Szene einzutauchen, um sich als Opfer herzugeben«,[38] dokumentieren den Graubereich zwischen Fetisch und Satanismus. Andere Besucher der Seite suchen Kinder. Das belegen Anfragen wie »Suche junge Knaben um so jünger um so besser.« In der Rubrik »Kinder« fragt ein Besucher mit dem Pseudonym »Kinderschänder«: »Oi! Suche goile junge Knaben zum goil schänden. Oder Typen die wie ich auf Kinder stehen zum Erfahrungsaustausch. Bin Mobil. Meldet euch!«[39]

Auch andere Inhalte des Forums klingen wie aus der Strafanzeige Maries entnommen. Ein Diskutant fragt: »Hey, ihr Satanisten, wer hat bock auf Austausch von Krankheitserregern? Selber kann derzeit nur HIV-1 dienen. Bin selber nur aktiv. Aber wenn einer Bock auf HIV-1 hat mailt mir. Suche aber noch alle anderen Krankheiten, auch Kleinigkeit! Hail Satan.«[40]

Dass es dabei nicht nur um den Austausch von Bakterien unter Erwachsenen geht, die ihr Leben verkürzen wollen, geht aus folgendem Antwortposting hervor. Hier sollen auch unschuldige Kinder infiziert werden: »Du hast Goile Ideen! Wir organisieren gerade eine geile Partie in Frankfurt mit süßen jungen unschuldigen Boys. Hast Du Lust dein versifftes Sperma in die Boys zu pumpen?«[41]

Ein Jahr nach Armin Meiwes kommt es in Deutschland zu einer ähnlichen Tat – diesmal in Berlin. Der einundvierzigjährige Ralf M. gesteht, einen Bekannten erstochen und anschließend zerstückelt zu haben. Herz und Nieren verstaut er fachgerecht im Kühlschrank. Den Penis seines Opfers legt er in Jodsalz ein. Vorausgegangen war der Tat des »Kannibalen von Neukölln«[42] ein Posting in dem deutschsprachigen Internet-Kannibalen-Treffpunkt »Das Verspeist Forum«. Hier schrieb er: »Suche jungen Mann um die 30, schlank, der sich als Festbraten zur Verfügung stellt.« Aber bereits Jahre vor der Tat lebte er in den Fantasien, die ihn bis zur Tat zuerst okkupiert und schließlich überwältigt haben. Im Gegensatz zu Armin Meiwes fand er aber kein Opfer, das sich »freiwillig« schlachten lassen möchte. So tötete er sein Opfer, das er zuvor an sein Bett gefesselt hatte, mit einem Schraubenzieher.

Das so genannte »Verspeist Forum«, in dem Ralf M. Opfer für die Umsetzung seiner Fantasien suchte, dokumentiert, mit welcher Dreistigkeit die Szene inzwischen vorgeht. Unumwunden schreibt ein Teilnehmer: »Suche junge Frau zum Schlachten.«[43] Ein anderer Teilnehmer sucht »für unser Hexenfest an Halloween« noch »junges Männerfleisch«.[44] Natürlich ist nicht jede Anfrage ernst gemeint, und vielen geht es um den Austausch ihrer geheimen sexuellen Fetischfantasien. Doch spezialisierte Kannibalismus- und Snuff-Foren verkürzen den Weg zwischen Gewaltfantasie und Realität erheblich. Der Leiter der Kriminologischen Zentralstelle, Professor Dr. Rudolf Egg, warnt vor den virtuellen Räumen: »Je leichter der Zugang ist, desto größer ist die Gefahr, dass sich der Einzelne doch von der virtuellen Welt in die tatsächliche Welt des Kannibalismus hinüberziehen lässt.«[45]

Armin Meiwes war längst nicht der einzige deutsche Kannibale. Im niederbayerischen Grafenau tötete ein Mann eine Verkäuferin mit 35 Messerstichen. Bei der Vernehmung gibt er zu, dass er seinem Opfer das Herz rausgerissen und teilweise »verspeist« habe.[46] Seit Fritz Haarmann in den Zwanzigerjahren mit seinen real gewordenen Vampirmorden – er biss seinen Opfern die Kehle durch – Deutschland schockierte, sind Kannibalismus und Blutfetischismus in der Kriminalistik bekannt. Ein prominentes Beispiel ist auch der so genannte »Vampir von Düsseldorf«, Peter Kürten, der wegen seiner Morde 1931 hingerichtet wird. Nach seiner Verhaftung erklärt er dem Arzt: »Das Blut kann ich hören … Das Blut ist ausschlaggebend in den meisten Fällen, das bloße Würgen genügt meist nicht, um zum Samenerguss zu kommen.« Eine weitere Aussage: »Herr Professor, aber Sie müssen mal probieren, einer Gans den Kopf abzuschneiden, wenn das Blut so leise rauscht.«[47] Oder der Fall Karl Denke. Um die vorletzte Jahrhundertwende ermordet er einunddreißig Menschen, isst ihr Fleisch und setzt es anderen zum Essen vor. Viele der menschlichen Leichenteile verarbeitet er später zu Gebrauchsgegenständen wie Schuhriemen und Hosenträger.

In Belgien stand Dutroux nicht für den einzigen real gewordenen Horror. Im März 2003 verurteilt ein Brüsseler Gericht den früheren Pastoren Andreas Pandy zu lebenslanger Haft, seine Tochter Agnes wegen Tatbeteiligung zu einundzwanzig Jahren. Beide hatten sechs Familienmitglieder ermordet. Dem Geständnis von Agnes zufolge wurden die Menschen erschossen oder mit dem Hammer erschlagen, dann zerstückelt und identifizierbare Leichenteile mit chemischem Rohreiniger aufgelöst. Offen bleibt nach dem Prozess die Frage, welchen Ursprungs die Knochen und Zähne von dreizehn unterschiedlichen Menschen sind, die ebenfalls im Keller gefunden wurden.[48]

Wiederum ein Jahr später: In einem französischen Gefängnis stürzt sich ein Häftling bei der Essensausgabe auf einen Mitgefangenen. Nachdem zwei Aufseher Hilfe holten, werden sie Zeugen einer bizarren Szene: »Als sie zurückkamen, saß er mit allen vieren über seinem Opfer und aß dessen Gehirn«, berichtete Thierry Foucher von der Gewerkschaft der Justizmitarbeiter. Der Häftling saß bereits wegen Kannibalismus ein.[49] Und auch in Großbritannien erklärt der 2005 verurteilte Kannibale Peter Bryan der Staatsanwaltschaft, durch das Essen würde die »Stärke« der Opfer an ihn übertragen, dazu sei das Menschenblut proteinreich.

Für solche Taten gibt es im Internet Tausende Vorlagen. Spezialisierte Internetseiten und Portale verlinken das World Wide Web zu Tausenden kannibalischen, gewaltpornografischen und kinderpornografischen Homepages. Und stetig werden die Angebote für jeden Fetischisten verfeinert. Mal ist es eine Kombination aus Satanismus und Blutfetischismus, mal aus Kinderpornografie und Sex mit Tieren.

Das Opfer kann Tatorte benennen

Doch bei Menschen, die aus diesen Vorhöfen der Hölle berichten könnten, tun sich Strafverfolger so schwer mit dem Glauben. Was berichtete Marie in dem Gutachten der Staatsanwaltschaft: »Schlimmer fand ich die Kunden, die Kinder sezieren wollten.« Im Kellerraum eines Berliner Forsthauses habe sie dann »alleine mit dieser Leiche, die aufgehängt war«, gesessen: »Und teilweise sind die Täter reingekommen und haben ein Stück abgeschnitten, weil es eben auch Kunden gab, die eben kannibalisch veranlagt waren.«[50]

Marie sagt verbittert: »Ich habe Menschen gesehen, deren Verhalten Satans dunkle Begabung weit in den Schatten stellen.« Sie wird deutlicher:

»Bei diesen Drehs im Forsthaus gab es auch Tote. Eine Frau, zwischen zwanzig und dreißig, wurde mit einer Kettensäge zerstückelt. Auch Kinder und Säuglinge wurden getötet.« Marie berichtete in ihrer Anzeige auch von Fahrten nach Amsterdam. Dort seien mit ihr und anderen Kindern ebenfalls pornografische Gewaltvideos gedreht worden. »Einmal musste ich in einen Raum kommen, wo die Kunden an einem Tisch saßen. Sie musterten mich intensiv«, sagt sie. Zudem nannte sie zwei westdeutsche Städte, in denen kinderpornografische Partys organisiert worden seien.

In einer Schwulenkneipe in Berlin sei ein weiteres »Innenkind« von ihr geboren worden. Der Mann, der sie dorthin gebracht habe, sei stolz auf sie gewesen. »Ich arbeitete sehr gut, die Kunden waren zufrieden. Sie durften bestimmen, was ich anhatte. Manche wollten mich mit Gegenständen quälen, manche gaben mir Geschenke, die ich nicht behalten durfte. Eins wollten alle: Sex.« Sie habe auf Monitoren andere Kinder und deren Kunden im ersten Stock sehen können. Der Mann habe sie später in eine andere Berliner Schwulenkneipe gebracht. »Dort konnten mich Kunden auf dem Klo besichtigen. Dann wurde ich für eine Geburtstagsparty verliehen.«

Marie kann die Kneipen benennen – eines der Lokale hat erwiesenermaßen in den kinderpornografischen Kreisen Europas einen hohen Bekanntheitsgrad. Seit Jahren gehen in der Schönefelder Szenekneipe minderjährige Prostituierte ein und aus – offenbar unter den Augen der Behörden. Dazu taucht die Lokalität auch in den Ermittlungen über den seit Juli 1993 verschwundenen zwölfjährigen Manuel Schadwald auf. In einer eidesstattlichen Versicherung erklärt der in der Szene verkehrende Jens Uwe Möhrke, er habe »Manuel Schadwald« mehrmals in einem »Kinderbordell« gesehen. Der angebliche Stiefvater Schadwalds sei ihm »aus den einschlägig bekannten Berliner Szenelokalen (…) bekannt«.[51] In einem der beiden Szenetreffpunkte verkehrte auch Marie.

Auch die Spuren des Netzwerkes des 1993 zerschlagenen niederländischen Kinderpornorings von Zandvoort führen mitten in die deutsche Hauptstadt. Nachdem die Polizei in Berlin laut verkündete, man habe »nicht die Spur eines Beweises« für Zandvoort-Kontakte, kam das Zurückrudern erheblich leiser daher. Die Ermittler mussten zugeben, dass die Täter viele E-Mail-Adressen aus Berlin auf ihren Rechnern gespeichert hatten.[52] Ein Informant berichtete gegenüber der *Berliner Morgenpost*, ein ihm bekannter Pornohändler sei immer wieder in Berlin gewesen und habe sich dort »frische Ware« besorgt.[53]

Zusammen mit ihrem Anwalt war Marie in Berlin, nach Jahren des Albtraums: Auf Anhieb fand sie die Kneipen wieder – und das Forsthaus. Doch für die zuständige Staatsanwaltschaft ist all das nicht konkret genug. Es genüge nicht zu sagen, »der hat irgendwann irgendwas gemacht«.

In ihren schriftlichen Aufzeichnungen hat Marie den damaligen Terminplan des Traumas festgehalten: »Freitagabends 19 Uhr Anruf. Treffen Seitenstraße mit Onkel X. Holt mich ab. 20 Uhr Fahrt nach Berlin, Samstag Hausaufgabenbetreuung, nachts zurück, Schlafmittel, morgens zu Hause. Nachmittags 16 Uhr Kaffee trinken bei der ahnungslosen Oma. ›Das Kind sieht so blass aus.‹« Als Maries Mutter im Jahr 1979 stirbt, kommt sie zu deren Verwandten. Doch die Übergriffe gehen über viele Jahre hinweg weiter. Erst 1996, nach ihrer Hochzeit, endete nach ihrer Schilderung das lange Martyrium. Als multiple Persönlichkeit zu leben, daran hat sich Marie in den letzten Jahren immer mehr zu gewöhnen versucht. »Die einzelnen Personen übernehmen die Kontrolle über den Körper, wenn bestimmte Auslöser vorhanden sind. Im Alltagsleben gestaltet sich das dauernde Wechseln sehr schwierig.« Ständig hört sie verschiedene Stimmen in sich, äußern sich gegensätzliche Naturelle. Marie, die erwachsene Frau, spricht sehr überlegt, eloquent – dabei kann es sein, dass sie sich Zöpfe flechtet und mit einem Plüschtier schmust. Lächelnd erzählt sie: »Wenn mein Mann mit uns Klamotten kaufen will, verdreht er immer die Augen, wenn eine Erwachsene auf einmal niedliche Plüschpantoffeln mit rosa Herzchen haben will.« Doch da sind auch die dunklen, gefährlichen Seiten – wenn sich über Innenkinder die Täter zu Wort melden: »Du Verräterin, bring dich um!«

Das Beste, sagt Marie, was ihr je passierte, »ist die Hochzeit mit einem lieben Mann, der mich rausholte«. Nun habe sie einen tollen Mann, Kinder, eine nette Schwiegerfamilie und einen Hund. »Vielleicht wird es ja noch etwas mit dem Leben in einer normalen Welt.« Und sehr bestimmt fügt sie hinzu: »Irgendwann wird der Satz fallen: Die Täter sehen blass aus.«

Doch wenn die Staatsanwaltschaft weiterhin nichts tut, bleibt dies Illusion.

Marie und andere Opfer haben Bilder gemalt von ihren grausamen Erfahrungen. Sie kennen sich untereinander nicht. Ihre Zeichnungen ähneln sich jedoch in den skizzierten Abscheulichkeiten, die ihnen widerfuhren. In manchen Details sind sie sogar identisch.

Das gilt auch für die Schilderungen von Opfern, aus welchen Kreisen die Täter kommen: »Ärzte, Lehrer, Juristen, Geschäftsmänner, Prokuristen, Sozialarbeiter, Polizisten, Arbeiter. Die gute Gesellschaft.« Manche hätten auch politische Positionen gehabt.

Ende 2006 hat Marie noch immer keine Nachricht von der zuständigen Staatsanwaltschaft. »Mit mir redet niemand. Man will nicht wahrhaben, dass es so etwas gibt.«

Mitte Februar 2007 dann die Nachricht, die sie erschüttert. Der zuständige Staatsanwalt hat die Ermittlungen eingestellt. Er schreibt ihr: »Letztlich ausschlaggebend dafür war, dass der konkrete Nachweis ganz bestimmter Straftaten nicht, jedenfalls nicht mit einer für die Erhebung einer Anklage beziehungsweise Verurteilung notwendigen Sicherheit erhoben werden kann. (...) Zwar sind viele bedenkenswerte Punkte vorhanden, die eine Strafbarkeit der beteiligten Personen wahrscheinlich erscheinen lassen, letztlich reichen diese Gesichtspunkte jedoch nicht aus.«

Sicher, der Fall Marie erfordert von Strafverfolgern viel Mut. Denn es gab in der Vergangenheit Fälle, bei denen sich die Aussagen angeblicher Opfer während der Ermittlungen als falsch erwiesen haben. Neben großem Fahndungsaufwand stand am Ende die Kritik der Öffentlichkeit. Doch es gibt reale Verbrechen monströser Dimension, die Bezüge zu den Tatschilderungen von Marie und anderen Opfern extremer kinderpornografischer Exzesse haben. Vier Jahre ist es her, dass die Frau, die nachweislich Opfer von sexueller Gewalt geworden ist, Strafanzeige erstattet und Namen von Tätern und Tatorte genannt hat. Passiert ist bis heute nichts: Keine Vernehmungen mutmaßlicher Täter, keine Hausdurchsuchungen. Und dies trotz eines positiven Glaubwürdigkeitsgutachtens und detaillierter Schilderungen von Taten. Strafverfolger sind gehalten, allen Hinweisen und Spuren nachzugehen, auch dann, wenn die Dimension der Verbrechen ihre bisherige Ermittlungspraxis sprengt. Das darf aber kein Grund sein, solche Fälle in der Schublade verschwinden zu lassen und damit die Opfer zu brüskieren.

2. Willkür und Blindheit

Der Fall Wolski oder Einblicke in die hessische Justiz

»Die da oben – wir da unten«, so empfinden es viele Bürger, und ihr Ohnmachtsgefühl könnte nicht treffender beschrieben werden. Was ihnen große Angst einjagt, ist ein Justizapparat, der sich abschottet, sich blind stellt und versucht, sie für dumm zu verkaufen. Je einschneidender die Justiz in das Leben eingreift, desto größer wird der Wunsch nach Transparenz. Doch Realität ist leider: Das Krähensyndrom – sprich: eine Krähe hackt der anderen kein Auge aus – verbindet sich mit Willkür oder Ignoranz.

Am 21. August 2006 starb Ignaz C., einst ein ausgesprochen erfolgreicher Frankfurter Unternehmer, im Alter von sechsundachtzig Jahren in einem Pflegeheim, nach Meinung einiger seiner Verwandten abgeschottet von der Außenwelt. Selbst nächste Angehörige erfuhren von seinem Tod eher zufällig, was nur dem Umstand geschuldet war, dass nach jüdischem Glauben zur Beerdigung und zum Gebet zehn Männer benötigt werden. Erst als ein Mitglied des jüdischen Gemeindevorstandes in Frankfurt den Arzt Dr. Janusz Pomer, Ignaz C.s Schwiegersohn, deshalb ansprach, erfuhr der vom Tod seines Schwiegervaters und benachrichtigte daraufhin die beiden Söhne von Ignaz C., die in Genf lebten.

Der Geschäftsmann wurde am 13. Dezember 1920 in der polnischen Kleinstadt Bedzin geboren. Als einziges Mitglied seiner Familie überlebte er nicht nur die erbarmungslose Hungersnot im Ghetto von Bedzin, sondern auch das Todeslager Auschwitz. Nach dem Krieg kam er wie andere, die der Vernichtungsmaschinerie der Nazis entkommen konnten, nach Frankfurt. Ihm gelang ein Neuanfang, und er brachte es durch Immobilien- und erfolgreiche Börsengeschäfte zu einem Millionenvermögen. Der von ihm aufgebaute Konzern umfasste Ende der Achtzigerjahre dreiunddreißig Einzelfirmen mit einem geschätzten Aktivvermögen von über hundert Millionen Euro. Seine Frau war zu einem Teil an den Unternehmen beteiligt und verfügte vor seinem Tod über eine Generalvollmacht über das Vermögen.

Er sollte eigentlich für sein Leben ausgesorgt haben, würde der Außenstehende sagen. Warum aber musste er die letzten fünf Jahre seines Lebens mehr oder weniger isoliert von der Außenwelt leben? Warum haben seine beiden Söhne, die aus seiner ersten Ehe stammen und deren Mutter in der Schweiz lebt, sowie seine Tochter, die wiederum aus der ersten Ehe seiner ersten Ehefrau stammt und von ihm adoptiert wurde, in der Traueranzeige geschrieben: »So hat ihn das Böse, dem er einst entrinnen konnte, an unerwarteter Stelle wieder eingeholt«? Und warum hängen die letzten Jahre des Verstorbenen mit einem hessischen Justizskandal zusammen, der bis heute vertuscht wird?

»Die hessische Justiz blutet aus, die Justizhaushalte werden eingeschmolzen. Wir haben keine motivierten Staatsanwälte mehr.« Das sagt der Frankfurter Rechtsanwalt Jürgen Fischer. Er ist einer der renommiertesten Strafverteidiger Deutschlands, bekannt für seine sehr diplomatische Zurückhaltung. Seine harsche Kritik bezieht er auch auf das unsägliche Verhalten der hessischen Justiz im Zusammenhang mit dem verstorbenen Ignaz C.

Die Hauptrollen in diesem bizarren Justizskandal spielen unter anderem ein Rechtsanwalt, Michael Wolski, und seine Ehefrau, Karin Wolski, eine der höchsten hessischen Richterinnen. Sie war Anfang 2005 zudem Kandidatin der CDU für das Oberbürgermeisteramt von Offenbach, dieser provinziell geprägten Nachbarstadt der Metropole Frankfurt am Main. Und schließlich sind da noch die Familienangehörigen des Millionärs Ignaz C., seine zweite Ehefrau Margit, die beiden Söhne und die Tochter sowie ein Schwiegersohn.

Karin Wolski – der Fall einer Oberbürgermeisterkandidatin

Ende 2004 wurde öffentlich, dass die bis zu diesem Zeitpunkt in Offenbach wenig bekannte Richterin Karin Wolski als Oberbürgermeisterkandidatin der CDU nominiert wurde. Der Offenbacher CDU-Vorsitzende Stefan Grüttner, zugleich auch Chef der hessischen Staatskanzlei, hatte sie vorgeschlagen. Karin Wolski war Vizepräsidentin des Verwaltungsgerichts in Darmstadt, Vorsitzende der 1. Kammer des Verwaltungsgerichts und Mitglied im Hessischen Staatsgerichtshofs.

Außerdem hatte sie in dem Schwarzgeld-Untersuchungsausschuss des Landtages mitgearbeitet, der Anfang 2000 die schwarzen Kassen der hessischen CDU untersuchen sollte. Ein »Old-Men-Network« der hessischen CDU hatte Gelder, rund zwanzig Millionen D-Mark, in die Schweiz transferiert, um sie vor dem Finanzamt in Sicherheit zu bringen, und schaffte sie nach Bedarf wieder zurück. Bis heute ist unklar, wo die Millionen hergekommen sind und welche Aktivitäten damit finanziert wurden. Damals erfanden die Geldwäscher der hessischen CDU den Ausdruck »jüdische Vermächtnisse«. Mit diesem Geld wurde unter anderem 1999 der Wahlkampf der CDU finanziert, mit dem Roland Koch seine erste Landtagswahl gewann. Im Untersuchungsausschuss, so meinen übereinstimmend dessen andere Mitglieder, habe Richterin Wolski einen »guten Job« gemacht. So richtig aufgeklärt wurde in diesem Untersuchungsausschuss bekanntlich nichts.

Es kursierten jedenfalls am Ende des Untersuchungsausschusses Gerüchte, wonach der hessische Staatsminister und Chef der Staatskanzlei Stefan Grüttner Karin Wolski damals den Job als OB-Kandidatin angeboten haben soll. Karin Wolski verfügte zwar weniger über kommunalpolitische Erfahrungen, doch wurden ihr »dank ihrer Ausstrahlung, ihres Lebenslaufes und einer gewissen demonstrativen Unabhängigkeit von der Parteilinie«[1], gewisse Chancen eingeräumt, obwohl in Offenbach bislang traditionell SPD gewählt wurde.

Anfang Januar 2005 geriet Richterin Wolskis politische Karriere ins Schlingern – wegen anfangs eigentlich eher kurioser Zeitungsmeldungen. Es wurde berichtet, dass sie als eine der höchsten Richterinnen im Land über mehrere Luxuskarossen verfüge. Die Fahrzeugflotte bestand unter anderem aus einem Porsche, Jaguar und Ferrari – Autos, die in Justizkreisen noch nicht alltäglich sind. Angemeldet waren die Luxusfahrzeuge auf eine Adresse der Wolskis in Frankfurt. Seltsam nur, dass sie unter der von ihnen angegebenen Adresse zwar polizeilich gemeldet waren, aber dort nicht wohnten. Die Wohnungsinhaberin R. erklärte vielmehr gegenüber der Polizei, dass das Ehepaar Wolski bei ihr gemeldet sei, um so in Frankfurt ihre sechs Kraftfahrzeuge anmelden zu können. Zugelassen waren die Luxusfahrzeuge auf die Richterin Karin Wolski. Der Ferrari zum Beispiel war seit September 2001 auf Karin Wolski zugelassen und wurde erst im Mai 2005 auf die Büroadresse ihres Mannes umgemeldet. Der wiederum fuhr einen Jaguar.

Als Nächstes sickerte durch, dass das Ehepaar Wolski in Neu-Isenburg – das liegt am Stadtrand von Frankfurt und Offenbach – ein Haus besäße, das teilweise aus dem Vermögen des jüdischen Millionärs Ignaz C. finanziert worden sei. Die Ehefrau des Frankfurter Unternehmers, der zu diesem Zeitpunkt bereits in einem Frankfurter Pflegeheim leben musste, habe auch den bewussten Ferrari im Wert von 265 000 D-Mark bezahlt. In einem Bericht des Polizeipräsidiums Frankfurt vom 21. April 2005 ist darüber zu lesen: »Somit steht fest, dass für den Kauf eines Privathauses der Familie Wolski eine Zahlung von 300 000 D-Mark vom Privatkonto der Margit C. überwiesen wurde, ohne dass diese selbst Eigentum oder Miteigentum erlangt hat.« Im Grundbuchauszug waren für das Grundstück Michael Wolski und seine Ehefrau Karin als Käufer und Eigentümer eingetragen.

»Ich habe damit nichts zu tun«, verteidigte sich Karin Wolski. Das sei eine Angelegenheit ihres Ehemannes, des Rechtsanwalts Michael Wolski. Nach ihren Worten wurde ihr Ehemann als Anwalt in Familien- und Erbstreitigkeiten der jüdischen Familie hineingezogen. Die Vorwürfe seien haltlos, und sie sei persönlich an keiner Stelle involviert, sagte Karin Wolski. Doch damals gab es keine Erbstreitigkeiten. Dass es Streitigkeiten in der Familie gegeben haben soll, erfuhren die Söhne und die Tochter erst durch die Presse. Gegen den Ehemann der Richterin, den Rechtsanwalt, lief jedoch seit August 2003, initiiert von den Söhnen des Unternehmers, ein Ermittlungsverfahren wegen Untreue.

Michael Wolski erklärte hingegen, er sei »weder Eigentümer noch Halter eines Ferraris«, und falsch sei auch, dass ihm die Ehefrau des Millionärs »Geld- und Sachgeschenke« gemacht habe. In der regionalen Presse wurde Michael Wolski mit den Worten zitiert, dass er sich zwar von dem Ehepaar C. Geld geliehen und einen Rahmenvertrag über ein Darlehen mit ihnen geschlossen habe. Das Geld werde aber über sein Honorar abgezahlt, das heißt verrechnet. »Zwar sei das nicht üblich, doch er habe für alles Belege.«[2] Das klang bereits damals alles ziemlich verworren.

Die Verdächtigungen gegen ihren Mann waren für die angestrebte politische Karriere von Karin Wolski nicht gerade förderlich. Der Chef der hessischen Staatskanzlei, Staatsminister Stefan Grüttner, stützte sie, obwohl er bereits seit einiger Zeit von den Vorwürfen, insbesondere die gegen den Ehemann der Richterin, wusste. »Ich habe sie gefragt, ob sie da involviert ist. Sie hat das verneint. Ich habe an der Untadeligkeit von Frau Wolski keinerlei Zweifel.«[3]

Doch die Fragen, die sich nun stellten, vor allem die Widersprüche in einigen Aussagen des Ehepaars Wolski, sind in Wahrheit bis heute nicht wirklich aufgeklärt, im Gegenteil. Insbesondere musste der Offenbacher CDU-Vorsitzende Grüttner eigentlich wissen, dass auch gegen seine Parteifreundin, Richterin Karin Wolski, im Zusammenhang mit dem laufenden Untreueverfahren gegen ihren Ehemann zwei Strafanzeigen anhängig gewesen waren.

Das Verfahren gegen Karin Wolski, das erst aufgenommen werden sollte, wenn tatsächlich Anklage gegen den Ehemann erhoben würde, wurde sehr schnell eingestellt. Ende Januar 2005 war die Richterin auf jeden Fall keine CDU-OB-Kandidatin mehr. »Sie befürchte negative Auswirkungen auf ihre Familie, vor allem auf die ohnehin angeschlagene Gesundheit ihres Mannes«, wurde sie in den Medien zitiert.[4]

Der Kampf gegen Unrecht

Unterdessen kämpfte der Schwiegersohn des anscheinend geschröpften Millionärs, der Frankfurter Orthopäde Janusz Pomer, beharrlich um Aufklärung. Er wollte erreichen, dass die Hintergründe der seltsamen Verhaltensweisen des Anwalts Wolski und dessen Ehefrau, ob prominent oder nicht, endlich juristisch aufgeklärt werden. Rechtsanwalt Wolski interpretierte Pomers Hartnäckigkeit wiederum damit, dass er selbst Opfer eines Rachefeldzuges aus dem Familienumfeld von Ignaz C. geworden sei. Und die üblen Vorwürfe, er habe Millionen von Konten des Millionärs C. auf eigene Konten überwiesen, die seien nicht haltbar.

Richtig sei vielmehr, dass die Verschiebung des Vermögens nicht seine Idee gewesen sei, sondern die des eingesetzten Vermögensverwalters.

So viel scheint festzustehen: Anwalt Michael Wolski war derjenige, der dem in ein Pflegeheim abgeschobenen Millionär den wohlmeinenden Rat gab, der Ehefrau, der in der Tat bereits der größte Teil des vorhandenen Vermögens überschrieben worden war, auch noch sein gesamtes Restvermögen zu übertragen. Dazu erklärt Michael Wolski, er wollte lediglich das Vermögen eines alten Mannes vor dem Zugriff von dessen gierigen Kindern schützen.

Im Rechtsausschuss des Hessischen Landtags kam es am 24. Januar 2005 jedenfalls zu einer Sitzung. Der Grund: Der Offenbacher CDU-Vorsitzende und Staatsminister Stefan Grüttner hatte im Dezember 2004 von seinem Parteikollegen, dem Staatssekretär im Justizministerium Herbert Landau, wissen wollen, ob es richtig sei, dass gegen Frau Wolski »kein Ermittlungsverfahren« laufe. Nicht die mutmaßlichen Vorwürfe gegen die Richterin standen im Mittelpunkt der Sitzung des Rechtsausschusses, sondern die Frage, ob durch diese Nachforschung datenschutzrechtliche Bestimmungen verletzt worden seien. Richterin Wolski habe ihn im Jahr 2003 unterrichtet, erklärte Herbert Landau, dass die Staatsanwaltschaft gegen ihren Ehemann ein Ermittlungsverfahren führe, der Anfangsverdacht einer Straftat gegen sie sei hingegen abgelehnt worden.

Aufgrund der delikaten Angelegenheit wurde die Staatsanwaltschaft angewiesen, dem hessischen Justizministerium über den Stand des Verfahrens gegen Michael Wolski zu berichten. Begründet wurde das damit, dass grundsätzlich frühzeitig und fortlaufend an das Ministerium zu berichten sei, wenn der Person oder der Stellung eines Beteiligten besondere Bedeutung zukomme – was wegen der herausgehobenen Stellung von Frau Wolski innerhalb der hessischen Justiz ja der Fall sei.

Wenn es denn so einfach wäre, wendet hingegen Anwalt Jürgen Fischer ein. »In der Tat ist der Vorgang Wolski Berichtssache. Das heißt, über den Stand des Verfahrens muss ständig an das Justizministerium berichtet werden. Das bedeutet aber auch, dass das Justizministerium nicht beanstandet, wie schleppend das Verfahren läuft, und das bedeutet, dass das Justizministerium nichts dagegen unternimmt.« Wurde das Justizministerium auch darüber informiert, dass die Familie Wolski einen gemeinsamen Kurzurlaub in Venedig mit Frau C. unternahm, die beiden Damen die Oper besuchten und auch gemeinsam in Frankfurt einkaufen gingen?

Wenn schwarze Schatten in der Wiesbadener Staatskanzlei verhindern wollen, dass unappetitliche Vorgänge an die Öffentlichkeit oder gar vor ein Gericht gezerrt werden, dann scheint es diverse Tricks zu geben, dies zu ermöglichen. Immerhin hatte eine Juristin per Zufall aus dem Justizministerium in Wiesbaden erfahren, dass sämtliche Nachrichten zu den Fällen Wolski direkt an die Staatskanzlei geleitet werden mussten. Eine schriftliche Anweisung schien es aber nicht zu geben. Man nennt so etwas vermutlich informellen Dienstweg. So weit würde man über seltsame Beziehungsgeflechte sprechen können, nicht mehr und nicht weniger.

Was versteckt sich aber hinter allem? Welche Rolle spielt dabei der inzwischen verstorbene Ignaz C.?

Wie ein Millionär entmündigt wurde

Begonnen hatte es im Herbst 1998. Ignaz C. erkrankte an schweren Depressionen und war von diesem Zeitpunkt an nicht mehr in der Lage, sich selbst um seine umfangreichen Geschäfte zu kümmern. In dieser Zeit kümmerte sich sein Schwiegersohn Janusz Pomer im Auftrag der gesamten Familie, also auch seiner Ehefrau, intensiv um den Kranken, zumal die beiden Söhne nicht in Deutschland lebten. Das ging so weit, dass er seine florierende Arztpraxis vernachlässigte. Aufgrund der intensiven Betreuung wusste Janusz Pomer, dass es erklärter Wunsch von Ignaz C. war, unter keinen Umständen aus seinem Haus in eine Klinik, geschweige denn in ein Heim eingewiesen zu werden. Bis zum Erscheinen des Anwalts Wolski, erinnert sich Pomer, »waren wir eine echte Familie, in der weder das Geld noch irgendwelche Erbstreitigkeiten eine Rolle spielten«.

Auch Anwalt Michael Wolski betreute Ignaz C., nach seinen Worten als »anwaltlicher Berater«. Andere Zeugen sagen, er sei vielmehr das »Mädchen für alles gewesen«. Michael Wolski hatte bis 1998 für einen Geschäftspartner von Ignaz C. gearbeitet und dafür ein eher mickriges Salär, wenn überhaupt, erhalten.

Nach einem Klinikaufenthalt von C. im September 2000 war Janusz Pomer bereit, den verwirrten und kranken Millionär in seiner gewohnten Umgebung pflegen zu lassen. Er fand einen Darmstädter Psychiater, der die Betreuung fachärztlich begleiten wollte.

»Ich erklärte ihm die Problematik, und er war bereit, ihn zu Hause zu behandeln«, erzählt Janusz Pomer, der auf jeden Fall verhindern wollte, dass sein Schwiegervater in ein Heim abgeschoben wird.

Der Arzt sollte ihn zu Hause betreuen. Aber weil er ein neues Medikament bei Ignaz C. ausprobieren wollte, kam dieser vorübergehend ins Krankenhaus, damit er entsprechend eingestellt werden konnte. Anschließend sollte er wieder nach Hause entlassen werden.

Inzwischen gab es weitere heftige, auch juristische Auseinandersetzungen darüber, wer Ignaz C.s Betreuung übernehmen sollte. Die Söhne beziehungsweise der Schwiegersohn warfen Frau C. vor, ihren Mann in ein Pflegeheim abgeschoben zu haben. Zudem sahen sie den Kontakt zwischen ihr und Anwalt Wolski als zu eng an.

Der Facharzt half nun in der gerichtlichen Auseinandersetzung um die Betreuung mit seinem Privatgutachten, das er im Auftrag des Gerichts erstellt hatte, zu verhindern, dass der aus seiner vertrauten Umgebung abgeschobene und ausgeplünderte Kranke zurück nach Hause kam. Gleichzeitig – es ging darum, ob Ignaz C. noch fähig sei, geschäftliche Probleme, insbesondere finanzieller Art, zu bewältigen – schrieb der Facharzt: »Bei Herrn C. ist keine Verschlechterung des neuropsychiatrischen Status feststellbar.« Im Gegenteil, auch ein Demenzsyndrom läge bei dem inzwischen vierundachtzigjährigen Patienten nachweislich nicht vor. »Somit kann ich aufgrund meines Untersuchungsbefundes festhalten, dass Herr C. seinen erwähnten Entschluss der Vermögensübertragung auf seine Ehefrau aus freiem Willen und nicht wesentlich beeinträchtigt durch seine neuropsychiatrischen Störungen fällen konnte.«[5]

Aufgrund dieses Gutachtens veranlasste das Gericht ein zweites Gutachten. Der neue Gutachter schloss sich dem Urteil des Facharztes an. In seinem Gutachten berief er sich auf ein Gespräch mit dem Facharzt, mit dem er übrigens bekannt war. Daniel C.s (Sohn von C.) Rechtsanwalt Adam Rosenberg versuchte ihn wegen Befangenheit abzulehnen mit der Begründung, beide wären befreundet. Daraufhin erklärte der Facharzt unter Eid, sie seien nicht befreundet, sondern nur miteinander bekannt.

Noch hatte Margit C., es ist das Jahr 2005, das Betreuungsmandat für ihren Mann. Dabei hegten die Söhne, Tochter und Schwiegersohn erhebliche Zweifel, ob ihr das überhaupt zu Recht vergeben worden sei, und klagten. Frau C. wurde im Betreuungsverfahren vom zuständigen Gericht gefragt, ob es bei ihr einen Durchsuchungsbeschluss im Zusammenhang mit einem Ermittlungsverfahren gegen sie und Anwalt Wolski wegen Untreue zum Nachteil ihres Mannes gegeben habe. Frau C. ließ über ihre Anwältin antworten. Die schrieb an das Gericht: »Mir ist nichts davon bekannt, dass ein Durchsuchungsbeschluss existiert und Durchsuchungen stattgefunden haben. Ich habe natürlich bei der Mandantschaft nachgefragt.« Tatsache dagegen ist, dass am 20. Juli 2004 eine Durchsuchung bei Frau C. durchgeführt wurde, sie nicht nur anwesend war, sondern im Beisein der Beamten auch den Tresor geöffnet hatte.

Damit das Gericht nicht den Eindruck gewinnen konnte, dass es »Zweifel an der Redlichkeit der Ehefrau« gab, erklärte nun Anwalt Michael Wolski: »Richtig ist vielmehr, dass Frau Rechtsanwältin nur von sich selbst gesprochen hatte, als sie schrieb: ›Mir ist nichts davon bekannt.‹ Das Wort ›Mir‹ wurde dabei auch noch unterstrichen, um Missverständnisse zu vermeiden.« Und er rügte die Kammer, die diese Erklärung »sofort zum Nachteil der Bevollmächtigten ausgelegt habe, und zwar eindeutig falsch«.

Interessant dabei ist, dass der zweite Teil der anwaltlichen Aussage – »Ich habe natürlich bei der Mandantschaft nachgefragt« – von ihm ausgeblendet wurde. Zur damaligen Zeit war Michael Wolski als Ignaz C.s Verfahrensbevollmächtigter an dem Betreuungsverfahren beteiligt und hätte – zumindest der Theorie nach – in dessen Interesse handeln müssen.

Dazu ist Folgendes von entscheidender Bedeutung: Im Seniorenheim war Ignaz C. nicht nur nach Ansicht von Janusz Pomer von der Außenwelt abgeschnitten worden mit der Begründung, dass er nicht besucht werden wolle. Die Geschäfte führte nun seine Ehefrau Margit aufgrund einer von ihrem Ehemann erteilten Generalvollmacht aus dem Jahr 1977, die 1998 erneuert wurde. »Wenn sie die nicht benutzen wollte, nahm man einen von zwei Unterschriftstempeln, die im Dezember 2004 beschlagnahmt wurden. Das war natürlich legal, weil Ignaz C. immer ›ja‹ sagen würde«, behauptet Janusz Pomer.

Nachdem Ignaz C. im Herbst 1999 stationär im Krankenhaus behandelt werden musste, begann die Ehefrau des kranken Millionärs, mit ihrer Generalvollmacht Konten und Bankdepots ihres Ehemannes aufzulösen, und transferierte die Beträge auf Konten bei anderen Bankhäusern. Verkauft wurden darüber hinaus zahlreiche Grundstücke.

In einer eidesstattlichen Versicherung von Frau C. vom 24. November 2003 erklärt sie, dass ihr Ehemann sie vor wenigen Jahren zu ihrer eigenen Absicherung und gleichzeitig zur Vermeidung etwaiger Pflichtteilsansprüche seiner Söhne aus erster Ehe angewiesen habe, Depotkonten und Privatkonten auf ihren Namen zu überschreiben.

Bereits im September 2003, zum Zeitpunkt einer richterlich angeordneten gutachterlichen Untersuchung, bekam Ignaz C. nicht nur ein hochwirksames Antidepressivum (Jatrosom) verabreicht, sondern auch ein Mittel gegen Parkinson (Madopar), das Neuroleptikum Zyprexa (gegen Wahnvorstellungen), ein angstlösendes Mittel (Tavor) und ein Schlafmittel. Das könnte wohl ein Grund dafür gewesen sein, dass der Kranke erklärte, er sei freiwillig im Heim. Ein Gutachter schrieb, »dass die Ehefrau und Herr Wolski immer bemüht gewesen seien, den Betroffenen abzuschirmen. … Es wurde mit aller Macht ein persönlicher Kontakt allein mit dem Betroffenen verhindert.«

Diese Aussage wurde im Zusammenhang mit der juristischen Auseinandersetzung um das Betreuungsverfahren im Herbst 2003 bis Frühjahr 2004 gemacht. An ihn gerichtete Post wurde ungeöffnet seiner Frau ausgehändigt. Wenn ihn eine seiner Enkelinnen besuchte, fragte er: »Hat dich jemand gesehen?«

Am 15. September 2003 bescheinigte dem kranken Millionär ein weiterer von Pomer beauftragter Gutachter, dass C. seine Angelegenheiten nicht mehr »besorgen« könne. Was grotesk war: Die Betreuungsbedürftigkeit während des Besuchs sei von Anwalt Wolski lanciert worden, der gleichzeitig als Anwalt des Millionärs »vehement dafür stritt, sein Mandant sei nicht betreuungsbedürftig, sondern in vollem Umfang imstande, Geschäfte größeren Ausmaßes zu überblicken«,[6] behauptete Rechtsanwalt Jürgen Fischer in seiner Strafanzeige gegen Wolski.

Unterdessen hatten die C. behandelnden Ärzte eine psychische Behinderung festgestellt, unter anderem depressive und manische Erscheinungen und Demenzsymptome. »Zum Teil dürften die Symptome auf die jahrelange Gabe von nicht nebenwirkungsfreien, teilweise gefährlichen Medikamenten zurückzuführen sein«, steht in einem Gutachten, das Pomers Anwälte bei Gericht eingereicht hatten. Und er werde unter eifrigem Hinzutun von Anwalt Wolski »abgeschirmt, darf Gespräche mit Außenstehenden nur nach vorheriger Anmeldung und unter Aufsicht seiner Ehefrau führen.«[7]

Das schrieb am 9. Juni 2006 Rechtsanwalt Jürgen Fischer in seiner Strafanzeige im Auftrag von Janusz Pomer und Daniel C. gegen den Anwalt Michael Wolski wegen Parteiverrat. Gestützt wird die Aussage des Anwalts Jürgen Fischer durch einen Beschluss des Landgerichts Frankfurt vom 16. Oktober 2003 über das Betreuungsverfahren. Demnach sah die Kammer »dringende Gründe für die Annahme, dass der depressiv und an Demenz erkrankte Betroffene nicht in der Lage ist, den Gebrauch, den die Bevollmächtigte (die Ehefrau von C., d. Autoren) von der Vollmacht macht, zu überprüfen und die sich aus dem Grundverhältnis der Vollmachterteilung ergebenden Rechte (zum Beispiel Überweisungen erteilen, Auskunft und Rechenschaft zu verlangen, Widerruf der Vollmacht) geltend zu machen.«

Und Ignaz C. hatte Angst. Denn in seinem Pass stand als Geburtsort Breslau, obwohl er in Bedzin geboren war. Da er nach dem Krieg nicht nach Polen zurückwollte und das Breslauer Archiv zerstört war, gab er als Geburtsort Breslau an. Als ehemaliger Überlebender des Naziregimes hatte er ohnehin Angst vor Amtspersonen, als Kranker noch viel mehr. Janusz Pomer ließ daher ein Rechtsgutachten erstellen, wonach die Angelegenheit mit der falschen Eintragung im Pass längst verjährt sei. Vergeblich. Ignaz C. war abgeschottet, er erfuhr nichts von diesem Gutachten, und mit der latenten Angst war ein Instrument vorhanden, um ihn weiter zu beeinflussen. Im September 2003 konnte ihn sein Schwiegersohn besuchen. Pomer erzählte ihm eine Geschichte, die er im *Spiegel* gelesen hatte: Ein ehemaliger deutscher Soldat beschrieb eine Erschießungsaktion im Osten. Er erzählte, wie sich die jüdischen Opfer hinlegen mussten, um per Genickschuss ermordet zu werden. Eines der Opfer sagte zu dem Soldaten: »Herr Offizier, liege ich so richtig?« Und der Schwiegersohn sagte dem alten Mann: »Genauso bist du auch.« Die Antwort war: »Ja.«

Anfang Januar 2005 verfasste Professor Heinz Holzhauer, Direktor des Instituts für Deutsche und Europäische Rechtsgeschichte der Universität Münster, ein Rechtsgutachten im Zusammenhang mit der Frage, wer den kranken Millionär betreuen dürfe. Das Frankfurter Amtsgericht hatte in der Zwischenzeit entschieden, dass für die Betreuung des Kranken seine Ehefrau zuständig sei. Die hatte bekanntlich die Abschiebung in ein Pflegeheim beschlossen, während die Söhne von Ignaz C. und sein Schwiegersohn ihn zu Hause in seiner gewohnten sozialen Umgebung betreuen beziehungsweise betreuen lassen wollten. Sein Sohn Daniel hatte ihm außerdem angeboten, zu ihm nach Genf zu kommen. Die Antwort war: »Das wird mir meine Frau nicht erlauben.«

Das Gutachten von Professor Heinz Holzhauer wurde vom Gericht allerdings nicht zur Kenntnis genommen, sondern vielmehr der Gegenseite zur »Kenntnisnahme« (und nicht zur Stellungnahme) geschickt. Professor Heinz Holzhauer schreibt in seinem Rechtsgutachten aufgrund des Berichts des Vermögensbetreuers: »Die Möblierung des Zimmers war schlicht gehalten, das Sofa sogar leicht verschlissen, die Einrichtung unpersönlich. Im Seniorenheim beschränkten sich seine Kontakte auf die Ärzte, die ihn entweder behandeln oder mit ihm spazieren gehen.« Übrigens auch das gegen entsprechende Vergütung.

Ein besonderes Mandantenverhältnis

Und nun wird es spannend, was das Verhältnis zwischen Anwalt Michael Wolski und Ignaz C.s Ehefrau betrifft. Dabei geht es nicht um die Frage, was moralisch zulässig ist oder nicht. Das hat die Öffentlichkeit überhaupt nicht zu interessieren. Die Frage ist jedoch, wie weit ein Anwalt gehen darf, wenn er die Interessen seiner Mandanten vertritt. Zum Beispiel geht es um so genannte »Schenkungen«, die er von Frau C. erhalten haben soll. Wenn es denn so war – was könnte das Motiv gewesen sein, den Anwalt derartig üppig zu versorgen?

Dazu schreibt der renommierte Rechtsanwalt Jürgen Fischer im Juni 2006 in seiner Strafanzeige wegen Parteiverrats: »Der damals einundfünfzigjährige Anwalt nahm zu seiner damals siebenundsiebzigjährigen Mandantin ein ungewöhnlich enges Verhältnis auf, das bis in jüngste Zeit bestand.« Sind damit die »Schenkungen« erklärt?

»Das waren keine Geschenke«, erwiderte Michael Wolski, sondern die Verrechnung der Honoraransprüche. Es sei doch bekannt, wie teuer anwaltliche Tätigkeiten seien, insbesondere wegen der von ihm übernommenen Verantwortung. Und das Darlehen habe Frau C. ihm ja »privat« gegeben. An anderer Stelle sagt er, dass es sich bei den Schenkungen um »Vorfinanzierungen« gehandelt habe, die er mit seinen Honorarforderungen verrechnet habe. Dann kommt das Argument, dass er als Geschäftsführer einer Firma von C. ohne jegliche Vergütung gearbeitet habe. Ob das alles mit dem Berufsethos eines Rechtsanwalts vereinbar ist, fragt sich nicht nur Jürgen Fischer.

Das seltsame Agieren der hessischen Justiz

Nun könnte der Einwand kommen, dass die Mühlen der Staatsanwaltschaft langsam mahlen, aber irgendwann einmal doch etwas getan werde. Im Fall Wolski jedoch wäre wohl alles unter den Teppich gekehrt worden, wenn Janusz Pomer nicht mit allen Mitteln trotz aller denkbaren und undenkbaren Widerstände gekämpft hätte. Das ging so weit, dass er von vielen als Querulant diffamiert wurde. Hätte es jedoch sein Engagement nicht gegeben, wäre es mit hoher Wahrscheinlichkeit gelungen, unter den trüben Augen der hessischen Justiz eine umstrittene Vermögensverlagerung durchzuführen. Davon jedenfalls ist Rechtsanwalt Jürgen Fischer überzeugt. Zur Arbeit der Staatsanwaltschaft sagt er: »Sie ermitteln schleppend (…) und sehen Tag für Tag zu, wie Vermögen gestohlen wird. Der Reichtum der Wolskis stammt sicher nicht nur aus anwaltlichen Tätigkeiten und nicht aus richterlicher Tätigkeit.«

Da gibt es eine Staatsanwaltschaft, die in allen Strafanzeigen, die Michael Wolski betreffen, nicht zügig ermittelt, weil sie anscheinend vor dem Dienstherrn in Wiesbaden Angst hat. Legitimiert wurde das zögerliche Handeln teilweise mit dem Argument, dass die Staatsanwälte keine Zeit hätten. Seltsam ist jedoch, dass die Staatsanwälte, die sich gerade in den Fall eingearbeitet hatten, danach auf andere Posten verschoben wurden. Die Staatsanwältin, die das Verfahren wegen Parteiverrats bearbeitete, sagte dem Anwalt Jürgen Fischer, dass die Strafanzeige wegen Parteiverrats anklagereif sei und man sie so übernehmen könne. Diese Staatsanwältin wurde von einem Tag auf den anderen zum Oberlandesgericht Frankfurt befördert. Dem Rechtsanwalt sagte sie jedoch, sie würde diesen Fall trotzdem noch bearbeiten. »Und plötzlich«, wundert sich Anwalt Jürgen Fischer, »hat sie keine Gelegenheit mehr, diese Sache mitzunehmen.« Ihre Nachfolgerin, die seitdem den Vorgang bearbeitet, ist eine junge Staatsanwältin, die zuvor in der Insolvenzabteilung der Frankfurter Staatsanwaltschaft tätig war.

Damit nicht genug. Um die anstehenden Ermittlungsverfahren in die rechten Bahnen zu lenken, wurden die verschiedenen Verfahren kurzerhand gespalten. Ein Staatsanwalt ist zuständig für die Steuerhinterziehung, ein anderer für die Untreue und der nächste für den Parteiverrat. Dabei gehört alles zusammen und ist nicht voneinander zu trennen. Der Verdacht, das Verfahren wird künstlich aufgespaltet, ist nicht von der Hand zu weisen. »In dem Moment, wo die Verfahren zusammengelegt wären, hätten wir Einsicht in die Steuerakten, und das will Staatsanwalt K. nicht, der dieses Verfahren führt«, erklärt Rechtsanwalt Jürgen Fischer. »Er sagte mir, darauf hätte ich keinen Anspruch, weil mein Mandant davon nicht betroffen sei.«

Kann man bei all diesen bisher gerichtlich nicht geklärten Sachverhalten, auch wenn sie zweifellos äußerst kompliziert sind, wirklich noch daran glauben, dass im hessischen Justizapparat alles getan wird, um für Recht und Gerechtigkeit zu sorgen? Immerhin liegt Janusz Pomer ein Schreiben des Präsidenten des Staatsgerichtshofes Günter Paul vor. Der schrieb ihm bereits im August 2005, dass nach den ihm vorliegenden Erkenntnissen es »keinen Anlass gibt, an der Ehrenhaftigkeit der Richterin Wolski zu zweifeln«.

Ärztepfusch: Der lange Weg zur Gerechtigkeit

»Wenn dir unterwegs Buddha begegnet, schlag ihn tot.« Dieser Rat aus dem Zen-Buddhismus zum Umgang mit falschen Propheten lässt sich auch auf die Juristen übertragen, die sich in der Rolle legalistischer Unantastbarkeit gefallen. Ebenso gilt auch für manche Götter in Weiß, dass ihre Macht in den Kliniken fast absolut ist. Wenn der Bürger an der Richtigkeit ärztlicher Entscheidungen zu zweifeln beginnt, erntet so mancher Ärztepfusch-Patient dasselbe ungläubige, aber unnahbare Lächeln, das viele Bürger aus den Gerichtssälen kennen, wenn sie Zweifel an der Richtigkeit eines Urteils artikulieren. Kompliziert wird es, wenn sich die Pfade der Unantastbaren kreuzen: wenn Richter über etwaige Fehler von Medizinern zu urteilen haben. Meist sind die Opfer medizinischen Versagens gleich doppelt traumatisiert. Sie haben nicht nur den Glauben an die Ärzte, sondern auch an die Justiz verloren.

Im Herbst 1995 bereist der viel beschäftigte Sauerländer Kaufmann Elmar Kordes die Stadt Oberhof in Thüringen. Er logiert im »Treff Hotel Panorama«, direkt am Rennsteig-Höhenwanderweg in bester Mittelgebirgslage des Thüringer Waldes gelegen. In der wunderschönen Landschaft möchte er sich vom Berufsstress erholen. Hier trifft er auf Anja Drame, die Hausdame des Hotels und zuständig für die 1000 Betten. Eine engagierte Frau, die selbst zupackt, in ihrem Traumjob aufgeht. »Es war wohl Liebe auf den ersten Blick«, erinnert sich Elmar Kordes. Neun Monate später beziehen sie in Oberhof ihre gemeinsame Wohnung. Und 1996 soll alles noch besser werden: Beide heiraten, und wie bestellt wird Anja schwanger. In der neuen Wohnung ist schon das Kinderzimmer eingerichtet.

Dass Elmar Kordes einmal ein engagierter Kämpfer gegen Ärztepfusch und unbeholfene Gerichte wird, kann damals noch niemand ahnen. Heute denkt er oft über die Kernaussagen der medizinischen Moral nach: »Alles, was der Arzt sagt, soll wahr sein, aber nicht alles, was wahr ist, muss er sagen.«[8] Eine Botschaft, die schon Kongresse der medizinischen Ethik beschäftigte. Ein Satz, den Kordes heute gern wiederholt. Er steht auf der Startseite seiner Homepage – der Internetpräsenz des »Privaten Netzwerkes Medizingeschädigter«. Das alles aber steht damals noch nicht zur Disposition. Warum auch – die junge Familie freut sich auf ihr Kind.

Doch es kommt zu Komplikationen. Anja Kordes erkrankt im Dezember 1996 an einer Infektionskrankheit. Die werdende Mutter wird in ein Thüringer Klinikum eingeliefert – zur Behandlung mit Antibiotika. Die Ärzte geben sich zuversichtlich. Am 6. Januar 1997 wird Anja Kordes entlassen: »Alles in Ordnung bei Ihrem Kind«, bekommt die erleichterte Familie mit auf den Weg. Das neue Jahr scheint gerettet. Doch als Anja am 23. Januar von ihrer Frauenärztin erneut untersucht wird, kann diese keine Herztöne mehr feststellen. Wieder der Aufbruch ins Krankenhaus.

Die Aussagen der Ärzte bestätigen die Katastrophe: Das Baby liegt tot im Mutterleib. In der dreiundzwanzigsten Schwangerschaftswoche endet der Traum vom eigenen Kind.[9] Die Klinikärzte befinden, der Kinderleichnam soll noch vier Tage in der Mutter bleiben. Erst dann werden die Wehen künstlich ausgelöst. Als die geschwächte Patientin auf das WC in ihrem Krankenzimmer geht, passiert es. Anja beginnt zu schreien. »Dann rutschte das tote Kind in die Toilette«, erinnert sich Elmar Kordes, der damals seiner Frau im Krankenhaus zur Seite steht. Das Ehepaar ist ganz allein – mitten im Klinikum. Kurz nach der Totgeburt beschwert sich eine Krankenschwester über die Lautstärke von Anjas Schmerzensschrei – es gebe schließlich noch andere Patienten im Haus. Das gesamte Geschehen beschreibt Elmar Kordes heute als »menschenverachtend«.

Am 1. Februar 1997, also gerade vier Tage nach dem Abort, wird Anja entlassen. Noch nicht richtig zu Hause angekommen, bricht sie zusammen: Sehverlust, Lähmung und Schock. »Sie ist vor mir zusammengesackt«, erinnert sich Elmar Kordes. Ein Notarztwagen bringt Anja wieder zurück in die Klinik. Es folgen Untersuchungen durch Gynäkologen, einen Röntgenarzt, einen Anästhesisten und einen Internisten. Der Brustkorb wird geröntgt, eine Computertomographie des Schädels angefertigt, schließlich auch der Bauch mit Ultraschall untersucht. Nichts. Ratlosigkeit bei den Stationsärzten.[10]

Als spät in der Nacht der Chef der gynäkologischen Abteilung in die Klinik kommt, fällt eine Entscheidung. Die Patientin wird in die neurologisch-psychiatrische Klinik verlegt – trotz ernorm erhöhter Entzündungsparameter. So liegt die Anzahl der Eiweiße, die im Rahmen von Erkrankungen ansteigen, weit über dem normalen Wert.[11] Statt der üblichen 10 Milligramm pro Deziliter Blut werden bei Anja Kordes 474,5 Milligramm festgestellt. Für Ärzte ein klarer Indikator für eine Entzündung.[12] Und auch die Anzahl der weißen Blutkörperchen ist viel zu hoch. Statt der bei Erwachsenen üblichen 4400 bis 11 000 Leukozyten pro Mikroliter Blut, sind es bei Anja Kordes fast 37 000 – ein weiteres, deutliches und eklatantes Alarmsignal.

Dass Anja Kordes trotz der Entzündung in eine Psychiatrie verlegt wurde, erfährt der Ehemann zunächst gar nicht. Erst als er in der Klinik klingelt, wird ihm gesagt, dass seine Frau inzwischen in der geschlossenen Abteilung liegt. »Meine Frau lag im Gitterbettchen. Ich dachte, ich spinne«, erbost sich Elmar Kordes noch heute. Die Ärzte geben später vor Gericht an, Frau Kordes sei mit der Diagnose einer Wochenbettpsychose in ihr Haus verlegt worden. Doch Anja Kordes kann in der Psychiatrie nicht geholfen werden, ihre dringlichsten Probleme sind nicht seelischer Natur. Das erkennen auch die behandelnden Ärzte und organisieren eine weitere Verlegung, diesmal in das ortsansässige Kreiskrankenhaus.

Hier erst entdecken Mediziner die lebensgefährlichen Löcher im Dünndarm von Anja Kordes – ein so genanntes Dünndarmgangrän. Die Durchlässigkeit des Dünndarms hat bereits zu einer Vergiftung des Körpers geführt – dazu kommt ein Multiorganversagen. In dem späteren Gerichtsverfahren wird der operierende Arzt erklären: »Als ich den OP nach dem Umkleiden betrat, schlug mir ein bestialischer Gestank entgegen, wobei ich sah, dass bei dem gynäkologischen Querschnitt missfarbenes Gewebe vorlag (...) und beim Herausheben des ganzen Dünndarmpaketes stellte sich heraus, dass ein großer Teil des unteren Dünndarmgewebes eigentlich nur noch aus einem (...) zerbrechlichen Gewebe bestand, in dem einige kleine Löcher vorhanden waren. (...) Hier ist so viel Zeit vergangen, dass sich der Darm schon völlig aufgelöst hat und kleine Löcher bestanden, sodass sich der Inhalt in den offenen Magen ergossen hat.«[13]

Die Ursache ist eine Thrombose in der Arterie, die den Dünndarm mit Blut versorgt. Er ist bereits zu drei Vierteln abgestorben, dadurch wird der Organismus immer stärker vergiftet. Es folgen sechs Wochen Koma und zahlreiche Operationen. Das Ergebnis: Anja Kordes ist zu 100 Prozent schwerbehindert, erwerbsunfähig. Sie leidet an Bewegungsstörungen, Zysten, Tinnitus, Rheuma, und fast jeden Tag ist ein Arztbesuch nötig. Die junge Frau hat unbeschreibliche Schmerzen, nimmt immer mehr Morphium. Sie bittet ihren Mann Elmar: »Mach mich weg.«[14] Die Frau kommt auf eine Warteliste für eine Dünndarm-Transplantation, doch es findet sich kein geeigneter Spender.

Das Martyrium dauert drei Jahre. Am 10. Oktober 2000 stirbt sie mit gerade noch 41 Kilogramm an den Folgen der schweren Erkrankung. Bereits im Sommer 1997 wandte sich Elmar Kordes an die Krankenkasse seiner Frau mit der Bitte um Unterstützung. Er teilte den »Verdacht einer Fehlbehandlung« mit und bat um Hilfe. Bereits im August desselben Jahres fertigte der »Medizinische Dienst der Krankenkassen« (MDK) ein Gutachten an mit eindeutigem Ergebnis: Ein Behandlungsfehler liegt vor! Eine zusätzliche Untersuchung des Bauchraumes hätte die tatsächliche Erkrankung höchstwahrscheinlich sichtbar gemacht. So sah es der Gutachter des MDK Thüringen als »nicht nachvollziehbar« an, warum eine Bauchspiegelung »hinter die psychiatrische Abklärung einer Wochenbettpsychose gesetzt wurde«.[15]

Das plötzliche Ende eines Prozesses

Das Ergebnis wurde der Haftpflichtversicherung des Krankenhauses mitgeteilt. Anja und Elmar Kordes hofften zu diesem Zeitpunkt noch auf eine außergerichtliche Lösung. Ein Schmerzensgeld sollte über das Gröbste hinweghelfen. Anja Kordes wartete verzweifelt auf Signale einer Einigung. Ihrem Mann sagte sie immer wieder: »Wenn mal einer von denen, die den Schaden verursacht haben, auf uns zugekommen wäre, mit uns kann man doch reden.« Doch die Zeit verstrich und mit ihr der Glaube an eine einvernehmliche Übereinkunft mit der Klinik. Elmar Kordes erinnert sich: »Es wurde nur geblockt und gemauert. Niemand hatte uns je ein Gespräch angeboten. Es kam gar nichts.«

Irgendwann wandelte sich der Frust des Ehepaars in Zorn, wie Elmar Kordes heute erzählt: »Die Mauer der Arroganz und Ignoranz hat uns so wütend gemacht.« Aus dem ursprünglichen Wunsch nach einer fairen finanziellen Lösung wurde zunehmend ein Wunsch nach Genugtuung. Mit dem MDK-Gutachten in der Tasche ging Elmar Kordes an die Haftpflichtversicherung des Krankenhauses heran, die ein Schlichtungsverfahren vor der Schlichtungsstelle der Ärztekammer Hannover empfahl. Diesem Vorschlag stimmten Anja und Elmar Kordes zu. Ein neues Gutachten wurde erstellt, diesmal von einem Gutachter im Auftrag der Ärztekammer. Und auch diesmal gab es wenig Raum für Spekulationen. Die Schlichter stellten eindeutig fest, dass ein Behandlungsfehler vorlag. In dem Gutachten hieß es, »eine fehlerfreie Diagnostik« hätte das Krankheitsbild so rechtzeitig erkennen lassen, dass man die Perforationen der Darmwand und deren weitgehende Zerstörung hätte verhindern können. Aufgrund der »schuldhaft verursachte(n) Folgen des Diagnosefehlers« hielt die Schlichtungsstelle »Schadensersatzansprüche für begründet«.[16] Die Versicherung der Klinik zahlte Anja Kordes daraufhin einen fünfstelligen Betrag als Schmerzensgeld.

Doch der Chefmediziner selbst hat den Behandlungsfehler nie anerkannt. Sein damaliger Rechtsanwalt erklärte: »Die Gutachten sind inhaltlich falsch und unzureichend. Es wurde schludrig recherchiert.«[17] Eine Haltung, die Kordes in seinem Kampf bestärkt. Er sieht eindeutig ärztliches Fehlverhalten, und er will, dass die Menschen bestraft werden, die er für die medizinische Katastrophe verantwortlich macht. Nach dem Tod seiner Frau erstattet er gegen den Mediziner im Jahr 2000 Strafanzeige wegen fahrlässiger Tötung – ganz dem Wunsch seiner Frau entsprechend. Noch im Sterben hatte sie ihm den Auftrag gegeben, »die nötigen Schritte einzuleiten«.[18] Die zuständige Staatsanwaltschaft sieht Anlass zu ermitteln. In einer Erklärung der Behörde heißt es: »Es wurde der hinreichende Tatverdacht für ein strafrechtlich relevantes Fehlverhalten des Beschuldigten bejaht, das schließlich zum Tode der Patientin geführt hat.«[19] Elmar Kordes schreibt auf seiner Homepage: »Der Arzt, der dich (fahrlässig?) sterben ließ, wird nun zur Rechenschaft gezogen.«

Das strafrechtliche Verfahren ist eröffnet. Die Staatsanwaltschaft erhebt im Januar 2002 Anklage wegen fahrlässiger Tötung.[20] Vor Gericht wird schnell deutlich, dass es allerlei Ungereimtheiten gibt. Was Anja Kordes' Einweisung in die psychiatrische Klinik angeht, ergeben sich in den Zeugenaussagen eklatante Widersprüche. So sagt die im psychiatrischen Klinikum behandelnde Ärztin unter Eid aus, sie habe die Patientin als Fall einer »psychischen Erkrankung« überwiesen bekommen. Wörtlich erklärt sie: »Die Patientin wurde mir als Wochenbettpsychose angekündigt, und deshalb kam sie auf die Psychiatrie. (…) Ich habe die Patientin als Verdacht auf eine Wochenbettpsychose angekündigt bekommen und nicht wegen neurologischer Untersuchungen.«[21]

Dagegen präsentiert der Chef der gynäkologischen Abteilung des einweisenden Klinikums in dem Verfahren eine ganz andere Variante. Er habe eine Erkrankung des zentralen Nervensystems (Gehirn und Rückenmark) angenommen und deshalb darum gebeten, dass sofort Rückenmarksflüssigkeit zur Diagnostik von Entzündungszeichen im Gehirn – eine so genannte Lumbalpunktion – in die Wege geleitet werden solle.[22] Vor Gericht erklärt der Arzt: »Die Frau war für meine Begriffe vital bedroht, aber vonseiten des zentralen Nervensystems. Ich stellte gegenüber der Ärztin klar, sollte sie keine neurologischen Ursachen finden, dann sofortige Rücküberweisung. (…) Ich habe die Ärztin in der Neurologie gebeten – persönlich per Telefon – eine sofortige Entzündungsdiagnostik zu erstellen.«[23]

Doch davon war nach Aussagen der Psychiatrieärztin nie die Rede. Sie erklärt eidesstattlich, dass ihr ein Auftrag zur Untersuchung der Rückenmarksflüssigkeit überhaupt »nicht bekannt« gewesen sei; genauso wenig das Ansinnen, die Patientin »sofort« zurückzuführen, wenn sie nichts feststelle.[24]

Mit dem Chefarzt meint es die Justiz schließlich gut. Mitten im Prozess macht die Staatsanwaltschaft einen Rückzieher. Sie beantragt, das Verfahren nach Paragraf 153 Absatz 2 der Strafprozessordnung gegen den Mediziner einzustellen. Der Paragraf regelt die »Nichtverfolgung von Bagatellsachen« und ermöglicht der Staatsanwaltschaft, mit Zustimmung des Gerichts von der Strafverfolgung abzusehen. Das geht auch, wenn die Klage bereits erhoben wurde.

Das Gericht folgt dem Antrag der Anklagebehörde und stellt am 3. April 2003 das Verfahren gegen den Arzt wegen angeblich geringer Schuld ein – ohne Auflagen.[25] Der Zusammenhang zwischen der nicht durchgeführten Bauchuntersuchung und dem Tod von Anja Kordes sei nach seiner Ansicht nur schwer nachweisbar. Der zuständige Richter erklärt: »Insofern wären wir auch nach einer langwierigen Verhandlung näher an einem Freispruch als an einer Verurteilung gewesen.«[26] Die Kosten des Verfahrens trägt die Staatskasse.[27]

Dabei hatten Gutachter eindeutig Mängel im Handeln der medizinisch Verantwortlichen festgestellt. Am 21. März 2003 erklärt der Gutachter Dr. St. vor dem Amtsgericht: »Meines Erachtens hätte die Patientin auf eine Intensivstation verlegt werden müssen. Es bestand eine akute Situation. (...) Ich kann sagen, der Tod im Jahr 2000 wäre nicht eingetreten, wenn diese Überweisung nicht stattgefunden hätte.«[28]

In Anbetracht der hohen Entzündungswerte hätte Anja Kordes demnach nicht in das Fachkrankenhaus für Neurologie und Psychiatrie verlegt werden dürfen. Während die Thüringer Tagespresse sich über den »überraschenden Ausgang des Verfahrens« wundert[29], beteuert der verantwortliche Mediziner: »Im Herzen bin ich unschuldig.«[30] Den letzten Verhandlungstag macht er zu seiner Bühne. Er beschwört am Tag der Einstellung christliches Pathos und thüringischen Lokalpatriotismus: Er wolle »eine saubere Lösung, die auch seiner Würde entspricht«. Immerhin habe er »eine ganze Generation von Gynäkologen ausgebildet« und »viel für die Stadt« getan. Doch trotz der Inszenierungen gegen seine Person dürfe er als Christ »nicht Gleiches mit Gleichem vergelten«. Auch Jesus am Kreuz habe gesagt: »Gott vergib ihnen, denn sie wissen nicht, was sie tun.«[31] Worte, die für Elmar Kordes, der als Nebenkläger im Gericht sitzt, wie Hohn klingen: »Ich habe mich verschaukelt gefühlt, habe meinen Glauben an die Gerechtigkeit verloren.«

Doch Kordes setzt nach. Zu offensichtlich sind nach seiner Einschätzung in dem Verfahren gezinkte Karten im Spiel gewesen. Da im Prozess unterschiedliche Versionen von Patientenunterlagen auftauchten, erstattet er Strafanzeige gegen Unbekannt wegen Urkundenfälschung. Tatsächlich gibt es zwei Versionen des Einweisungsbeleges. Während auf dem Dokument, das die Kriminalpolizei im Klinikum des beschuldigten Chefarztes sicherstellte, die Möglichkeit einer Bauchspiegelung vermerkt ist, fehlt dieser wesentliche Zusatz auf dem Durchschlag der Psychiatrie.[32] Merkwürdig, müssten doch beide Einweisungsbelege identisch sein. Und selbst jener Amtsrichter, der das Verfahren gegen den Gynäkologen eingestellt hatte, bezeichnete es im Prozess noch als »sehr merkwürdig«, dass sich »in einem Exemplar Ergänzungen und ein anderes Datum« fänden.[33]

Eine Klärung war in dem Gerichtsverfahren nicht herbeizuführen gewesen. Die Ärztin und Kollegin des angeklagten Chefarztes, die das Einweisungsprotokoll an das psychiatrische Klinikum unterzeichnet hatte, sagte ihren Zeugentermin ab. Als Grund nannte sie die Erkrankung ihres Kindes. Ein Zufall? Sie wäre in der Lage gewesen, die Unterschiedlichkeit der Dokumente zu erklären.

Auch für diese Medizinerin bleibt das Handeln folgenlos. Im Jahr 2004 werden die Ermittlungen wegen Urkundenfälschung gegen Unbekannt eingestellt. Dabei hatte die beteiligte Ärztin gegenüber der Staatsanwaltschaft zugegeben, »wohl« die »Nachträge« in das Einweisungsprotokoll notiert zu haben. Für eine Anklage aber ist es zu spät: Die mutmaßliche Urkundenfälschung ist nach Auskunft der Staatsanwaltschaft nun verjährt. Für Kordes eindeutig »Täterschutz«: »Die Täter wurden gedeckt und die Opfer fallengelassen«, ist sein bitteres Resümee. Dazu sieht Kordes auch ein Problem »mangelnder Motivation« bei den Ermittlern im Umgang mit ärztlichen Behandlungsfehlern. Immerhin bestätigt ihm die bayerische Landesärztekammer in einem Brief vom 27. Januar 2005 seinen Verdacht: »Nach Durchsicht der uns vorliegenden Unterlagen ergibt sich, dass der in Rede stehende Arztbrief von Fr. Dr. (…) nachträglich geändert wurde.«[34] Zur Erinnerung: Die Rede ist von der damaligen Mitarbeiterin des Chefarztes.

Und noch eine juristische Krux ist Kordes aufgefallen. Als er die Kollegin des Chefarztes, die das Einweisungsdokument seiner Frau offenbar manipuliert hatte, vor ein Standesgericht bringen möchte, stellt er fest, dass diese zwischenzeitlich nach Bayern verzogen ist. Und erneut hat die Medizinerin Glück, profitiert von Gesetzeslücken. Die Heilberufe- und Kammergesetze sind in Deutschlands föderalem System nicht einheitlich geregelt. Das Berufsrecht reicht oft nur bis an die Landesgrenzen. Und so stellte die Thüringer Landesärztekammer tatsächlich fest, »dass sich ein Arzt durch den Wechsel der Arbeitsstätte beziehungsweise Umzug einer berufsrechtlichen Verfolgung entziehen kann«.[35]

Lediglich die Kammergesetze in Bremen, Mecklenburg-Vorpommern, Niedersachsen, Sachsen-Anhalt, Rheinland-Pfalz und Bayern sehen eine länderübergreifende Verfolgung von Berufsvergehen vor. Nicht aber in Thüringen. Wie heißt es im Brief der bayerischen Landesärztekammer vom 27. Januar 2005: »Wegen der unmöglich gewordenen berufsaufsichtlichen Verfolgung spielt es für uns auch keine Rolle, ob hier tatsächlich eine Urkundenfälschung oder – wie von der Staatsanwaltschaft Meiningen festgestellt – eine schriftliche Lüge vorgenommen wurde.« Doch wenigstens an dieser Front trägt der Kampf von Elmar Kordes Früchte. Angeregt durch seinen Präzedenzfall möchte man jetzt auch hier das Standesrecht harmonisieren. Nach Abstimmung mit der Landesärztekammer soll es demnächst eine Gesetzesänderung geben, die auch die Verfolgung von Ärztevergehen über die Landesgrenzen Thüringens hinaus erlaubt.[36] Dazu möchte das Thüringer Gesundheitsministerium eine »bundesweit einheitliche Verfahrensweise« erreichen, wie Referatsleiter Norbert Scheitz im September 2005 ankündigt.[37]

Im Fall Kordes kommt die Initiative zu spät. Der frühere Chefarzt der Gynäkologie des Thüringer Klinikums hat Thüringen längst verlassen und arbeitet heute in einem anderen Bundesland. Anja Kordes hingegen wurde Opfer eines so genannten ärztlichen »Kunstfehlers«. Ein Wort, das nur nach einem kleinen und harmlosen Missgeschick klingt. Im Grunde genommen ein echtes Unwort, das bagatellisiert, die Fakten geschickt verpackt. Doch bei Fällen des so genannten Ärztepfuschs steht es häufig für den Beginn einer menschlichen und sozialen Katastrophe. Elmar Kordes gründet mit Manfred Maier, einem anderen Ärztepfusch-Betroffenen, das »Private Netzwerk Medizingeschädigter«[38] – für ihn der »neue Lebensinhalt«. Sein Ziel ist es, möglichst viele Betroffene »aus der Isolation zu führen, zusammenzubringen und Informationen auszutauschen«. Auf diesem Weg versuchen die Opfer medizinischer Fehlbehandlung mit »kostenlose(n)« und »ehrlichen Informationen« zu helfen.[39] Auf den Grabstein seiner Frau hat Kordes eine Inschrift meißeln lassen, die Sinnbild seines Kampfes geworden ist: »Dieser Arzt kann uns nicht trennen. Wir sehen uns wieder.«[40]

Hohe Fallzahlen bei Ärztepfusch?

Nach Untersuchungen des amerikanischen Institute of Medicine sterben allein in den USA alljährlich bis zu 98 000 Menschen an Behandlungsfehlern bei ihrem Krankenhausaufenthalt. In Deutschland sei die Situation »ähnlich«, meint der Präsident der Deutschen Chirurgischen Gesellschaft Matthias Rothmund.[41] Nach einer im April 2007 veröffentlichten Studie des Aktionsbündnisses Patientensicherheit, die vom Gesundheitsministerium finanziert wurde, sterben bis zu 17 000 Patienten jährlich wegen Behandlungsfehlern alleine in deutschen Krankenhäusern. Ursachen seinen falsche Behandlungen, mangelnde Sorgfalt und Schlampereien. Australische und englische Studien ergaben, dass zwischen zwölf und sechzehn Prozent der Klinikpatienten bei ihrer Behandlung »ein unerwünschtes Ergebnis widerfährt«. In Deutschland gehört das Risiko, an Behandlungsfehlern im Krankenhaus zu sterben, zu den zehn häufigsten Todesursachen – noch vor Aids und Brustkrebs. Insgesamt sterben in Deutschland mehr Menschen durch Ärztepfusch als im Straßenverkehr.[42] Überträgt man allerdings die Zahlen der amerikanischen Studie auf Deutschland, würden hier entsprechend zur Bevölkerungszahl jährlich zirka 30 000 Menschen an Behandlungsfehlern sterben. Das heißt, eine Kleinstadt würde ausgelöscht.

Hinter den Zahlen verbergen sich oft schlimme Schicksale, von denen es nur wenige in die Tagespresse schaffen. Wie der Fall des vierjährigen Jungen aus Hamburg. Nach einem folgenschweren Behandlungsfehler fällt das Kind in ein Koma und stirbt. Der Junge war wegen einer Vorhautverengung operiert worden. Nach einem reibungslosen Eingriff entwickelte er während der Aufwachphase hohes Fieber und Schüttelfrost. Doch statt der üblichen fünfprozentigen Glukose-Lösung verabreichte die Narkoseärztin eine vierzigprozentige Lösung mit fatalen Folgen. Zuerst schwoll das Stammhirn mit irreparablen Schäden an, dann folgte der daraus resultierende Hirntod.[43] Ein weiterer tragischer Fall ist das Schicksal der ebenfalls vier Jahre alten Lea. Im Krankenhaus sollen bei einem Routineeingriff Polypen entfernt werden, doch dem operierenden Arzt unterläuft ein fataler Fehlschnitt. Die Arterie wird beschädigt, es folgt ein enormer Blutverlust. Die Folge ist ein Nierenversagen. Später baut sich eine Schädigung des Hirns auf. Lea stirbt. Der Arzt verleugnet seinen Fehler bis zuletzt. Verzweifelt wenden sich die Eltern nach dem Tod ihrer Tochter an die Öffentlichkeit. Bei Fernsehpfarrer Fliege erklären sie: »Wir wollen nur noch eines für unsere kleine Tochter: Gerechtigkeit.«[44]

Es sind Schicksale wie die der Menschen, die sich auf den Webseiten des »Privaten Netzwerks Medizingeschädigter« von Elmar Kordes zusammenfinden.[45] Auf der Homepage berichten sie von ihren Erlebnissen in Krankenhäusern. Die Berichte tragen vielsagende Titel wie »Mein Kind ist tot«, »Querschnittsgelähmt durch Bandscheiben-OP«, »Nicht erkannte Diabetes«, »Harnleiterabriss« oder »Opfer wurde mein ungeborenes Kind«. Schilderungen, die anderen Menschen in derselben Situation helfen und sie trösten sollen. Eine Frau, aus deren zehnköpfiger Familie bereits »ein zweites Mitglied durch Nachlässigkeit von Ärzten aus dem Leben gerissen« wurde, schreibt, sie sei es ihrer verstorbenen Schwester »einfach schuldig, für sie zu kämpfen«. In diesem Fall sei versäumt worden, die Infarktpatientin auf der Intensivstation zu behandeln. Das bittere Resümee der Frau: »Diese ärztliche Nachlässigkeit war nicht der einzige, aber letztendlich der tödliche Fehler.«[46] Auf der Webseite sucht sie Ratschläge von Menschen, die »Ähnliches erlebt« haben.

Um Gerechtigkeit für Menschen, die Ärztepfusch ausgesetzt waren, zu erwirken, hat eine couragierte Mutter im Jahr 2004 die als gemeinnützig anerkannte Alexandra-Lang-Stiftung ins Leben gerufen. Die Gründerin Ilse Lang, Mitinhaberin einer Industriegruppe mit Sitz in Rheinland-Pfalz, ist selbst Betroffene. Ihre Tochter Alexandra stirbt überraschend mit gerade dreißig Jahren, als sie im Jahr 2000 von einem routinemäßigen Arztbesuch kommt. Eigentlich hatte sie nur eine Infusion bekommen, da sie sich etwas schlapp gefühlt hatte. In der Arztpraxis verabreichte man ihr eine so genannte Mayr'sche Lösung. Dahinter verbirgt sich eine harmlose Kochsalzlösung, der Vitamine und Spurenelemente beigemischt sind. Doch als sie kurz nach der Verabreichung zu Hause angekommen ist, krümmt sich die junge Frau vor Schmerzen. Schmerzen, die nicht enden wollen. Schließlich alarmiert sie über Handy ihren Arzt, der sofort zu ihr eilt.

Jetzt geht alles ganz schnell, ein Rettungswagen bringt sie am 18. August 2000 in ein Wormser Krankenhaus. Aus der Schmerzbehandlung wird ein Ringen um Leben und Tod. Trotz der eingeleiteten Stabilisierungsmaßnahmen verschlechtert sich der Gesundheitszustand der jungen Frau. Es kommt schließlich zum Kreislaufversagen. Der Körper baut immer mehr ab. Eine Woche nach der Einweisung stellen sich Zeichen eines massiven Hirnödems ein, das sich trotz intensiver Therapieversuche nicht verbessert. Am 4. September 2000 stirbt die Patientin. Die gerichtsmedizinische Obduktion ergibt das Bild eines schweren Multiorganversagens. Alexandras Körper ist durch Citrobacter freundii total vergiftet. Dahinter verbergen sich Stäbchenbakterien. Aufgrund der auffallend engen zeitlichen Verknüpfung zwischen der Verabreichung der Mayr'schen Lösung und dem Zusammenbruch ihrer Tochter hegt die Mutter den Verdacht eines Behandlungsfehlers: »Mir drängte sich der Gedanke auf, dass die Infusionslösung bakteriell verunreinigt gewesen sein muss«, sagte Ilsa Lang.[47]

Nach bisher gängiger Auffassung von Medizinern sollen die Bakterien vor allem durch den Genuss von verfallenem Essen oder Getränken auftauchen.[48] Doch es gibt neue medizinische Erkenntnisse, wonach verunreinigte Lösungen eine zentrale Grundlage der Erreger sind – insbesondere Infusionen. Der Tod ihrer Tochter soll nicht umsonst gewesen sein. Für Ilse Lang wird klar, dass sie anderen Menschen in ähnlichen Situationen helfen möchte. Aus diesem Grund bietet ihre Stiftung heute betroffenen Patienten Beratung – medizinische und juristische. Vorstandsmitglied Richard Rickelmann, der die Betroffenen betreut, betont: »Eine gute juristische Betreuung ist besonders wichtig, denn ist ein Anwalt im Arzthaftungsrecht nicht bewandert, erleben die Patienten nach dem medizinischen oft noch ein juristisches Desaster.« Zu einer Verurteilung kommt es nämlich nur dann, wenn dem behandelnden Arzt ein Behandlungsfehler nachgewiesen werden kann. Weitere Voraussetzung für eine Verurteilung ist ein ursächlicher Zusammenhang zwischen einem Behandlungsfehler und dem Gesundheitsschaden.

Die Erfahrung zeige, dass sich der Ursachenzusammenhang zwischen Behandlungsfehler und gesundheitlichem Schaden häufig nicht zweifelsfrei nachweisen lasse, sagt Rickelmann. Ein Grund, warum er den Betroffenen empfiehlt, von einer Strafanzeige abzusehen und stattdessen den zivilrechtlichen Weg zu beschreiten. Denn während im Strafrecht der Grundsatz »in dubio pro reo« (im Zweifel für den Angeklagten) gelte, kämen dem geschädigten Patienten im Zivilrecht umfangreiche Beweiserleichterungen zugute, die von der Rechtsprechung im Interesse einer Waffengleichheit zwischen Patienten- und Ärzteseite entwickelt wurden, erläutert die Euskirchener Rechtsanwältin Astrid Maigatter-Carus, die seit über zehn Jahren die Interessen geschädigter Patienten vertritt und der Stiftung beratend zur Seite steht. »Diese Beweiserleichterungen führen immer wieder dazu, dass im Zivilrecht eine Verurteilung erreicht werden kann, während auf strafrechtlicher Seite bereits eine Einstellung des Ermittlungsverfahrens durch die Staatsanwaltschaft erfolgt ist.«

Auch die erfahrene Anwältin Maigatter-Carus rät Geschädigten in den meisten Fällen vom Gang zum Staatsanwalt ab: »Wenn der Arzt strafrechtlich verurteilt ist und nur 500 Euro Strafe zahlen muss – wem nützt das?« Stattdessen könnten Schadensersatzsummen den betroffenen Familien ein einigermaßen würdiges Weiterleben nach der medizinischen Katastrophe sichern. »Hier lässt sich zivilrechtlich viel mehr für den Patienten herausholen«, sagt die Juristin. So erhielt beispielsweise eine von der Alexandra-Lang-Stiftung unterstützte Familie, deren Sohn infolge eines Fehlers bei der Geburtseinleitung schwer geschädigt ist, eine Schadenersatzzahlung in Höhe von einigen hunderttausend Euro.

Da das ungeborene Kind im Wachstum zurückgeblieben war, musste mit einer Risikogeburt gerechnet werden. Ein Fall für das Krankenhaus, eigentlich Routine. Normalerweise wird bei jeder Schwangeren sofort nach der Aufnahme ein intravenöser Zugang gelegt, um im Notfall eventuell ein wehenhemmendes Mittel oder ein kreislaufstärkendes Präparat verabreichen zu können. Nicht aber in diesem Fall, die Hebamme hatte es unterlassen. Außerdem sollte bei einer Risikogeburt der Zustand der Schwangeren ständig überwacht werden. Doch die Hebamme hatte mit der simplen Erklärung »erstes Kind, das dauert« den Kreißsaal verlassen. Die Schwangere samt Ehemann waren allein. Ein folgenschwerer Fehler.

Als die Geburt einsetzte, war immer noch keine Hebamme oder Arzt in Sicht. Und es kam noch schlimmer. Der Wehenschreiber zeigte einen Abfall der Herztöne an. Der verzweifelte Ehemann suchte die Hebamme – zunächst vergebens. Denn die saß auf einer anderen Station beim Kaffee und plauderte mit Kolleginnen. Als sie endlich wieder im Kreißsaal auftauchte und ein wehenhemmendes Medikament injizieren wollte, ging dies zunächst auch nicht, denn die Hebamme musste erst einen intravenösen Zugang legen. Bis zur Verabreichung des Medikaments vergingen für das Ungeborene lebenswichtige Minuten. Erst eine halbe Stunde später alarmierte die Hebamme dann endlich einen Arzt. Als der das Kind mit einem Kaiserschnitt holte, atmete es nicht mehr. Mit einer Reanimation konnte das Baby dem Tod noch einmal entrissen werden, doch es hatte infolge des Sauerstoffmangels einen schweren Hirnschaden erlitten.

Seither ist der Junge schwerstbehindert. Heute, im Alter von zwölf Jahren, ist er auf den Rollstuhl angewiesen, hat motorische Störungen und zeigt autistische Züge. Die Zähne kann er sich nicht selbst putzen, er würde sich die Zahnbürste in den Rachen stoßen. Es treten immer wieder epileptische Anfälle auf, die mit einem Notfallmedikament behandelt werden müssen, um eine weiter gehende Hirnschädigung zu vermeiden. Infolge des Hirnschadens sind die Steuerungsmechanismen des Kindes gestört. Dies führte zum Beispiel dazu, dass der Junge während eines Spaziergangs einen Betrunkenen attackierte, der ihm aus Versehen Bier auf die Kleidung geschüttet hatte.

Ein Gespräch über derlei Vorfälle sind mit dem Jungen nicht möglich, da er sich später nicht erinnern kann. Ulrike Zunker, die Ärztin der Alexandra-Lang-Stiftung, fasst ihre Erfahrungen mit dem Jungen so zusammen: »In der von ihm besuchten sozialtherapeutischen Praxis spielt er mit zwei Bällen, der eine rot, der andere schwarz. Würde einer von ihnen gegen einen gelben Ball ausgetauscht – der Junge wäre total verunsichert, er könnte damit nicht umgehen. Der Therapeut trägt immer eine bestimmte Kleidung. Als T. ihn in Begleitung seiner Mutter einmal privat besuchte, öffnete er die Türen in kurzen Hosen. T. war noch Tage später irritiert.« Für die Eltern wurde das Leben durch die groben Nachlässigkeiten der Hebamme zu einem Drama. Die Schmerzensgeldzahlung ersetzt keine juristische Genugtuung, doch hilft sie bei den vielen Anschaffungen, die bei der Pflege eines schwerstbehinderten Kindes notwendig werden. Lebensqualität gibt die Summe nicht zurück. Und bedenkt man den langen Zeitraum der Zusatzausgaben, ist der Zeitpunkt absehbar, an dem der Betrag aufgebraucht sein wird.

Richter, Staatsanwälte und Rechtsanwälte sind selten Experten in medizinischen Details. Umso wichtiger ist bei Prozessen die Rolle medizinischer Gutachter. Und hier kommt es zu einem weiteren Problem im juristischen Alltag für Arztpfusch-Opfer: Gutachter und Klinikärzte kennen sich immer wieder aus gemeinsamen Gremien. In diesem Zusammenhang bekommt ein Satz des britischen Literaturnobelpreisträgers

Georg Bernard Shaw eine neue Dimension: »Ärzte sehen eher zu, wie ein Kollege einen ganzen Landstrich dezimiert, als gegen den Berufskodex zu verstoßen und gegen ihn aufzutreten.« Elmar Kordes vom Privaten Netzwerk Medizingeschädigter fordert: »Wir bräuchten staatliche Ärzte, die keiner Lobbyistenorganisation Rede und Antwort stehen müssen, die keine Angst haben, Kollegen Rede und Antwort zu stehen.« Derzeit hätten es wirklich unabhängige Gutachter nicht leicht: »Man kennt sich. Um nicht als Nestbeschmutzer dazustehen, wer soll da denn ein vernünftiges Gutachten machen?«

Restrisiko: Der schwierige Umgang mit Sexualstraftätern

Wie weit die Worte »Gericht« und »gerecht« zuweilen auseinanderliegen, zeigt ein weiterer Fall. Diesmal geht es nicht um ein Opfer, sondern um einen Täter. Präziser gesagt: einen Sexualstraftäter. Ein Mann, der laut Gericht Frauen brutal gequält hat, verdient keinerlei Mitgefühl. Richtig aber ist in einem Rechtsstaat auch: Die Grundlage richterlichen Handelns darf nicht durch Gefühle bestimmt werden, sondern ausschließlich durch das Gesetz. Was ist ein Rechtsstaat wert, der nicht auch größten Gesetzesbrechern ein gerechtes Verfahren garantiert?

»Wegschließen – und zwar für immer!« Diese Forderung, wie die Gesellschaft mit Sexualstraftätern verfahren sollte, stammt von keinem rechtsradikalen Populisten oder Sprücheklopfer. Es war der damalige Bundeskanzler Gerhard Schröder, der mit dieser Meinung im Sommerloch 2001 die Schlagzeilen füllte. Anlass war der zu diesem Zeitpunkt noch nicht geklärte gewaltsame Tod der achtjährigen Julia in Hessen,[49] deren verbrannte Leiche nahe bei Gießen gefunden worden war.[50] Seit dem belgischen Dutroux-Skandal ist die Öffentlichkeit für Sexualdelikte aller Art sensibilisiert – Einzelfälle schaffen es auf die Titelseiten, gepaart mit Forderungen nach immer drakonischeren Strafen.

Doch so populär Schröders Forderung klingen mag, über eines darf sie nicht hinwegtäuschen: Sie steht im Widerspruch zur Unantastbarkeit der Menschenwürde, die in Artikel 1 unseres Grundgesetzes garantiert wird und deren Schutz die Aufgabe aller staatlichen Gewalt ist.

Natürlich, das Thema ist emotional aufgeladen. Und besonders die psychisch kranken Straftäter tragen heute das Stigma des Bösen schlechthin. Doch nicht immer sind die Maßnahmen der Justiz gegen Sexualstraftäter nachvollziehbar. Vielleicht ist der folgende Fall nicht typisch. Aber er dokumentiert die Schwierigkeiten, mit denen manche Richter und Staatsanwälte konfrontiert sind.

Da befindet sich ein Mann aufgrund richterlicher Anordnung seit über zweieinhalb Jahren im hochgesicherten Trakt der psychiatrischen Klinik Hanau. Selbst die behandelnden Ärzte bescheinigen ihm, dass sie »bislang keine Behandlungsgrundlage für den Patienten feststellen konnte(n)«.[51] Es geht um Karsten B. Er ist eines von vielen Beispielen verkappter Sicherungsverwahrung in der Psychiatrie.

Es stimmt, dass Karsten B.s Sexualverhalten perverse Züge zeigt – Psychologen sprechen von einer »Paraphilie«, einer abweichenden Sexualität.[52] Zu der Tat, die ihm zur Last gelegt wurde, heißt es im psychiatrischen Prognosegutachten: Karsten B. habe sich am 24. Januar 2000 mit einer ihm bis dahin unbekannten Prostituierten getroffen und diese gefesselt; im weiteren Verlauf habe er einen Gegenstand in den After eingeführt und ihr Tücher um den Kopf gebunden. Anschließend habe er »mit einem Messer in der Hand gedroht, ihr den Kitzler abzuschneiden«. Danach habe er sie weiterhin bedroht, »sie auszupeitschen und anschließend an arabische Mädchenhändler zu verkaufen, die ihr die Brüste abschneiden und ihr den Bauch aufschlitzen würden«. Anschließend habe er, entgegen dem ausdrücklichen Wunsch der Frau, Oralverkehr und später auch vaginalen Verkehr ohne Kondom ausgeführt.[53]

Es ist nicht das erste Delikt dieser Art, das ihm vorgeworfen wurde. Bereits am 9. November 1990 war Karsten B. vom Landgericht Darmstadt wegen einer Tat verurteilt worden, die »in vielen Teilen Überschneidungen« zu der Tat aus dem Jahr 2000 aufweise.[54] Auch der damaligen Geschädigten, einer Prostituierten, drohte er, sie an Mädchenhändler zu verkaufen, und führte ihr Gegenstände ein.[55]

Für den vom Landgericht Darmstadt beauftragten Gutachter, Professor Dr. G., ist alles klar. Seine Exploration erfolgt am 14. November 2001 in geradezu atemberaubender Geschwindigkeit von 17.00 bis 18.30 Uhr. Die Einweisungsdiagnose ist eindeutig: Sie bescheinigt Karsten B. »sexuellen Sadismus«. Dahinter verbirgt sich »ein Phänomen, bei dem sexuelle Erregung und Befriedigung an Schmerzzufügung, Misshandlung oder Nötigung anderer gebunden sind«.[56]

Außerdem erkennt G. auch eine Suchtkomponente in B.s Sexualverhalten. Als Beleg hierfür dienen ihm dessen häufige Kontakte zu Prostituierten. Eine Interpretation mit weitreichender Wirkung. Das Landgericht Darmstadt[57] erkennt auf Grundlage des Gutachtens eine schwere seelische Abartigkeit.[58] Dazu habe die Störung Karsten B. in seiner Persönlichkeit nachhaltig verändert und sein Hemmungsvermögen zum Zeitpunkt der Tat erheblich herabgesetzt. Damit sind die Grundlagen für die Einweisung in ein psychiatrisches Krankenhaus, der so genannten Forensik[59], gegeben.[60] Denn nach Paragraf 63 Strafgesetzbuch ordnet das Gericht die Einweisung in ein psychiatrisches Krankenhaus an, wenn »jemand eine rechtswidrige Tat im Zustand der Schuldunfähigkeit (Paragraf 20) oder der verminderten Schuldfähigkeit (Paragraf 21) begangen« hat. Das Gutachten lässt keinen Zweifel, Karsten B. ist paraphil – sexuell krankhaft abnormal.[61]

Nach dem Urteilsspruch vom 14. Februar 2002 erfolgt die Einweisung Karsten B.s in die Maßregelvollzugsanstalt Haina.[62] Seine nächste Station ist eine Einzeltherapie in Gießen, bis er schließlich am 7. Juli 2004 nach Hanau kommt. Im September 2006 treffen wir uns dort. In Hanau ist das forensische Klinikum ein kleiner Trakt, in dem gerade fünfzehn Patienten hochgesichert untergebracht sind. Das weiße Gebäude mit dem Giebeltürmchen atmet die Gefängnisluft des vergangenen Jahrhunderts. 1928 erbaut, ist es die ehemalige Untersuchungshaftanstalt Hanaus. Alte Backsteinmauern, Videokameras und Stacheldraht erinnern an die Gefängnisvergangenheit. Telefonate müssen vorher angemeldet werden, Besuchszeiten bedürfen einer exakten Absprache. An der Eingangstür die Routinekontrolle. Jeder Besucher wird durchleuchtet, Handys bleiben draußen. Die Mitarbeiter sind sehr freundlich, aber bestimmt.

Einer der Wachmänner weist den Weg in den so genannten Besucherraum. Ein kleiner, karger Ort, der einen Vorgeschmack auf das Leben der Patienten im forensischen Sicherheitstrakt gibt. Am Tisch wartet Karsten B., der sich für sein Alter von über sechzig Jahren recht gut gehalten hat – trotz langjähriger Alkoholsucht. Er hat das Treffen akribisch vorbereitet. Auf dem Holztisch sind Unterlagen ausgebreitet: Urteile, Gutachten, juristische Fachartikel. Es geht ihm um exakte, sachliche Argumente, auch wenn ihm in der Forensik grauenhaft zumute ist. Er war zu vier Jahren und acht Monaten Strafe verurteilt worden. Die hätte er in einem Gefängnis längst abgesessen. Bereits im Januar 2005 hätte er zwei Drittel der Gesamtstrafe verbüßt und wäre wieder auf freiem Fuß.

Doch in der Forensik wird nicht nur weggesperrt, sondern therapiert. Hier gelten besondere Standards – zur psychischen Weiterentwicklung der Patienten, aber auch zum Schutz der Gesellschaft, in die Maßregelpatienten irgendwann einmal wieder zurückentlassen werden. Im Falle von vielen psychisch gestörten Straftätern ist die Forensik ein erfolgreiches Konzept. Im Maßregelvollzug liegen die Rückfallquoten inzwischen bei zwölf bis zwanzig Prozent, im Strafvollzug dagegen bei vierzig bis sechzig Prozent.[63] In Hessen gibt der Landeswohlfahrtsverband die Rückfallquote im Maßregelvollzug gar mit 8,2 Prozent an.[64]

Damit wird der Maßregelvollzug zur »erfolgreichsten Vollzugsform«, wie beispielsweise der Leiter der forensischen Psychiatrie in Hamburg, Guntram Knecht, nicht ohne Stolz konstatiert.[65] Grund dafür ist vor allem die psychologische Aufarbeitung des Fehlverhaltens – das Erkennen der eigenen Probleme und Störungen. Erst wenn Gutachter und Mediziner eine Gefahr für weitere Straftaten ausschließen, kommen die Patienten wieder in Freiheit. Seit dem Gesetz zur Bekämpfung von Sexualdelikten und gefährlichen Straftaten aus dem Jahr 1998 wird die Entlassung aus dem prinzipiell unbefristeten Maßregelvollzug noch einmal erschwert: Ein Gutachter muss zweifelsfrei versichern, »dass der Untergebrachte (…) keine rechtswidrigen Taten mehr begehen wird«, wie es im Gesetzestext heißt.

Das klingt vernünftig, ist in der praktischen Anwendung jedoch äußerst problematisch. Nach dem neuen Gesetz müssen Gutachter für die psychisch gestörten Straftäter quasi ihre Hand ins Feuer legen. Das aber ist, wie Professor Andreas Spengler, Leiter des Niedersächsischen Landeskrankenhauses Wunsdorf, und einige seiner Kollegen finden, eine Verantwortung, die sie guten Gewissens nicht tragen können. Die Gesetzesnovelle stelle »unrealistische Anforderungen an die Sicherheit einer Prognose«. Gefährlichkeit sei laut Spengler keine »Hautfarbe«, die ein für alle Mal feststehe. Wasserdichte Prognosen über Menschen, die sich entwickeln und verändern, seien daher unmöglich.[66]

Der Göttinger Psychiater Professor Dr. Peter Müller kritisiert im Gespräch mit uns, der Patient habe keine Chance, und kein Politiker traue sich, »solchen Unsinn endlich zu stoppen.«[67] In der *Ärztezeitung* wird er mit den Worten zitiert, je seltener Verbrechen begangen würden, umso reißerischer würden sie nicht nur von der Boulevardpresse verkauft. Der öffentliche Druck auf Gutachter und Gerichte sei enorm. Entsprechend zögerlich würden heute Patienten aus dem Maßregelvollzug entlassen.[68]

Die Psychiatrieeinweisung

Was passiert aber, wenn Straftäter in den Maßregelvollzug geraten, obwohl sie eigentlich in ein Gefängnis gehören? Wer hat den Mut, eine Psychiatrieeinweisung rückgängig zu machen, insbesondere dann, wenn dies eine sofortige Entlassung zur Folge hätte? Hier wird deutlich, wie hoch die Mauern der forensischen Krankenhäuser sein können. Für Karsten B. sind sie bisher zu hoch. Inzwischen bestätigt sogar die Klinik, dass es sich bei Karsten B. um eine Fehleinweisung handelt. Eine Behandlung findet nicht mehr statt. Nicht etwa nur deswegen, weil Karsten B. sich den therapeutischen Angeboten verweigert, sondern vor allem aufgrund der Tatsache, dass auch die Klinik selbst keinen Sinn darin sieht.

Im Halbjahresvollzugstherapieplan von Karsten B. heißt es: »Behandlung wird mit Hinweis auf die laufenden Verfahren abgelehnt, wobei auch die Klinik bislang keine Behandlungsgrundlage für den Patienten feststellen konnte.« Doch für Karsten B. bleibt diese Bewertung der Klinikärzte folgenlos, er muss im Maßregelvollzug bleiben. Alle Versuche, sich juristisch gegen den Aufenthalt in Hanau zu wehren, sind gescheitert, vor allem an der Unnachgiebigkeit der Gerichte, die bei Forensikpatienten immer wieder ihren Entscheidungsspielraum dehnen und dehnen.

Es gibt mindestens zwei Gründe, den Maßregelvollzug B.s deutlich zu hinterfragen. Da gibt es zum einen die Genese des Einweisungsdeliktes selbst, zum anderen die Persönlichkeit von Karsten B., der zweifelsfrei sehr gewalttätige sexuelle Praktiken verübt hat.

Betrachten wir zuerst das Delikt. Ins Auge fallen zunächst die richterlichen Ausführungen zur Tat, die lückenhaft sind. Noch nicht einmal das Tatdatum ist korrekt ermittelt, denn am angeblichen Tattag war B. nicht am Tatort, sondern ging seiner Tätigkeit als Buchhalter in Merseburg nach. Das bestätigen mehrere Aussagen, die 2004 beim Wiederaufnahmeverfahren dem Oberlandesgericht Frankfurt vorgelegt werden. Doch eine Vernehmung der neuen Zeugen wird Karsten B. schlicht verweigert. Für den zuständigen Richter sollen diese Zeugenaussagen ohnehin nur einer »reinen Konstruktion von Beweisen« dienen. Der Antragsteller versuche lediglich, seine Freisprechung zu erreichen.

Doch genau das ist statthaft. Hätte das Gericht die neuen Zeugenaussagen geprüft, wäre klar gewesen, dass Karsten B. sich zum angeblichen Tatzeitpunkt am 24. Januar 2000 nicht am südhessischen Tatort, sondern 435 Kilometer entfernt in Thüringen aufgehalten hat. Das Treffen mit der Prostituierten fand einen Tag vorher, am 23. Januar, statt.

Auch ein zweiter Blick auf das tatsächliche Aufeinandertreffen zwischen der Prostituierten Carmen K. und Karsten B. bringt überraschende Erkenntnisse. Bemerkenswert ist beispielsweise, dass Karsten B. sein Opfer nach dem Übergriff um 22.00 Uhr an einer Pizzeria absetzte, »wo beide zusammen noch etwas getrunken haben«, wie auch das Landgericht Darmstadt festgestellt hat.[69] Nachdem sie das italienische Restaurant verlassen hatten, kam es vor diesem allerdings zum Streit, weil Carmen K. wohl aufgrund der perversen Wünsche von Karsten B. mehr Geld wollte. Statt der übergebenen 200 D-Mark soll B. nun 800 D-Mark berappen. Es gab also Streit um die Höhe des Geldbetrages.

Einen Tag später ging Carmen K. zur Polizei und schilderte die Vorkommnisse. Während der Vernehmung machte sie deutlich, dass »sie ausdrücklich keinen Strafantrag«[70] stellen wollte. Allerdings wurde sie auf dem Polizeirevier von einem Kriminalhauptkommissar belehrt, dass bei der Schilderung einer solchen Tat von Amtswegen ohnehin ein Ermittlungsverfahren eingeleitet wird.

Ebenfalls folgenlos bleibt auch, dass die Anzeigenerstatterin und Hauptbelastungszeugin Carmen K. in der Hauptverhandlung der 3. Strafkammer des Landgerichts Darmstadt[71] vor Gericht offenkundig gelogen hat. Denn auch sie gab an, am 24. Januar 2000 in der Wohnung des Karsten B. vergewaltigt worden zu sein. In Anbetracht des nicht widerlegbaren Alibis von Karsten B. ist das eine offensichtliche Falschaussage. Doch die Staatsanwaltschaft Darmstadt stellte am 24. November 2005 das Verfahren wegen Falschaussage ein, das Karsten B. angestrebt hatte. Das Argument der Strafverfolger: Es bestehe kein Tatverdacht. Dieser Argumentation schließt sich später auch der Generalstaatsanwalt beim Oberlandesgericht Frankfurt an. Es bestünde noch nicht einmal ein »Anfangsverdacht einer Straftat«. Aus diesem Grund müsse die Staatsanwaltschaft »auch keinen Beweisangeboten« nachgehen.[72]

Doch Karsten B.s Anwalt, Matthias Seipel, gibt nicht auf, ergreift die letzte Chance vor Gericht: ein Klageerzwingungsverfahren. Doch auch das scheitert im März 2006 beim 2. Strafsenat des Oberlandesgerichts Frankfurt. In der Begründung heißt es: »Der Antragsteller ist mit seiner ursprünglichen Verteidigungsstrategie der Freiwilligkeit der Sexualkontakte nicht durchgedrungen und versucht nunmehr, durch Konstruieren eines Alibis letztendlich seine Freisprechung zu erreichen.«[73]

Für den renommierten Rechtsanwalt Matthias Seipel ist das ein Verstoß gegen Verfassungsgrundsätze. Für ihn dokumentiert die Passage, dass der Senat den »Klageerzwingungsantrag nur ablehnt, um eine Freisprechung zu verhindern«. Denn eine Würdigung der Faktenlage finde nicht statt. Um allerdings den Vorwurf einer »Konstruktion« zu begründen, hätte sich der Senat mit der Schlüssigkeit auseinandersetzen müssen. Rechtsanwalt Seipel vermutet bei den Richtern des Oberlandesgerichts eine »vorgefasste Auffassung«[74] in Bezug auf seinen Mandanten und rät ihm zu einer Verfassungsbeschwerde. Das Gericht habe mit seinem Verhalten Grundpfeiler der Verfassung außer Kraft gesetzt. So garantiere Artikel 103 (1) Grundgesetz den Anspruch des Beschwerdeführers, dass das Gericht den Vortrag der Beteiligten zu berücksichtigen habe.[75] Doch davon sei in der Argumentation des Senats nicht die Rede. Zudem, so Seipel, seien auch das »Gebot des Rechtsschutzes und des fairen Verfahrens« gefährdet und weitere Grundrechte seines Mandanten beschnitten.

Unabhängig von einer juristischen Würdigung bleiben offene Fragen: Ist es in Anbetracht des Eingriffs in die Freiheitsrechte eines Menschen, der sich in einer forensischen Einrichtung befindet, nicht dringend geboten, neuen Argumenten nachzugehen? Die können immerhin darüber entscheiden, ob ein Mensch weggesperrt bleibt. Und wie ernst nimmt es die Justiz mit dem im Strafrecht so wichtigen Legalitätsprinzip, das die Strafverfolgungsbehörden verpflichtet, gegen jeden Verdächtigen vorzugehen, gleich welchen Hintergrundes? Und wenn Strafverfolger das nicht oder nur halbherzig tun, ist dann nicht das Willkürverbot tangiert, das verbietet, ohne sachlichen Grund Ungleiches gleich und Gleiches ungleich zu behandeln? Nicht zuletzt wegen der großen Bedeutung für den demokratischen Rechtsstaat bekam »die Gleichheit vor dem Gesetz« in Artikel 3 des Grundgesetzes Verfassungsrang. Im Falle von Karsten B. sind diese Verfassungsgrundsätze derzeit nur Theorie.

Die Psychiatrie als Supergefängnis

Auch die Einweisungsdiagnose von Karsten B. in die Psychiatrie wirft Fragen auf. Das dokumentieren die Aussagen aller Klinikärzte und Gutachter, die Karsten B. während seiner bisher fünfjährigen Verweildauer in der Forensik analysiert haben. Die Psychiater von Haina, der ersten Station B.s., kommen nach vierzehn Einzeltherapiestunden und einer genauen Beobachtung des Verhaltens zu ganz anderen Ergebnissen als der Gerichtsgutachter G. In ihrem Abschlussbericht vom 2. April 2003 schreiben die namhaften Forensiker Dr. Rüdiger Müller-Isberner und Dr. Sara Gonzales-Cabeza: »Die Einweisungsdiagnose des sexuellen Sadismus kann bei der aktuellen Datenlage nicht gegeben werden und erscheint uns heute unwahrscheinlich.« An anderer Stelle heißt es: »Eine ausschließliche Würdigung der Tatumstände aus dem vorliegenden Urteil verbietet sich, da die Urteilsgründe wie beschrieben vor dem Hintergrund einer mangelhaften Begutachtung (14. 11. 2001; 17.00 bis 18.30 Uhr) erfolgte.«

Weiter heißt es in dem Bericht, dass der »gewonnene Eindruck der Gesamtpersönlichkeit, das psychosoziale Funktionsniveau, die Leistungsfähigkeit, die Verhaltenskontrolle und emotionale Regulation des Probanden«, die sich aus der Unterbringung ergeben haben, »erhebliche Zweifel« hervorgerufen haben, ob »die Schuldfähigkeit beeinträchtigt war«. Eine

»endgültige und abschließende Beantwortung der Frage, ob die Maßregel gemäß Paragraf 63 Strafgesetzbuch gerechtfertigt« sei, hänge »von der Gewinnung weiterer Erkenntnisse ab«. Zu Deutsch: Eine diagnostische Sicherheit, dass Karsten B. in der Psychiatrie richtig eingewiesen ist, existiert nicht. Im Gegenteil, die Klinikärzte formulieren gravierende Zweifel.

Aufgrund des Gutachtens von Dr. Rüdiger Müller-Isberner und Dr. Sara Gonzales-Cabeza kommt es zu einer Anhörung vor der Strafvollstreckungskammer des Landgerichtes Marburg. Es handelt sich um eine standardisierte Überprüfung über die Fortsetzung des Maßregelvollzugs, die laut Paragraf 67e Strafgesetzbuch jährlich erfolgen muss. In ihrem Urteil, das dem Gutachten am 21. Mai 2003 folgt, ziehen die Richter ganz eigene Schlüsse. Nach Auffassung der Strafvollstreckungskammer Marburg könne »nicht erwartet werden«, dass »der Untergebrachte außerhalb des Maßregelvollzuges keine rechtswidrigen Taten mehr begehen« werde. Dieser »Gefahr«, könne nur »durch die Fortdauer der Unterbringung begegnet werden«. Doch das Wegsperren psychisch unauffälliger Gesetzesbrecher ist nicht Aufgabe psychiatrischer Einrichtungen, auch wenn die Justiz das oft nicht wahrhaben möchte. So verpufft auch die Beschwerde von Karsten B. beim 3. Strafsenat des Oberlandesgerichts Frankfurt. »Die Frage einer etwaigen Erledigung der Maßregel stellt sich zur Zeit nicht«, heißt es im Urteil vom 25. Juni 2003.

Im September 2004 gibt das Marburger Landgericht ein neues Gutachten in Auftrag. Wieder geht es um die Klärung: Maßregel ja oder nein. Autorin ist diesmal die Rechtspsychologin Professorin Dr. Sabine Nowara, die als eine der profundesten Expertinnen der psychologischen Diagnostik gilt. In ihrer Exploration bescheinigt sie Karsten B. eine »dissoziale Persönlichkeitsstörung«[76], im Kern die Neigung zu kriminellem Handeln und mangelndem Schuldbewusstsein, die der so genannten »antisozialen Persönlichkeitsstörung« sehr ähnlich ist.[77] Es ist eine Prognose, die es in sich hat. Denn bekannte Psychiater wie Professor Andreas Marneros erkennen gerade in diesem Störungsbild eine große Ähnlichkeit »mit gewöhnlichen Kriminellen« – die Unterscheidung »Störung«/»Keine Störung« sei »kompliziert, teilweise unmöglich«.[78] Marneros weiter: »Wenn ein Mensch eine dissoziale Persönlichkeitsstörung aufweist, bedeutet das keineswegs automatisch, dass er vermindert schuldfähig ist. In der Regel ist er es nicht. Im Allgemeinen ist er in der Lage, das Unrecht seiner Tat zu erkennen und danach zu handeln.«[79]

Eine schwierige Diagnostik. Auch Nowaras Gutachten wirft Fragen auf. Zwar erkennt sie in den Taten von Karsten B. erhebliche sadistische Züge und bescheinigt ihm eine betrügerische »Fassade«. Doch die Schlüsselfrage zum Verbleib B.s in der Forensik wird nicht abschließend beantwortet: Handelt es sich bei Karsten B. neben einer schweren antisozialen Persönlichkeitsstörung auch um einen sexuellen Sadismus im Sinne der Perversionsentwicklung? Zu wenig Einblicke in seine Seele habe B. zugelassen, stellt die Gutachterin fest,[80] das »innere Erleben« sei »nicht nachvollziehbar«.[81] In ihrer Analyse schreibt sie weiter, »um einen sexuellen Sadismus i. S. e. Perversionsentwicklung nachzuzeichnen«, bedürfe es der »Angaben des Herrn B. (...) zu seinem inneren Erleben, zum Beginn der Störung und deren Weiterentwicklung«. Doch diese Angaben habe er »nie gemacht«, auch »während der jetzigen Untersuchung nicht«. Und perspektivisch seien derlei Informationen »aufgrund seiner Haltung auch zukünftig kaum zu erwarten«.[82] So ist für die Gutachterin selbst fraglich, »inwieweit ein sexueller Sadismus wirklich vorliegt«.[83] Aber genau das wäre die Grundlage für einen weiteren Verbleib in der Forensik. Eine abschließende Klärung erscheint der Expertin jedoch »nicht möglich«.[84]

Für Rechtsanwalt Seipel steht fest, dass Nowaras Bewertung einer dissozialen Persönlichkeitsstörung allein zum Verbleib im Maßregelvollzug nicht ausreiche und eine weiter gehende Diagnose nicht vorliege. Nach seiner Überzeugung, »drückt« sich die Gutachterin »vor einer klaren fachlichen Entscheidung«, die klären würde, dass sein Mandant falsch eingewiesen ist. Auf jeden Fall habe Nowara »unterstrichen«, dass »zumindest die Einweisungsdiagnose Humbug war«. Doch wem hilft das? Für Karsten B., der sich in der Psychiatrie falsch eingewiesen sieht, vergeht ein weiteres Jahr.

Am 31. Juni 2006 beschließt das Marburger Landgericht eine weitere Anhörung. Diesmal im forensischen Klinikum Hanau, in dessen hochgesichertem Trakt Karsten B. derzeit untergebracht ist. Wieder wird deutlich, dass es für seinen Aufenthalt in der Psychiatrie kaum noch eine Begründung gibt. Als es am 4. April 2006 zu einem Vor-Ort-Termin kommt, erklärt der ärztliche Direktor der Forensik, Dr. Volker Hofstetter, der Richterin, dass »die Klinik« bei dem Untergebrachten »keine Störung von Krankheitswert festgestellt« habe. Zwar sieht auch er bei Karsten B. »eine antisoziale Persönlichkeitsstörung« gegeben, doch würden »die langen Tatabläufe mit langer Vorbereitung« sowie die »Reaktionen auf die Tatumstände (...) gegen eine Störung der Schuldfähigkeit zur Tatzeit« sprechen. Aus diesem Grund sei B. »nach Auffassung der Klinik« eine »Fehleinweisung«.[85]

Es stellt sich die Frage nach dem Wohin. Wäre Karsten B. nicht in die Forensik, sondern in eine Justizvollzugsanstalt eingewiesen worden, wäre er längst ein freier Mann mit entsprechenden Risiken. Im Gegensatz zum Maßregelvollzug, der die Aufenthaltsdauer vom individuellen Therapieerfolg abhängig macht, ist die Gefängnisstrafe mit dem Rechtsspruch vorher bestimmt. Die einzige Ausnahme für eine längere Haftzeit wäre die nachträgliche Anordnung einer Sicherungsverwahrung nach Paragraf 66b Strafgesetzbuch. Doch auch dieses Instrument ist bei Karsten B. kaum anwendbar. Denn für eine »hohe Wahrscheinlichkeit« neuer Straftaten gibt es keinerlei Belege.

Es gibt also keine gesetzliche Grundlage, Karsten B. in Haft zu lassen. Trotzdem bleibt Karsten B. in der Forensik. Sein Rechtsanwalt Seipel hält das für »rechtsstaatlich katastrophal«. Karsten B. sei derzeit Opfer »einer Freiheitsberaubung ohne Rechtsgrundlage«.

Einmal mehr wird die Forensik als Supergefängnis missbraucht. Denn trotz der Befunde der Psychiatrieärzte kann sich das Marburger Landgericht nicht entschließen, die Unterbringung von Karsten B. im Maßregelvollzug auszusetzen.[86] Dass die psychiatrische Klinik in ihrem Vollzugsplan »keine Behandlungsgrundlage für den Patienten feststellen« kann, ändert daran nichts.

Das Landgericht Marburg interpretiert die Expertenmeinungen ganz anders. In seinem Beschluss vom 10. April 2006 verwirft die Kammer das Bewährungsersuchen. Die Argumentation der Darmstädter Richter von 2001, die zu der Verurteilung Karsten B.s geführt habe, sei nicht widerlegt. So könne aus Sicht des Gerichts »nicht mit der erforderlichen Sicherheit gesagt werden«, dass das Landgericht Darmstadt »bei seiner Entscheidung von einer unzutreffenden tatsächlichen Grundlage ausgegangen ist, als sie bei dem Untergebrachten das Merkmal der anderen seelischen Abartigkeit in Form einer Störung der Sexualpräferenz als erfüllt gesehen hat«. Dazu würden auch aus »heutiger Sicht nachvollziehbar« weiterhin »die Voraussetzungen für die Unterbringung bestehen«.[87]

Deutschland im Sicherheitswahn

Was ist, wenn sich der Einweisungsgutachter geirrt hat, die Begutachtung doch zu hastig war? Nicht nur Insider wundern sich, dass die Schere zwischen schweren Straftaten einerseits und Patienten andererseits, die immer länger in Kliniken verweilen müssen, jedes Jahr weiter auseinandergeht. Nach Untersuchungen des Göttinger Psychiatrieprofessors Peter Müller kletterte die Zahl der Belegungen in den forensischen Kliniken Deutschlands von 4776 Patienten 1994 auf 7295 im Jahr 2000 und auf 9575 im Jahr 2004. Das entspricht fast einer Verdoppelung. Ebenso wuchs die durchschnittliche Unterbringungsdauer im Maßregelvollzug signifikant an. Der Lehrbeauftragte für Recht und Gesundheitswesen der privaten Universität Witten-Herdecke, Dr. Hans Kammeier, beobachtete in Hamburg von 1997 bis 2003 eine Patientenzunahme in der Forensik von einundneunzig Prozent – die Unterbringungsdauer stieg im selben Zeitraum von durchschnittlich 2,8 auf 4,5 Jahre.[88] Betrug in Niedersachsen 1996 die Verweildauer noch 3,9 Jahre, lag sie im Jahr 2002 bereits im Schnitt bei 6,5 Jahren.

Im Gegensatz dazu schrumpfte die Zahl von Mord- und Totschlagsfällen inklusive der versuchten Delikte von 4230 im Jahr 1993 auf 2480 im Jahr 2004. Die Zahl der Sexualmorde sank von zweiunddreißig auf achtzehn im selben Zeitraum. 1971 waren es noch siebenundsiebzig Taten.

Doch die öffentliche Wahrnehmung ist eine andere, über jeden Einzelfall wird exorbitant berichtet. So verwundert es auch nicht, dass die Zahl der Presseberichte zum Schwerpunkt Kindesmissbrauch von achtzig im Jahr 1971 auf achthundert im Jahr 1996 geklettert war, trotz rückläufiger Deliktzahlen. Die Zahl der Sexualmorde an Kindern ist zwischen 1971 und 2000 auf fast ein Drittel gesunken, die Zahl der Presseberichte über sexuellen Missbrauch stieg hingegen um das Zehnfache.[89]

Mit einer realen Sicherheitsgefährdung hat der drastische Anstieg der

Verweildauer in der Forensik gar nichts zu tun. Es ist vielmehr der öffentliche Druck, dem die Gerichte Tribut zollen. Dabei ist die Forderung nach dem lebenslangen Wegsperren nicht nur grundgesetzwidrig, sondern auch schlicht unbezahlbar. So rechnet der Hamburger Forensikchef Guntram Knecht, wenn man »alle rund 6000 jährlich verurteilten Sexualstraftäter wegsperren wollte, würde das 800 Millionen Euro bereits im ersten Jahr kosten«.[90] Dass diese Maßnahmen angesichts von Rückfallquoten zwischen zwölf bis zwanzig Prozent auch menschlich nicht gerechtfertigt wären, sollte ebenfalls nicht unterschlagen werden. Denn knapp achtzig bis neunzig Prozent aller Inhaftierten würden für immer weggesperrt, obwohl sie niemals rückfällig würden.

Experten wie der Psychiater Professor Dr. Peter Müller schlagen in Anbetracht der politischen Stimmungsmache zu Lasten von Sexualstraftätern die Hände über dem Kopf zusammen: »Dass es in Deutschland von Straftätern an jeder Ecke nur so wimmelt, ist ein Märchen. Das Gegenteil ist der Fall.« Zudem könnten »schwere psychische Krankheiten« inzwischen »besser behandelt werden. Das heißt, auf beiden Ebenen gibt es an sich eine Reduzierung potenzieller Gefährlichkeit, aber man tut so, als ob die Gefahr überschäumend zunimmt.«

Mit weitreichenden Folgen für die psychisch gestörten Straftäter: So werden die Vollzugslockerungen oder Entlassungen nach Aussage des Leiters der forensischen Psychiatrie München, Professor Dr. Norbert Nedopil, immer restriktiver gehandhabt. Nedopil sieht eine »große Zurückhaltung« der Justiz, Entlassungen aus psychiatrischen Krankenhäusern auszusprechen. Wenn Menschen jedoch nur aufgrund eines nicht fass- und begründbaren Sicherheitsbedürfnisses die Freiheit vorenthalten wird, ist das rechtsstaatlich höchst fragwürdig.

Dabei ist sich die Justiz eigentlich über die Kriterien für die Beendigung einer Unterbringung in einem psychiatrischen Krankenhaus zumindest formal längst einig. In der *Neuen Zeitschrift für Strafrecht* heißt es: »Da der Zweck der Unterbringung in einem psychiatrischen Krankenhaus in der Behandlung und Sicherung von Täterinnen und Tätern liegt, die psychisch krank i. S. d. Paragrafen 20, 21 Strafgesetzbuch sind, entfällt mit Erreichung oder der Feststellung der fehlenden Erreichbarkeit dieses Maßregelzwecks die Grundlage der Unterbringung.«[91]

Denn forensische Kliniken mit ihren aufwändigen Behandlungsangeboten sind keine Orte der Entsorgung krimineller Mitbürger. Wissenschaftler wie Professor Dr. Peter Müller sehen hier einen »Missbrauch der Psychiatrie«. Der weitere Vollzug der Unterbringung von Menschen, die weder schuldunfähig (Paragraf 20 Strafgesetzbuch) noch vermindert schuldfähig (Paragraf 21 Strafgesetzbuch) sind, widerspräche sogar »dem Sinn und Zweck der in erster Linie auf Behandlung gerichteten Maßregel«, denn er wäre dann nichts anderes als eine »falsch etikettierte Sicherungsverwahrung«.[92]

Für verkappte Sicherungsverwahrungen sind Krankenhäuser wahrlich der falsche Ort. Eine Untersuchung in Berlin dokumentiert, dass sich »über ein Viertel« der im Maßregelvollzug »gemäß Paragraf 63 Strafgesetzbuch untergebrachten Erwachsenen als fehluntergebracht« erweist.[93]

Experten warnen eindringlich vor Panikmache. Professor Peter Müller: »Es gibt durchschnittlich pro Jahr in Deutschland fünfzehn Sexualmorde. Es gibt sechshundert Badetote jedes Jahr, es hat aber noch niemand das Baden verboten. Es gibt rund sechstausend Verkehrstote und etwa zwölftausend Selbstmorde, ohne dass man für die Selbstmordverhütung einiges tut. Die fünfzehn Sexualmorde sind sicher schlimm, aber es ist zahlenmäßig in Deutschland nicht die Bedrohung, von der man immer ausgeht.« Der Hamburger Forensikchef Gundram Knecht stellt fest, dass sich die Gesellschaft um die »grundlegende Debatte« drücke, welches »Restrisiko« sie sich »in Bezug auf Sexualstraftäter« leisten will.[94] Denn eines stehe fest: Niemand dürfe fliegen, wenn die Maßgabe gälte, »es darf kein einziges Flugzeug abstürzen«.

Bei Sexualstraftätern wird eine hundertprozentige Sicherheit verlangt, die es nirgendwo gibt, wo der Faktor Mensch beteiligt ist. Experten sind sich ohnehin einig, dass sich die Sicherheit der Bevölkerung vor Straftätern nicht dadurch definiert, wie lange Rechtsbrecher weggesperrt bleiben. Knecht resümiert: »Es handelt sich um ein symbolisches Feld der Politik, wo man sich handelsfähig und beschlusskräftig zeigen will, obwohl keine Verschlimmerung des Handlungsbedarfes das nahelegen würde.«

Und während der Trend zu immer längeren Verschlusszeiten von Patienten geht, sind es ganz andere Faktoren, die über die Risiken für die Bevölkerung entscheiden. Professor Müller warnt, »wenn man nur einsperre«, wisse »man am Ende auch nicht besser, wie der Mensch sich draußen weiterhin verhalten wird«. Viel effektiver sei dagegen, einen Patienten »stationär intensiv und konzentriert zu behandeln« und ihn mit diesem Team durch Ambulanzen in die Freiheit zu begleiten. Hier könne man »Aspekte sehen, die im stationären Bereich niemals auffallen«.

Doch die Entwicklung geht in eine fatale Richtung. Während immer mehr Patienten in forensische Kliniken eingewiesen werden, gibt es immer weniger Geld für forensische Psychiatrien. Müller sieht einen zunehmenden Trend »zur Verdünnung der Therapie« durch »Rotstiftkürzungen«– mit weitreichenden Folgen: »Wenn man an der Therapie spart, wird die Therapie nicht besser, sondern schlechter und verlängert sich. Patienten sind frustriert, Therapeuten sind frustriert, und wenn ein frustrierter Therapeut einen frustrierten Patienten behandeln soll«, sei das »zur Reduktion von Gefahr überhaupt nicht geeignet«. Denn Grundbaustein für die heute recht eindrucksvollen Erfolge forensischer Arbeit ist ein aufwändiges Programm, das systematisch die Defizite der Patienten bearbeitet und gleichzeitig Grundregeln des sozialen Umgangs einübt.[95]

Diese therapeutischen Angebote hat Karsten B. oftmals ausgeschlagen. Eine Auseinandersetzung mit der Problematik »Sexualität und Gewalt« fand nach der Überzeugung der Klinik Haina nicht statt.[96] Und auch die Ärzte von Hanau schreiben in ihrem Prognosegutachten, dass nach ihrer »Ansicht nicht ausgeschlossen werden« könne, dass »Delikte im Sinne des Einweisungsdeliktes wieder zu erwarten« sind.[97]

Ob man trotzdem einen Menschen deswegen ohne bestehende Rechtsgrundlage in einer psychiatrischen Klinik über Jahre wegsperren darf, ist eine ganz andere Frage. Rechtsanwalt Matthias Seipel hat eine eigene Erklärung, warum sein Mandant noch immer weggesperrt ist. Er sieht das Übel im »Beharrungsvermögen der Justiz«, das »viel zu hoch« sei, um einen Fehler zuzugeben: »Das Festhalten an gesprochenen Urteilen lässt sich kaum durch Argumente erschüttern.« Da würden auch Fachgutachten nichts helfen. Für Seipel ist das nicht die erste Erfahrung dieser Art: »Leider ist der Fall Karsten B. keine Ausnahme, es ist der Alltag.«

Was ist zu tun?

Insgesamt ergeben sich im Umgang mit verurteilten Straftätern in Maßregeleinrichtungen ein ganzes Bündel von Forderungen, die sowohl die Patienten vor richterlicher Willkür wie auch die Gesellschaft vor eventuellen Wiederholungstaten schützen sollen. Im Mittelpunkt hierbei steht als Erstes die Verbesserung der Gutachtenqualität, insbesondere in Bezug auf die Beurteilungssicherheit der Prognose. Denn damit kann erreicht werden, dass die Rate der Fehleinweisungen sowohl in forensischen Kliniken als auch in Gefängnissen gesenkt wird.

Eine zweite zentrale Forderung ist eine verstärkte Qualifizierung von Gutachtern – etwa durch Zertifizierung[98] –, die in ihren Prognosegutachten über Lockerungen und Entlassungen aus dem Maßregelvollzug zu befinden haben. Eine fachgerechte und verlässliche Begutachtung ist ein Garant für eine geringe Wiederholungsgefahr und trägt dazu bei, dass Menschen nicht länger als notwendig die Freiheit entzogen wird.

Da die Entwicklung des Maßregelvollzugs seit Jahren von steigenden Unterbringungszahlen und einer damit verbundenen permanenten Überbelegung geprägt ist,[99] bleibt in den Kliniken immer weniger Platz für individuelle therapeutische Arbeit mit einzelnen Patienten. Das wiederum hat zur Folge, dass die Therapeuten ihre Patienten schlechter kennen und die Gefahren möglicher Wiederholungstaten entsprechend größer sind. In Nordrhein-Westfalen sind die forensischen Kliniken derzeit beinahe doppelt belegt. Auf landesweit 1160 Klinikplätzen sind 2240 psychisch kranke Straftäter untergebracht.[100]

Zusätzlich werden seit Jahren die Budgets der Maßregelkliniken gekürzt. Angesichts der geplanten Einsparungen warnten die ärztlichen Direktoren und Chefärzte der nordrhein-westfälischen Maßregelvollzugskliniken in einem gemeinsam unterzeichneten Brief am 18. Mai 2006 die Landesregierung vor weiteren Mittelkürzungen: »Rehabilitationsmaßnahmen und Belastungstraining können nicht mehr in der bisherigen Sorgfalt vorbereitet werden. Aufgrund dessen werden Entlassungen immer seltener realisierbar sein. (...) Dabei darf nicht aus dem Blick geraten, dass in unseren Einrichtungen psychisch schwer kranke Menschen mit hohem Kriminalitätspotenzial behandelt werden. (...) Ohne angemessene Therapie und

Pflege droht hier ein Fortbestehen beziehungsweise eine Zunahme der Gefährlichkeit.«

Es sind deutliche politische Signale erforderlich, damit die professionelle Therapie psychisch gestörter Straftäter keinem Rotstift zum Opfer fällt und das niedrige Niveau der Rückfälle erhalten bleibt. Stattdessen sollten die erfolgreich erprobten Modelle einer ambulanten forensischen Nachsorge ausgebaut werden. Für die forensischen Nachsorgeambulanzen ist in einer Untersuchung, die den Zeitraum von 1990 bis 2002 umfasst, festgestellt worden, dass die Rückfallquote bei Patienten ohne forensische Nachbetreuung fast fünfmal so hoch war wie die der Patienten, die in Ambulanzen weiterhin professionelle Hilfe bekamen.[101]

Daher sollte angestrebt werden, »für forensische Patienten eine geschlossene Behandlungskette ähnlich dem Versorgungsnetz der Allgemeinpsychiatrie auszubauen«.[102] Gerade die beachtenswert niedrigen Rückfallquoten in der Arbeit mit Nachsorgeambulanzen belegen, dass es möglich ist, die Wiedereingliederung psychisch kranker Rechtsbrecher in die Gesellschaft zu erreichen, ohne die Sicherheit der Bevölkerung zu gefährden. Völlig zu Recht schreibt der Forensikexperte Professor Dr. Jürgen H. Mauthe, dass sich »das Schicksal des Maßregelvollzugs« daran entscheiden werde, ob die Maßregelklinik ein Krankenhaus bleibe oder mehr und mehr zum Verwahrort für »gefährliche Menschen« werde.[103]

Damit dies nicht geschieht, ist es dringend notwendig, dass ein intensiver Dialog zwischen Psychiatrie und Justiz stattfindet. Denn werden forensische Kliniken sukzessive zu Stätten einer verkappten Sicherheitsverwahrung, reduziert sich die große Chance, den Großteil der psychisch kranken Straftäter nachhaltig zu therapieren und damit die Gefahr von Wiederholungstaten zu minimieren.

Die Stärkung des Maßregelvollzugs ist das eine. Parallel dazu müsste aber auch dort verstärkt therapiert werden, wo der Großteil der Sexualstraftäter sich befindet – im Gefängnis. Nur so kann dem Sicherheitsbedürfnis der Bürger angemessen begegnet und gleichzeitig vermieden werden, dass Sexualstraftäter rechtswidrig in die Forensik abgeschoben werden. Die Schweiz macht es seit vielen Jahren vor.

3. Büttel für die Wirtschaft

Ein Finanzamt, furchtlose Steuerfahnder und das unvollendete Legalitätsprinzip

Roland Koch, CDU, ist seit Februar 1999 Ministerpräsident von Hessen. Er mag die Bücher des österreichischen Ökonomen Friedrich August von Hayek. Eines davon ist *Der Weg zur Knechtschaft*, ein Plädoyer für freies Unternehmertum und eine Warnung vor den Übeln durch Sozialismus, Kollektivismus, Planwirtschaft. Einen ganz anderen Weg der Knechtschaft haben allerdings Beamte des Landes Hessen kennengelernt. Und das hängt mit dem hessischen Finanzministerium zusammen. Geführt wird es von dem Juristen Karlheinz Weimar. Ihm unterstehen eine mächtige Ministerialbürokratie, Oberfinanzdirektion und Finanzämter.

Einer seiner fähigsten Beamten im Finanzamt Frankfurt am Main V – Höchst war Amtsrat Rudolf Schmenger, ein ehemaliger Steuerfahnder. Der verfasste am 4. Januar 2007 einen Brief an den Personalrat des Finanzamtes Frankfurt am Main V – Höchst: »In der hessischen Finanzverwaltung reihen sich Gesetzesverletzungen an Gesetzesverletzungen ohne Konsequenzen für die Täter.« Was versteckt sich hinter diesem schweren Vorwurf?

In der europäischen Finanzmetropole Frankfurt arbeiten nur halb so viele Steuerfahnder wie in Düsseldorf. Darüber freuen sich die Profiteure des Finanz- und Kapitalmarktes. Diejenigen Steuerfahnder hingegen, die besonders kreativ sind und sich außerdem dem Gerechtigkeitsprinzip verpflichtet fühlen, haben es besonders schwer. Sie wurden in den letzten Jahren auf eine Art und Weise gemobbt, wie es selbst in der Privatwirtschaft nicht häufig vorkommt – und das will schon etwas heißen.

Beamte, der naive Glaube wird gerne verbreitet, hätten die Möglichkeit, Zivilcourage zu zeigen, ohne abgestraft zu werden. Sie könnten – weil unkündbar – menschlich und gerecht dem Bürger dienen und würden von ihren Vorgesetzten ebenso menschlich und gerecht behandelt. Und sie könnten sich problemlos wehren ohne Angst vor existenzbedrohender Kündigung, wenn ihre Vorgesetzten unsinnige, ja rechtswidrige Entscheidungen träfen.

Steuerfahnder in Frankfurt (und nicht nur sie) hingegen haben andere Erfahrungen gemacht. Zu diesen Beamten gehört der Amtsrat Rudolf Schmenger, der im Finanzamt Frankfurt am Main V lange Zeit unbestritten einer der erfolgreichsten hessischen Steuerfahnder war. Seit dem 15. August 2004 ist Rudolf Schmenger dienstunfähig – er wurde gemobbt, und zwar mit allen Finessen, die in der Beamtenhierarchie denkbar sind. Der Beamte hatte sich wie zahlreiche andere seiner engagierten Kollegen gegen Willkür und Unfähigkeit in der Finanzverwaltung beschwert. Dass seine Arbeit jene reichen Bürger, die Steuern in Millionenhöhe hinterzogen haben, nicht entzückte, das ist verständlich. Aber dass das hessische Finanzministerium plötzlich kein Interesse zeigte, bestimmte Steuerschuldner aufzuspüren, sondern im Gegenteil die engagierten Steuerfahnder ins Abseits drängte, das grenzte für viele Beamte schon an Strafvereitelung im Amt. Um was geht es dabei?

Rudolf Schmenger gehörte einem Bankenteam der Steuerfahndung des Finanzamtes Frankfurt am Main V an. Dieses Bankenteam arbeitete ausgesprochen erfolgreich. So konnten die Steuerfahnder in einem Bereich, bei dem die Großbetriebsprüfung des Finanzamtes Frankfurt am Main V keinen Handlungsbedarf sah, nämlich den Banken, aufgrund mühseliger Arbeit immerhin Millionen Euro Steuernachzahlungen durchsetzen. Die Banken hatten ihren zahlungskräftigen Kunden geraten, ihre Gelder nach Luxemburg, in die Schweiz oder nach Liechtenstein zu transferieren. Das Bankenteam erreichte, dass durch die von ihm eröffneten Bankenverfahren das Steueraufkommen bundesweit um über eine Milliarde D-Mark stieg.

Die Oberfinanzdirektion Frankfurt drückte in einem Schreiben vom 9. Mai 2000 den Beamten sogar ihre Anerkennung aus und bekundete die Absicht, dieses »ausgezeichnete Ergebnis« auch gegenüber dem hessischen Finanzminister hervorheben zu wollen. Auch in einer Dienstbesprechung der Steuerfahndungsstelle Frankfurt am 26. Mai 2000 wurde das Bankenteam noch belobigt, dass die bei ihrer Arbeit per Zufallsfund gemeinsam mit der Großbetriebsprüfungsstelle aufgegriffenen Sachverhalte steuerlich und strafrechtlich abgeschlossen waren. Dabei fielen durch diese Zufallsfunde, die das Bankenteam bei der Durchsuchung der Bank gefunden hatte, weitere Steuernachzahlungen und Hinterziehungszinsen in Höhe von über einer viertel Milliarde D-Mark an. Doch was dann folgte, hat nach dem Verständnis jedes Bürgers nichts mehr mit Steuergerechtigkeit zu tun. Denn auf einmal wurde das Bankenteam mündlich angewiesen, die Bearbeitung der Bankenfälle radikal zu ändern. Der mündlichen Anordnung folgte am 30. August 2001 die schriftliche Amtsverfügung Nummer 2001/18. Sie wurde den Steuerfahndern in einem verschlossenen Umschlag überreicht.

Bei dieser geheimnisvollen Amtsverfügung geht es darum, dass ein steuerstrafrechtlicher Anfangsverdacht bei Geldtransfers ins Ausland in der Regel nur noch dann besteht, wenn es sich um eine Summe von über 500 000 D-Mark handelt. Alle niedrigeren Beträge, die im Ausland sicher vor dem Fiskus deponiert wurden, sollten nicht mehr durch die Steuerfahndung bearbeitet werden. Die Beamten hatten keine Wahl, als sich an diese Amtsverfügung zu halten. Und so wurden in einer Vielzahl von Fällen steuerstrafrechtliche Ermittlungsverfahren gegen mögliche Steuersünder erst gar nicht mehr eingeleitet, obwohl Steuerfahnder einen hinreichenden Anfangsverdacht bejahten und die Einleitung eines Verfahrens befürwortet hatten. Bis in hohe Stellen des hessischen Finanzministeriums führte diese Weisung zu heftigen Auseinandersetzungen. Der bei der Frankfurter Staatsanwaltschaft für die Verfolgung dieser »Bankenfälle« zuständige Staatsanwalt forderte sogar schriftlich, die Aufklärung in vollem Umfang wieder aufzunehmen.

Die bisherige Ermittlungspraxis, nach dem Legalitätsprinzip vorzugehen, blieb aufgrund der neuen Amtsverfügung auf der Strecke.[1] Auch die Steuerfahnder artikulierten deshalb gegen die Amtsverfügung 2001/18 erhebliche rechtliche Bedenken. »Nein, das machen wir nicht mit«, sagten mutige Finanzbeamte, und sie beriefen sich auf die hessische Verfassung. »Widerstand gegen verfassungswidrig ausgeübte öffentliche Gewalt ist jedermanns Recht und Pflicht«, steht in Artikel 147 der hessischen Landesverfassung. Und in Artikel 146 Absatz 1 der hessischen Verfassung ist geschrieben: »Es ist Pflicht eines jeden, für den Bestand der Verfassung mit allen ihm zu Gebote stehenden Kräften einzutreten.«

Das ist die Verfassungstheorie. Wie sieht die Wirklichkeit aus? Traurige Wirklichkeit war und ist, dass die Beamten (sicher nicht nur in Hessen) für das eigentlich Selbstverständliche – die Verfassung zu achten – ihre berufliche und damit ihre gesellschaftliche Reputation riskieren.

Im Oktober 2002 wurde den Beamten erklärt, das Finanzministerium sei nicht mehr daran interessiert, dass weitere Ermittlungen zu mehr Steuereinnahmen führen. Vertreter des Finanzministeriums eilten sogar nach Frankfurt und stellten im zuständigen Finanzamt gegenüber den Sachgebietsleitern der Steuerfahndung klar, dass die Bankenverfahren aufgrund der Amtsverfügung 2001/18 gelöst seien. Und sie gaben den unmissverständlichen Hinweis, dass alle noch offenen Vorgänge bis Ende 2002 definitiv abgeschlossen sein müssten. Die Bearbeitung würde ja ohnehin schon zu lange dauern.

Tatsache ist, dass aufgrund dieser Amtsverfügung eine große Anzahl von Bankunterlagen nicht ausgewertet wurden, darunter auch die einer Bank in Liechtenstein. Über diese Bank, die nur hohe Summen verwaltet, wurden dem Fiskus systematisch hohe Geldbeträge entzogen. Der SPD-Landtagsabgeordnete Norbert Schmitt wird später im Zusammenhang mit dem Untersuchungsausschuss 16/1 im Hessischen Landtag dazu sagen: »Die Personalausstattung wird anscheinend bewusst niedrig gehalten, damit die Promibank-Unterlagen nicht bearbeitet werden können.« Der Ausschuss hatte den Auftrag, die seit April 1999 von der Landesregierung zu verantwortende Praxis bei der Verfolgung von Steuerstraftaten im Zusammenhang mit dem so genannten Bankenverfahren zu überprüfen und zu klären, ob der hessische Finanzminister in seinen Erklärungen den Hessischen Landtag und dessen Gremien sowie die Öffentlichkeit jeweils vollständig und wahrheitsgemäß informiert hat.

Das Innenleben einer Finanzverwaltung

Aber jetzt wird es erst richtig spannend. Denn die folgenden Vorgänge bieten einen tiefen Einblick auch in das eher abgeschottete Leben einer Finanzverwaltung und zeigen, wie im CDU-regierten Hessenland mit Beamten umgegangen wird, die einen kritischen Geist bewahrt haben. Diese Ereignisse könnten zudem ein Modell dafür sein, wie der Beamtenschaft geradezu gnaden- und erbarmungslos jedes demokratische Bewusstsein ausgetrieben wird.

Nachdem die Beamten des Frankfurter Bankenteams ihre Kritik an der Amtsverfügung 2001/18 geäußert hatten, sahen sie sich massiven Beschuldigungen durch die Behördenleitung ausgesetzt. Auf einmal wurden den Beamten die Nichteinhaltung des Zeitplanes und eine Schieflage des Verfahrens vorgeworfen – und das, obwohl sich die Beamten strikt an die besagte Amtsverfügung gehalten hatten.

Die harsche Kritik kam von der zuständigen Regierungsrätin, die im Mai 2002 die Leitung des Sachgebietes übernommen hatte, in dem auch das Bankenteam arbeitete. Sie unterstellte den Steuerfahndern die Nichtbefolgung der Amtsverfügung und machte deutlich, dass sie allen Mitarbeitern misstraue. Als Nächstes ordnete sie eine Überprüfung der so genannten Fallhefte an, ohne Hinweise zu finden, dass sie mit ihrer Unterstellung recht gehabt hätte. In den Fallheften wird akkurat beschrieben, mit welchen Fällen sich die Steuerfahnder beschäftigen.

»Die Ausübung ihres Amtes durch Frau (…)«, schreibt Amtsrat Schmenger am 21. April 2005 an Roland Koch, »war in der Folgezeit in zunehmendem Maße sowohl gegenüber ihren Untergebenen als auch gegenüber der Staatsanwaltschaft, mit der sie zusammenzuarbeiten hatte, als auch gegenüber den Steuerpflichtigen von Willkür geprägt.«

Auch der Steuerfahnder, Amtsrat Rudolf Schmenger, wurde damals weiter gemobbt. Anfang November 2002 warf ihm die Regierungsrätin vor, er sei nur mangelhaft bereit, Dienstaufsicht zu akzeptieren, und sie warf die Frage auf, ob er in der Steuerfahndung überhaupt noch tragbar sei. In einem Vermerk schrieb sie: »Das Verhalten des Fahndungsprüfers betrachte ich als inakzeptabel. Das Vertrauen in die sachgerechte Wahrnehmung seiner Aufgaben als Fahndungsprüfer ist tief erschüttert.«

Am 25. November 2002 erhielt Rudolf Schmenger in seinem Dienstzimmer einen Anruf. Er solle sofort zum Amtsvorsteher kommen. Der teilte mit, dass er mit ihm nicht über die Angelegenheiten sprechen möchte und im Übrigen auch gar keine Zeit habe, da er andere Termine wahrnehmen müsse. Schmenger sollte lediglich den Erhalt eines Briefes bestätigen, in dem ihm mitgeteilt wurde, dass gegen ihn disziplinarrechtliche Vorermittlungen laufen. Rudolf Schmenger war schockiert.

Eine weitere Schikane folgte, indem er in ein anderes Finanzamt versetzt werden sollte, wo seine hochqualifizierte Ausbildung überhaupt nicht mehr gefragt war. Auf seinen berechtigten Einwand, dass er damit noch weiter beschädigt würde, Konsequenzen für die Verantwortlichen aber ausblieben, erhielt er die obrigkeitsstaatliche Antwort: »Ein Finanzamtsvorsteher darf nicht beschädigt werden.«

Als Nächstes bot man ihm an, ihn anlässlich einer halbjährlichen Fortbildung in eine Betriebsprüfungsstelle nach Darmstadt abzuordnen. Rudolf Schmenger war unter der Bedingung einverstanden, dass zuvor die disziplinarischen Maßnahmen zurückgenommen werden. Sein Antrag auf weitere Ermittlungen, die seine Unschuld bewiesen hätten, wurde abgelehnt. Stattdessen erhielt er von der Finanzamtsleitung eine Missbilligung. Einen Tag vor seinem fünfundzwanzigjährigen Dienstjubiläum wurde ihm erklärt, dass er nicht mehr in die Steuerfahndung zurückkehren könne.

Im März 2003 wurde er schließlich auf eine andere Stelle versetzt, und zwar in die Prüfungsstelle für Großbetriebe. Gleichzeitig wurde sein Namensschild an seinem Büro entfernt, der Netzzugang zu seinen elektronischen Daten gekappt, und er durfte die von ihm bearbeiteten Ermittlungsverfahren trotz akuten Handlungsbedarfs nicht mehr weiter bearbeiten.

Als Nächstes stellte er zu seinem Entsetzen fest, dass über ihn eine geheime Personalakte geführt wurde. Eine solche Akte zu führen ist in der Verwaltung strikt untersagt. Den in dieser Geheimakte enthaltenen Verunglimpfungen war er schutzlos ausgeliefert. »Mein Recht auf informationelle Selbstbestimmung und meine Rechte als Beamter wurden verletzt.«

Die haltlosen Vorwürfe gegen Rudolf Schmenger gipfelten in der Behauptung, der Beamte habe gemeinsam mit seinem Kollegen, Oberamtsrat W., bei einem Besuch bei der Staatsanwaltschaft Bochum in einem Fall, bei dem es um Stiftungsgelder ging, persönliche Absprachen getroffen, ohne die Belange seiner Dienststelle einzubeziehen. Obwohl weder der Finanzamtsvorsteher noch die Sachgebietsleiterin einen einzigen Fall nennen konnten, in denen die Beamten ihren Anweisungen zuwidergehandelt oder Aufsichtsmaßnahmen abgelehnt hätten, wurden sie weiter gemobbt – wie die anderen Kollegen des Bankenteams. Das den Zuständigkeitsbereich der Steuerfahndung Frankfurt betreffende Material wie Kontoauszüge über die Liechtensteiner Stiftungen, über die bekanntlich Geld der hessischen CDU gewaschen wurde, durfte auf Anweisung des Finanzministeriums von den Beamten nicht ausgewertet werden.

Bereits am 26. Juni 2003 hatten insgesamt achtundvierzig Frankfurter Finanzbeamte einen Brief aufgesetzt. Gerichtet war er an den hessischen Ministerpräsidenten Roland Koch und seinen Finanzminister Karlheinz Weimar. In diesem Brief beklagten die Fahndungsprüfer und Fahndungshelfer der Steuerfahndungsstelle des Finanzamtes Frankfurt am Main V, dass sie aufgrund der Arbeitsbedingungen ihre Aufgaben nicht mehr wie bisher üblich wahrnehmen könnten. Sie befürchteten erhebliche Steuerausfälle für das Land Hessen, »weil Steuerhinterzieher nicht in gebotenem Umfang verfolgt werden können«. Nach ihren Worten herrsche im Finanzamt seit geraumer Zeit gegenüber der Steuerfahndung ein Führungsstil, der »durch ungerechtfertigtes Misstrauen, haltlose Vorwürfe, oftmals unbegründete dienstrechtliche Maßnahmen« geprägt sei. Wagten es demnach Steuerfahnder, rechtliche Bedenken gegen Anordnungen der Behördenleitung zur Bearbeitung konkreter Fälle zu äußern, riskierten sie, selbst wenn die Staatsanwaltschaft die Bedenken teile, »die Entbindung von ihren Aufgaben und Umsetzung beziehungsweise Versetzung«.

Die großen Steuerhinterzieher, klagten sie, »die häufig in der Lage sind, sich mit Hilfe mehrerer Rechtsbeistände zu bedienen, und über ausreichende Mittel verfügen, die besten Strafverteidiger der Republik zu verpflichten, überziehen uns mit Dienstaufsichtsbeschwerden bis hin zu Strafanzeigen«. Doch die Finanzamtsleitung, so ihre Kritik, kümmere sich nicht um diese Beamten. Und sie baten den Ministerpräsidenten Roland Koch, sich der von ihnen geschilderten Probleme anzunehmen. Durch eine Indiskretion wurde der Brief bekannt, bevor er abgeschickt werden konnte, und die Unterzeichner wurden von der Behördenleitung – so zumindest erzählten es die Steuerfahnder hinter vorgehaltener Hand – massiv unter Druck gesetzt. Die Folge war, dass die meisten ihre Unterschrift zurückzogen aus Angst vor Repressalien. Nur wenige Finanzbeamte blieben standhaft, unter ihnen befand sich auch Rudolf Schmenger. Diese »Standhaften« mussten für ihre Aufsässigkeit büßen und zum Jahreswechsel 2004 die Steuerfahndung verlassen.

Einer der Beamten, der den Brief mitverfasste, wandte sich an jene seiner Kollegen, die wegen der angedrohten Repressalien ihre Unterschrift zurückgezogen hatten. »Es bleibt festzuhalten, dass es nicht möglich ist, gemeinschaftlich diesen Weg zu gehen. Und das, obwohl jeder, der den Brief gelesen hat, ihn von seiner Form und seinem Inhalt her für richtig und gut findet.«

Bislang hatte dieser Beamte nur hervorragende Beurteilungen erhalten. Auf einmal wurde er durch eine extrem negative Beurteilung auf den Boden der demokratischen Meinungsfreiheit für Beamte heruntergeholt. Er hatte sich unbotmäßig verhalten, was schließlich noch dazu führte, dass er in einen anderen Arbeitsbereich versetzt wurde Er gehörte übrigens auch zu den Beamten, die ihre Empörung über die Amtsverfügung 2001/18 nicht verhehlt hatten.

Wie ein Untersuchungsausschuss getäuscht wurde

Anfang Mai 2004 kam es im Plenarsaal des Hessischen Landtags in Wiesbaden zu einem Gespräch zwischen zwei der gemobbten Beamten, dem CDU-Landtagsabgeordneten Hans-Jürgen Irmer sowie Gottfried Milde, dem finanzpolitischen Sprecher der CDU-Fraktion. Beide Politiker zeigten sich danach bestürzt über die Vorgänge in der Finanzverwaltung. Der Abgeordnete Hans-Jürgen Irmer sprach offen von Mobbing. Und was sagte der CDU-Mann Gottfried Milde? »Es ist kein Wunder, wenn Roland immer sagt, dass der Laden nicht laufe.« Mit Roland meinte er den hessischen Ministerpräsidenten Roland Koch.

Zu den Beamten gewandt, soll Gottfried Milde gesagt haben, dass er den Stil im Finanzamt Frankfurt am Main V – Höchst, vormals Finanzamt Frankfurt/M. V, seit langem kenne und sich bereits mehrmals darüber beschwert habe. Aber weil gerade der Untersuchungsausschuss 16/1 laufe, gebe es keine Möglichkeit, die Betroffenen in den Arbeitsbereich der Steuerfahndung zurückzuholen. Das würde ja danach aussehen, als ob man potenzielle Zeugen für den Ausschuss »günstig« stimmen wolle. Auf den Einwand, dass man umgekehrt die Versetzung aus dem Bereich Steuerfahndung als Druckmittel auf die potenziellen Zeugen ansehen könnte, meinte Gottfried Milde, dies habe politisch keine Rolle gespielt, weil es ja in den Medien kein größeres Thema gewesen sei.

Das ist eine denkwürdige Einstellung: Weil es in den Medien kein größeres Thema war, kann es auch politisch keine Rolle gespielt haben. Das Gespräch musste dann abgebrochen werden, weil beide Abgeordnete in den Plenarsaal mussten. Dort hielt Ministerpräsident Roland Koch eine Rede zum unheimlich wichtigen Ballungsraumgesetz. Beim Abschluss des Gespräches sagte Gottfried Milde noch: »Dieses Gespräch hat natürlich nie stattgefunden.«

Der von dem CDU-Finanzexperten Gottfried Milde erwähnte Untersuchungsausschuss 16/1 war auf Antrag der SPD-Fraktion am 17. September 2003 eingerichtet worden, nachdem die Medien über die Amtsverfügung 2001/18 berichtet hatten. Die Abgeordneten im Untersuchungsausschuss wollten herausfinden, ob durch diese Amtsverfügung dem Haushalt des Landes Gelder entzogen würden, ob Finanzbeamte, die diese Amtsverfügung kritisierten, gemobbt würden, und generell die Zustände in der Finanzverwaltung untersuchen. In siebzehn Sitzungen wurden tausend Seiten Vernehmungsprotokolle und Kurzberichte erstellt sowie achtzehn Zeugen gehört. Zweieinhalb Jahre später, weitgehend unbeachtet von den Medien, wurde das Ergebnis am 30. März 2006 im Hessischen Landtag behandelt.

Mitglieder des Untersuchungsausschusses wissen bis heute nicht, warum bestimmte Zeugen welche Aussagen gemacht hatten. Oberamtsrat M. hatte sich bereits weit vorgewagt, als er vor dem Ausschuss erklärte, dass Konten bei Banken nicht ausgewertet und Verfahren abgebrochen wurden. Dass er daraufhin abgestraft wurde, davon dürften die Parlamentarier wahrscheinlich nichts erfahren haben.

Ein anderer Beamter, Wolfgang S., hingegen, ein zentraler Zeuge für das Mobbing in der Finanzbehörde, hatte ein Erlebnis der besonderen Art. Er sollte stellvertretend für all jene Beamten aussagen, die wie er in der

Zwischenzeit abgestraft wurden, weil sie sich über die Zustände im Finanzamt öffentlich beschwert hatten. Und das war ja auch ein wichtiger Untersuchungsgegenstand des Ausschusses. Vor seiner Zeugenaussage wurde er nach Wiesbaden ins Finanzministerium zitiert. Dort bot ihm der Abteilungsleiter eine neue Stellung im Innenministerium an. Gleichzeitig gab man ihm eindeutig zu verstehen, dass er ja eine Petition eingereicht habe und vor dem Untersuchungsausschuss als Zeuge gehört werden sollte. Für Wolfgang S. war nach dem Gespräch klar: Wenn er eine Aussage, wie von seinem Arbeitgeber gewünscht, machte, würde er keine Nachteile erleiden.

Vor dem Untersuchungsausschuss wurde er tatsächlich zu seiner Petition und die seiner Kollegen befragt. Die Kernfrage war, ob die Versetzungen der Steuerfahnder praktisch eine Abstrafung im Zusammenhang mit deren Einwänden gegen die Amtsverfügung war. Plötzlich erlitt er ein Blackout, konnte sich an nichts mehr erinnern. Im Kollegenkreis erzählte er später, dass er in der Zwickmühle gewesen sei, weil er befürchtete, wenn er nicht spure, wie vom Ministerium gewünscht, würden die Fördermittel für seinen Sportverband gekürzt werden. Unmittelbar nach seiner Aussage bekam er die versprochene Stelle im Innenministerium.

Noch während der Untersuchungsausschuss tagte, hatte Rudolf Schmenger einen Brief an den Ministerpräsidenten Roland Koch, den hessischen Finanzminister Karlheinz Weimar und Walter Arnold, den Staatssekretär im Finanzministerium, gerichtet. In diesem Schreiben ging es um Dienstvergehen und Straftatbestände bei Delikten durch Führungskräfte der hessischen Finanzverwaltung. »Der Staat, der Bossing[2] in seinen Dienststellen zulässt oder nicht ausreichend sanktioniert, kann sein humanitäres Wertesystem nicht glaubwürdig an seine Bürger vermitteln und gibt damit dieses Wertesystem langfristig dem Verfall preis. Geht es um die Aufklärung von Straftaten wie Strafvereitelung im Amt, Mobbing, falsche Verdächtigung, Verleumdung, Verletzung des Steuergeheimnisses, Verletzung der Personaldaten, Verfolgung Unschuldiger, bei denen der Verdacht auf Führungskräfte der hessischen Finanzverwaltung fällt, zeigt das System erhebliche Schwächen. Sie liegen vor allem darin, dass sich niemand verantwortlich fühlt, dass Sachverhalte nicht aufgegriffen und, wenn doch, dann nicht in vollem Umfang aufgeklärt werden.«[3]

Im Abschlussbericht des Untersuchungsausschusses, der am 30. März 2006 im Landtag debattiert wurde, stärkten CDU und FDP der Landesregierung und Finanzminister Karlheinz Weimar den Rücken. Es habe alles seine Richtigkeit gehabt, und es gäbe nichts zu beanstanden. Der CDU-Finanzexperte Gottfried Milde, dem im Mai 2004 zwei Finanzbeamte und nochmals im Dezember 2005 vier Beamte erzählt hatten, wie übel ihnen und ihren Kollegen mitgespielt wurde, erklärte im Parlament: »Im Ergebnis dieser Angriffswelle, die zwei Jahre gedauert hat, kann man feststellen, wie die *Frankfurter Allgemeine Zeitung* am 12. März 2006 unter ›Leute der Woche‹ getitelt hat: ›Karlheinz Weimar, Leidgeprüfter, ist vom Verdacht freigesprochen worden, er habe Steuersünder vor Strafverfolgung bewahrt.‹ Meine Damen und Herren, ein Untersuchungsausschuss mit einem Freispruch erster Klasse ist ein starkes Stück für die Opposition.«[4] Und höhnisch wies er noch darauf hin, dass selbst die Journalisten der Landespressekonferenz nicht so recht gewusst hätten, was es mit dem Untersuchungsausschuss eigentlich auf sich habe.

Der SPD-Obmann des Ausschusses, Norbert Schmitt, sah das anders. Das abweichende Votum seiner Partei zu dem Ergebnis des Untersuchungsausschusses begründete er im Wiesbadener Landtag folgendermaßen: »Aus unserer Sicht war der Ausschuss notwendig, weil der Vorwurf – es war ein wesentlicher Vorwurf – im Raume stand, dass es in Hessen bei der Verfolgung von Steuerstraftätern, von Steuersündern im Zusammenhang mit den so genannten Bankenverfahren zu bewussten Schonungen gekommen ist. Dieser Vorwurf ist nicht aus der Luft gegriffen gewesen. Es war keine Erfindung von Medien oder der Opposition, von der SPD, sondern dass diesem Vorgang intensiv nachgegangen werden musste, wird daran deutlich, dass auch der zuständige Staatsanwalt in Frankfurt gegen Finanzbeamte Ermittlungsverfahren wegen des Verdachts der Strafvereitelung eingeleitet hatte. Diese Verfahren wurden schließlich eingestellt.«[5]

Die Beweisaufnahme hat nach Schmitts Worten ergeben, dass der Landesregierung im Hinblick auf die so genannten Bankenverfahren erhebliche Versäumnisse vorzuwerfen seien und dem Land dadurch Schaden entstanden sei. »Die Amtsverfügung war Resultat einer starken personellen Unterausstattung der Steuerfahndung im Finanzamt Frankfurt am Main V … es kann nicht ermittelt werden, wie hoch der Schaden ist. Dafür müsste man alle Unterlagen auswerten. Dazu sind wir auch nicht in der Lage.«[6]

Ein Armutszeugnis also für einen Untersuchungsausschuss, der Zeugen angehört hatte, die zuvor massiv von ihren Vorgesetzten im Finanzministerium unter Druck gesetzt wurden. Und ein Armutszeugnis für Abgeordnete, die nicht in der Lage sind, »alle Unterlagen« auszuwerten, um dokumentieren zu können, wie hoch der Schaden für das Land, also den Steuerzahler ist. Ganz zu schweigen davon, dass es die CDU-Abgeordneten kaltgelassen hat, dass die remonstrierenden Beamten[7] alle zwangsversetzt oder disziplinarrechtlich in die gebotenen obrigkeitsstaatlichen Schranken verwiesen wurden. Dabei ist in der Zeit bis zum Abschlussbericht des Untersuchungsausschusses doch einiges geschehen, was selbst die überlasteten CDU-Landtagsabgeordneten mitbekommen haben müssten. Zum Beispiel, was mit Rudolf Schmenger geschah.

Wie Dienstherren auf ihre Untertanen reagieren

Weil der Beamte die Schikanen und die Dienstrechtsverletzungen seiner Vorgesetzten nicht mehr hinnehmen wollte, verfasste er im Jahr 2005 erneut einen Brief an den hessischen Ministerpräsidenten Roland Koch. »Es geht mir nicht nur um meine Rehabilitierung, sondern ich erhoffe von meinem obersten Dienstherren, dass er im Interesse des Landes Hessen die Verfolgung von Straftaten und Dienstpflichtverletzungen in der hessischen Finanzverwaltung veranlasst und für eine verwaltungsinterne Bereinigung sorgt, ohne dass ich mich – wie andere Kollegen es bereits getan haben – auch an den Petitionsausschuss wenden muss, wobei ich nachdrücklich darauf hinweise, dass ich jedenfalls bisher stets nur verwaltungsintern versucht habe, Gerechtigkeit zu erlangen.«

Eine Antwort auf diesen Brief hat er immer noch nicht erhalten. Das von ihm verfasste Schreiben – zwei weitere hatte er bereits im Herbst 2004 an den Ministerpräsidenten und den hessischen Finanzminister gerichtet – dokumentiert jedenfalls, dass die politische Führung in Wiesbaden von den unhaltbaren Zuständen in der Finanzverwaltung informiert war.

Das Problem bestand darin, dass die Beamten, selbst wenn sie Gesetzesverstöße in der Finanzverwaltung feststellten, diese nicht der zuständigen Staatsanwaltschaft mitteilen durften, weil sie damit ihre Beamtenpflichten verletzten. Sie hätten zuerst ihre Vorgesetzten um Erlaubnis bitten müssen. Und diese Vorgesetzten waren genau diejenigen, die für die Gesetzesverstöße verantwortlich waren. Ein Teufelskreis. So wurde am 19. Oktober 2004 der Finanzpräsident der Oberfinanzdirektion Frankfurt Elif mehrfach darauf hingewiesen, unter anderem vom Personalratsvorsitzenden des Finanzamts Frankfurt am Main V – Höchst, dass die von Schmenger angezeigten Straftatbestände sofort an die zuständige Staatsanwaltschaft abzugeben seien. Denn Schmenger als Beamter darf das ja nicht.

»Meine Anzeigen hätten zwingend gegenüber der Staatsanwaltschaft und dem Untersuchungsausschuss des Hessischen Landtages transparent gemacht werden müssen. Die Schande ist, dass so etwas ohne Aufsicht und Kontrolle der Öffentlichkeit stattfindet, sondern in Büros der Oberfinanzdirektion und des Finanzministeriums.« Und Rudolf Schmenger fragte tatsächlich: »Welcher Rechtsstaat bleibt glaubhaft, wenn Führungsbeamte sich de facto das Recht nehmen, Gesetze zu brechen, und straflos davonkommen, ohne dass die Verantwortlichen zur Rechenschaft gezogen werden?«

Mit dem Schreiben des hessischen Ministeriums der Finanzen vom 26. April 2006 wurde sein Antrag vom 15. September 2004 auf Erteilung einer Aussagegenehmigung, um Strafanzeigen gegen Führungskräfte der hessischen Finanzverwaltung zu stellen, abgelehnt. Andererseits wurde er nachdrücklich auf die Notwendigkeit einer Aussagegenehmigung hingewiesen und dass er im Falle einer Verletzung seiner beamtenrechtlichen Pflichten mit Disziplinarmaßnahmen zu rechnen habe, die bis zur Entfernung aus dem Dienst reichen können. Das bezog sich darauf:

Am 13. August 2002 wurde im Rahmen einer Besprechung über die Vollstreckung bereits erlassener Durchsuchungsbeschlüsse die weitere Vorgehensweise zwischen den Beamten und der Regierungsrätin eines Frankfurter Finanzamts besprochen. Die Steuerfahnder rieten bei der Dienstbesprechung aus ermittlungstaktischen Überlegungen davon ab, die »inhaltlich angreifbaren Durchsuchungsbeschlüsse« zu vollstrecken. Insbesondere wiesen sie ihre Chefin, die Regierungsrätin, eindringlich darauf hin, dass der Verdacht der versuchten Einkommensteuerhinterziehung, der überhaupt zu dem Verfahren führte, falsch sei. Immerhin bestand zu diesem Zeitpunkt noch der Verdacht der Vermögensteuerhinterziehung auf den 1. Januar 1994.

Diese Einwände schienen die Regierungsrätin nicht besonders zu interessieren. Am 19. August 2002 kam es zu einer weiteren Besprechung wegen der Vollstreckung der Durchsuchungsbeschlüsse zwischen der Frankfurter Staatsanwaltschaft und Vertretern der Steuerfahndung. Die aufmüpfigen Steuerfahnder des Bankenteams waren Störfaktoren. An diesem Morgen teilte die Regierungsrätin Rudolf Schmenger unerwartet mit, dass er an dieser Besprechung nicht teilnehmen könne. Er erinnert sich an ihre Worte: »Das sage ich Ihnen, das ist heute das letzte Mal, dass Sie in einem auf Herrn W. zugeschriebenen Fall zur Staatsanwaltschaft mitgehen.« Rudolf Schmenger war damals der Ausbilder von Herrn W. und hatte mit ihm bislang dieses Verfahren betreut. Da seine Teilnahme offensichtlich nicht gewünscht war, nahm er davon Abstand.

Die Durchsuchungsbeschlüsse wurden am 27. August 2002 trotz aller Einwände vollstreckt. Dabei erklärten die Anwälte des durchsuchten Unternehmers gegenüber den Steuerfahndern, dass sie bereits die Verjährungsfrage wegen der Vermögensteuer anwaltlich geprüft hätten und dass eindeutig die Verjährung eingetreten sei. Daraufhin überprüften die Beamten nach der Durchsuchung sofort intensiv die Verjährungsfrage im Zusammenhang mit der Vermögensteuer. Sie kamen dabei zu dem Ergebnis, dass vieles dafür spreche, dass der Vorwurf der Vermögensteuerhinterziehung tatsächlich strafrechtlich verjährt sei. Die Beamten waren der Meinung, dass sie diesen Sachverhalt unverzüglich der Staatsanwaltschaft mitteilen müssten, und erklärten das ihrer Vorgesetzten. Doch die lehnte brüsk ab. Und es geht noch weiter. Der zuständige Beamte W., der ja eigentlich als Hilfsbeamter der Staatsanwaltschaft agieren sollte, wurde von der Regierungsrätin angewiesen, wesentliche Ermittlungsergebnisse der Staatsanwaltschaft Frankfurt zu verschweigen. Die Staatsanwaltschaft kann sich die Steuerfahnder nicht aussuchen. Dienstvorgesetzter der Steuerfahnder bleibt die Finanzverwaltung. Sie hat gegenüber der Staatsanwaltschaft lediglich die ordnungsgemäße Abarbeitung zu gewährleisten. Steuerfahnder haben Weisungen ihrer Dienstvorgesetzten zu folgen.

Am 6. November 2002 ordnete die Regierungsrätin an, dass der Beamte W., der das Verfahren betreute, sich über diesen Fall nicht mehr mit seinen Kollegen unterhalten dürfe. In einem Aktenvermerk der Regierungsrätin wird ihre weitere Linie deutlich. »Da Herr W. hiervon nicht zu überzeugen war und er darauf bestand, dass er persönlich eine andere Auffassung vertrete, ordnete die Sachgebietsleiterin an, außerhalb des Amtes beziehungsweise gegenüber der Staatsanwaltschaft eine Linie, nämlich die der Finanzverwaltung (keine Verjährung), zu vertreten. Die Verjährungsfrage sollte auch gegenüber der Staatsanwaltschaft erst angesprochen werden, wenn sich die Anwälte des Unternehmers darauf berufen.« Die Folge war, dass wesentliche Ermittlungsergebnisse der Steuerfahnder der Staatsanwaltschaft vorenthalten wurden und das entsprechende Strafverfahren gegen den Unternehmer nicht beendet wurde.

Schon nachdem die Anzeigen gegen den Großunternehmer in der Steuerfahndung eingegangen waren, hatte die Regierungsrätin – bevor die Ermittlungen überhaupt begonnen hatten – mit dem Fall gegenüber ihren Dienstvorgesetzten geprahlt. Das erklärt einiges an ihrem weiteren Verhalten. Selbst als sich einer der Anwälte des Unternehmers bei der Regierungsrätin meldete und in diesem Gespräch die Verjährungsfrage thematisierte, sagte sie ihm erneut, dass keine Verjährung vorläge. Stattdessen erteilte sie dem Beamten erneut die dienstliche Anweisung, die Staatsanwaltschaft nicht über die Verjährung zu informieren.

Mitte Mai 2003 wollte der Beamte W., der den Vorgang mit seinem Gewissen nicht vereinbaren konnte, nach seiner Darstellung trotzdem die Staatsanwaltschaft informieren. Als Beamter musste er darüber seine Vorgesetzte, die Regierungsrätin, unterrichten. Wieder wurde er von ihr daran gehindert, sich mit der Staatsanwaltschaft in Verbindung zu setzen. Ihr erscheine es sinnvoll, vorerst keinen Kontakt mit der Staatsanwaltschaft aufzunehmen. Und er solle sich am besten keine Gedanken mehr über das Verfahren machen. Selbst im Rahmen der Berichtspflicht gegenüber der Oberfinanzdirektion solle er die Problematik mit der Verjährung nicht erwähnen. Da der Beamte die strikte Auflage erhielt, keine Informationen weiterzugeben, musste er sich entgegen all seinen Vorbehalten an diese Anweisung halten.

Immerhin wurden der Oberfinanzpräsident Pfister, der Personalreferent und der Amtsvorsteher des Finanzamtes Frankfurt am Main V über den Vorgang informiert, da der entsprechende Aktenvermerk der Regierungsrätin vom 21. November 2002 Gegenstand des ungerechtfertigten Disziplinarverfahrens gegen Amtsrat Schmenger war. Doch sie sahen keinen Handlungsbedarf. Der Beamte W., der diese in seinen Augen rechtswidrige und willkürliche Verfahrensweise der Regierungsrätin dokumentiert hatte, ist inzwischen versetzt worden – auf eine Stelle, wo er keinen Schaden mehr anrichten kann.

Nachdem die Regierungsrätin an ein anderes Finanzamt in einen anderen Arbeitsbereich versetzt wurde, sah ihr Nachfolger in der Steuerfahndung akuten Handlungsbedarf, die Staatsanwaltschaft über die Verjährung in Kenntnis zu setzen. Erst am 26. November 2003 wurde der Staatsanwaltschaft erstmals über die Verjährung Mitteilung gemacht. Nach Aussage des Oberstaatsanwalts war der Straftatbestand der Vermögensteuerhinterziehung tatsächlich verjährt.

Das Verhalten der Regierungsrätin führte in einem weiteren Fall immerhin dazu, dass der zuständige Staatsanwalt direkt mit den Rechtsanwälten eines Beschuldigten sprach und der Regierungsrätin anschließend vorwarf, mit ihren Maßnahmen die von ihm vorgesehene Strafzumessung zu untergraben. Gegenüber mehreren Steuerfahndern erklärte der Staatsanwalt, dass er an derartigen Gesprächen künftig die Regierungsrätin nicht mehr beteiligen werde.

Doch da war für einen Frankfurter Großunternehmer bereits alles zu spät. Durch das Fehlverhalten der zuständigen Amtsleitung des Finanzamtes Frankfurt am Main V musste das Unternehmen im Sommer 2006 das Insolvenzverfahren anmelden. 750 Mitarbeiter mussten für das Versagen büßen, Hunderte von Arbeitsplätzen wurden vernichtet. Denn aufgrund der Durchsuchungen und Anschuldigungen gegen das Unternehmen hatten die Banken ihm die Kredite gestrichen. Und es besteht nun die große Wahrscheinlichkeit, dass der Unternehmer sich das nicht gefallen lässt und das Land Hessen auf Schadensersatz verklagen wird. Der Steuerzahler darf dann die Rechnung begleichen. Das Insolvenzverfahren wurde mehrfach in den Medien erwähnt, ohne die wahren Hintergründe zu kennen. Bereits vor dem Insolvenzverfahren schrieb Amtsrat Schmenger am 15. September 2004 an Ministerpräsident Roland Koch: »Allein der zu befürchtende Schadensersatzanspruch eines Frankfurter Großunternehmers beziffert sich meines Erachtens nach in Millionenhöhe.«

Handelt nur ein einziges Frankfurter Finanzamt in der beschriebenen Art und Weise? Oder steckt System dahinter? Da lohnt sich ein Blick ins hessische Gelnhausen.

Wie Steuerhinterzieher auch geduldet werden

Der Betriebsprüfer R. blickt auf über dreißig Dienstjahre in der hessischen Finanzverwaltung zurück. In den letzten zwanzig Jahren war er sehr erfolgreich in der Betriebsprüfung tätig. Die Steuern, die er als Prüfer für das Land Hessen hereinholte, lagen in all den Jahren um ein Vielfaches über dem Durchschnitt. Seine dienstlichen Probleme begannen, als er im Oktober 2003 bei einem Steuerpflichtigen – den man als finanzkräftig und öffentliche Persönlichkeit beschreiben kann mit besonders guten Beziehungen nach Wiesbaden – den Verdacht der Steuerhinterziehung in Höhe von rund fünfundzwanzig Millionen Euro feststellte.

Nachdem er seine Vorgesetzten pflichtgemäß darüber informierte, teilte ihm sein Sachgebietsleiter am nächsten Tag zu seiner Überraschung mit, dass ihm die Amtsleitung diesen Steuerfall entziehen werde. Wegen des Verdachts der Steuerhinterziehung gegen den Unternehmer kam R., unmittelbar nachdem ihn seine Vorgesetzten von dem Fall abzogen, seiner strafgesetzlichen Anzeigepflicht nach. Nach dem Beamtenrecht hätte er eigentlich seine Vorgesetzten, die ihn von dem Fall abgezogen hatten, um Genehmigung bitten müssen, um seiner Anzeigepflicht verwaltungsintern nachkommen zu können. Er übermittelte jedoch der zuständigen Bußgeld- und Strafsachenstelle, die Teil der Finanzverwaltung und dem Amtsvorsteher und der Oberfinanzdirektion unterstellt ist, einen umfangreichen Aktenvermerk und kündigte die Übersendung weiterer erläuternder Unterlagen an.

Die Amtsleitung hielt R. daraufhin vor, er ignoriere dienstliche Anweisungen und missachte den Dienstweg. Jeder weitere Kontakt zu den Strafverfolgungsbehörden wurde ihm untersagt. Unterdessen wurde der Vorgang an die Konzern-Betriebsprüfung eines anderen Amtes abgegeben, da es in Gelnhausen keine Konzern-Betriebsprüfung gibt. Die unverändert zuständige Bußgeld- und Strafsachenstelle hatte den Anfangsverdacht der Steuerhinterziehung unterdessen nicht weiterverfolgt. Man wollte die Ermittlungen der Konzern-Betriebsprüfung abwarten. Die unverzügliche Hinzuziehung der Staatsanwaltschaft, die wegen der Größenordnung der Steuerhinterziehung üblicherweise geboten ist, erfolgte nicht. Auch die Verdachtsmomente hinsichtlich außersteuerlicher Straftaten (verbotene Insidergeschäfte) wurden nicht an die Staatsanwaltschaft weitergeleitet.

Der Betriebsprüfer R. hatte unterdessen der Amtsleitung seine Bedenken gegen die Vorgehensweise der Finanzverwaltung (Verdacht der Strafvereitelung im Amt) schriftlich zur Kenntnis gegeben. Geschehen ist allerdings nichts.

Ende Juni 2004 wurde R. eröffnet, er werde »wegen gravierender Personalengpässe« in den Innendienst umgesetzt – und das nach fast zwei Jahrzehnten erfolgreicher Tätigkeit in der Betriebsprüfung und gegen seinen ausdrücklichen Willen.

Als sich R. im Oktober 2004 auf eine Stellenausschreibung hin in die Betriebsprüfung zurückbewarb, blieb seine Bewerbung unberücksichtigt, obwohl er der mit Abstand bestgeeignete Bewerber für den ausgeschriebenen Posten war. Gegen dieses Mobbing wehrte er sich mit Hilfe eines kundigen Rechtsanwalts. Im Widerspruchsverfahren gegen seine Nichtberücksichtigung (Dezember 2004) erhielt R. erstmals Kenntnis von einem Aktenvermerk, den sein ehemaliger Sachgebietsleiter im Juni 2004 angefertigt hatte und der ihm bisher vorenthalten wurde und sich auch nicht in seiner Personalakte befand. Darin stand, dass er trotz unstreitiger fachlicher Qualifikation nicht mehr für den Betriebsprüfungsdienst geeignet sei, weil er den Dienstweg nicht einhalte und dienstliche Weisungen missachte.

In den nächsten Monaten versuchte der Betriebsprüfer R. mit anwaltlicher Hilfe, seine berufliche Rehabilitation durchzusetzen sowie wieder in die Betriebsprüfung versetzt zu werden. Auch die besonders gut gemeinten Ratschläge vonseiten der Amtsleitung (»seinen Arbeitgeber verklagt man nicht« … »Sie haben ohnehin keine Chance« … »wir sitzen am längeren Hebel«) konnten ihn nicht von dem geraden Weg abbringen.

Im Juli 2005 erhielt R. seine neue dienstliche Beurteilung, die mit einem exorbitant verschlechterten Gesamturteil abschloss. Wieder legte er

Widerspruch ein. Einen Monat später übertrug ihm die Amtsleitung vertretungsweise für die Dauer von drei Monaten einen zusätzlichen Aufgabenbereich im Innendienst, sodass er zwei volle Tätigkeiten wahrzunehmen hatte.

In dieser Situation der Doppelbelastung hinterfragte die Amtsleitung »im Rahmen der Dienstaufsicht« kritisch seine Arbeitsleistungen. Anhand einer umfangreichen Dokumentation konnte R. trotz der hohen Arbeitsbelastung vorbildliche Arbeitsergebnisse belegen. Doch die seit nun zwei Jahren anhaltenden Konflikte im Bürokratendschungel machten ihn schließlich krank. Von Oktober bis Dezember 2005 arbeitete er deshalb nur noch halbtags. Die Finanzverwaltung nahm die Erkrankung wiederum zum Anlass, R. anzuweisen, sich im Hinblick auf eine mögliche Dienstunfähigkeit ärztlich untersuchen zu lassen. Die entsprechende Verfügung der Oberfinanzdirektion wurde ihm drei Tage vor Heiligabend, am 21. Dezember 2005, übergeben.

Am späten Nachmittag des 22. Dezember 2005 übergab R. der Amtsleitung sein Schreiben vom gleichen Tag, in dem er die rechtswidrigen Vorgänge der letzten beiden Jahre rügte und darauf hinwies, dass diese die Ursache für seine Erkrankung seien. Die Reaktion ließ nur wenige Stunden auf sich warten. In seiner Wohnung klingelte das Telefon. Am Apparat seine Amtsleitung. Sie wollte ihm ein »Friedensangebot« machen und bat ihn, ins Amt zu kommen. Ihm wurde ein per Fax übermitteltes Schreiben der Oberfinanzdirektion überreicht, in welchem die zwei Tage zuvor übergebene dienstliche Weisung (ärztliche Untersuchung) zurückgenommen wurde. Im anschließenden Gespräch wurde seine »probeweise Rückumsetzung« in die Betriebsprüfung ab 2. Januar 2006 für zunächst zwölf Monate und ein Ruhen aller anhängigen gerichtlichen und außergerichtlichen Verfahren vereinbart. Ein Motiv für dieses »Friedensangebot« dürfte gewesen sein, dass das Hessische Fernsehen am 6. November 2005 über »kaltgestellte Steuerfahnder« berichtet hatte. Die Opposition forderte daraufhin Finanzminister Karlheinz Weimar auf, für Fehler seiner Mitarbeiter die politische Verantwortung zu übernehmen.

R. verrichtete seinen Dienst nun wieder in der Betriebsprüfung. Anfang Dezember 2006 war das Probejahr in der Betriebsprüfungsstelle fast abgelaufen. Mit einer Sollerfüllung von über 110 Prozent konnte er gegenüber der Amtsleitung natürlich punkten. Auch die erzielten Mehrsteuern lagen, obwohl ihm im Probejahr vorwiegend einfache Fälle übergeben wurden, im Spitzenbereich. Wenn die Amtsleitung glaubte, er hätte den Vorgang, der zu seiner Abstrafung führte, vergessen, hatte sich die Amtsleitung getäuscht.

Mit einer E-Mail vom 7. Dezember 2006 machte R. seine Dienstvorgesetzten darauf aufmerksam, dass die im Oktober 2003 festgestellten außersteuerlichen Straftatbestände bei dem Unternehmer, zum Beispiel verbotene Insidergeschäfte, unmittelbar vor der Verjährung stünden, die in diesem Fall fünf Jahre beträgt. Er äußerte seine Befürchtung, dass die Verdachtsanzeige des Finanzamts Gelnhausen vom November 2003 noch immer nicht, wie eigentlich zwingend vorgeschrieben, an die Staatsanwaltschaft weitergeleitet worden sei. Und er schrieb: »Auch unter dem Gesichtspunkt, dass sich die zuständigen Kollegen mit Ablauf des heutigen Tages möglicherweise endgültig selbst dem Vorwurf der Strafvereitelung im Amt aussetzen, rege ich an, der Angelegenheit auf dem Dienstweg nachzugehen.«

Ob der Fünfundzwanzig-Millionen-Euro-Fall, der R.s Probleme mit seiner Amtsleitung im Oktober 2003 verursachte, inzwischen strafrechtlich bearbeitet wurde, ist nicht bekannt. Unklar ist auch, ob die notwendige Information der Staatsanwaltschaft erfolgte. Sicher ist nur eines: Den Jahreswechsel feierte der Unternehmer ausgesprochen fröhlich. Die Steuerfahnder und viele Betriebsprüfer in Hessen hingegen sind demotiviert, und dem Staatshaushalt sind gerade mal fünfundzwanzig Millionen Euro entgangen.

Rudolf Schmenger, der die strafbaren Aktivitäten, das Mobbing und die Gesetzesverstöße seiner Behörde nicht hinnehmen wollte und deshalb mehrmals an den Finanzminister und den Ministerpräsidenten geschrieben hatte, hat den Glauben an das Legalitätsprinzip inzwischen vollständig verloren. Er ist einer der Beamten in Deutschland, die sich demokratischen Grundprinzipien und Verhaltensnormen verpflichtet fühlen und sich nicht verbiegen lassen. Bereits am 7. April 2004 hatte die Disziplinarkammer beim Verwaltungsgericht Frankfurt die unsinnige Disziplinarverfügung gegen ihn aufgehoben und die Kostenentscheidung zu Lasten des Dienstherrn, genauer gesagt zu Lasten des Steuerzahlers, beschlossen.

Die Finanzverwaltung hat ihn trotzdem nicht rehabilitiert und weiter gemobbt. Am 25. Januar 2006 lehnte die CDU-Landtagsfraktion gegen die Stimmen der Opposition seine Rehabilitierung ab. Schmenger hatte sich, nachdem die Finanzverwaltung abgelehnt hatte, ihn zu rehabilitieren, am 16. Juni 2005 mit einer Petition an den Petitionsausschuss des Hessischen Landtags gewandt, um gegen die Willkür der Finanzverwaltung anzugehen.

Und dann, am 2. Januar 2007, wurde ihm eine Urkunde überreicht: seine Versetzung in den Ruhestand.

Der hessische Ministerpräsident Roland Koch und sein Finanzminister sind immer noch in Amt und Würden. Und sie kürzen weiter: bei Polizei, bei den Finanzbehörden, bei sozialen und kulturellen Einrichtungen, weil sie sagen, es sei kein Geld da.

Übrigens schreibt der Ökonom Friedrich August von Hayek, den der hessische Ministerpräsident Roland Koch so schätzt, in einem anderen Buch: »Die heute praktizierte Form der Demokratie ist zunehmend ein Synonym für den Prozess des Stimmenkaufs und für das Schmieren und Belohnen von unlauteren Sonderinteressen, ein Auktionssystem, in dem alle paar Jahre die Macht der Gesetzgebung denen anvertraut wird, die ihren Gefolgsleuten die größten Sondervorteile versprechen, ein durch das Erpressungs- und Korruptionssystem der Politik hervorgebrachtes System mit einer einzigen allmächtigen Versammlung, mit dem Wortfetisch Demokratie belegt.«[8]

Kritische und selbstbewusste Beamte, die sich nur der Verfassung und dem Bürger verpflichtet fühlen, stören in einem solchen System. Gewünscht sind pflegeleichte Staatsdiener, die obrigkeitsstaatliches Handeln verinnerlicht haben. Doch das gilt nicht nur in Hessen. Es ist ein gesamtdeutsches Phänomen.

Die sanften Sterndeuter von Stuttgart

Es ist bei vielen Justizbehörden fast wie ein Gesetz: Wenn es um Wirtschaftskriminalität bei großen Unternehmen geht, üben sie vornehme Zurückhaltung. Besonders ausgeprägt zeigt sich dieses konzernfreundliche System, wenn Spuren illegaler Machenschaften nicht nur in mittlere Managerebenen führen, sondern ganz hoch – in die Vorstandsetagen. Dann sinkt der Ermittlereifer oft proportional zu dem diskreten Druck, der auf den Hütern des Rechtsstaats lastet. In solchen Fällen kann man fast schon eine Faustregel ausmachen: Entweder werden nur die ausführenden Mitarbeiter oder Handlanger beschuldigt – als »Einzeltäter« – oder die Ermittlungen werden nach einer gewissen Zeit eingestellt. Freilich mit der nachdrücklichen Betonung, man sei allen Verdachtsmomenten intensiv nachgegangen.

Ein besonders anschauliches Exemplum dafür spielt sich seit vielen Jahren in der baden-württembergischen Landeshauptstadt ab. Daimler und die Stuttgarter Staatsanwaltschaft – dieses Verhältnis steht für den Automobilkonzern unter einem guten Stern. Wo sonst genießt man etwa den komfortablen Service, dass Hausdurchsuchungen einige Tage zuvor angekündigt werden, wie Vertreter der Justizbehörde freimütig bestätigen? Damit ist gewährleistet, dass Ermittler das finden, was sie finden dürfen. Und nichts anderes. Ähnlich getrost können sich Konzernvorstände darauf verlassen, dass sie von garstigen Vorwürfen verschont bleiben und nur Untergebene oder Geschäftspartner ins Visier der Justizbehörde rücken – bei konzerninternen Machenschaften, von denen die hohen Herren angeblich partout nichts wussten. Was die Staatsanwaltschaft selbst glaubt. Oder glauben will.

Es gibt viele Menschen, die dieses System aus eigener Erfahrung kennen – und bis heute die Folgen zu tragen haben. Würden sie sich alle zu einem »Betroffenengespräch« treffen, hätten ihre Schilderungen eine frappierende Ähnlichkeit: »Ich wurde gehenkt, obwohl die da oben von allem wussten. Und die Justiz hat brav mitgemacht.«

Einer, der dazu besonders viel zu erzählen hat, ist der Geschäftsmann Herbert Leiduck. Der über siebzigjährige Rheinländer hat in seinem

Leben rund um den Globus so manches schwierige Geschäft gemanagt. Schon Anfang der Siebzigerjahre verschaffte er dem US-amerikanischen Flugzeughersteller Boeing einen lohnenden Deal im kommunistischen China. Auch für deutsche Unternehmen war er jahrzehntelang in Asien, Afrika, Arabien oder Russland tätig und hat erfolgreich Exporte abgewickelt. Ein Mann mit Kontakten. Anfang der Neunzigerjahre ist Leiduck in der internationalen Branche längst bekannt – als Spezialist für sensible Sachen. Er genießt einen besonderen Ruf. Und er genießt das Leben. In Monaco bewohnt er mit seiner hübschen Frau eine achthundert Quadratmeter große Luxuswohnung am Boulevard d'Italie mit herrlichem Blick auf die Côte d'Azur. Seine Jacht, auf der er Geschäftspartner empfängt und großzügig bewirtet, ist eine der größten im glamourösen Fürstenstaat.

Im Jahr 1993 kommt er in Kontakt mit Daimler. Es ist der Anfang vom Ende seiner Karriere – und seines Glaubens an rechtsstaatliche Gleichbehandlung. Für die Stuttgarter Autobauer soll er einen hochpikanten Deal abwickeln: Mercedes-Benz liefert 10 000 Limousinen für 870 Millionen Dollar nach Russland. Ein Graumarktgeschäft abseits des offiziellen Vertriebswegs. Schon das ist anrüchig. Das Unternehmen muss Luxusautos, die schwer zu verkaufen sind, von der Halde bringen.

Leiduck spricht mit der russischen Seite. Und erfährt da von der eigentlichen Brisanz des Deals. Das Pkw-Geschäft soll offenbar als blank polierte Fassade für Geldwäsche dienen: Das Geld, mit dem die Fahrzeuge bezahlt werden sollen, liegt auf Schweizer Konten. Leiduck informiert den Stuttgarter Konzern über dieses heikle Detail. Und dort wird diese Information auch aktenkundig. Es gebe eine »Gruppe von ehemaligen KGB-Beamten oder ähnlichen Personen aus dem Umkreis«, denen es in den Achtzigerjahren gelungen sei, die 870 Millionen Dollar »aus Russland in die Schweiz zu bringen«, wird später ein Mercedes-Manager in einer konzerninternen Stellungnahme festhalten. Und er vermerkt darin, um was es bei diesem Deal wirklich geht: um »illegale Vorgänge« – »unser Geschäft sollte der Geldwäsche dienen«.

Es ist nicht der erste dubiose Deal, den Mercedes-Benz mit den Russen abwickeln möchte. Kurz zuvor wollte man beim Abzug der russischen Truppen aus der ehemaligen DDR ins Geschäft kommen – mit der Bereitstellung von vierhundert Lkws. Daimler wollte Mittel der deutschen Bundesregierung verwenden, wie aus einem konzerninternen Papier hervorgeht. Dort steht auch: Die Struktur des Geschäftes habe vorgesehen, dass bei einem Liefervolumen von rund achtzig Millionen D-Mark rund dreißig Prozent, also zirka fünfundzwanzig Millionen D-Mark, an russische Generäle und Minister fließen sollen – »als Schmiergelder«. Schwarz auf weiß ist in dem Papier nachzulesen, wie es um die Unternehmensethik bei Mercedes-Benz bestellt war: »Fünfundzwanzig Millionen D-Mark, Gelder der deutschen Steuerzahler und der Bundesregierung sollten für Schmiergelder (...) benutzt werden.« Trotz der Unterstützung mancher Politiker scheitert der Deal schließlich.

Jetzt plant das deutsche Vorzeigeunternehmen Mercedes-Benz einen anrüchigen Pkw-Deal, an dem eine ominöse russische Gruppe beteiligt ist. Die Unternehmensspitze weiß ganz offensichtlich von diesem Geschäft. Dies zeigen konzerninterne Aktennotizen und Hausmitteilungen von damals: Demnach warnt noch der Revisionschef den damaligen Mercedes-Vorstand Helmut Werner, dass Mercedes-Benz dieses »schmutzige Geschäft auf keinen Fall machen sollte«. Werner gibt die Entscheidung an zwei damalige Vorstandskollegen weiter. Die beiden sollen eine Entscheidung treffen. In einer anderen Aktennotiz wird betont, dass das Geschäft unbedingt getarnt werden soll: Der Zahlungsfluss von den Schweizer Konten der russischen Gruppe, so sei bei einem Treffen erörtert worden, müsse nach Vertragsabschluss und vor Auslieferungsbeginn »in mehreren Tranchen mit Umwegen auf Mercedes-Konten erfolgen«, damit in der »internationalen Finanzcommunity kein Aufsehen erregt« werde.

Bei Mercedes-Benz wird für das »absolute Hochrisikogeschäft« tatsächlich grünes Licht gegeben. Zwei Stuttgarter Manager reisen daraufhin zu Herbert Leiduck nach Monaco. Nachdem man gut getafelt hat, wird ein Scheck über zwanzig Millionen US-Dollar gezückt und Herbert Leiduck übergeben, damit er nun tätig werden kann. In Mercedes-Papieren wird die erkleckliche Summe als »Anschubfinanzierung« deklariert. Doch im Konzern drückt man sich noch diskreter aus. Ein Mercedes-Manager wird später gegenüber einem monegassischen Untersuchungsrichter sagen, er ziehe es vor, eher von »Vertrauensbildung« als von »Bestechungsgeldern« zu sprechen.

Pingelig ist man beim Stuttgarter Unternehmen nicht gerade: Es gibt keinen konkreten Nachweis über die 870 Millionen Dollar. »Ich habe damals von Anfang an darauf hingewiesen, dass ich keine gesicherten Erkenntnisse über die Existenz dieser Summe habe«, sagt Leiduck heute. Dennoch bestätigt die Mercedes-Leitung die Lieferbereitschaft und sagt zu, 10 000 Limousinen mit Ziel »Schwarzmeerhafen« zu liefern. Und: Leiduck wird ein Rabatt von fünfundzwanzig Prozent auf den deutschen Listenpreis eingeräumt. Viel Energie verwendet man darauf, den ominösen Deal klandestin über ein Netz von Briefkastenfirmen abzuwickeln. In einer Mercedes-Notiz steht, es sei vorgesehen gewesen, mit »neun von Leiduck zu benennenden Offshore-Gesellschaften (...) Lieferverträge abzuschließen«. Die internationale Finanzcommunity soll nichts mitbekommen. Und auch nicht die Justiz.

Kurz bevor der anrüchige Mercedes-Deal über die Bühne gehen soll, bekommt Herbert Leiduck in Monaco plötzlich unerwarteten Besuch: Monegassische Beamte nehmen ihn fest. Der Verdacht lautet auf Betrug an einer russischen Firma. Es geht um ein anderes Geschäft, das Leiduck früher für die Russen abwickelte. Waren da im politisch heiklen Hintergrund Interessen im Spiel, die es notwendig machten, Leiduck von der Bühne zu nehmen? Er wird ins monegassische Gefängnis gebracht.

Die Haftbedingungen führen dazu, dass seine Sehkraft stark leidet. Er wird fast blind. Der Generalstaatsanwalt lässt nicht einmal zu, dass bei den Vernehmungen ein deutscher Botschaftsvertreter anwesend ist.

Durch Leiducks Festnahme ist für Mercedes-Benz das große, hochdubiose Millionengeschäft geplatzt. Obendrein hat man das Schmiergeld für die Russen, die so genannte »Anschubfinanzierung«, nun umsonst bezahlt. Das bekümmert ein schwäbisches Unternehmen. Tatsächlich fordert Mercedes jetzt von Leiduck die zwanzig Millionen Dollar zurück. Doch der sieht die »Vermittlungsprovision« als legitimes Entgelt an. Immerhin seien ihm, so macht er damals über seine Anwälte deutlich, bei dem Geschäft vertraglich als Rabatt rund 220 Millionen Dollar eingeräumt worden. Doch Mercedes sucht nach allen Möglichkeiten, die zwanzig Millionen Dollar zurückzubekommen. Nur fünf Millionen, für die Leiducks Hausbank Banque Nationale de Paris (BNP) garantiert hat, kann das Unternehmen sicherstellen.

Zunächst erwägt man bei Mercedes, sich mit Leiduck gütlich und diskret zu einigen. Ein öffentlicher Strafprozess mit der Veröffentlichung aller Details der geplanten »Geschäfte« sei sicherlich dem Renommee des Hauses nicht dienlich, heißt es intern. Doch zu diesem Zeitpunkt sind Graumarktgeschäfte beim Konzern bereits ruchbar geworden. Bei Mercedes wird die Strategie geändert, man geht in die Offensive: Das Unternehmen mit dem Stern zeigt Leiduck wegen Betrugsverdachts an, gleichzeitig auch die beiden eigenen Manager, die ihm den Scheck über zwanzig Millionen Dollar gegeben hatten. Ihnen wird vorgeworfen, sich nicht um Banksicherheiten Leiducks gekümmert zu haben. Wohlgemerkt: Die Zahlung der »Provision« war in den obersten Etagen abgesegnet worden. Die Mercedes-Spitze will sich also in einer dubiosen Machenschaft, die sie selbst zu verantworten hat, schadlos halten. Juristisch wie finanziell. Dafür opfert sie eigene Leute und liefert Vermittler ans Messer. Eigentlich ein ungeheuerliches Vorgehen. Doch die Justizbehörden funktionieren prächtig. Fortan ermitteln Stuttgarter und monegassische Staatsanwälte gegen Leiduck wegen Betrugs. Und Mercedes startet parallel überall dort Schadensersatzverfahren, wo Leiduck Firmen hat. Eine Doppelstrategie.

Als Mercedes-Benz, um an die ausbezahlten Schmiergeldmillionen zu kommen, sogar Leiducks Hausbank BNP auf Schadensersatz in Höhe von sechzehn Millionen Dollar verklagt, reden die Anwälte des renommierten Geldinstituts Klartext. Ihre Schriftsätze beinhalten schwerste Vorwürfe gegen den Konzern. Bei der Vorauszahlung an Leiduck habe es sich um eine »ungesetzmäßige und unmoralische Transaktion gehandelt«, weil die zwanzig Millionen Dollar für »Bestechungsgelder verwendet werden sollten, um in den Besitz von 870 Millionen Dollar zu gelangen«. Die BNP-Anwälte kommen zu dem Schluss: »Ganz augenscheinlich war der Betrag von zwanzig Millionen Dollar eine Provision für Geldwäsche.« Es sei »unglaublich, dass sich eine Gesellschaft wie Mercedes auf solche Verirrungen eingelassen hat«. Hier liege eindeutig eine »Verletzung der öffentlichen Ordnung und der guten Sitten vor«.[9]

All dies muss der Staatsanwaltschaft Stuttgart eigentlich bekannt sein, als sie in dieser Sache ermittelt. Und Leiduck gibt auch in Vernehmungen klar zu verstehen, dass es bei dem Pkw-Geschäft faktisch darum ging, 870 Millionen Dollar zu waschen – eine Tranche von insgesamt fünf Milliarden Dollar, die jene russische Gruppe in der Schweiz deponiert habe. »Ich ließ gegenüber der Staatsanwaltschaft Stuttgart keinen Zweifel daran, dass die Mercedes-Spitze genau davon wusste – und das Geschäft absegnete«, sagt Herbert Leiduck heute. Doch die Stuttgarter Justizbehörde lässt den Stuttgarter Konzernvorstand gänzlich außen vor. Sie hält sich ganz an die Anzeige des Automobilunternehmens – und ermittelt ausschließlich gegen Leiduck und die beiden Mercedes-Manager. Am Ende werden die Verfahren eingestellt.

Was Leiduck angeht, ist die buchstäblich vernichtende Doppelstrategie des Konzerns aufgegangen. Er hat seitdem kein Unternehmen und kein Vermögen mehr. Bis heute beschäftigt ihn und seine Anwälte der Fall. »Bei meinen Gesprächen in Russland wurde mir damals klar gesagt, dass das Geschäft mit der obersten Ebene von Mercedes verabredet worden sei«, sagt Leiduck. »Dafür interessierte sich die Stuttgarter Staatsanwaltschaft nicht. Mir kommt sie vor wie eine Außenstelle der Rechtsabteilung von Daimler.« Doch auch auf die Unterstützung der monegassischen Justiz habe sich der Konzern verlassen können, meint der Geschäftsmann mit Ironie in der Stimme. Zweifelhafte Stellungnahmen des damaligen monegassischen Untersuchungsrichters gegen ihn hätten dem Konzern damals genutzt. Im Herbst 2006 schreibt Leiducks Anwalt in einem Brief an das Fürstentum Monaco von Hinweisen, wonach dieser Untersuchungsrichter in der fraglichen Zeit überaus günstig ein neues Fahrzeug bekommen habe.

Lasche Daimler-Ermittlungen haben Tradition

Schwerwiegende Vorwürfe gegen Daimler-Benz gab es in vergangenen Jahren immer wieder. Doch wiederholt konnte sich die Chefetage des Stuttgarter Autobauers darauf verlassen, dass staatsanwaltschaftliche Ermittlungen sie strafrechtlich nicht in die Bredouille bringen. Das ist schon so etwas wie Tradition. Eine kleine Auswahl:

• Im Jahr 1990 verursacht der damalige Mercedes-Chef Werner Niefer in Rom einen Unfall, als er sich nach einem ausgedehnten Mittagessen an das Steuer eines Firmenbusses setzt. Er fährt eine deutsche Touristin an und verletzt sie. Noch vor dem Eintreffen der Polizei setzt sich Niefer ab und düst mit dem Firmenjet zurück nach Deutschland. Nur unwillig und lax ermittelt die Stuttgarter Staatsanwaltschaft. Der zuständige Stuttgarter Staatsanwalt meint es ausnehmend gut mit dem prominenten Unfallflüchtigen: Er will das Verfahren gegen eine Geldbuße von 60 000 D-Mark einstellen. Ein Portobetrag für einen Mercedes-Chef. Doch ein Richter lehnt dies ab.

• 1991 gerät Daimler-Benz in Verdacht, fahrbare Abschussrampen für Scudraketen heimlich in den Irak geliefert zu haben. Ermittler in Nordrhein-Westfalen haben dafür konkrete Hinweise, zudem erhärtet ein Bericht des Bundesnachrichtendienstes (BND) an die Bonner Regierung den Vorwurf. Ein anonymer Anzeigenerstatter liefert den Fahndern zudem eine ganze Reihe brisanter Details. Er ist bestens informiert. Wie Nachforschungen zeigen, muss er eine führende Funktion im Konzern haben – Mercedes-Chef Niefer vermutet »den Sauhund« in seiner unmittelbaren Umgebung. Der Anonymus beschreibt ausführlich, wie seit Jahren Daimler-Spitzenmanager bei Exportgeschäften in die eigene Tasche gewirtschaftet und so den Konzern betrogen hätten. Ein Vorstandsmitglied, so steht in der Anzeige, »erledigt Schmutzarbeiten wie das Einkassieren von Provisionen«. Bei einem anderen seien »Gesprächsnotiz und Anweisung über Verteilung der Provisionen unter Phantasienamen« zu finden. Ein Manager habe derweil »gefälschte Provisionsbestätigungen von saudi-arabischen Partnern« besorgt. Das Geld sei dann über ein Genfer Konto an die hochrangigen Schmiergeldempfänger bei Daimler gegangen.

Fahnder finden tatsächlich das Schweizer Konto. Und sie finden in einer Stuttgarter Wohnung, auf die der Anonymus hingewiesen hatte, eine Menge Konzernunterlagen. Es wird eng für die Chefetage des Autoherstellers. Doch da gibt es ja noch die Stuttgarter Staatsanwaltschaft. Sie habe sich »bislang als nicht gerade übereifrig erwiesen, wenn es um den größten Steuerzahler der Region, den Daimler-Konzern, ging«, orakelt der *Spiegel* da schon.[10] Und die Stuttgarter Justizbehörde wird diesem Ruf gerecht. Als bei ihr die Akten der nordrhein-westfälischen Fahnder zum dubiosen Irak-Deal eintreffen, muss sie handeln. Und die Stuttgarter Staatsanwaltschaft handelt rasch – sie erteilt dem Konzern in Rekordtempo einen Persilschein: »Kein konkreter Verdacht«. Die *Bild-Zeitung* titelt damals mit treffsicherer Metaphorik: »Staatsanwalt erlöst Daimler«.[11] Bei dem prompten Freispruch scheint die Politik Pate gestanden zu haben. Der *Spiegel* zitiert damals einen Vertrauten des baden-württembergischen Justizministers: Man habe »Druck von Daimler nehmen müssen.« [12]

• Zeitgleich zu dem berühmt-berüchtigten Fuchspanzer-Geschäft von Thyssen mit Saudi-Arabien, bei dem mehr als 200 Millionen D-Mark Schmiergelder fließen und in das ein parteispendenfreudiger Waffenhändler namens Karlheinz Schreiber verwickelt ist, will Daimler-Benz siebzehn Sattelzugmaschinen nach Saudi-Arabien liefern. Die Lkws sollen mit Auflegern der französischen Firma Lohr zu Panzertransportern umgebaut werden. Eindeutig militärisches Material also. Für den Konzern ist dieses Fünfzehn-Millionen-D-Mark-Geschäft mit der Bezeichnung »SN1« von entscheidender Bedeutung: Es sei der »Schlüssel für alles«, steht in einem internen Daimler-Papier vom April 1991. Weitere Deals in Saudi-Arabien mit einem Gesamtauftragsvolumen von 700 Millionen D-Mark sind avisiert. Die Lieferung der Sattelzugmaschinen an die Saudis ist also ungemein wichtig. Plötzlich wird der Verdacht laut, dass für dieses Rüstungsgeschäft keine Ausfuhrgenehmigung vorliege. Und der bestens informierte Anonymus stellt in seiner Anzeige dar, dass verdeckte Provisionszahlungen von 3,5 bis vier Millionen D-Mark geplant seien. Auch diese pikante Angelegenheit löst sich für den Konzern in Wohlgefallen auf: Das Bundesamt für Wirtschaft erklärt zur großen Überraschung von Rüstungsexperten, für die Sattelzugmaschinen brauche Daimler gar keine Ausfuhrgenehmigung. Die Staatsanwaltschaft stellt das Verfahren ein.

»Bei solchen Auslandsgeschäften sind tatsächlich Schmiergelder geflossen«, sagen heute Konzerninsider. »Sie wurden über Geheimkonten transferiert, die man im Unternehmen Krokodilchen nannte.« Die Rolle der Stuttgarter Ermittler kommentieren sie so: »Manche haben Schutzengel, Daimler hat die Staatsanwaltschaft.«

Sage aber niemand, die Stuttgarter Justiz hätte bei Graumarktgeschäften mit Daimler-Fahrzeugen nicht schon mal hart durchgegriffen. Zufälligerweise geschah dies allerdings dann, als es um externe Geschäftspartner ging, die beim Konzern höchst unbeliebt geworden waren. Nachdem man freilich jahrelang mit ihnen pikante Geschäfte betrieben hatte. Fast schon denkwürdig ist der Fall Gerhard Schweinle: Der Spediteur hat zwischen

1998 und 2001 rund 1800 Mercedes-Fahrzeuge mit einem Rabatt von mindestens zehn Prozent gekauft und grau ins Ausland exportiert. Die Stuttgarter Staatsanwaltschaft ermittelte gegen ihn wegen des Verdachts des Betrugs und der Steuerhinterziehung. Als die Anklage bereits erhoben war und das Gerichtsverfahren gegen Schweinle schon lief, soll laut Konzerninsidern der zuständige Staatsanwalt dem Unternehmen wärmstens empfohlen haben, gegen Schweinle Anzeige zu erstatten. Hatte er Angst, dass Zeugen möglicherweise Graumarktgeschäfte als gängige Vertriebspraxis beschreiben würden? Tatsächlich kam es zu dieser Anzeige.

Das Landgericht Stuttgart verurteilt Schweinle 2003 wegen Betrugs und Steuerhinterziehung zu einer Gesamtfreiheitsstrafe von vier Jahren. Es sieht es als erwiesen an, dass durch sein Graumarktgeschäft dem Konzern ein Schaden von 4,14 Millionen D-Mark entstanden sei. Die Richter stützen sich dabei auf Aussagen hochrangiger DaimlerChrysler-Manager, wonach man die Fahrzeuge teurer an Einzelkunden hätte verkaufen können. Schweinle hatte vor Gericht behauptet, es sei bis in die Stuttgarter Chefetage bekannt gewesen, dass er die Fahrzeuge grau exportiere. Der heutige Konzernchef Dieter Zetsche, zur fraglichen Zeit zuständiger Vertriebsvorstand, hatte dies in seiner Zeugenaussage bestritten.

Für dieses Urteil kassieren die Stuttgarter Richter ein Jahr später eine schallende Ohrfeige: Der Bundesgerichtshof (BGH) spricht Schweinle und einen Mitangeklagten vom Betrugsvorwurf rechtskräftig frei – und veranlasst die sofortige Entlassung des Spediteurs aus der Untersuchungshaft. Die BGH-Richter können und wollen manchen Zeugenaussagen führender DaimlerChrysler-Manager so gar nicht folgen. Einiges spreche dafür, so klingt an, dass man beim Konzern von der Verletzung der Haltevereinbarung, wonach man Fahrzeuge sechs Monate im Eigenbestand halten muss, gewusst habe – also vom grauen Export der 1800 Mercedes-Fahrzeuge.

Tatsächlich belegen eine ganze Reihe konzerninterner Unterlagen, dass man bei DaimlerChrysler in der fraglichen Zeit wiederholt »Graumarktanalysen« erstellte, in denen zuweilen minutiös sämtliche »Bestellungen von ausgewählten Graumarkthändlern« aufgelistet sind. Noch im Jahr 2003 wird ein interner Report zu Graumarktgeschäften in drei GUS-Staaten angefertigt – auf dem Verteiler stehen die Namen zweier damaliger prominenter Vorstandsmitglieder. Als Dieter Zetsche 2005 zum neuen Vorstandschef von DaimlerChrysler designiert wird, sagt er in einem Zeitungsinterview: »Ich habe nie behauptet, dass es keine Graumarktgeschäfte gibt. Diese existieren überall in der Industrie, auch bei Daimler. Davon wussten alle – mich eingeschlossen. Solche Geschäfte sind allerdings auch nicht strafbar. Sie sind allerdings unerwünscht.«[13] Das hörte sich für Gerhard Schweinle in seinem Prozess noch ganz anders an. Der Spediteur, nach einunddreißig Monaten Untersuchungshaft in seiner wirtschaftlichen Existenz bedroht, lässt die Sache nicht auf sich beruhen. Er erstattet Anzeige gegen Zetsche – wegen uneidlicher Falschaussage und Anstiftung zum Meineid. Die Stuttgarter Staatsanwaltschaft kommt zu dem Ergebnis: »kein Anfangsverdacht« gegen Zetsche.

Dubiose Finanztransfers und ein Mordfall

Herbert Leiduck verfolgt solche Vorgänge mit größtem Interesse. Seit dem geplanten Russland-Deal für Daimler im Jahr 1993, der ihn drei Jahre lang in Haft und um sein Vermögen brachte, fragt er sich, was hinter den Kulissen des Stuttgarter Konzerns vor sich geht. Und warum die Justiz »nur zuschaut«. Vor allem interessiert ihn, was nach dem geplatzten Geldwäsche-Geschäft passiert ist. Nach seiner Kenntnis waren es insgesamt fünf Milliarden Dollar, die die russische Gruppe 1993 in der Schweiz deponiert hatte und die gewaschen werden sollten. »Ließ man bei Daimler danach die Finger davon, oder gab es neue Anläufe?«, rätselt er. Leiduck hat nach wie vor weltweit Kontakte, auch zu Geheimdiensten. Vor einiger Zeit schon hat er von seinen Quellen gehört, dass die russische Gruppe die fünf Milliarden Dollar verdeckt in Großinvestitionen gesteckt haben soll, um sie auf diesem Weg porentief rein zu waschen. Und er erfährt auch, dass entsprechende Transaktionen im asiatischen Raum stattgefunden haben sollen.

Mitte der Neunzigerjahre intensiviert der Konzern seine Geschäftstätigkeit in Fernost. Man geht mit Hyundai in Südkorea eine Liaison ein. Und man bringt ein Joint Venture mit China auf den Weg: das Unternehmen Yaxing-Benz in Yangzhou, hundert Kilometer östlich von Nanking.

Dort werden Überlandbusse produziert. In Konzernkreisen heißt es damals auch: Über Graumarktgeschäfte seien viele Pkws in Asien gelandet.

1998 setzt der Konzern einen deutschen Exregierungspolitiker als Präsident in Südostasien ein. Er residiert in Singapur, bezieht ein Jahresgehalt von einer Million D-Mark. Sein Name steht ein Jahr später auf der Fahndungsliste des Bundeskriminalamts: Ludwig-Holger Pfahls. Der ehemalige Staatssekretär im Bundesverteidigungsministerium tauchte im Juli 1999 in Hongkong ab, als in Deutschland Haftbefehl gegen ihn erlassen wurde. Die Staatsanwaltschaft Augsburg wirft ihm Bestechlichkeit und Steuerhinterziehung vor. Er soll als Staatssekretär vom Waffenhändler Karlheinz Schreiber insgesamt 3,6 Millionen D-Mark Schmiergelder bekommen haben, unter anderem für den von der Kohl-Regierung abgesegneten Panzerdeal von Thyssen mit Saudi-Arabien im Jahr 1991. Erst im Sommer 2004 wird Pfahls in Paris festgenommen, ein Jahr später vom Landgericht Augsburg wegen Steuerhinterziehung und Vorteilsnahme verurteilt. Seine fünfjährige Flucht bleibt im Dunkeln.

Spuren, denen das Bundeskriminalamt nachging, führten unter anderem nach China. Auch Leiduck hörte aus seinen Quellen, dass Pfahls sich einige Zeit unter der Obhut des chinesischen Geheimdiensts im Reich der Mitte aufgehalten haben soll. Ermittler bekamen den Hinweis, Pfahls sei vor seiner Flucht aus Daimler-Kreisen über den Haftbefehl informiert worden. Zu belegen ist das nicht. Und es gab Anzeichen dafür, dass Pfahls während seiner Flucht von einem reichen und mächtigen Hongkong-Chinesen finanziell unterstützt wurde. Ein Mann, der für Daimler-Geschäfte in Asien eine zentrale Rolle spielt. Als BKA-Zielfahnder ihn sprechen wollen, werden sie vor Ort abgeblockt.

In China ereignet sich im Frühjahr 2000 ein Vorgang, der einem das Blut in den Adern gefrieren lässt. Daimler-Manager Jürgen Pfrang, deutscher Finanzchef beim Joint Venture Yaxing-Benz in Yangzhou, ist im Finanzsystem des Unternehmens auf eine gravierende Ungereimtheit gestoßen: ein Geldfluss von rund vierzig Millionen D-Mark, der sich nicht erklären lässt. Es gibt keinen erkennbaren Gegenwert für die beträchtliche Transaktion. Tagelang versucht Jürgen Pfrang, die mysteriöse Sache aufzuklären. Offenbar ist es eine Geldschieberei – doch was und wer stecken dahinter?

Jürgen Pfrang, der Schwabe aus Weil im Schönbuch nahe Stuttgart, ist ein sehr gewissenhafter Mensch. Und ein Arbeitstier. Der Firma zuliebe bricht er schon mal einen Urlaub frühzeitig ab, sein Geschäftshandy ist auch in der Freizeit immer eingeschaltet. Er lebt mit seiner Frau Petra, der Tochter Sandra und dem Sohn Thorsten in Nanking, in den »Kaisergärten«, einer teuren, aber schlecht bewachten Wohnanlage für Ausländer. Unter der Woche, wenn er bei Yaxing-Benz seinem aufwändigen Job nachgeht, übernachtet er oft in einem vom Konzern angemieteten Hotelzimmer in Yangzhou. Die Managerfamilie hat sich in China eingelebt. Petra Pfrang engagiert sich in Nanking, sie findet für eine neu gegründete Schule einen Sportplatz, gibt dort kostenlos Tennisunterricht. Die Tochter ist zur Schülerin des Jahres gewählt worden.

Jürgen Pfrang beschäftigt nur noch eine Frage: Was hat es mit den vierzig Millionen auf sich? Die Sache mache ihm große Sorgen, deutet er einem engen Freund an. Am 30. März 2000, einem Donnerstag, arbeitet er bis in die frühen Morgenstunden. Dann scheint Pfrang der dubiosen Finanztransaktion auf die Spur gekommen zu sein. Für den nächsten Montag wird ein Treffen von Verantwortlichen des Joint Venture anberaumt. Jürgen Pfrang will bei diesem Termin den brisanten Geldfluss thematisieren. Doch dazu kommt es nicht mehr.

Am Samstag vor dem geplanten Meeting sitzt Jürgen Pfrang erneut stundenlang im Büro. Abends kommt er zu spät zum Abschiedsessen eines befreundeten Siemens-Managers, der China verlassen wird. Die Runde sitzt schon gemütlich im Nankinger Restaurant, als Jürgen Pfrang hinzustößt. Er begrüßt seine Frau, sie tauschen einige Worte. Der befreundete Siemens-Manager merkt, dass mit Pfrang etwas nicht stimmt. »Jürgen war blass und fahrig, so wie ich ihn noch nie erlebt hatte«, sagt er heute. »Auch seine Frau reagierte irgendwie geschockt, nachdem sie kurz mit ihm gesprochen hatte. Beide machten den Eindruck, als ob sie vor irgendetwas Angst hatten.«

Auch als sich die Runde schließlich voneinander verabschiedet, fällt den Freunden auf, dass Jürgen Pfrang verändert wirkt. Der fünfzigjährige Daimler-Manager und seine Frau fahren zu ihrem Haus in der Ausländerwohnanlage »Kaisergärten«. Für Fremde ist erkennbar, dass in diesem Haus ein Daimler-Mitarbeiter lebt – auf dem Garagentor prangt der Stern, das weltweit bekannte Firmensymbol. Gegen dreiundzwanzig Uhr schlafen die beiden Kinder schon. Im Erdgeschoss brennt noch Licht. Dort halten sich Jürgen Pfrang und seine Frau auf.

Was dann passiert, werden chinesische Sicherheitsbehörden später so beschreiben: Vier junge chinesische Männer aus einem Provinznest schleichen durch die »Kaisergärten«. Sie tragen Messer mit sich, unter anderem ein tibetisches Krummmesser mit einer vierzehn Zentimeter langen Klinge. Ihr Anführer, der zwanzigjährige Zhong, hat sie zu der Wohnanlage geführt. Jetzt stehen sie vor dem Haus, in dem noch Licht brennt. Über eine Aluminiumleiter und das Dachsims gelangen sie in die Doppelhaushälfte der deutschen Familie. Die bewaffneten Männer ziehen ihre Schuhe aus. Dennoch hört Jürgen Pfrang Geräusche, er geht nach oben.

Der Manager und seine Familie haben keine Chance. Die Männer stechen ihn nieder, dann seine Frau, die ihm zu Hilfe eilt, schließlich die Kinder, die wach geworden sind. Es ist ein einziges blindwütiges Gemetzel. Jürgen Pfrang verblutet neben dem Bett, seine Ehefrau Petra nahe der Zimmertür. Im Flur vor den beiden anderen Schlafzimmern liegen die Leichen ihrer Kinder. Im Bericht der chinesischen Polizei wird später nüchtern festgehalten: Jürgen Pfrang wurde mit fünfundvierzig Messerstichen getötet, Petra Pfrang mit achtzig. Bei der vierzehnjährigen Sandra zählt der Gerichtsmediziner einunddreißig und bei Thorsten neunundfünfzig Stichwunden. Der Zwölfjährige wurde mit seinem eigenen Messer getötet, das er auf einem Trödelmarkt gekauft hatte.[14] Die einzige Beute bei dieser bestialischen Bluttat: zwei chinesische Geldscheine, umgerechnet fünf Cent.

Wachen werden auf die dramatischen Vorgänge im Haus der deutschen Familie aufmerksam. Die vier Mörder werden noch am Tatort festgenommen. Die chinesischen Sicherheitsbehörden betonen eilig, es handle sich um einen Raubmord. Rasch wird den vier Bauernsöhnen aus dem weit entlegenen Dorf Shuyang der Prozess gemacht. Die Täter geben an, nur auf das Geld aus gewesen zu sein. Sie hätten »reich« werden wollen, sagt einer. Der Prozess endet nach eineinhalb Tagen mit einem Schuldspruch: Todesstrafe. Die Mörder werden hingerichtet. Damit sind alle Zeugen tot.

Doch es gibt Zweifel an der Raubmordversion. Gravierende Zweifel. Deutsche Geschäftsleute in Nanking äußern sie frühzeitig – und auch

Angehörige der getöteten Familie. Sie mutmaßen einen Auftragsmord. »Wenn es ein Raubmord war, warum haben die Täter im Haus nichts durchwühlt und kaum etwas gestohlen?«, fragen sie sich bis heute. »Und warum stachen die Mörder dann noch auf Petra und Jürgen Pfrang ein, als sie schon die Wachen bemerkten, kurz bevor sie sich ergaben?« Es habe den Anschein, dass gezielt die ganze Familie ausgelöscht werden sollte. Immer wieder fragen sich die Angehörigen auch, warum Petra und Jürgen Pfrang am Abend des Mordtages offenbar so schockiert und voller Angst gewesen seien. Sie sind überzeugt: Der Mord steht in Verbindung zu der Millionenschieberei bei Yaxing-Benz, auf die Jürgen Pfrang gestoßen war.

»Maulwurf (Payroll Yaxing)« steht in einem Notizbuch von Jürgen Pfrang. Haben die Chinesen Daimler-Gelder abgezweigt, wie manche Geschäftsleute in China vermuten? Bei DaimlerChrysler wird das verneint. Doch was ist dann der Hintergrund der Vierzig-Millionen-Transaktion? Der Konzern gibt darauf keine Antwort. Die Informationspolitik von DaimlerChrysler unmittelbar nach dem Mord ist eine einzige Blockade. Ein Daimler-Manager aus Peking fordert die Deutschen in Nanking auf, nicht mit der Presse zu reden. Zum Prozess sendet der Konzern nicht einen deutschen Beobachter. »So möchte man auch nach seinem Tod nicht von seiner Firma behandelt werden«, sagt ein Deutscher in Nanking.

Die Angehörigen von Jürgen Pfrang sind über das Verhalten des Konzerns hoch irritiert. Wie sie erfahren, tauchen nach dem Mord Daimler-Mitarbeiter sofort im Haus des getöteten Managers auf. Genauso im Hotelzimmer in Yangzhou. Besonders merkwürdig: Daten, Termine und Adressen hatte Jürgen Pfrang auf einem Taschencomputer Psion-5 gespeichert. Bei der Beerdigung in Weil im Schönbuch übergibt ein Daimler-Mitarbeiter das Gerät an die Familie. Als die Angehörigen den Computer starten, stellen sie verwundert fest: Alle Daten sind gelöscht – mehr noch: die gesamte Festplatte. Das müsse ein Spezialist gemacht haben, erfährt die Familie von Computerexperten. »Man hat den Eindruck, dass etwas vertuscht werden soll«, sagt heute Axel Geiser, der Schwager von Jürgen Pfrang.

Auch die beiden privat genutzten Handys von Jürgen Pfrang sind verschwunden. So erfährt die Familie nicht, mit wem er zuletzt Kontakt hatte. Daimler-Mitarbeiter hätten sich nach der Tat Zugang zu den privaten Bankschließfächern seines Schwagers verschafft, ohne Kenntnis der Familie, so Axel Geiser. Zudem habe der Konzern den Privattresor öffnen lassen. Eine Liste des Inhalts habe man von DaimlerChrysler nie bekommen. Die Familie erfährt auch, dass sich Konzernmitarbeiter im versiegelten Haus in Nanking aufgehalten haben. Auf ihre Nachfrage bei DaimlerChrysler sei dies verneint worden. Die Angehörigen wollen die Hintergründe dieser unglaublichen Tragödie geklärt wissen. Axel Geiser wendet sich daher an die Stuttgarter Staatsanwaltschaft, schildert detailliert die Vorgänge um den dubiosen Geldfluss im Daimler-Joint-Venture, die Anzeichen für einen Auftragsmord und die Auffälligkeiten im Verhalten des Konzerns. Doch er stößt auf taube Ohren: Es gebe keine Ansatzpunkte für ein Ermittlungsverfahren, sagt ihm die Justizbehörde lapidar. Die Familie, traumatisiert durch die scheußlichen Ereignisse in China, kann es nicht fassen.

US-Ermittler decken die Korruption auf

Wieder einmal hält sich die Staatsanwaltschaft vornehm zurück. Dunkle Geschäfte des Automobilkonzerns, Schmiergeldzahlungen, schwarze Kassen, dubiose Finanztransaktionen über Geheimkonten, Steuerhinterziehung – all dies scheint es für die sanften Sterndeuter von Stuttgart nicht zu geben. Kann nicht sein, darf nicht sein. Jahrelang hält sich diese ganz eigene Form von Kontinuität. Bis zu jenem Tag, als ausgerechnet ausländische Ermittler damit beginnen, die Stuttgarter Justiz eines Besseren zu belehren und die heile Sternenwelt in stärkste Turbulenzen zu bringen. Im Sommer 2004 startet die amerikanische Börsenaufsicht SEC (Securities and Exchange Commission) weltweit massive Korruptionsermittlungen gegen DaimlerChrysler, an denen sich bald auch das US-Justizministerium beteiligt. Anlass der intensiven Nachforschungen sind Informationen und Vorwürfe des gefeuerten Chrysler-Buchhalters David Bazetta. Er berichtete davon, dass DaimlerChrysler seit Jahren in zahlreichen Ländern Bestechungsgelder bezahle und geheime Konten unterhalte.

Die SEC und das amerikanische Justizministerium ziehen das ganz große Register. Weltweit wird der gesamte Konzern auf den Kopf gestellt, in der Stuttgarter Konzernzentrale und in den vielen Auslandsstellen bleibt kaum ein Stein auf dem anderen. Konzernaktivitäten seit Mitte der Neunzigerjahre werden ins Visier genommen. Mehr als zwei Jahre ermitteln die US-Behörden. Was sie dabei alles an illegalen Machenschaften aufdecken, müsste der Stuttgarter Staatsanwaltschaft schwer zu denken geben. Denn so manches erinnert fatal an frühere Vorgänge und Korruptionshinweise, von denen sie erfuhr, dabei jedoch partout keine Ansatzpunkte oder Belege für Rechtsverstöße erkannte. Und so manche illegale Praxis passierte auch noch fast vor der Haustüre des Stuttgarter Horts der Strafverfolgung.

Plötzlich zeigt sich, dass es bei Daimler in den vergangenen Jahren ein ganzes Netz von Geheimkonten gab, über die bei Auslandsgeschäften Bestechungsgelder flossen. Eines fand sich just in der Volksbank Untertürkheim. Mussten Geschäfte wie geschmiert laufen, bediente man sich offenbar dieses diskreten Millionenreservoirs. Ein Fall aus dem reichhaltigen Fundus der SEC-Ermittlungen: Der Mitarbeiter einer halbstaatlichen Gesellschaft in Polen soll der polnischen DaimlerChrysler-Tochter bei der Vermittlung eines Mietgrundstücks geholfen haben. Dafür, so der Verdacht, bekam er von Konzernmitarbeitern offenbar 40 000 Euro bar auf die Hand – in einer Stuttgarter Gaststätte. Das Geld hatten sie zuvor vom Untertürkheimer Volksbankkonto abgehoben.[15]

Ähnliche illegale Geschäftspraktiken werden unter anderem in Belgien, Ghana, Nigeria, Osteuropa und asiatischen Ländern aufgedeckt. Beim Verkauf von Mercedes-Omnibussen sollen auch an deutsche Amtsträger Schmiergelder bezahlt worden sein. Fest steht: Nach Erkenntnissen der US-Behörden hat der Konzern jahrelang Schmiergelder gezahlt, schwarze Kassen unterhalten und falsche Bilanzen abgeliefert. Es scheint ein ganzes System zu sein, das bereits seit den Neunzigerjahren bestand. Wie Konzerninsider berichten, stießen die amerikanischen Ermittler auch in der Schweiz auf geheime Konten. Auch Korruptionsermittlungen der Vereinten Nationen offenbaren dubiose Geldflüsse über die Schweiz. Man erinnere sich: Schon 1991 hatte die Stuttgarter Staatsanwaltschaft konkrete Hinweise bekommen, dass bei Auslandsgeschäften Schmiergelder über die

Schweiz geflossen seien. Doch die schwäbische Justizbehörde verfiel damals nicht gerade in hektische Aktivität.

Jetzt decken die Ermittlungen der US-Börsenaufsicht und des amerikanischen Justizministeriums das korrupte System auf – und zwingen die Stuttgarter Staatsanwaltschaft dazu, tätig zu werden: Washington schickt ein Rechtshilfeersuchen nach Stuttgart, die Staatsanwaltschaft beginnt daraufhin wegen Bestechung bei Daimler-Geschäften in Polen, Belgien und Ghana zu ermitteln. Das Verfahren richtet sich – man kennt das schon – gegen einzelne Konzernmitarbeiter. Die Frage, ob der Vorstand von den Schmiergeldzahlungen wusste oder er sie sogar billigte, stellt sich den Stuttgarter Rechtsstaathütern offenbar nicht.

In Stuttgarter Arbeitsgerichtsverfahren wird diese heikle Frage jedoch unmissverständlich aufgeworfen. Mit den belegten Korruptionsvorwürfen der US-Börsenaufsicht konfrontiert, handelt die Konzernleitung demonstrativ: Man trennt sich von rund zwanzig Mitarbeitern, darunter hochrangige Manager. Ihnen wird vorgeworfen, Bestechungsgelder gezahlt oder angewiesen zu haben. Einige klagen gegen die Kündigung. Der Anwalt eines gefeuerten Daimler-Managers wird im Frühjahr 2006 in der Verhandlung vor dem Arbeitsgericht deutlich: Die jetzt gegen seinen Mandanten erhobenen Vorwürfe seien größtenteils der Konzernleitung schon seit einem Jahr bekannt. Im Übrigen lägen »die Verantwortlichkeiten noch wo ganz anders«. Ein klarer Gruß an die Chefetage von DaimlerChrysler. In diesem Fall zeigt sich der Konzern kompromissbereit: Man einigt sich, der Manager erhält einen Aufhebungsvertrag.

Im Sommer 2005 – mitten in den brisanten SEC-Korruptionsermittlungen – gibt Vorstandschef Jürgen Schrempp seinen frühzeitigen Abschied bekannt und verzichtet auf eine Millionenabfindung. Schrempp erklärt damals im Brustton der Überzeugung, sein Abschied sei ein »Meisterstück der Kommunikation«, das »Timing exzellent«.[16]

Bestechung und das Bunkern von Millionen in schwarzen Kassen sind derweil nicht die einzigen dubiosen Daimler-Geschäftspraktiken, die durch die US-Ermittlungen ans Tageslicht gelangen. Steuerhinterziehung gehört mit dazu. »Expats« heißt die trickreiche Methode, die DaimlerChrysler bei der Entlohnung von Mitarbeitern verwendete, die im Ausland tätig waren: Im jeweiligen Land erhielten die Daimler-Angestellten meist nur einen Teil ihres Gehalts. Den häufig größeren Rest überwies das Unternehmen auf die deutschen Konten der Manager – als Brutto-für-Netto-Zahlung. Was vor den Steuerbehörden in den Ländern verborgen gehalten wurde. In den Steuererklärungen, die der Konzern meist selbst für die Auslandsmitarbeiter erstellte, unterschlug man den in Deutschland bezahlten Lohn. Wieder nur die Machenschaften von Einzelnen – oder steht dahinter nicht eher ein System, das man in der Chefetage kannte? Pikant jedenfalls ist: Als der heutige Daimler-Vorstandschef Dieter Zetsche früher für den Autobauer in Südamerika tätig war, soll es nach Aussage von Konzerninsidern diese dubiose Entlohnungspraxis bereits gegeben haben.

Zu »guter« Letzt entlarven die SEC-Ermittlungen auch ein weiteres anrüchiges Finanzgebaren des Konzerns, das der Stuttgarter Staatsanwaltschaft eigentlich nicht ganz fremd sein dürfte. Jahrelang hat der Konzern für viele seiner Auslandsgesellschaften so genannte »interne Fremdkonten« eingerichtet, über die unter anderem die Lieferung von Fahrzeugen abgewickelt wurde. Bis mindestens Ende der Neunzigerjahre soll es mehr als hundert solcher »interner Fremdkonten« gegeben haben, danach wurde die Zahl heruntergeschraubt. Über ihre Existenz machte DaimlerChrysler nie einen Hehl. Doch was genau dahintersteckte, offenbaren die Ermittlungen der US-Behörden und konzerneigene Prüfungen: Einige »interne Fremdkonten« sind in den Konzernbilanzen nicht ausgewiesen. Sie fungierten also offenbar als schwarze Kassen – verdeckte Rabattzahlungen sollen dort über Jahre hinweg gelandet und von den Konten weitertransferiert worden sein.

Für DaimlerChrysler sind die Ermittlungen der SEC und des US-Justizministeriums ein einziges Desaster. Der Konzern reagiert, muss reagieren: Man beginnt, im Ausland Steuern in Millionenhöhe nachzuzahlen. Auch bei einem deutschen Finanzamt erstattet das Unternehmen Selbstanzeige und zahlt Steuern nach. Die Konsequenzen der Affäre lässt das Eigenkapital des Autoherstellers empfindlich schrumpfen: Bis zum Herbst 2006 hat DaimlerChrysler für mögliche Schäden, Anwaltskosten und Strafzahlungen bereits mehr als vierhundert Millionen Euro zahlen beziehungsweise zurückstellen müssen. Zudem soll der Konzern zu diesem Zeitpunkt mit der SEC über eine Einstellung des Verfahrens gegen eine Geldbuße von über sechshundert Millionen Euro verhandeln.

Man nehme die Ermittlungen sehr ernst, betont die Konzernleitung monatelang mit Nachdruck. Und sie betont, dass man bei der Aufklärung der Vorwürfe intensiv mitarbeite und daher mit der amerikanischen Börsenaufsicht eng kooperiere. Mitarbeiter werden angehalten, für Gespräche mit der Behörde und Vernehmungen zur Verfügung zu stehen. Und es wird intern ein Maßnahmenkatalog mit »hohen ethischen Standards« erarbeitet, um zu vermeiden, dass »unsachgemäßes Verhalten wieder auftritt«.

Apropos Ethik und Kooperation: Ausgerechnet im Frühjahr 2005, als die SEC-Ermittlungen gegen DaimlerChrysler die ersten hochheiklen Ergebnisse zeitigen, geriert sich der Konzern selbst als brutalstmöglicher Aufklärer in anderer Sache. Der damalige Mercedes-Chef Eckhard Cordes hat plötzlich im Vertrieb der Luxusmarke ein ganzes »Biotop« an Vorteilsnahmen ausgemacht und ist mit wildem Eifer dabei, es »vollständig trocken zu legen«. Hochrangigen Managern wird vorgeworfen, private Bautätigkeiten über die Firma abgerechnet oder sich im Zusammenhang mit Graumarktgeschäften bestechen lassen zu haben. Der damalige Deutschland-Vertriebschef sowie mehrere Niederlassungschefs werden entlassen. Einige werden von Sicherheitskräften des Konzerns direkt aus ihren Büros entfernt. Eine plakative Aktion, die ihre Wirkung nicht verfehlt: Die Medien berichten über das »harte Durchgreifen« bei DaimlerChrysler.

Der Konzern übergibt das ganze interne Ermittlungsmaterial der Stuttgarter Staatsanwaltschaft. Dort entwickelt man einen ähnlich großen Eifer – es wird gegen fast zwanzig Personen ermittelt. Kooperation mit dem Konzern wird großgeschrieben: Als man Durchsuchungen bei Beschuldigten durchführt, sollen Vertreter der Sicherheitsabteilung mit dabei gewesen sein, wie Insider berichten. Zuständig für die Ermittlungen ist just jener Staatsanwalt, der schon im – erstaunlichen – Fall des Graumarkthändlers Gerhard Schweinle hochengagiert zu Werke ging und sich gegenüber DaimlerChrysler als bemerkenswert kooperationsfähig erwiesen hat.

Mehr als ein Jahr danach, Ende 2006, dauern die Ermittlungen der Staatsanwaltschaft immer noch an. Eckhard Cordes, der bei der Schrempp-Nachfolge nicht zum Zug kam, hat den Konzern längst verlassen. Inzwischen ist die Zahl der Beschuldigten geschrumpft. Mehrere Ermittlungsverfahren sind eingestellt, in manchen Fällen Strafbefehle ausgesprochen worden. Einige Vertriebsmanager klagten vor Arbeitsgerichten gegen ihre fristlose Kündigung. In den Verhandlungen machten sie unter anderem geltend, dass es sich bei den angeblichen Vorwürfen um Vorgänge handle, die im Konzern gängig und der Chefetage bekannt gewesen seien. Im Falle eines hochrangigen Managers, der dies besonders nachhaltig betont hatte, kam es zur Wende in der so genannten Vertriebsaffäre: Plötzlich einigte sich der Konzern mit ihm außergerichtlich auf einen Vergleich – dabei hatte DaimlerChrysler ihm persönliche Bereicherung, Verwicklung in Graumarktgeschäfte und Unregelmäßigkeiten im Zusammenhang mit Bautätigkeiten vorgeworfen. Teil der Einigung soll sogar eine Abfindung gewesen sein. Im Januar 2007 geschah Ähnliches im Fall eines früheren Spitzenmanagers.

Auch Ermittler stellen fest, dass manche Vorwürfe des Unternehmens sich nicht immer unbedingt voll und ganz bestätigen. Konzerninsider behaupten, die damalige Unternehmensleitung habe bewusst eine harte Linie gefahren, um bei der US-Börsenaufsicht Eindruck zu schinden. Man könne auch sagen: um von den eigentlichen gravierenden Verfehlungen im Konzern wie Korruption und Steuerhinterziehung abzulenken. War die »Vertriebsaffäre« also bewusst inszeniert? Selbst in Stuttgarter Justizkreisen gibt es Ermittler, die diesen leisen Verdacht nicht loswerden: »Man fragt sich, ob wir nicht Instrument des Konzerns sind.«

Für Herbert Leiduck, den Geschäftsmann mit Kontakten und einschlägigen DaimlerChrysler-Erfahrungen, ist die Sache jedenfalls klar: »Jahrelang wurden im Konzern dunkle Geschäfte gemacht, Schmiergelder bezahlt, schwarze Kassen geführt und Steuern hinterzogen. Und die Stuttgarter Staatsanwaltschaft hat immer brav geschlafen.« Mehr als ein Jahrzehnt hat er dafür gekämpft, dass die Konzernleitung zu ihrer moralischen und juristischen Verantwortung für fragwürdige Geschäftspraktiken steht – und ihn rehabilitiert. Immer wieder hat er in Schreiben die Vorstandsetage von DaimlerChrysler daran nachdrücklich erinnert. Ohne Antwort zu bekommen. »Jetzt haben die amerikanischen Behörden alles ans Tageslicht gebracht, worum sich die örtliche Justiz hätte kümmern müssen.« Herbert Leiduck fühlt nicht nur Genugtuung. Sondern Hoffnung: »Vielleicht denkt die heutige Konzernspitze jetzt um. Auch in meiner Sache.«

Schmiergelder für einen Diktator: Wie Staatsanwälte die Langsamkeit entdecken

Mark Pieth ist ein ausgewiesener Experte, was Korruption in der Weltwirtschaft angeht. Der Schweizer Strafrechtsprofessor an der Universität Basel leitet seit mehreren Jahren eine OECD[17]-Arbeitsgruppe, die sich mit Bestechung befasst, und hat zahlreiche Fachpublikationen zu diesem Komplex verfasst. Im Jahr 2003 wurde der renommierte Jurist in die dreiköpfige Leitung einer unabhängigen Untersuchungskommission der Vereinten Nationen berufen, die eine höchst brisante Mammutaufgabe zu erledigen hatte: Es ging um Korruption beim Öl-für-Lebensmittel-Programm der UNO (Oil-for-Food-Program), mit dem die Menschen im Irak von 1996 bis 2003 mit Nahrungsmitteln versorgt werden sollten.

Nach dem ersten Golfkrieg 1990 hatte der UN-Sicherheitsrat Wirtschaftssanktionen gegen den Irak verhängt. Aufgrund der Sanktionen verschlechterte sich die Ernährungslage und medizinische Situation der irakischen Bevölkerung drastisch. Um die Folgen zu lindern, beschlossen die Vereinten Nationen im Jahr 1995 das Öl-für-Lebensmittel-Programm. In dessen Rahmen durfte Saddam Hussein für 64,2 Milliarden Dollar Öl verkaufen, um dafür Lebensmittel, Medikamente oder landwirtschaftliche Geräte im Wert von 34,5 Milliarden Dollar anzuschaffen. Die Einnahmen des Iraks wurden von einem UN-Ausschuss verwaltet. Das Saddam-Regime war aber weitgehend frei, die Kunden selbst zu wählen. Am Ölhandel waren weltweit 248 Unternehmen beteiligt, im Bereich des humanitären Güteraustausches insgesamt 3614 Firmen.

Das Öl-für-Lebensmittel-Programm war die größte Hilfsaktion der Vereinten Nationen – und wurde ihr größter Bestechungsskandal. Was die unabhängige UN-Kommission in ihren fast zwei Jahre andauernden Untersuchungen herausfand, überstieg selbst die dunkelsten Ahnungen und Erwartungen von Korruptionsexperten. Es war eine einzige große Schmiererei unter den Augen der Vereinten Nationen: Von rund 3 900 Unternehmen, die unter UN-Aufsicht mit dem Irak Geschäfte machten, zahlten mehr als 2200 Firmen aus sechsundsechzig Ländern Bestechungsgelder an Saddam Hussein, um an Aufträge zu kommen und mit dem Regime im Geschäft zu bleiben. Insgesamt floss die gigantische Schmiergeldsumme von 1,8 Milliarden Dollar.

Und deutsche Unternehmen schmierten bei dem »humanitären« Programm kräftig mit: Dreiundsechzig Firmen wurden von der UN-Untersuchungskommission dabei ertappt, dass sie Bestechungsgelder an den »Schlächter von Bagdad« gezahlt haben – darunter die Konzerne Siemens und DaimlerChrysler. Ein Skandal, eigentlich. Und ein Fall, bei dem die deutsche Justiz rasch reagieren sollte, eigentlich. Doch was seit der öffentlichen Bekanntgabe der Kommissionsuntersuchungsergebnisse im Oktober 2005 in New York passierte, lässt selbst den erfahrenen Strafrechtler Mark Pieth einigermaßen ratlos zurück. Ende 2006, mehr als ein Jahr danach, wird erkennbar, dass deutsche Staatsanwaltschaften beim Korruptionsskandal um das Öl-für-Lebensmittel-Programm die Langsamkeit entdeckt haben. Wenn sie nicht gänzlich auf Tauchstation gegangen sind.

Dabei lagen schon Ende 2005 bei den Vereinten Nationen die einzelnen Fälle samt Unterlagen sozusagen auf dem Präsentierteller. Denn die UN-Kommission, in der neben Mark Pieth der südafrikanische Richter Richard Goldstone und der frühere US-Notenbankchef Paul Volcker als Vorsitzender saßen, hatte ganze Arbeit geleistet. Mehr als sechzig Ermittler aus unterschiedlichen Ländern waren für sie im Einsatz, sie sicherten monatelang Berge an Unterlagen über die Geschäfte mit Bagdad, stießen im Nahen Osten auf Bankkonten, über die Bestechungsgelder geflossen waren, machten die Beteiligten ausfindig, vernahmen sie – und sicherten die Belege für diese gigantische Korruption.

Was die Fahnder im New Yorker Kommissionshauptsitz hoch über dem Hudson River an Informationen zusammentrugen, zeigt immer wieder dasselbe System: In der Regel ließen sich die Unternehmen zu hohe Rechnungen von der UNO genehmigen, um die zusätzlichen Erlöse als »Kickback-Zahlungen« nach Bagdad zu überweisen. Konkret lief es so: Bei der Lieferung humanitärer Güter hat das Saddam-Regime höhere Preise von mindestens zehn Prozent, mitunter bis zu dreißig Prozent, auf den Vertrag draufgeschlagen. Getarnt wurden diese Bestechungsgelder als Servicegebühr oder als fiktive innerirakische Transportkosten. Von Oktober 2000 an hatte Saddam Hussein alle irakischen Ministerien verpflichtet, diese Aufschläge von den Unternehmen zu verlangen. Auf beiden Seiten wurde der Preis aufgebläht, der gegenüber den Vereinten Nationen offiziell deklariert wurde. Gleichzeitig hat man verabredet, dass die zehn oder mehr Prozent Zuschlag auf geheimem Weg in den Irak gelangen. Auch diese geheimen Geldwege konnten die UN-Ermittler rekonstruieren: In der Anfangsphase des Hilfsprogramms wurden die Aufschläge an der irakischen Grenze bezahlt. Die Transporte wurden erst nach Bezahlung der Schmiergelder durchgelassen. Später wurden die illegalen Zuschläge auf Konten in Jordanien deponiert, auf die der Irak Zugriff hatte. Es kam aber auch vor, dass Unternehmen die Schmiergelder in irakischen Botschaften zahlten – bar auf die Hand.

Botschaft aus dem Tal der Ahnungslosen

Im Falle von DaimlerChrysler dokumentierten die UN-Ermittler anhand konkreter Unterlagen einen in der Summe zwar kleinen, aber »eindeutigen« Fall von Korruption und Sanktionsverletzung, wie Mark Pieth betont: Der Stuttgarter Konzern hatte 13 589,50 D-Mark als illegalen Zuschlag bezahlt und dem Irak weitere 80 000 D-Mark versprochen. DaimlerChrysler versuchte damals, an das Saddam-Regime einen gepanzerten Wagen zu verkaufen, der nötig war, um Öleinnahmen zu transportieren. Das Fahrzeug sollte 135 895 D-Mark kosten, ein deutscher Konzernmanager unterschrieb derweil eine illegale Nebenabmachung mit dem Saddam-Regime, dass man zehn Prozent zusätzlich an das irakische Ministerium für Öl zahlt. Die UN-Ermittler konnten dieses Dokument als Beleg sichern. Den Vereinten Nationen wurden dann tatsächlich 149 484,50 D-Mark in Rechnung gestellt – man hatte also genau diesen zehnprozentigen Betrag oben draufgeschlagen. Diese Kickback-Zahlung ging auf ein Konto der Housing Bank for Trade and Finance in Jordanien, auf das Bagdad Zugriff hatte.[18] Wie die UN-Kommission herausfand, war bei der finanziellen Transaktion ein gebürtiger Iraker involviert, der enge Verbindungen zur Familie von Saddam Hussein unterhielt und für DaimlerChrysler lange Zeit Geschäfte in den Irak vermittelte. Bei amerikanischen Organisationen steht er im Verdacht, das Milliardenvermögen, das der irakische Diktator außer Landes geschafft hatte, zu verwalten. Er bestreitet dies.

Als die UN-Kommission DaimlerChrysler zu einer Stellungnahme zu den Korruptionsvorwürfen aufforderte, reagierte man dort mit dem Gestus völliger Ahnungslosigkeit: Man habe die Zusatzzahlungen an den Irak, die gegen das Öl-für-Lebensmittel-Programm verstoßen, »nicht wissentlich« geleistet. Die Regeln des Programms seien doch arg kompliziert und für den zuständigen Mitarbeiter verwirrend gewesen, gab die Konzernzentrale zu verstehen. Im Übrigen, so wurde betont, habe jener Mitarbeiter vom Management nicht die Anweisung bekommen, die Verabredung zu den Zusatzzahlungen zu treffen.[19] Also ein verwirrter Einzeltäter. Quasi ein Versehen. Die Konzernleitung wusste selbstverständlich von gar nichts. Derartige Stellungnahmen von beschuldigten Konzernen türmen sich geradezu bei der UN-Kommission. Wie sich indes herausstellte, ließ DaimlerChrysler auch mehrere Irak-Lieferungen im Rahmen des Öl-für-Lebensmittel-Programms über einen russischen Zwischenhändler laufen, die »Russian Engineering Company«. Nach Erkenntnissen von Mark Pieth und seinen Kollegen war diese russische Firma ein wichtiger Partner Bagdads. Die Topmanager hätten sich mehrfach mit Saddam Hussein und seinen engsten Beratern getroffen. Und sie hätten nachweislich gegen die Regeln des Öl-für-Lebensmittel-Programms verstoßen. Korruption im großen Stil: Direkt oder indirekt seien von der »Russian Engineering Company« fast zwölf Millionen Dollar an illegalen Zahlungen in den Irak geflossen.

Bei Siemens wurde nach dem Bericht der UN-Kommission recht tief in die Tasche gegriffen, um mehrere Aufträge des Saddam-Regimes zu bekommen. Drei Tochtergesellschaften aus dem Firmenverbund – Siemens France, Siemens Türkei und die in den Vereinigten Arabischen Emiraten ansässige Osram Middle East – haben demnach insgesamt 1,6 Millionen Dollar Schmiergelder an den Irak gezahlt. Bei einem Gesamtauftragsvolumen von 125 Millionen Dollar. Auch hier legten die UN-Ermittler in ihrem Bericht konkrete Dokumente und Details über die illegalen Geldbewegungen vor. Wie im Fall von DaimlerChrysler spielte die Housing Bank in Jordanien bei den Kickback-Zahlungen eine wesentliche Rolle.[20] Sie seien nachweislich eingegangen und verbucht worden, machten die UN-Ermittler deutlich. Doch die Siemens-Zentrale in München bezeichnete die Vorwürfe aus New York als »voreilig und ungerechtfertigt«. In der Stellungnahme gegenüber der UN-Untersuchungskommission zeigte man sich regelrecht »enttäuscht« ob der Vorhaltungen.[21] Wieder eine Botschaft aus dem Tal der Ahnungslosen.

Prominent stehen die beiden deutschen »Vorzeigekonzerne« Siemens und Daimler im kiloschweren Untersuchungsbericht der Vereinten Nationen. Im Anhang sind Verträge vieler weiterer deutscher Firmen aufgelistet, für die illegale Extrazahlungen an das irakische Regime geflossen sein sollen.

Als der Kommissionsvorsitzende Paul Volcker Ende Oktober 2005 in New York den über 640-seitigen Untersuchungsbericht vorgelegt hatte, forderten er und UN-Generalsekretär Kofi Annan die Ermittlungsbehörden in den sechsundsechzig Ländern auf, Strafverfahren gegen die beschuldigten Firmen und Einzelpersonen einzuleiten. Auch Mark Pieth betonte damals in mehreren Interviews gegenüber deutschen Medien: Was die Kommission auf den Tisch lege, begründe einen Anfangsverdacht. »Das heißt, das ist die Schwelle zur Einleitung eines Verfahrens. Die Frage, ob das Verfahren in Richtung Betrug, Korruption oder etwas anderes geht, ist offen. Es ist jedenfalls Sanktionsverletzung.«[22]

Mögen deutsche Rechtsstaathüter diese Worte bedenken. Doch in Juristenkreisen im Land der Dichter und Denker, Richter und Lenker wurde erst einmal ausgiebig reflektiert und räsoniert, abgewogen und abgebogen. Tja, die Unterlagen lägen ja im fernen New York, die müssten erst einmal über den großen Teich rüberkommen, hieß es. (Der Bericht der UN-Kommission wurde übrigens sofort ins Internet gestellt.) Und dann sind sie auch noch in englischer Sprache verfasst. Was natürlich eine riesige Hürde für studierte Rechtausleger darstellen kann. Solch grundsätzliche, mithin existenzielle Überlegungen können schon mal einige Monate verstreichen lassen. Nur kein Schnellschuss, nur keine voreilige Bewegung, nein. Da kann man als karrierebewusster Staatsanwalt schon verloren haben. Es geht ja um Korruption, um Bestechung, um Schmiergeldzahlungen, und das auch noch an Saddam Hussein, den grausamen Diktator. Ganz schlecht. Und dann sind die Beschuldigten auch noch deutsche Unternehmen, höchst prominente dazu. Noch schlechter.

So verging erst einmal Zeit, bis die Mitglieder der UN-Kommission etwas Konkreteres aus Deutschland vernehmen durften. Ein Gespräch der Ermittlungsbehörden mit dem Bundesjustizministerium fand statt. Und aus mancher Staatsanwaltschaft kam sogar, arg verschüchtert, eine zarte Anfrage zu den Untersuchungsakten. Doch Stopp. So etwas Wichtiges, man kann auch sagen: Heikles, muss koordiniert sein. Und daher trafen sich Vertreter von zuständigen Staatsanwaltschaften erst einmal beim Zollkriminalamt in Köln. Die Behörde bot den Ermittlern die Möglichkeit der Rechtshilfe an. Als »Erfahrungsaustausch« bezeichnet das Zollkriminalamt im Nachhinein die Besprechung. Was noch nicht nach akutem Handeln der eingeladenen Gäste klingt. Die Staatsanwaltschaften besprachen erst einmal, was man unter Umständen tun könnte.

Dezember 2006. Still ruht Deutschland in der Vorweihnachtszeit. Und still ruht auch das Telefon des Schweizer UN-Kommissionsmitglieds Mark Pieth, was Anrufe deutscher Staatsanwaltschaften angeht. In anderen Ländern haben Ermittlungen gegen Unternehmen wegen Schmiergeldzahlungen an den Irak längst für großes öffentliches Aufsehen gesorgt. Im fernen Australien schlagen seit Monaten die Wellen hoch, die Justiz »down under« hat das im Kommissionsbericht beschuldigte Unternehmen AWB, australischer Monopolist bei Weizenexporten, mit einem großen Verfahren überzogen. Es richtet sich gegen elf damalige hochrangige Manager. Gleich nach Veröffentlichung des UN-Berichts hat man in Australien eigene Untersuchungen in Gang gesetzt, geleitet von einem früheren Richter. Mit weitreichenden Folgen: Das Unternehmen AWB muss jetzt befürchten, dass es sein Monopol im Weizenexport verliert.

In Deutschland werden, wenn Staatsanwaltschaften überhaupt aktiv geworden sind, die Ermittlungen höchst diskret geführt. Dreiundsechzig Unternehmen hatte die UN-Kommission beschuldigt. In neununddreißig Fällen, so das Zollkriminalamt, seien Verfahren eingeleitet worden. Doch kaum eine zuständige Justizbehörde hat dies publik gemacht. Kein Wunder: Ende 2006 stehen zahlreiche Verfahren schon wieder vor der Einstellung.[23] Mark Pieth hört derweil nur, dass juristisch feinsinnig reflektiert wird: Wie stichhaltig sind die Beweise der UN-Ermittler? Liegt überhaupt Bestechung vor? Der renommierte Strafrechtler kopfschüttelnd: »Man kann vielleicht darüber streiten, wie man juristisch ansetzen kann. Doch allein die Sanktionsverletzung, der Verstoß gegen das Embargo greift. Das liegt hier eindeutig vor.« Im Übrigen könne ja gerade das jeweilige Verfahren klären, was juristisch definitiv Sache sei.

Die Bestandsaufnahme ein Jahr nach Veröffentlichung des Kommissionsberichts fällt für Mark Pieth ernüchternd aus: »Kein Verfahren in Deutschland hat bisher das Stadium der Anklage erreicht.« Das trifft zum Beispiel auf die Stuttgarter Staatsanwaltschaft zu. »Die Ermittlungen laufen noch, wann das Verfahren abgeschlossen ist, lässt sich nicht sagen«, lautet monatelang die stereotype Auskunft der Justizbehörde. Sie ermittelt gegen den früheren Manager von DaimlerChrysler, der die illegale Nebenabmachung zu den Kickback-Zahlungen unterschrieb. Also jenen scheinbar verwirrten Einzeltäter, dem laut Konzernleitung die Regeln des Hilfsprogramms zu kompliziert waren. Und dessen Vorgesetzte partout nichts von Bestechungsgeldern an Saddam Hussein wussten. Die Stuttgarter Staatsanwaltschaft, die wegen möglichen Verstoßes gegen das Außenwirtschaftsgesetz ermittelt, hält sich an die Interpretation der Konzernleitung. Das gehobene Management wird nicht mit Ermittlungen belästigt. Und die Irak-Geschäfte, die DaimlerChrysler über den schmiergeldfreudigen russischen Zwischenhändler machte, interessieren die Justizbehörde schon gar nicht. Gegen drei andere Firmen aus dem Raum Stuttgart, die auf der Liste der UN-Kommission standen, beginnt die Stuttgarter Staatsanwaltschaft erst Ende 2006 zu ermitteln.

In München, Sitz der Siemens-Zentrale, sagt die Staatsanwaltschaft Ende 2006: »Wir haben in dieser Sache noch keine Ermittlungen aufgenommen.« Die Justizbehörde in der bayerischen Landeshauptstadt verweist darauf, dass sie gegen den Siemens-Konzern andere umfassende Korruptionsermittlungen laufen habe. Das stimmt zwar. Es geht um mutmaßliche Bestechung in großer Dimension und Schwarzgelder in dreistelliger Millionenhöhe. Hausdurchsuchungen erstrecken sich bis in die Vorstandsetage hinein, auch zwei ehemalige Topmanager stehen unter Verdacht. Nur: Vor den bayerischen Justizbehörden hatten bereits ausländische Behörden – unter anderem in Italien, der Schweiz und in Liechtenstein – gegen Siemens wegen Korruption zu ermitteln begonnen und die bayerischen Staatsanwälte um Rechtshilfe gebeten. Das heißt, nur aus eigenem Antrieb waren die Münchner Fahnder nicht unbedingt aktiv geworden. Und wenn man schon einer offenbar ausgedehnten Schwarzgeldpraxis bei Siemens auf der Spur ist, warum lässt man dann die detaillierten Erkenntnisse der UN-Kommission über Schmiergelder für das irakische Regime ein

Jahr lang außen vor? Immerhin passen sie doch ins düstere Gesamtbild, auf das Schwarzgeldfahnder bei Siemens gestoßen sind.

Übrigens: Korruptionsvorwürfe von Behördenseite kommentiert die Münchner Siemens-Leitung inzwischen nicht mehr barsch als »voreilig und ungerechtfertigt«, wie es der Konzern 2005 noch gegenüber der UN-Kommission tat. Im Tal der Ahnungslosen muss sich etwas getan haben.

Dann, im Januar 2007, bewegt sich auch juristisch doch etwas: Es wird bekannt, dass die Staatsanwaltschaft Nürnberg seit einigen Wochen gegen mehrere Siemens-Sparten wegen möglicher Schmiergeldzahlungen an den Irak im Zusammenhang mit dem Öl-für-Lebensmittel-Programm ermittelt.[24]

Angesichts der ausgeprägten Langsamkeit, die deutsche Staatsanwaltschaften bei den Schmiergeldzahlungen von Unternehmen an das diktatorische Irak-Regime an den Tag legen, muss man fast befürchten, dass in manchen Korruptionsfällen Verjährung eintritt. Oder ist gerade das Zweck der Übung? Mark Pieth ist ein höflicher Mensch. Daher würde er der deutschen Justiz so etwas nie unterstellen. Der Schweizer Strafrechtsprofessor mit UN-Mission kommt zu einer anderen Diagnose. Sie ist nicht weniger eindeutig – und alarmierend: »Es hängt damit zusammen, ob man als deutscher Staatsanwalt Karriere machen möchte. In der deutschen Justiz ist man nicht beliebt, wenn man solche Verfahren angeht. Wird man hier aktiv, kommt man in der eigenen Karriere nicht weiter.«

Und Pieth, der die Justizszene weltweit kennt, wird noch deutlicher: »Geht es darum, gegen Machthabende vorzugehen, tut sich die deutsche Justiz schwer.« Dabei sei es oft gar nicht notwendig, dass vonseiten der Mächtigen gleich Einfluss genommen werde. Denn: »Es ist schon im Kopf.« Was keineswegs heißt, dass direkte Einflussnahme von mächtiger Seite auf die Justiz nicht stattfinden würde. Einer der zahlreichen UN-Korruptionsermittler machte dazu eine einschlägige Erfahrung. Der Vertreter einer deutschen Staatsanwaltschaft wandte sich an ihn und klagte ihm sein Leid: Er würde ja gern gegen ein Unternehmen zu ermitteln beginnen, das nach UN-Erkenntnissen Schmiergelder an Saddam Hussein gezahlt habe. Doch daraus werde wohl nichts. Ein hochrangiger Politiker habe seiner Behörde unmissverständlich deutlich gemacht: »Wegen so etwas lasse ich mir nicht den Wirtschaftsstandort kaputt machen.« Noch Fragen?

4. Verschweigen als System – das Beispiel Plauen

Mitte Dezember 2006 fahren wir nach Plauen, eine Stadt, die allenfalls bei häkelnden Damen bekannt ist: Plauener Spitzen. Plauen liegt im fernsten Osten Deutschlands. Knapp 70 000 Einwohner zählt die größte Stadt des hügeligen Vogtlandes nahe der Grenze zu Tschechien. Vor dem renovierten Rathaus, erbaut im Jahr 1382, herrscht am späten Nachmittag dichtes Gedränge. Wie jedes Jahr findet am Altmarkt der traditionelle Weihnachtsmarkt statt. Endlich einmal geselliges Leben in der sächsischen Kommune, die ansonsten eher durch gedämpfte Stimmung geprägt ist und in deren trübem Sumpf sich allenfalls Neonazis freudig tummeln. Freude bringt auch der Weihnachtsmann, der die Kinderherzen zumindest bis zum Weihnachtsfest wärmen soll. Dass dieser einst als Sekretär der Freien Deutschen Jugend (FDJ) in der Führungsriege der Sozialistischen Einheitspartei Deutschlands (SED) Plauen tätig war, nein, es stört eigentlich niemanden, zumal er heute ein erfolgreicher Geschäftsmann ist.

Auch die Vergangenheit des leitenden Kripobeamten, nennen wir ihn D., fällt in diesem Umfeld in Plauen nicht weiter auf. Der ehemals überzeugte SED-Kader in der Plauener Kripo war zum Zeitpunkt der Demonstrationen gegen das DDR-Regime – das war im Oktober 1989 – Stabschef bei der Polizei. Trotz heftiger Proteste seiner Kollegen gab er damals die Weisung an die Feuerwehr, die aufmüpfigen Plauener Demonstranten zu vertreiben. Und er ließ sie, über achthundert Bürger, in das heute noch über Plauen thronende Gefängnis einsperren. Ein Beamter erinnert sich, will jedoch nicht genannt werden: »Die Angehörigen kamen zu uns und haben die Familienangehörigen gesucht. Wir mussten die Angehörigen trösten.«

Nach der Wende wurde wegen dieser Vorgänge gegen D. ermittelt.

Aber wie schön für ihn, dass die belastenden Unterlagen ganz plötzlich verschwunden waren. Und so kommt es, dass er bis heute an einer entscheidenden Position in der Plauener Polizei dient und gewissermaßen immer noch für Recht und Ordnung sorgt.

D. ist übrigens nicht der einzige Hüter des Gesetzes, der trotz belastender Vergangenheit in Plauen Karriere gemacht hat. In dieser Grenzregion verteidigten einst überdurchschnittlich viele Inoffizielle Mitarbeiter des Ministeriums für Staatssicherheit (MfS) und andere Spitzel die Sicherheit der DDR; sie bietet daher auch viel Erpressungsmaterial für die Gegenwart. Wir befinden uns in einer jener Regionen der ehemaligen DDR, in der die alten Stasi- und SED-Seilschaften immer noch mit am Rad der kommunalen Politik drehen – und besonders intensiv im kriminellen Milieu. Ob Polizei, Justiz oder Politik, sie verschließen häufig die Augen vor der Realität, möchten lieber all das, was ihr wohlfeiles Image trüben könnte, nicht wahrnehmen.

Wenn nichts die Verhältnisse stören darf, sind couragierte Bürger natürlich wenig angesehen. Jeden Montag steht gegenüber dem neuen Konsumglaspalast einsam ein Häuflein Demonstranten, fünfzehn meist ältere Frauen und Männer sind es. Aus der Ferne gewinnt man den Eindruck, oh, da trifft sich eine Sekte. Nähert man sich vorsichtig, erkennt man, dass es die mutigen und politisch engagierten Bürger sind, die Montagsdemonstranten, die einst die Wende mit herbeiführten. Unbeachtet von den Vorbeieilenden, hoffen sie weiter auf soziale Gerechtigkeit. Das ist Plauen im Jahr 2006. Doch der Reihe nach.

In einem Büro auf dem Altmarkt mit Blick auf den Weihnachtsmarkt treffen wir Cathrin Schauer, die treibende Kraft der Hilfsorganisation KARO e. V. Sie sagt: »Man stellt Schweinereien fest, die unmenschlich sind. In unserem hochentwickelten Zeitalter kann es nicht sein, dass klassische Menschenrechtsverletzungen gesellschaftlich und politisch toleriert werden. Dass viele Leute darüber Bescheid wissen, diese Dinge zum Teil hinnehmen oder sagen: ›Kann man eh nichts machen‹, oder zum Teil noch unterstützen.« Und weil sie so aufmüpfig ist, bekommt sie schon mal zu hören: »Aus Ihrem Mund kommt nur Mist.«

Das sagte sinnigerweise der einst für Gewaltprävention zuständige Plauener Kripobeamte. In dessen Privatleben scheint es allerdings mit der

Prävention nicht so gut zu klappen. Bekannt ist, dass er seine eigene Frau schwer misshandelt haben soll. Und als Cathrin Schauer sowohl der Polizei wie dem Jugendamt meldete, dass eine Prostituierte in Plauen bereit war, ihr Kleinkind Männern anzubieten, hörte sie – nichts. Das Jugendamt hatte trotz der Meldung über das Kleinkind mitgeholfen, dass die Besitzerin der Wohnung, in der diese Prostituierte arbeitete, eine Generalvollmacht mit der jungen Frau abschloss. Die beinhaltete, dass diese »Zuhälterin« sich weiter um das Kind kümmern konnte. Erst nach fast einem Jahr übernahm eine neue Beamtin der Plauener Polizei den skandalösen Fall. Immerhin.

Doch wer ist eigentlich KARO? Die Mitarbeiter von KARO haben es sich zur Aufgabe gemacht, gegen Zwangsprostitution in dem Grenzgebiet zwischen Deutschland und Tschechien zu kämpfen, gegen die sexuelle Ausbeutung von Menschen, darunter Kinder bis ins Säuglingsalter. »Den Kindern wird ihre Kindheit geraubt, es wird ihnen die Würde und die Chance auf ein menschenwürdiges Leben genommen«, heißt es im Jahresbericht 2005 von KARO. Solche Zustände konnten Realität werden, weil gegen Zuhälter und kriminelle Banden sowohl in Tschechien als auch im Vogtland nicht konsequent vorgegangen wird. Die Justiz schaut eher zu, was unter Umständen damit zusammenhängt, dass so mancher Richter, Staatsanwalt oder Polizeibeamte verstrickt ist. Und weil auch hochkarätige Persönlichkeiten nicht nur aus Sachsen die Dienste der Zwangsprostituierten in Anspruch nehmen.

Das erzählt uns eine junge Frau, die von KARO betreut wird. Unter ihren Kunden, erzählt sie stolz, sei sogar ein Exbürgermeister gewesen. Als der Expolitiker sie in der tschechischen Stadt Cheb, dem ehemaligen Eger, auf der Straße ansprach, da war sie gerade mal siebzehn Jahre. »Ich hatte seinen Ausweis gesehen und gefragt, was er arbeitet. Und er hat gesagt: ›Ich bin Bürgermeister.‹ Ich sagte: ›Du lügst.‹ Er sagte: ›Nein. Das nächste Mal, wenn ich komme, bringe ich dir meine Urkunde.‹ Und ich habe das gesehen. Und ich sagte: ›Das ist mein erster Kunde, der Bürgermeister ist.‹«

In Sachen Billigtourismus ist die nahe Tschechische Republik zum Beispiel in dreifacher Hinsicht konkurrenzlos: Bier, Kristallglas und Sex! Diesen Wirtschaftszweig möchte man nicht gefährden, selbst wenn die Sextouristen eher zähneknirschend geduldet werden.

In Plauen wiederum leben für eine Stadt mit nicht einmal 70 000 Einwohnern ungewöhnlich viele Prostituierte, insbesondere aus osteuropäischen Ländern, samt ihren deutschen Ausbeutern. Doch gerade diejenigen Bürger, die ein energisches Vorgehen dagegen einfordern, sind zahlreichen Diffamierungen ausgesetzt. Das bekommen vor allem die Mitarbeiterinnen des Vereins KARO zu spüren, die seit Jahren versuchen, die beklemmende Not der Sexindustrieopfer öffentlich zu machen. Ihre ständigen Warnungen vor Frauenhandel, Kindesmissbrauch und Geschlechtskrankheiten passen jedoch nicht so recht in das Konzept einer Region, die um Gäste buhlt. Für die Marketingstrategie des frisch ausgerufenen »Weihnachtslandes Erzgebirge«, das auf bunten Prospekten die Menschheit mit einem »Glück auf!« begrüßen möchte, sind das störende Elemente. Und da die couragierten Mitarbeiterinnen von KARO sich nicht in diese scheinheilige Propaganda einbinden lassen, ist klar, dass hier nur kräftige Geschütze helfen.

Da wird dann auch schon mal in ihr Büro eingebrochen. Die Behörden in Plauen handeln: »Wir haben die Polizei angerufen und darum gebeten, dass sie unbemerkt kommen, da wir vermuteten, dass noch jemand in den Räumen ist. Die Beamten kamen immerhin, aber mit Blaulicht und Sirene.« Die Eingangstür war aufgebrochen, der Kopierer und Computer waren noch warm. Zudem waren mehrere Schränke geöffnet, und einige der Ordner standen so, als seien sie durchsucht und Dokumente entnommen worden. Auffallend war, dass offensichtlich nichts fehlte. »Wir hatten zu dem Zeitpunkt einen neuen Fernseher und Videorecorder bekommen«, erinnert sich Cathrin Schauer von KARO. »Beides stand noch eingepackt da. Ebenso hatte ich auf meinem Schreibtisch Geld liegen und zwei Stangen Zigaretten. Auch davon fehlte nichts. Es wurde uns jedoch von einem der Beamten gesagt, das seien wohl rumänische Einbrecherbanden gewesen.«

Die Polizei teilte den Mitarbeitern auch mit: »Sie brauchen sich nicht zu wundern – bei dem, was Sie machen.« Wenig später kam die Spurensicherung, die jedoch von den Beamten weggeschickt wurde mit den Worten: »Euch brauchen wir hier nicht.« Einen Monat später bekam Cathrin Schauer ein Schreiben, in dem mitgeteilt wurde, dass das Verfahren eingestellt worden sei. »Nach dem Einbruch kam noch ein Mann aus dem Steuerbüro zu mir und sagte, dass die Polizei bei ihnen gewesen sei und ihnen gesagt habe, der Einbruch hänge mit uns und den ›komischen Leuten‹, mit denen wir zu tun haben, zusammen.«

KARO – das heißt in erster Linie Cathrin Schauer, die dem Verein seit Jahren vorsteht. Neben der konkreten Hilfe für die Frauen im Milieu möchte sie mit Aufklärungsarbeit in der Region den Sexkunden die Substanz entziehen. Ein außergewöhnliches Engagement, das international auf viel Anerkennung stößt. In den Jahren 2005 und 2006 wurde sie im Rahmen des Projektes »1000 Frauen für den Friedensnobelpreis« nominiert als eine der tausend Frauen weltweit für das Engagement gegen Zwangsprostitution, Frauenhandel und sexuelle Ausbeutung von Kindern. Bereits drei Jahre zuvor erhielt sie zusammen mit ihrer Kollegin Ludmilla Irmscher den Preis »Frauen Europas – Deutschland 2002«.

Cathrin Schauer wuchs im Osten Deutschlands auf und arbeitete vor der Wende als Krankenschwester im Vogtland. Bereits damals waren es die sozialen Ungerechtigkeiten, die sie – wie sie heute noch erzählt – »auf die Palme brachten«. Ehrenamtlich unterstützte die junge Frau eine Jugendhilfeorganisation, später arbeitete sie als Fürsorgerin. Bei dieser Arbeit lernte sie erstmals die Not missbrauchter und misshandelter Kinder kennen. Im sozialen Brennpunkt Plauens nahm sie »alles an Ekelhaftigkeiten« wahr, die Menschen im sozialen Nahbereich zerstören. In dieser Zeit reifte auch der Entschluss, ihr Engagement zum Beruf zu machen.

Cathrin Schauer studierte nach der Wende erfolgreich an der Fachhochschule Potsdam und schloss gleich zwei Studiengänge mit Diplom ab: Sozialarbeit und Sozialpädagogik. Seit 1995 arbeitet sie im Sozialprojekt KARO. Daraus entstand 2004 auf Initiative Schauers der Verein KARO e. V. Grundlage der Arbeit ist eine ebenso banale wie einleuchtende Philosophie im Umgang mit den drogenkranken Prostituierten: »Es kann sich kein Gesundheitsbewusstsein entwickeln, wo kein Bewusstsein herrscht.« Aber die Arbeit als Streetworkerin macht unnachgiebig – beobachtete sie doch über zehn Jahre den Zerfall und die Zerstörung junger Frauen und spürte häufig die eigene Ohnmacht, weil sie nicht nachhaltig helfen konnte.

Das dreckige Geschäft mit den Prostituierten

Ungefähr eine Autostunde trennt Plauen von den heruntergekommenen Häuserwüsten Chebs in Tschechien. Früher teilte der Eiserne Vorhang diesen Teil Europas, heute hat Geld den Stacheldraht ersetzt. Die bittere Armut im Osten versorgt Zuhälter und die skrupellosen Kunden immer wieder mit neuer Menschenware. Seit dem Ende des Kommunismus setzte eine regelrechte »Bordellisierung Böhmens«[1] ein. Die Zahl der Prostituierten schätzt das tschechische Innenministerium auf 15 000 bis 25 000 Frauen. Für aufmerksame Beobachter ist die Straße ab dem Grenzübergang bei Asch ein Gräuel – für andere die Chance, die eigene sexuelle Perversion für wenig Geld auszuleben. Am Straßenrand stehen Prostituierte jeden Alters, die Gesichter gleichen dem zerfallenen Stadtbild. Die Droge Crystal[2], Gewalt, Schlafmangel und fehlende Hygiene haben tiefe Spuren bei den jungen Frauen hinterlassen. Wer hier gegen Geld sexuelles Glück sucht, muss blind oder sadistisch sein. Nicht anders ist es in den bunt angestrichenen so genannten Hotels, Spielkasinos und Restaurants – alles fest in den Händen gieriger Geschäftemacher, für die jegliche Moral etwas Abartiges ist.

Cathrin Schauer kennt viele Geschichten vom Straßenrand der deutsch-tschechischen Grenzregion. Da ist die Prostituierte Mira. Die psychisch gestörte Frau ist wegen ihrer geistigen Behinderung bei Kunden sehr begehrt. Für jeden Gewaltfetischismus ist sie zu haben, der schwer kranken Frau glaubt bei der Polizei sowieso schon längst niemand mehr. Auch Mira gehört zu den Frauen, deren Seele längst gebrochen wurde – sie lebt für ihre Droge Crystal, die Körper, Geist und Seele so überschwemmt, dass der Mensch einem Roboter gleicht. Und während ein Teil der Kunden wohl in den bestialischen Gewaltattacken gegen geistig behinderte Huren Befriedigung findet, zahlen andere für schwangere Frauen am Straßenrand Extrapreise. Sex mit Schwangeren, ein zweifelhaftes Erlebnis, das derzeit besonders in Mode ist und Freier auch aus Deutschland nach Tschechien lockt.

Cathrin Schauer erzählt uns die Geschichte der Ukrainerin Sonja, die bis wenige Tage vor der Geburt ihres Kindes anschaffen musste. Sonjas Kundenkreis bestand vornehmlich aus Türken, die in Deutschland leben. Das sexuelle Mekka der Muslime – das ist das Egerland, ein Landstrich, den ihr Mohammed wohl vergessen hat. Auf jeden Fall sind sich die koranfesten Kunden recht sicher, dass sie hier unentdeckt bleiben. Frauen sind für sie nur Dreck. Und so behandeln sie auch die willenlos gemachten jungen Prostituierten, während sie zu Hause wieder den frömmelnden Muslim spielen.

Die Verkommenheit vieler Männer, die in diese Region pilgern, ist wahrlich unbeschreiblich. Die KARO-Mitarbeiterin Ludmilla Irmscher erinnert sich an eine Begegnung mit einer erwachsenen Prostituierten, die ihr erzählte: »Der Kerl, der gerade bei mir ist, will ein kleines Mädchen.« Als die beherzte Sozialarbeiterin ihn darauf anspricht, verteidigt er offen seinen Wunsch: »Ich brauche keine Therapie bei Ihnen. Jeder macht das, also will ich das auch mal probieren.« Er sei gewissermaßen wie ein Porzellansammler, der ein wertvolles Stück suche.

Wir treffen uns mit einer jungen Prostituierten. Das hübsche sechsundzwanzigjährige Mädchen hatte Glück und konnte vor einem Jahr mit Hilfe der Polizei aus dem Milieu fliehen. Eine echte Chance hat ihr das Schicksal nie gelassen. Gewalt und Folter kennt sie seit ihrer Kindheit, seit ihrer Zeit im Kinderheim – und davor: »Meine Mutti, als ich ein Baby war, sie hat mich überall verbrannt. Am Kopf, am Popo, an der Hand.« Dazu kamen Schläge und immer wieder Verbrennungen, die ihr die leibliche Mutter am Kochherd zugefügt hat. Jahre im Kinderheim – dann die Sehnsucht, zu ihrer Mutter zurückzugehen. Mit fünfzehn Jahren flieht sie zurück zu ihrer »Mutti«, wie sie heute erzählt. Und noch einmal wird sie enttäuscht: »Ich bin vom Kinderheim weggelaufen zu meiner Mutti, und sie hat gesagt, ich soll zu meinem Onkel gehen. Aber der Onkel war kein Onkel, sondern ein Zuhälter.«

Es war der Beginn einer Odyssee durch die Bordellszene Europas: Teplitz, Duby, Komodov, Holland, Nürnberg und Cheb. Dabei sind ihr oft Männer auf der Suche nach Kindern begegnet. Gegenüber ihrem Stammplatz an der Tankstelle im Ortskern von Cheb habe eine Kollegin mit einer elf- bis zwölfjährigen Tochter gestanden. Dafür hätten deutsche Kunden Preise bis zu 600 tschechische Kronen bezahlt. Kunden, die gegen Aufpreis schwangere Prostituierte suchen, hat sie am eigenen Leib kennengelernt. Bis zum neunten Monat musste sie ihren Körper verkaufen. Und einige Kunden wollten nichts anderes, als Gewalt an schwangeren Frauen ausleben. »Ich war hochschwanger, und ein Deutscher hat mich geschlagen, und ich musste nackt ohne Kleid in die nächste Stadt laufen.«

Das Interesse der lüsternen Kunden entspricht dem Anspruchsverhalten vieler Männer: Macht, Herrschaft, Kontrolle. Das musste auch Natascha erfahren, die ebenfalls als fünfzehnjähriges Mädchen zum ersten Mal sexuell vermarktet wurde. Davor wurde sie bereits als Kind von ihrem Stiefvater vergewaltigt. Qualen waren ihr ständiger Wegbegleiter. Heute empfindet sie es als »Katastrophe«, über ihre Kindheit zu reden. Es war Armutsprostitution auf den Schultern des schwächsten Familienmitgliedes: »Es war ein schreckliches Gefühl. Du wusstest aber, wenn du in den Laden gehst, kannst du dir ein Stück Brot kaufen.« Von dem Geld der Freier sah sie nichts: »Als ich Jugendliche war, das war nicht so, dass Gelder geflossen sind, ich habe nur Schokolade und Süßigkeiten bekommen.« Eine Erfahrung, die Natascha mit vielen der jungen Frauen teilt, wie sie berichtet: »Ich habe sehr viele gekannt und kenne sie noch, die angefangen haben mit zwölf, dreizehn Jahren.« Und auch wenn die körperlichen Verletzungen verheilen, sind die Seelen vieler Kinder, die gemeinsam mit Natascha anschaffen mussten, zerstört. Natascha weiß, dass »sie alle psychische Probleme haben«.

Dass ihre Lebensgeschichte von der Politik in der tschechischen Republik negiert wird, macht Leila wütend: »Ich hätte die Politiker mit null Cent auf die Straße gestellt, dass sie selber erleben, wie das ist. Denen würde ich dann in die Fresse hauen.« Nachdem sie das Martyrium sexueller Ausbeutung in der Familie und auf dem Straßenstrich überlebt hat, nimmt ihr die Politik das Einzige, was ihr noch etwas Stolz gibt: ihre Geschichte und ihre Energie, anderen Menschen das eigene Schicksal zu ersparen. Aber für Nataschas Leben interessiert sich ohnehin niemand. Vorzeigebürger in der Grenzregion haben keine seelischen Schäden. Das vereinte Europa schreit nach Siegertypen, nicht nach körperlichen und seelischen Wracks. Für deren Betreuung ist KARO gerade gut genug – solange die Organisation darüber schweigt. Fast schon entschuldigend beantwortet auch Helena die Frage nach ihren Unterstützern: »Es tut mir leid, ich hatte niemanden, außer KARO.«

Für Sextouristen aus Österreich und Deutschland liegt es nahe, derlei menschliche Ware auf der anderen Seite der Grenze zu suchen. Kriminologen wie Professor Dr. Adolf Gallwitz von der Polizei-Fachhochschule Villingen-Schwenningen bezeichnen die Tschechische Republik heute als »das größte Freilichtbordell in Europa«. Nach seinen Beobachtungen habe die »Lust auf das Kind« in den letzten Jahren »sogar deutlich zugenommen«.[3] Und auch der Organisationsgrad im Milieu hat sich verändert: Mafiöse Strukturen sind gewachsen – nicht nur in Cheb, sondern in der gesamten böhmischen Grenzregion.

Während wir uns in dem Büro von KARO mit Cathrin Schauer unterhalten, erreicht die Frauen ein Notruf aus der KARO-Außenstelle in Cheb. Cathrin Schauer hört gebannt zu. Eine junge tschechische Prostituierte ist vor ihrem Zuhälter geflohen. Die junge Frau hat keine Papiere, ihr Körper zeigt die Folgen der brutalen Attacken des Zuhälters, der sie mit einer Eisenstange und einem Gürtel gequält hat. Sie ist sein Kapital – und Kapital muss arbeiten, rund um die Uhr. Jetzt liegt die junge Prostituierte im KARO-Büro auf einer Liege und zittert vor Unruhe unter Decken. Die Situation eskaliert mit einem neuen Anruf. Wieder eine Hiobsbotschaft. Der Zuhälter ist bei der Polizei vorstellig geworden und will wissen, wo sein Mädchen ist. Der Weg zum KARO-Team ist kurz, denn die Zuhälter wissen sehr genau, dass es spätabends nicht viele Anlaufpunkte für die geschundenen Frauen gibt. Das weiß wiederum auch Cathrin Schauer. Es gilt, keine Zeit zu verlieren, es kann nicht mehr lange dauern, bis der Zuhälter vor dem KARO-Büro auftaucht.

Wir fahren gemeinsam nach Cheb. In Decken gehüllt, sehen wir eine traumatisierte Frau. Die Lippe ist aufgeschlagen, die Arme sind mit blauen Flecken übersät. Beim ersten Bad in Sicherheit offenbart sich den Sozialarbeiterinnen vom KARO-Team das ganze Ausmaß der körperlichen Verletzungen. Die Metapher vom »Krieg auf dem Rücken von Frauen« bekommt eine neue Deutung. Fast jeder Zentimeter des Körpers der jungen Frau offenbart Leid, Folter, Qual, Sadismus – ein Mahnmal, das den hohen Preis der angeblich billigen käuflichen Liebe dokumentiert. Doch das interessiert weder Freier noch irgendjemand anderes.

Hana zuckt plötzlich zusammen, verkrampft. Ein schwacher Abwehrmechanismus, den ihr Körper vermutlich seit Jahren konditioniert hat. Ein Blick auf die Straße gibt die Erklärung. Hana hat den Motor des

BMWs ihres Zuhälters erkannt, der jetzt vor dem KARO-Büro parkt. Es geht nun nicht mehr nur um die Zukunft Hanas in einer neuen Umgebung. Jetzt ist ihr Leben akut bedroht. Der Weg zur Polizei verbietet sich Hana, sie hat drei Kinder. Zwei Kinder sind in einem Heim, eines lebt bei den Großeltern – und das Milieu kennt die Adresse. So potenziert sich die Gefahr. Aber jetzt geht es vorrangig um das Leben der Mutter, die in Sicherheit gebracht werden muss.

Als sie ihren ersten Joghurt in einem Ort irgendwo in Deutschland isst, bezeichnet sie dies als den schönsten Tag seit Jahren. Endlich Menschen, die geben, ohne etwas von ihr zu verlangen, die sie nicht ausbeuten möchten. Eine Ruhepause in einem Leben zwischen Freiern und Rauschgift. Oft nahm Hana dreimal täglich Crystal, um den Körper für die fast vierundzwanzigstündige Zeit auf dem Strich zu betäuben. Doch das Rauschgift, versichert Hana, sei Mittel zum Zweck gewesen, eine körperliche Abhängigkeit bestehe nicht.

Während sie ihre erste kleine Ruhepause noch recht ungläubig genießt, gehen für ihren Zuhälter in Cheb die Geschäfte weiter. Er ist in eine Wohnung gegangen, diskutiert mit einem Zuhälterkollegen. Auch diese Wohnung ist dem KARO-Team gut bekannt. Der Zuhälter ist eine Szenegröße und auch auf das Geschäft mit Kindern spezialisiert. Mit ihnen lässt sich viel Geld verdienen, und gleichzeitig hat die kriminelle Szene im Hintergrund das geringste Risiko: Es gibt Kunden, die nicht reden wollen, Minderjährige, die nicht reden können, und Sozialarbeiter, denen man nicht glaubt. Dieser Kreislauf hat zum Gedeihen dieses unmenschlichen Treibens beigetragen. Und für die Kinder ist es nahezu unmöglich, die Schweigespirale aufzubrechen.

Die Leiterin der tschechischen UNICEF-Niederlassung, Pavia Gombová, sieht das Hauptproblem der mangelnden Aussagebereitschaft darin, dass die minderjährigen Prostituierten mit ihren Ausbeutern familiär eng verflochten, verwandt sind: »Sie betreiben das meist zusammen mit den Eltern, älteren Verwandten, mit jemandem, der ihnen nahesteht. Sie wollen nicht gegen die eigene Familie aussagen. Welches Kind sollte schon Interesse an einer Strafanzeige haben?« Die Folge wäre meist die Einweisung in ein Kinderheim oder Therapiezentrum, deren katastrophale Zustände in Tschechien berüchtigt sind.

Markt für Kindersex

Diese Zustände waren für UNICEF Grund genug, eine Untersuchung über Kinderprostitution an der deutsch-böhmischen Grenze zu veröffentlichen. Autorin des Werkes ist Cathrin Schauer. Im November 2003 erschien ihr alarmierendes Buch: *Kinder auf dem Strich. Bericht von der deutsch-tschechischen Grenze*[4] und sorgte sofort für helle Aufregung und Empörung. Für die von UNICEF unterstützte Studie wertete Cathrin Schauer rund zweihundert Interviews aus, die mit Kindern, erwachsenen Prostituierten, Mitarbeitern sozialer Einrichtungen, Ermittlern und Passanten geführt wurden. Herausgekommen ist ein beklemmender Insiderreport über Kinderprostitution mitten in Europa – in Staaten, die das Verbrechen laut Gesetz unter harte Strafen stellen.

Die Zuhälter der Kinder, die sie beschreibt, sind keine brutalen Frauenschinder. Nein, es sind Mütter, Väter, Geschwister und andere Familienangehörige der teilweise sehr kleinen Kinder. Und oftmals arbeiten die Zuhälter beziehungsweise Zuhälterinnen selbst als Prostituierte. Ein zehnjähriges Mädchen schildert: »Meine Mama hat mir gesagt, wie ich das machen muss.« Und immer wieder sind die älteren Kinder Aufpasser der jüngeren, selbst »Dreizehnjährige vermitteln schon Kinder«, heißt es im Bericht.[5]

Ein fünfzehnjähriges Mädchen, das sich Cathrin Schauer anvertraute, erzählte ihr: »Wenn die Deutschen so Kleine wollen, dann hole ich meinen sechsjährigen Bruder. Meine Freunde machen das auch so.« Ein weiteres Kind, das ebenfalls im Bericht zitiert wird, dokumentiert die Familienstrukturen auf dem Kinderstrich: »Meine Mutter holt mich und zeigt mich, wenn ein Deutscher mich will. Manchmal ist das auch sehr spät in der Nacht.« Andere Kinder können über das Erlebte nicht sprechen. Schwere Blutergüsse und auch Schnittverletzungen im Genitalbereich sagen den Sozialarbeiterinnen genug. Insgesamt beobachtete KARO seit 1996, dass in der Tschechei zirka »fünfhundert Mädchen und Jungen« leben, die sich »selbst zur Prostitution anboten oder von Erwachsenen angeboten wurden«. Die jüngsten Kinder waren »noch im Säuglingsalter« gewesen. Insgesamt sei »ein regelrechter Markt für Kindersex« entstanden.[6]

Im Anbetracht der Aussagen verwundert es kaum, dass weder tschechische noch deutsche Behörden die Ergebnisse zur Kenntnis nehmen wollen. Statt Ermittlungen in Gang zu setzen, erlebt die Öffentlichkeit ein bis heute einzigartiges Wagenburgverhalten. Organe des tschechischen Innenministeriums werfen der Verfasserin der Studie Übertreibung, Befangenheit und sogar die Bestechung der Kinder vor. Die Sprecherin des Innenministeriums, Jitka Gjuricova, behauptet unumwunden, dass das von UNICEF mit herausgegebene Buch nicht der Wahrheit entspreche. KARO sei lediglich am Zufluss finanzieller Mittel interessiert[7] und produziere deshalb solche »sensationellen Enthüllungen« selbst.[8] Während der tschechische Ministerpräsident von »unrealistischen« Anschuldigungen spricht[9], will die Polizei im Jahr 2002 gar »keinen einzigen Fall« von Kinderprostitution in Nordböhmen festgestellt haben.[10]

Ivan Langer, Schattenminister der Oppositionspartei ODS (Demokratische Bürgerpartei), zündelt beim Herunterspielen des Problems gar mit der gefährlichen Flamme des Nationalismus und erklärt: »Wir dürfen nicht zulassen, dass der gute Name der Tschechischen Republik derart von den deutschen Nachbarn beschmutzt wird.« In die gleiche Kerbe schlägt auch Chebs dauerbagatellisierender Bürgermeister Jan Svoboda: »Das schadet uns. Vielleicht wäre es am besten, wenn wir im Austausch jemanden nach Hamburg schicken und erkunden, wie es dort mit Kinderprostitution steht.« Bei einem Besuch einer KARO-Mitarbeiterin in seinem Büro sagt er: »Ein Glück, dass Frau Schauer nicht gekommen ist. Die hätten wir auf dem Scheiterhaufen verbrannt.«

Es entstand ein politisches Klima, das selbst den wenigen mutigen Polizeibeamten kaum die Luft zum Ermitteln lässt. Dabei wollte die Studie lediglich auf das Problem der Kinderprostitution im Grenzgebiet hinweisen, was zweifelsohne gelungen ist. Doch das zweite Ziel der Studie, die Strafverfolger auf beiden Seiten der Grenze zu mehr Kooperation zu bewegen, dürfte nach den scharfen Reaktionen des Innenministeriums als gescheitert betrachtet werden. Schließlich hat Chebs Polizeidirektor Jaroslav Kerbic nach Erscheinen der Studie doch noch eine Gefahr lokalisiert: Kinder würden oftmals als Lockvögel eingesetzt. Sie böten deutschen Freiern ihre Dienste an, kassierten im Voraus und verschwänden. »Das ist das Problem«, so Kerbic.[11]

Na also – die Kinder sind schuld, nicht die Sextouristen und Zuhälter! Und warum so viele Deutsche in Anbetracht der Nichtexistenz von Kinderprostitution auf diese Masche hereinfallen, sollte man besser nicht zu laut fragen.

Und Vaclav Vrba, der Polizeisprecher von Cheb, erklärte dem ARD-Politikmagazin Report zum Thema Kinderpornografie: »Nein, ich möchte das dementieren, weil es zwar in unserem Bezirk Prostitution gibt, aber auf gar keinen Fall Kinderprostitution.«[12]

So verwundert es kaum, dass ein Experte des sächsischen Innenministeriums im November 2003 den tschechischen Behörden vorwirft, den Kampf gegen die Kinderprostitution im deutsch-tschechischen Grenzgebiet zu unterlaufen. Seit 1997 gebe es zwar Treffen, doch passiert sei nicht viel, erklärt Axel Teichmann, Leiter der Koordinierungsstelle Prävention beim sächsischen Innenministerium, der *Berliner Zeitung*: »Danach heißt es immer ... wir prüfen. Später wird abgeblockt und heruntergespielt, statt etwas zu tun.« Stattdessen müsste in Tschechien die Bereitschaft wachsen, zu ermitteln. An die tschechische Seite gerichtet, bietet Teichmann konkrete Hilfestellungen beim Austrocknen des Sumpfes an: »Wir würden die staatsanwaltschaftlichen Ermittlungen auf deutscher Seite übernehmen.«[13] Teichmann versichert weiter: »Wir stehen hinter dem UNICEF-Bericht.«

Mehr ist von dem engagierten Ministerialbeamten danach merkwürdigerweise nicht mehr zu hören, die nächsten Interviews in Sachsen geben andere – er hatte wohl zu offen geredet. Teichmann wurde aus der innerministeriellen Arbeitsgruppe von Deutschland und Tschechien hinausgeworfen. Noch am gleichen Tag wurde ein Nachfolger eingesetzt, das Problem seitdem verharmlost. Ein Sprecher des Bundesinnenministeriums bemerkte sehr richtig dazu: »Das ist ein recht belastetes Thema zwischen beiden Staaten.«[14] In Europa, das wirtschaftlich erstarken und zusammenwachsen möchte, sind derartige Skandale unerwünscht.

Wenig später verbreitet das sächsische Innenministerium seine neue Position über den Mitteldeutschen Rundfunk. Ministeriumssprecher Andreas Schumann erklärt nach einer Sitzung der Innenexperten Böhmens, Sachsens und Bayerns: »Wir begegnen dem Bericht mit einer gehörigen Portion Skepsis.« Insbesondere sei das Zahlenmaterial der UNICEF-Studie nicht nachvollziehbar. Und überhaupt handele es sich bei der Kinderprostitution um bedauerliche Einzelfälle.[15] Dann folgt die öffentliche Demontage Teichmanns. Schriftlich entschuldigen sich das sächsische Innenministerium sowie das Dresdener Polizeipräsidium in Prag für die Vorwürfe Teichmanns. Man teile dessen »private Äußerungen« nicht und »bedauere sehr«, dass diese in Deutschland und Tschechien ein solch großes Medienecho gefunden hätten.[16]

Die deutsche Argumentation gleicht von nun an der Linie der tschechischen Innenbehörden – so einfach funktioniert die europäische Harmonisierung. Augen zu, es wird schon niemandem auffallen. Für KARO war das ein folgenschwerer Sinneswandel. Kongresse zum Schwerpunkt »sexuelle Ausbeutung von Frauen und Kindern im Grenzgebiet« werden künftig von Sachsens Ermittlungsbehörden gemieden. Zu einer Konferenz über »Schutz von Frauen und Kindern vor Zwangsprostitution, Menschenhandel und sexueller Ausbeutung im Kontext einer Kooperation zwischen Strafverfolgungsbehörden und Nichtregierungsorganisationen« am 4. Dezember 2006 in Cheb erscheint gerade ein Beamter aus dem ganzen Freistaat. Und das, obwohl die Kooperation mit Strafverfolgern zentrales Thema der Tagesordnung ist. Bei so viel demonstrativem oder verordnetem Desinteresse bleibt noch nicht einmal die Höflichkeit gewahrt. Dass selbst Polizeibeamte aus Sachsen fernbleiben, mit denen KARO in der alltäglichen Arbeit eng kooperiert, bezeichnet Cathrin Schauer als »total merkwürdig«.

Gutachten gegen KARO

Während die Innenbehörden durch demonstrative Abwesenheit und mediale Dementis gegen KARO Position beziehen, organisiert man im Sozialministerium einen noch nachhaltigeren Schlag: Mit einem Gutachten wird die Arbeit von KARO evaluiert – und damit die Entscheidung vorbereitet, ob weiterhin Landesmittel fließen. Mit dem Gutachten wird die »Arbeitsstelle für Praxisberatung, Forschung und Entwicklung e. V.« (apfe) beauftragt, und tatsächlich findet das Autorenteam, das das Gutachten anfertigt, auch noch Zeit, Fleißnoten zu verteilen.

So heißt es bei der Pressevorstellung des Gutachtens: »Durch die Mitarbeiter von KARO wurde engagierte, hochmotivierte Arbeit geleistet mit bis zu siebzig, achtzig Wochenstunden.«[17]

Viel gewichtiger als die Bewertung des Engagements ist allerdings die Frage der Effizienz. Und hier ergab »die Evaluation große konzeptionelle Mängel«, die im Fehlen eines »orientierende(n) Handlungsrahmen(s)« gipfeln. So seien viele Handlungen »keinem konkreten Ziel zuzuordnen«.[18] Eine weitere Analyse von apfe wirkt wie bestellt: Die »überproportional gewichtete Öffentlichkeitsarbeit« brächte »keinen Nutzen für die Klientel der Prostituierten« und »erschwerte die Tätigkeit in der Szene«. Dazu hätte KARO »zu wenig die unterschiedlichen Kulturen, die Mentalität und Interessen der tschechischen Partner berücksichtigt«.[19]

Insgesamt ist in dem Vorgehen ein recht offenkundiger Versuch zu erkennen, KARO, wissenschaftlich verpackt, einen Maulkorb zu verpassen. Dass Sextourismus als gesellschaftliches Massenphänomen nur in einer Gesamtstrategie aus Prävention und Repression wirksam eingedämmt werden kann, scheint dem Autorenteam genauso fremd zu sein wie die alljährlich erscheinende »Polizeiliche Kriminalstatistik« des Bundeskriminalamtes (BKA), die eher untertreibt als die wahren Verhältnisse, also auch die Dunkelziffern, zu berücksichtigen. Hier hätte man einiges über das hohe Niveau von Straftaten gegen die sexuelle Selbstbestimmung von Kindern erfahren, das bei 14 000 bis 15 000 Fällen jährlich liegt,[20] und über die Notwendigkeit länderübergreifender Ermittlungsansätze, um den Menschenhandel zum Zwecke der sexuellen Ausbeutung einzudämmen. Stattdessen konfrontiert das apfe-Team die Leserschaft in seinem wissenschaftlichen (sic!) Gutachten mit Quellen wie »www.wissen.de«.[21] Andere Belegstellen der Wissenschaftler sind zehn Jahre alt, was bei der Bestandsaufnahme besonders peinlich wirkt, wenn die Umsätze, die mit Prostitution erzielt werden, auf »deutlich über zehn Milliarden Mark« beziffert werden, und das im Eurozeitalter.[22]

Diese Zahlen sind von der Realität längst überrollt worden. Nach aktuellen Angaben arbeiten allein in Deutschland mindestens 400 000 Frauen als Prostituierte und haben täglich zirka 1,2 Millionen Männer als Kunden. Der Umsatz im Wirtschaftssektor Prostitution wird demnach auf jährlich 14,5 Milliarden Euro geschätzt – das heißt knapp 300 Prozent höher, als die Auftragsstudie angibt! Wobei eingeräumt werden muss, dass nicht alle Prostituierten klassische Zwangsprostituierte sind.

Aber all diese Widersprüche sind Hinweise auf das inhaltliche Niveau des apfe-Gutachtens.[23] Zudem ist mehr als fraglich, ob es den geforderten wissenschaftlichen Anforderungen genügt. Und auch die Kritik an der Wirksamkeit von KARO fällt eher minimalistisch aus. Während das Forscherteam durchaus die vielschichtigen Probleme, die von Drogenkonsum bis zu Geschlechtskrankheiten reichen, anerkennt, ist es gerade der interdisziplinäre Ansatz, der KARO im Gutachten zum Verhängnis wird. Die Gutachter, die zuvor Erfahrung in der Evaluation von Verkehrsprojekten machten, schreiben: »Aufgrund der Konfrontation mit zahlreichen heterogenen, teilweise massiven und dazu veränderlichen Problemen gerät das Projekt häufig unter aktuellen Handlungsdruck.«[24] An anderer Stelle wird vor dem »Risiko einer Dezentrierung« gewarnt, das sich »anzudeuten« scheine. Darüber hinaus ließen sich die »Wirkungen der Arbeit des Projektes als dokumentierbare Ergebnisse noch nicht abschließend sichern«.[25] Kann eine Kritik oberflächlicher und allgemeiner formuliert werden?

Doch die Folgen des apfe-Berichtes sind weitreichend, wie Cathrin Schauer schildert: »Aufgrund dessen haben wir keine Gelder mehr gekriegt.« Der Bericht sei »fachlich unqualifiziert« und voll »persönlicher Einschätzungen«, erklärt sie uns. Für das Gutachten habe sich das Evaluationsteam lediglich eine Stunde in Tschechien aufgehalten und vier Mal sei es für ein paar Stunden im Büro von KARO in Plauen gewesen. In Anbetracht der Vielschichtigkeit der »notwendigen Kernaufgaben« von KARO waren die Autoren des Berichtes auf über fünfzig Seiten nicht in der Lage, auch nur einen einzigen Beleg für die angeblich »viele(n) konzeptionellen Mängel in der Arbeit von KARO« zu liefern, geschweige denn Belege für eine fehlerhafte oder fahrlässige Arbeit. Doch die sehr allgemein gehaltene Kritik erfüllte trotz aller Mängel ihren Zweck. KARO wurde politisch diskreditiert. Ziemlich sicher ist zudem, dass das Sozialministerium die Linie des Gutachtens vorgegeben hatte: nachzuweisen, dass KARO unkorrekt arbeitet.

Ein eigenes Bild machte sich hingegen die sächsische PDS-Landtagsabgeordnete Dr. Cornelia Ernst. Ihre Erlebnisse sind so schockierend wie prägnant zugleich: »Wir haben gesehen, wie Väter ihre Kleinkinder ans Autofenster halten, um Kundschaft anzulocken.«

Und trotz der Diffamierungen gegenüber KARO dringen immer wieder Meldungen an die Öffentlichkeit, die den Inhalt des UNICEF-Berichtes stützen. Ende Juni 2006 werden in Klatovy zwei Deutsche verhaftet, die sich in einem Wohnwagen an einem Jungen und einem Mädchen aus der Umgebung vergangen hatten. Während der sexuellen Handlungen mit den Minderjährigen lief eine Kamera – die Bilder wurden später verkauft.[26] Und neben den Verurteilungen von Sextouristen sind es auch wissenschaftliche Erhebungen, die die Befunde von Cathrin Schauers Untersuchung bestätigen. In einer Studie der deutschen Filiale von ECPAT (End Child Prostitution, Pornography and Trafficking of Children for Sexual Purposes/ Arbeitsgemeinschaft zum Schutz der Kinder vor sexueller Ausbeutung) über den Kinderhandel zum Zwecke sexueller Ausbeutung schreiben die Autorinnen Inge Bell und Ales Pickar: »Wir haben herausgefunden, dass Kinderhandel existiert: in die Tschechische Republik hinein, aus ihr heraus und auch innerhalb des Landes.«[27] An anderer Stelle heißt es in der Untersuchung: »Kinderhandel ist nicht immer, aber in vielen Fällen Gegenstand von organisiertem Verbrechen und internationalen Mafiastrukturen.«[28]

Bemerkenswert sind auch die »Schlussfolgerungen«, die sich für die ECPAT-Autorinnen bei ihrer Untersuchung ergeben haben: »Es gibt Kinderprostitution in der Tschechischen Republik. Mehr, als bekannt ist, und mehr, als von den Behörden zugegeben wird.«[29] Andere Ergebnisse der Untersuchung lauten: »Innerhalb der Polizei gibt es einen Mangel an Problembewusstsein und Effizienz.« Oder: »Bei den Staatsanwaltschaften gibt es keine Spezialisierung auf die Problematik und somit oft auch kein Problembewusstsein.« Dazu fehle »eine gute bilaterale/multilaterale Polizeizusammenarbeit (…) noch immer«.[30]

Die Gesetzeslage in der Tschechischen Republik macht es Tätern besonders leicht. So ist Prostitution in Tschechien nicht geregelt, und jeder, der das »Schutzalter« von fünfzehn Jahren erreicht hat, kann dieser Tätigkeit nachgehen. Aus diesem Grund erklären Jugendliche zwischen fünfzehn und achtzehn Jahren immer wieder, dass sie sich freiwillig prostituieren, auch wenn offenkundig ist, dass sie Opfer von Zwangsprostitution sind. Dadurch wird es für »die Behörden oft unmöglich, Zuhälterei oder (grenzüberschreitenden) Menschenhandel nachzuweisen«.[31]

Inzwischen musste die tschechische Regierung zurückrudern. In einem zweihundertfünfzig Seiten starken Bericht räumt Innenminister Stanislav Gross zumindest die Existenz von Kinderpornografie ein. In der Nordweststrecke Tschechiens gebe es eine Nachfrage von Sextouristen nach immer jüngeren Opfern. Dazu würden Kinder aller Altersgruppen und selbst Säuglinge missbraucht – vor allem Romakinder.[32]

Doch das wiederum rief die Romagemeinde auf den Plan. Ihr Vertreter Ladislav Bily erklärte in der tschechischen Presse, es sei für seine Gruppe »undenkbar«, Minderjährige an Pädophile zu verkaufen. Sicherheitshalber ergänzte er: »Wenn solche Fälle auftreten, dann als Folge einer schlechten Sozialpolitik des Staates den Roma gegenüber.« Nicht weniger beunruhigend waren die Bekundungen von Jaroslava Rymesova, der städtischen Romakoordinatorin in Cheb: »Für die meisten Roma sind Kinder heilig und unantastbar. Bei Mädchen über dreizehn Jahren aber ist das anders. Traditionsgemäß betrachten Roma sie nicht mehr als Kinder.« Und die Schuldigen hatte Ladislav Bily ohnehin schon geortet. Es seien die bösen Ausländer, die in den Romasiedlungen nach Kindern gefragt hätten. Denn ohne Nachfrage gebe es schließlich kein Angebot.

Dabei wird tunlichst übersehen, dass zwei wichtige Clans das Geschäft mit dem Kinderhandel und der Kinderprostitution mehr oder weniger im Griff haben. Das ist zum einen der Dunka-Clan, dem es auch dadurch so gut geht, dass er ein Hotel in Kehl und Straßburg besitzt, und zum anderen der Ċonka-Clan, der daneben noch für den Drogenhandel ein Näschen hat.

Die Mitarbeiter von KARO werden nicht aufhören, ihre Aufklärungsarbeit zu leisten – auch gegen alle Widerstände auf beiden Seiten der Grenze. Dabei wissen sie nicht einmal, in welchem gefährlichen Umfeld sie sich selbst in Plauen bewegen. Denn in Plauen ist vieles undurchsichtig. Das erklärt vielleicht, warum die Frauen von KARO so wenig Unterstützung erfahren, abgesehen von einer einzigen Polizeibeamtin seit kurzer Zeit.

Das Plauener Spinnennetz

Bizarre Wächter des Rechtsstaats tummeln sich in Plauen: Korrupte Polizeibeamte, dubios agierende Staatsanwälte, eine Justiz, die überwiegend Kleinkriminelle hartnäckig verfolgt. Plauen bietet reichhaltiges Anschauungsmaterial für einen schier undurchdringlichen Sumpf, in dem die Zivilcourage einzelner Bürger – wie die von KARO – im Keim erstickt zu werden droht.

Alles begann bereits vor der Wende. Viele der Akteure im Plauener Spinnennetz, ob korrupte Polizeibeamte, ohnmächtige Staatsanwälte, unbedarfte Richter oder schmuddelige Unternehmer, sie alle haben eine irgendwie obskure Vergangenheit. Und niemand weiß deshalb, wer wem in dieser Stadt eigentlich vertrauen kann.

Ein inzwischen pensionierter Kripobeamter erinnert sich noch sehr genau an diese Zeit, als er in der damaligen DDR bei der Plauener Polizei in einer Abteilung arbeitete, die relativ unbekannt war. »Wir haben mit inoffiziellen Mitteln und Methoden Straftaten verfolgt, Verbrecher mit Verbrechen bekämpft und sie dann der Kripo übergeben.« Sich selbst bezeichnet er als guten Vernehmer. »Verhört wurden die Beschuldigten so lange, wie der Vernehmer physisch durchhalten konnte. Es gab ja Gewalttäter, wo es darauf ankommt zu sehen, wann sie umfallen.« Nach der Wende blieb er erst mal bei der Plauener Polizei und trauerte wie so viele den alten Zeiten hinterher.

Nun waren, wie nicht anders zu erwarten, trotz Polizeistaat nicht alle Bürger der DDR besonders rechtstreu. Wie überall in der Ex-DDR gab es Männer, die traditionell kriminell waren. Zu den einschlägig bekannten Personen in Plauen zählten in den Achtzigerjahren bereits R. und M., die jedoch mehr oder weniger alle unter Stasiaufsicht standen beziehungsweise mit ihr kungelten. Der damals kleine Handwerker R. verfügte über viel »Geld, Beziehungen und ein Kabrio«. Bei der Stasi wurde er unter dem Decknamen »Rolf« geführt. Und auch M. war einschlägig bekannt. Beide waren, wie ein »betreuender« Beamter feststellte, »Informanten entweder des MfS (Ministerium für Staatssicherheit) oder von der politischen Polizei, der Abteilung K1«.

Beziehungen zu den Behörden waren damals schon hilfreich. »Denn jeder wollte ja den Konkurrenten weghaben. Das war Anfang der Achtzigerjahre schon so«, erinnert sich der K1-Beamte, der sie damals betreute. Die Abteilung K1 der Kriminalpolizei war das polizeiliche Pendant zur Stasi.

Noch vor der Wende wurde R. an die Arbeitsgruppe »Schwere Straftaten« in Karl-Marx-Stadt übergeben und dort von Hauptmann K. betreut. Kurz vor der Wende übernahm K. die Leitung der Abteilung K1 der Plauener Polizei. Einen Bruch der Karriere brachte der Zusammenbruch der DDR für ihn nicht. K. blieb in der Polizei, die ja eigentlich vollkommen umstrukturiert werden sollte. Seine Frau war dort sogar Angestellte, arbeitete am Polizeicomputer. Sie soll stadtbekannten Kleinunternehmern Informationen aus dem Polizeisystem mitgeteilt haben.

Ab dem Jahr 1992 wurde die Polizei in Sachsen und mithin in Plauen tatsächlich reformiert – nach westlichem Vorbild. Aus dem bayerischen Hof kam der dortige Leiter der Staatsschutzabteilung ins triste Plauen und wurde Leiter der Kriminalpolizei. Er galt als Modernisierer. Die altgedienten Beamten schwankten zwischen Angst und Hoffnung. Diejenigen unter ihnen, die eine Veränderung erwarteten, glaubten, dass der Kripochef, der aus dem gelobten Westen kam, ein kluger, gelassener und unbestechlicher Vorgesetzter werden würde.

Bereits vor seiner neuen Tätigkeit in Plauen unterhielt der Kripochef einen guten Draht zu L., einem ehemaligen K1-Leiter von Plauen. Der wurde durch des Kripochefs Fürsprache Staatsschutzleiter der Plauener Polizei. Als beide in Plauen das Sagen hatten, sorgten sie schon einmal dafür, dass die Leiterin des Gewerbeamtes in Plauen nicht »gegauckt« wurde. Denn sie wurde gebraucht, um wichtige Genehmigungen zu erteilen. Und um jemanden in der Hand zu haben, ist das Fallbeil Stasiakte unentbehrlich.

Aufgefallen ist der Kripochef zudem sehr schnell, und zwar im Zusammenhang mit seinen guten Beziehungen zu dem Italiener Dominik in Plauen. Beide kannten sich bereits aus Hof. Im Jahr 1992, bei einer Feier zu des Kripochefs fünfzigstem Geburtstag, brüstete sich dieser in einem italienischen Restaurant in Plauen damit, dass der Restaurantbesitzer mit dem Spitznamen »Mafiosi« ein persönlicher Freund von ihm sei und ihm einen Gefallen schulde. Die großartige Feier im großen Kollegenkreis kostete ihn deshalb wenig.

Mit der Stadt Hof und seinem italienischen Freund verband den Kripochef mehr. Eine Vertrauensperson der Kriminalpolizeiinspektion Hof berichtete, dass der Kripochef ihn nach Hof bestellt hatte. Hier trafen sie sich mit einem Italiener. Die Vertrauensperson sollte für diesen Italiener einen Jeep, der ihm gestohlen wurde, aus der Tschechei zurückholen. »Ich wollte tausend Mark, und zwar fünfhundert Mark sofort und fünfhundert Mark nach erfolgreicher Beendigung des Geschäfts. Der Italiener entgegnete mir, dass er doch den ›anderen‹ auch noch bezahlen müsse. Damit meinte er den (Kripochef).«

Der erwähnte Handwerker R., inzwischen Bauunternehmer, war mittlerweile ins Rotlichtgeschäft eingestiegen. Das Bordell mit dem romantischen Namen »Herzl« in der Ludwig-Richter-Straße in Plauen wird mit seinem Namen in Verbindung gebracht. Und um dieses Bordell rankten sich frühzeitig viele Geschichten, insbesondere, dass es zum Treffpunkt sämtlicher Größen der Plauener Unterwelt wurde. Oder anders ausgedrückt: Die historisch gewachsenen Strukturen entwickelten nach der Wende einen neuen profitablen Geschäftsbereich. Geprägt wurde der nicht nur von R., sondern auch von dem ebenfalls bekannten M. und einem H. Dabei ging es nicht ohne Blessuren ab. So erteilte R. den Auftrag, einen Konkurrenten in einen Kofferraum zu packen, zur nahe liegenden Talsperre zu fahren, zu verprügeln und mit dem Kopf unter Wasser zu tauchen.

Es dauerte nicht lange und Bauunternehmer R. wurde ein wichtiger Unternehmer im rauen Plauener Baugewerbe. Zu seinem Schutz – es waren ja wilde Aufbruchzeiten – trug der als Waffennarr beschriebene Jungunternehmer ständig neue Schusswaffen bei sich, unter anderem am Schlüsselbund eine Kleinwaffe mit einer Neun-Millimeter-Wirkung.

Mitte der Neunzigerjahre verließ K. die Plauener Polizei und gründete eine Sicherheitsfirma, zusammen mit J., einem Exstasioberst, sowie R. Der hatte inzwischen seine Kontakte ins kriminelle Plauener Milieu weiter ausgebaut.

Zu den ersten Diensthandlungen des neuen Kripochefs gehörte es, sich über den Datenschutz für die regionalen Straftäter zu informieren. Ein Beamter erzählte uns: »Wir hatten in der DDR das Excel-System geklaut und dort alle Straftaten registriert. Jede Person hatte eine Personenkennzahl. Alles wurde gespeichert. Nach der Wende war das Spitzelsystem nicht mehr zu halten. Nun aber wollte der neue Leiter der Kripo – trotz damals besonders strenger bundesrepublikanischer Datenschutzbestimmungen – von den Beamten alle gespeicherten Daten einsehen. Er stieß auf Widerstand bei seinen Kollegen, die sich strikt an die neuen Bestimmungen halten wollten. Seine Reaktion darauf war eindeutig: ›Wenn Sie nicht funktionieren, öffne ich Ihre Stasiakte.‹ Und es funktionierte.«

Der Kripochef war immerhin derjenige, dem es zu verdanken war, dass der florierende Straßenstrich aufgelöst und ein zentrales Bordell errichtet wurde, das Herzl. Da seien, so seine Überlegungen, die Kontrollen leichter durchzuführen. Aussagen von Zeugen aus der damaligen Zeit ist jedoch schon zu entnehmen, dass er eher als privater Bordellbesucher bekannt wurde. Genau dort, wo die einschlägig bekannten Größen aus der kriminellen Szene jetzt verkehrten. »Es ist in Ordnung, dass der Kripochef nichts im Bordell bezahlt«, sagte einmal einer der Bordellbetreiber. Und ein anderer Zeuge meinte, dass es doch gut wäre, wenn man jemanden hätte, der auf das Bordell aufpasse. Deshalb gab es entsprechend wenig polizeiliche Kontrollen.

R.s Einfluss stieg unterdessen. So soll es ihm möglich gewesen sein, Stasiakten zu besorgen. Damit habe er auch einen Beamten des Plauener Bauamtes erpresst, weil er im Jahr 1997 keine Baugenehmigung für sein Haus in Plauen erhalten habe. Ein Zeuge dazu: »R. war bekannt dafür, dass er binnen eines Tages beliebige Stasiakten besorgen konnte. Er baute 1996/1997 ein privates Haus für sich. Er hatte keine Baugenehmigung. Er bekam deshalb Schwierigkeiten mit dem zuständigen Beamten im Bauamt. Er besorgte sich binnen eines Tages dessen Stasiakte in Fotokopie, hielt sie ihm vor und bekam am nächsten Tag die erforderliche Baugenehmigung.«

In einer anderen Zeugenaussage ist zu lesen: »Ich habe einmal bei R. die Kopie einer Vernehmung einer Person gesehen, die gegen ihn, einen Polizeibeamten L. und andere ausgesagt hatte. Woher diese Kopie kam, kann ich nicht sagen. R. sagte dazu: ›Wenn der rauskommt, ist er tot.‹« Er war übrigens ohne einen Waffenschein im Besitz von halbautomatischen Selbstladewaffen sowie Langwaffen nebst Munition und einem Schalldämpfer. Die Waffen wurden in seiner Wohnung in Plauen sowie in dem Gartenbungalow »Am Geiersberg« deponiert.

Besonders gut waren jedoch die Beziehungen zur örtlichen Polizei. In einem Polizeibericht des Polizeipräsidiums Oberfranken ist festgehalten, dass R. immer über bevorstehende Baustellenkontrollen gewarnt wurde. Und zwar durch den Kripochef und zwei weitere Polizeibeamte. Das hatte den Vorteil, dass bei Baustellenkontrollen die dort beschäftigten illegalen Ausländer rechtzeitig verschwinden konnten. Sehr früh lagen anonyme Hinweise vor, dass ein Staatsanwalt aus Plauen zusammen mit dem Kripochef häufig im Rotlichtmilieu unterwegs war und einen guten privaten Kontakt zu Rotlichtgrößen unterhalten haben soll. Daraufhin verließen verschiedene dieser Zuhälter jedenfalls, so wird kolportiert, das Vogtland, da sie sich sicher waren, gegen diese beiden Amtsträger wenig ausrichten zu können, und es sicher sei, »dass diese zwei Personen in einer eventuellen Auseinandersetzung ›Dauergewinner‹ aufgrund ihrer Stellungen sind«.

Profitiert von der fürsorglichen Betreuung durch manche Behördenvertreter hatte auch der Geschäftsmann M., wie bereits erwähnt ein Mann mit kriminellem Hintergrund zu DDR-Zeiten und auch danach. Ob Immobilien, Bordelle oder Autos – er dealte auf allen Ebenen. Mit harter Hand übernahm er einige Lokale und bekannte Diskotheken. Und er hatte gute Verbündete. Ein Beamter soll zum Beispiel intensive Ermittlungen eines Staatsanwalts gegen M. verraten haben. Der Kripochef wurde ebenfalls als sein Informant genannt. Und auch ein Staatsanwalt schien die Unschuld verloren zu haben. Ein damals involvierter »Geschäftsmann«, einst Computerexperte in der DDR und natürlich an das Ministerium für Staatssicherheit angebunden, erzählt: »Wir haben dafür gesorgt, bestimmte Dinge aus Plauen herauszuhalten, nämlich bestimmte Drogensachen. Das haben wir sehr erfolgreich geschafft.«

Und dafür wurde eben Geld bezahlt. Der Kripochef hielt die Hand genauso auf wie Staatsanwalt X. Anzeigen wurden fallen gelassen, Anklagen nicht erhoben, oder es wurde ein Deal gemacht, indem aussagewillige Zeugen manipuliert wurden. Im Jahr 1995 zum Beispiel: »Es gab ja das Verfahren wegen schwerer Körperverletzung gegen M. Das war alles bewiesen. Daraufhin hat sich M. mit dem Kripochef in Verbindung gesetzt, und es wurde kein Haftbefehl ausgestellt. Dass kein Haftbefehl ausgestellt wurde, daran hat auch Staatsanwalt X. mitgedreht. Der war der Keiltreibende von A bis Z.«

Aber warum diese Komplizenschaft? Die Erklärung liefert die Aussage eines anderen Zeugen. Er sagte aus, dass F., der Bruder des hinlänglich bekannten M., und R. bereits vor der Wende durch die Polizei beziehungsweise Stasi wegen möglicher Straftaten gedeckt worden seien. »Nachdem bei früheren Ermittlungsverfahren gegen die Unternehmer F. sowie R. auch nach der Wende von der Polizei – trotz Tatverdachts – nahezu keine erfolgreichen Ermittlungen durchgeführt worden seien, spreche dies dafür, dass frühere im Dienst der Stasi befindliche Führungsoffiziere des informellen Mitarbeiters Rolf alias R. nun bei der Polizei tätig seien und aufgrund ihrer früheren Verbindungen zu R. und F. gegen diese keine Ermittlungsverfahren einleiten beziehungsweise die Aufdeckung möglicher Straftaten dieser Personen vereiteln.«

Wir trafen den Geschäftsmann M., der heute wie ein aufgepumpter Bodybuilder aussieht, in einem Café. Er war nur bereit, mit einem von uns zu reden. Als wir die Bedingung stellten, dass das Gespräch dann zumindest aufgezeichnet werden soll, lehnte er brüsk ab und verzog sich in eine Ecke, um mit zwei aufgeblondeten Damen zu tuscheln. Wir hätten ihn so gern danach gefragt, ob es stimme, dass er einen intensiven Kontakt zu dem Kripochef habe und er deshalb von der Zusammenarbeit profitiere, weil er belastendes Material gegen den Kripochef in der Hand habe. Gut waren übrigens die Beziehungen des Kripochefs zu einem H., der Inhaber eines Bau-Imperiums war, das nach Erkenntnissen von Ermittlern »mafiöse Strukturen aufweisen würde«.

Auch andere Polizeibeamte wollten bei diesen in der Plauener Polizei anscheinend üblichen Praktiken nicht hintanstehen. G., eine weitere »Größe« aus Plauen, kannte den Kriminalbeamten U. ebenfalls bereits aus DDR-Zeiten. U. hielt sich auch schon mal im Büro von R. auf, wo er einen Tausendmarkschein in Empfang nahm. Und wenn an den Wochenenden mit R.s Kumpanen in zwei Datschen am Geiersberg gefeiert wurde, beteiligten sich auch zwei Kripobeamte aus Plauen am Gelage. Einer von Ihnen, P., wurde bei den Festen in den Datschen »Chef« genannt. Einer der Beamten revanchierte sich für die Gastfreundschaft, indem er R. nicht nur über Kennzeichen von zivilen Polizeifahrzeugen informierte, sondern ihm schon einmal Munition für eine Makarow-Pistole anbot – hundert Schuss für hundertfünfzig Euro.

Ein inzwischen Verhafteter wurde von diesem Beamten mehrfach vernommen. Er hatte den Eindruck, so erzählte er später, dass dieser eigentlich nie das protokollierte, was er ihm sagte. Und als ein ebenfalls verhafteter Plauener wegen Anstiftung zum Einbruchsdiebstahl in die Justizvollzugsanstalt Zwickau gebracht wurde, besuchte ihn der Polizeibeamte und sagte ihm, dass er »nicht so viel quatschen soll«. Bequem war für die kriminelle Szene, dass ein weiterer Beamter Verbindungen zu einer Wachdienstfirma hatte. Die wurde von der Ehefrau des Polizeibeamten geführt, der dafür berüchtigt war, in Uniform aufdringlich bei Firmen im Vogtland vorzusprechen und die Geschäftsführer beziehungsweise Inhaber der Firmen zu drängen, Dienstleistungen seiner Ehefrau zu kaufen. Im Gegenzug bot er an, bei der Abwicklung eventueller Verkehrsordnungswidrigkeiten behilflich zu sein.

Ein anderer höchst suspekter Polizeibeamter, J. genannt, steht bis heute ebenfalls im Visier von Sicherheitsbehörden. Aus Akten ergeben sich Hinweise, dass er zum Beispiel seine Schusswaffe für kriminelle Aktivitäten einsetzt und selbst vor Zeugenbeeinflussungen nicht zurückschreckt. Er fällt durch einen außergewöhnlich aufwändigen Lebensstil auf, der in keinem Verhältnis zu dem Gehalt eines Polizeimeisters steht. »Mit welchem Geld erwarb er ein Zweifamilienhaus mit ziemlich luxuriöser Ausstattung?«, fragten sich Kollegen. Und wer bezahlte den Porsche oder Audi A8, Wagen, mit denen er häufig gesehen wurde? Polizeiintern ist bekannt, dass er acht verschiedene Mobilfunktelefone benutzt.

Im Jahr 2000 stand der Beamte im Verdacht, Drogen aus Tschechien nach Deutschland gebracht und gewinnbringend unter anderem an Minderjährige verkauft zu haben. Als Gegenleistung soll er illegale Dopingmittel an zwei tschechische Geschäftspartner geliefert haben. Außerdem war er als Zuhälter tätig und vermittelte Frauen aus dem Bordell seines tschechischen Geschäftspartners ins Ausland. Im Zusammenhang mit einer Telefonüberwachung fiel sein Name auf, weil er Polizeiinformationen an eine Person geliefert hatte, deren Telefon überwacht wurde. Dass er ein Einzeltäter ist, wird übrigens von Beobachtern der kriminellen Szene vehement bestritten. Die Förderung von Prostitution, Menschen- und Drogenhandel in dieser Region kann ein Einzelner, selbst wenn er Polizeibeamter ist, schwer leisten. Aus Akten der Staatsanwaltschaft Zwickau ist ersichtlich, dass unter anderem wegen des Verstoßes gegen das Betäubungsmittelgesetz gegen ihn ermittelt wurde. Trotzdem sieht man ihn in Plauen unbeschwert in seiner Uniform herumlaufen.

Im September 1998 wurde R. trotz des bisherigen Schutzes durch Polizeibeamte verhaftet. Ihn muss das überrascht haben. Und wer will schon im Knast darben? In einem Vermerk der Kripo Chemnitz vom September 1998 ist zu lesen, dass er bei seiner Vernehmung sofort bereit war, einen »Deal« zu machen, nämlich belastende Aussagen zu anderen Personen protokollieren zu lassen. Unter anderem zu einem »noch zu benennenden Staatssekretär«.

Im Einzelnen wollte er Aussagen über »übliche Geschäftspraktiken des von ihm genannten Personenkreises machen, insbesondere ›krumme Geschäfte‹ zwischen zwei dubiosen Personen und dem noch zu benennenden Staatssekretär. Hierzu dienten hauptsächlich die Verbindungen des R. zu einigen Leuten im Plauener Rathaus.« Zwei Tage später wurde er erneut vernommen. Er bestätigte seine bisherigen Angaben, erwähnte diesmal sogar Namen, unter anderem den des Staatssekretärs in Berlin und eines Baudirektors aus Plauen. Seine belastenden Aussagen zog er jedoch flugs zurück, nachdem sein Anwalt eingeschaltet worden war. Der schrieb am 30. November 1998 an die Staatsanwaltschaft Plauen, dass die Ankündigung der belastenden Aussagen, unter anderem gegen den Staatssekretär, zurückgenommen würde. Später wird dieser Staatssekretär in einem anderen Zusammenhang wieder auftauchen.

Die Paten von Plauen

Doch bislang war das alles eher der Mittelbau des Plauener Milieus. Entscheidender waren J. und insbesondere Bernd Sch. Sie dürften die kriminelle Szene im Großraum Plauen maßgeblich beeinflusst haben. Zu Zeiten der DDR war Bernd S. angesehener und gefürchteter Oberst im besonderen Einsatz. Nach der Wende mutierte er zum Unternehmer und

Kriminellen – auf entsprechende Erfahrungen konnte er ja aufgrund seines Berufes in der DDR zurückgreifen. Aber er musste von unten anfangen, und deshalb begann seine Karriere unter anderem im Rotlichtmilieu. Dort war er als Geldeintreiber für R. aktiv und Auftragnehmer, wenn unliebsame Geschäftspartner zusammengeschlagen werden sollten. Innerhalb kurzer Zeit stieg er auf.

»Neben dem Umstand, dass Bernd S. über italienische Arbeitskräfte verfügte, spricht insbesondere seine Schutzsuche bei Italienern vor den Russen für seine Verbindungen in die entsprechenden OK-Strukturen (Organisierte Kriminalität)«, ist in einem internen Polizeibericht nachzulesen. Konsequenzen wurden bis zum heutigen Tag nicht gezogen. Und weiter steht in diesem Bericht: »Von besonderer Bedeutung ist dabei, dass Strukturen nach hiesiger Einschätzung die entscheidenden Schnittstellen zur italienischen und osteuropäischen OK bildeten beziehungsweise bilden und maßgeblich über Kontakte ins Ausland, insbesondere Tschechien verfügen und damit international operierenden Strukturen angehören dürften.«

Fragt man in Plauen nach Bernd S., hört man: »Da hält man sich besser raus, weil er eine absolut nicht kalkulierbare und undurchsichtige Person ist, mit vermutlich einer Vielzahl von ›schützenden Händen‹.« Ein Beamter berichtet: »Ich habe nach der Wende sehr häufig mit ihm zu tun gehabt, mal als Zeuge, mal als Verdächtiger. Er kam immer irgendwie davon.«

Wir haben natürlich versucht, ihn zu den Vorwürfen zu befragen. Leider wusste niemand, wo er sich aufhält. Er habe Deutschland verlassen, sagte man uns bei der Polizei. Dabei ist er doch eine so hochinteressante Persönlichkeit.

Einer seiner Komplizen, nennen wir ihn hier X., packte dann doch aus, aber erst nachdem er selbst verhaftet worden war. Dieser Mann war, welch ein Zufall, vor der Wende als hauptamtlicher Mitarbeiter des Ministeriums für Staatssicherheit (MfS) in Auerbach tätig. Im Zusammenhang mit den im Jahr 1989 stattfindenden Kundgebungen wurden beim MfS operative Besprechungen durchgeführt: Wie geht man gegen die Demonstranten vor? Bei diesen Besprechungen lernte X. den Stasioberst Bernd S. kennen. Nach der Wende arbeitete der Ex-MfS-Mann X. im

Baugewerbe und wurde Inhaber mehrerer Baufirmen in Plauen. Als sein Betrieb Insolvenz anmelden musste, kam er wieder mit Bernd S. zusammen. Als Erstes wurde getestet, ob X. mit seinem Wissen über das, was er bei Partys von Bernd S. erlebte (Kokain), zur Polizei gehen würde. Weil er vertrauenswürdig war, öffnete sich Bernd S. ihm gegenüber und weihte ihn darüber ein, wie es im Baugewerbe in Plauen läuft. Mit den Drogen wollte X. jedoch nichts zu tun haben. »Ich habe in Tschechien selbst erlebt, wie sich ein vierzehnjähriger Junge durch Kokain zugrunde richtete.«

Im Februar 2000 wurde er von Bernd S. in Tschechien angesprochen, ob er einen Beutel Crystal mit nach Deutschland nehmen könne. Im Beutel waren eineinhalb bis zwei Kilogramm Crystal. Als Lohn sollte er fünfhundert D-Mark erhalten. Doch er lehnte ab. Einige Wochen später erhielt er wieder Besuch von Bernd S. Wieder ging es um den Schmuggel von Crystal von Tschechien nach Deutschland. Bestimmt war es für den Großraum Plauen, für Leipzig, Halle bis Berlin. »Ich sollte dreißig Prozent vom Umsatz erhalten. Er sagte mir an dem Abend, dass das Crystal aus seinem Club in Most komme, wo es auch direkt gekocht werde.«

Im Dezember 2000 wurde X. eingeladen, zu einem kleinen Umtrunk nach Most zu fahren. Die nordböhmische Stadt nahe der deutschen Grenze ist durch ihren Braunkohleabbau bekannt geworden.

Bernd S. fuhr mit seinem neuen Freund direkt zu einem Nachtclub, der sich an einer kleinen Nebenstraße, zirka drei Kilometer außerhalb von Most, in einem alten Bauernhof befand. Er war eine Drehscheibe für das kriminelle Rotlichtgewerbe. »Im Hinterzimmer des Clubs zeigte mir Bernd S. eine Art Chemielabor. Hier befanden sich Waagen, Verpackungszeug und schätzungsweise dreißig Kilogramm Crystal in milchigen Plastiktüten und mit Klebeband umwickelten Paketen.«

Bei seiner späteren Vernehmung wurde X. gefragt, ob er etwas zu den Waffengeschäften von Bernd S. sagen könne. Er wusste zu berichten, dass Bernd S. regelmäßig Waffen im Auto transportierte. Einmal sah er eine tschechische Armeepistole, bei einer anderen Gelegenheit eine Maschinenpistole AK 74, die im Kofferraum von Bernd S.s silbergrauem Chrysler Stratus in einer Decke eingewickelt lag.

Auch der Unternehmer Andreas W. war mit Bernd S. geschäftlich verbunden. Als er in finanzielle Schwierigkeiten geriet, wollte er aus der misslichen Lage herauskommen und stahl Baugeräte und Fahrzeuge. Im Sommer 2000 suchte ihn Bernd S. auf und erklärte ihm, dass er über seine Straftaten Bescheid wisse. »Er wusste viele Details, was mir damals nicht erklärbar war. Für mich war klar, dass er dieses Wissen nur von der Polizei haben konnte, von seinen dortigen guten Bekannten. Später wurde mir dann bekannt, dass der Polizist, den der Bernd S. so gut kennt, ein Herr G. von der KPI (Kriminalpolizeiinspektion) Plauen sein soll.«

Im Sommer 2002 fand in der Staatsanwaltschaft Zwickau eine gemeinsame Besprechung zum Thema Bernd S. statt. Auffällig ist dabei die Feststellung der Fahnder, wonach der zuständige Plauener Staatsanwalt nicht über das Verfahren informiert werden sollte.

Ohne Wissen der Staatsanwaltschaft Plauen wurde deshalb Igor P. vernommen, der gerade wieder einmal eine Strafe absitzen musste. Seine Aufgabe bestand darin, »bestimmte Geschäfte« von Bernd S. abzusichern, wobei das »Absichern« auch das Zusammenschlagen von Leuten bedeuten konnte, die Bernd S. im Wege standen.

Von einem ganz anderen Kaliber war ein weiterer »Mitarbeiter« von Bernd S. Das ist ein Unternehmer, der nicht nur als ehemaliger sowjetischer Soldat im Waffenhandel einschlägige Erfahrungen gesammelt haben muss. Wir nennen ihn im Folgenden Wlad, denn der gebürtige Weißrusse ist heute ein anständiger Bürger von Plauen. Er soll zum Beispiel ohne entsprechende Genehmigung zwischen Weihnachten und Silvester 2000 eine größere Holzkiste mit mehreren Pistolen, Maschinenpistolen, Kalaschnikows ohne Holzkolben und dazugehörige Munition besessen und in einem Waldgrundstück bei Plauen versteckt haben. Laut Zeugenaussagen soll bei den Waffengeschäften Bernd S. im Hintergrund agieren.

Weitere Belege für die Aktivitäten von Bernd S. finden sich in einem Protokoll der Kripo Chemnitz. Es datiert vom Januar 2001. Im Mittelpunkt stand die Vernehmung des tschechischen Unternehmers Marek C. Er verbüßte eine mehrjährige Haftstrafe. Vor seiner Verhaftung lebte er in Plauen und wurde dort durch einen Russen an den Bauunternehmer Bernd S. vermittelt. Er arbeitete für ihn bis zu seiner Inhaftierung, hatte also viele Erkenntnisse gewonnen. Doch Marek C. wollte schließlich aussteigen und entschied, sich selbst anzuzeigen. Darüber informierte er auch Bernd S.

Der nahm, so das Protokoll der Kripo, sofort telefonischen Kontakt zu einem Beamten der Plauener Polizei auf. Über diesen Beamten kam es zu einem Treffen in der Staatsanwaltschaft Plauen, wo Marek C. Aussagen zu seinen Straftaten und Mittätern vor Staatsanwalt R. machte. Aufgrund der Bedeutung der Aussagen, zum Beispiel über Drogenhandel im Kilobereich, wurde das Landeskriminalamt Sachsen eingeschaltet. Marek C. selbst wurde in Aussicht gestellt, dass er ins Zeugenschutzprogramm aufgenommen würde. Daraufhin arbeitete er konspirativ für das Landeskriminalamt (LKA), und zwar erfolgreich – mehrere polnische und türkische Straftäter wurden aufgrund seiner detaillierten Informationen verhaftet.

Das hinderte die Staatsanwaltschaft jedoch nicht, auch ihn verhaften zu lassen. In der Anklageschrift wurden ihm unter anderem genau jene Straftaten vorgeworfen, die durch das LKA und die Kripo Plauen »legitimiert« worden waren. Als er Beamte der Bundespolizei auf das zugesagte Zeugenschutzprogramm und seine Kooperation mit dem LKA hinwies, wollte das LKA von den Zusagen nichts mehr wissen. Und genauso plötzlich waren die Beamten nicht mehr für Marek C. zuständig.

Im Sommer 2002 wurde seine Freundin durch Beamte des LKA Sachsen vernommen. Sie wunderte sich, dass sie nach der Verhaftung ihres Freundes Besuch von einem älteren Kriminalbeamten aus Plauen erhielt. Der wollte von ihr wissen, was sie über Marek C. wisse. Als sie die Aussage verweigerte, sei ihr gedroht worden, man würde ihr das Leben schwer machen. Es ist also verständlich, dass Marek C. aufgrund seiner Erfahrungen mit der Plauener Polizei erst einmal jegliches Vertrauen in die Staatsanwaltschaft und Polizei verloren hatte. Er behauptete gar, dass sowohl Polizeibeamte wie einige Staatsanwälte gemeinsame Sache mit Bernd S. machen würden.

Trotz der negativen Erfahrungen war Marek C. später bereit, gegenüber ihm vertrauensvoll erscheinenden Beamten weitere konkrete Angaben zu machen. Dazu gehörten der illegale Waffenhandel in großem Stil, den Bernd S. zusammen mit Wlad betrieb, und ein möglicher Mordauftrag durch Bernd S. sowie Aussagen über korrupte Polizeibeamte in Plauen. Ausführlich beschrieb er den florierenden Waffenhandel in Plauen und einen Besuch bei einem Schweizer in der italienischen Stadt San Giorgio. »Ich selbst war mit Bernd S. Ende Februar 2001 bei ihm, ein ganzes Wochenende. Bernd S. holte dabei Geld von ihm ab. Wenn ich mich noch richtig erinnere, waren das 600 000 Mark. Dieses Geld stammt mit Sicherheit aus den Waffenverkäufen. Bernd S. hat dieses Geld in seinem schwarzen BMW im Kofferraum nach Deutschland mitgenommen.«

Nicht weniger konkret waren seine Angaben über Wlad. »Der von mir genannte Wlad spielt bei diesen Waffenaktionen eine große Rolle. Bernd S. bezieht die Waffen über ihn. Und der wird von Leuten aus Litauen beliefert. Die Litauer bringen die Waffen in Kleintransportern nach Deutschland und kaufen im Raum Plauen Autos auf, unter anderem bei Mitsubishi-Voitel. Sie übernehmen den Weitertransport der Waffen von Deutschland nach Italien. Ich weiß zum Beispiel, dass der Bernd dem Wlad drei bis vier Waffenlieferungen nicht in bar bezahlte, sondern für Wlad einen Kredit bei einer Bank aufnahm. Mit diesem Kredit wurde dann das Haus von Wlad saniert.«

Als er im Gefängnis in Zwickau in Haft war, so erzählte Marek C. den Beamten, habe ihm sein Zellennachbar etwas Aufschlussreiches erzählt. Sein Zellennachbar war wegen Doppelmordes zu einer lebenslangen Haftstrafe verurteilt worden. In Zwickau war er, um als Zeuge in einer Verhandlung (es ging um den Überfall auf einen Geldtransporter) vernommen zu werden. Er habe wegen einer lebenslänglichen Haftstrafe sowieso nichts mehr zu verlieren. Außerdem habe er in Plauen einen Russen »kaltgemacht«, aber das könne ihm ja niemand nachweisen.

Wie stand es mit der Glaubwürdigkeit von Marek C.? Konnte es sein, dass Marek C. Märchen erzählt hatte? Ein Staatsanwalt aus Zwickau bestätigte jedenfalls, dass alle bisher von Marek C. zu anderen Straftaten gemachten Angaben den Tatsachen entsprochen haben. Auch die Staatsanwaltschaft Plauen hielt die Aussagen von Marek C. für glaubwürdig. In einem Vermerk vom 5. Dezember 2003 steht, dass »seine Angaben in seinen polizeilichen und staatsanwaltlichen Vernehmungen durchaus glaubwürdig sind«.

Deshalb war auch die folgende Aussage zu dem Russen Wlad bedeutsam, also jenem Mann, der in den Waffenhandel verstrickt war. »Ein anderes Mal sagte er zu mir, dass er wegen eines Mordes auch schon mal einen Tag auf der Polizei gewesen sei. Aber man habe ihn wieder laufen lassen, denn die Zeugen seien kein Problem. Wenn es etwas Neues geben würde, erfahre er es rechtzeitig von Bernd S.«, so die Aussage von Marek C. Das führt jetzt zu einem Mordfall, der in Plauen heftige Reaktionen auslösen sollte.

Ein immer noch nicht aufgeklärter Mord

Am Dienstag, den 3. August 1999, entdeckten zwei Arbeiter der Straßenmeisterei Oelnitz in einem Waldstück an der S 307, nahe der sächsisch-bayerischen Grenze, einen Toten, der stark verbrannt war. Bei der Tatortuntersuchung fand die Kripo eine Patronenhülse und einen kleinen, blutverschmierten Schraubenzieher. Der Ermordete war Andrej Kraft, ein weißrussischer Gebrauchtwagenhändler aus Plauen. Einen Tag zuvor war bereits dessen roter Ford auf einem Parkplatz in Zwickau ausgebrannt aufgefunden worden. Im Heckbereich des schwer beschädigten Pkws fand die Polizei ein Projektil. Der Mord war auf jeden Fall äußerst brutal und professionell durchgeführt worden. Mit welcher Waffe Andrej Kraft getötet wurde, ist bis heute nicht geklärt. Entweder, so die Polizei, mit einem Bolzenschussgerät, einer Armbrust oder einer so genannten Pneumowaffe (Harpune), einer Waffe, die ähnliche Verletzungen hinterlässt. Der kleine Schraubenzieher, das fanden die Ermittler zumindest heraus, wurde eingesetzt, um zu prüfen, ob der Erschossene noch lebt, bevor er mit Benzin übergossen und verbrannt wurde. Warum aber wurde er ermordet?

Andrej Kraft war in bestimmten Plauener Kreisen kein Unbekannter. Er war Unteroffizier der Sowjetarmee und in den Achtzigerjahren in Plauen stationiert. Nach seiner Entlassung ging er kurzfristig in seine Heimat zurück, kam jedoch später wieder nach Plauen und kaufte Fahrzeuge ein, die er an russische Interessenten verkaufte. Seitdem hatte er nach Aussagen seiner Freunde erhebliche Geldbeträge zur Verfügung. Und es gab ja noch einen anderen Mann aus der ehemaligen Sowjetarmee, der sich in Plauen niedergelassen hatte. Das war Wlad, der gute Freund von Bernd S. Beide arbeiteten als Pkw-Händler, und sie trafen sich auch am Tag des Mordes, suchten günstige Pkw-Angebote bei Kfz-Händlern. Die Ehefrau des Ermordeten erzählte den Beamten, dass ihr Mann zwischen 20 000 und 40 000 D-Mark mit sich führte, als er das Haus verließ. Das Geld wurde nicht gefunden – wahrscheinlich war es verbrannt.

Wlad soll dem mit ihm befreundeten Mordopfer einen Schuldschein unterschrieben haben. Der Schuldschein war von diesem Tag an verschwunden. Außerdem übergab Krafts Vater der Kripo ein Tonband, auf dem ein Artjom W. und der Vater selbst zu hören sind. Das Gespräch hatte einen geplanten Raubüberfall von Wlad zum Thema, den er gemeinsam mit Artjom W. ausführen wollte. Aufgrund dieser Hinweise befand sich Wlad bald im Visier der Mordkommission. Am 11. Oktober 1999 wurde deshalb ein Ermittlungsverfahren wegen Mordes eingeleitet und Wlad kurze Zeit später verhaftet.

Doch der Antrag auf einen Haftbefehl wurde wegen fehlenden dringenden Tatverdachts vom Amtsgericht Plauen zurückgewiesen. Dabei stellte der Richter am Amtsgericht selbst diverse Widersprüche fest. Zum einen habe sich der Beschuldigte verdächtig verhalten, und es erscheine auch »zumindest merkwürdig«, dass zum Zeitpunkt der Anwesenheit des Beschuldigen in Zwickau das Fahrzeug des Ermordeten in Flammen aufgegangen sei. Auch gebe es ein Telefonat des Andrej Kraft mit einem Zeugen, in dem Andrej Kraft erzähle, mit Wlad auf dem Weg nach Hof zu sein. Doch das alles reichte dem Richter nicht aus, um einen Haftbefehl auszustellen.

Ein weiterer Name tauchte nun bei den Mordermittlungen auf, der des hinlänglich bekannten Bernd S. Am 20. März 2001 wurde er deshalb von der Kripo Zwickau als Zeuge vernommen. Die Kriminalisten hegten den Verdacht, dass es zwischen ihm und Wlad eine Verbindung gegeben habe, zumal Wlad eine Zeit lang als Fahrer von Bernd S. sowie in dem Billardcafé von Bernd S. gearbeitet hatte. Bernd S. gab zu Protokoll, dass ihn Wlad zwei Wochen vor dem Mord angerufen habe, weil er »extreme Angst vor irgendwelchen Leuten hatte. Irgendeine Sache sollte mit Sicherheit mit Gewalt gegen ihn enden.«

Bernd S. habe Wlad zudem gefragt, wer als Mörder von Andrej Kraft in Betracht kommen könnte. »Da es Einfluss auf Wlads Kreditmittel und somit auch indirekt auf mich haben kann, schickte ich ihn los, um die Einstellung seines Verfahrens zu erwirken. Er selbst sagte zu dem Thema nichts.«

Doch es müssen zwischen Bernd S. und der Plauener Polizei noch weitere Gespräche stattgefunden haben. Denn auch Marek C. erzählte bei einer Vernehmung von einem Gespräch zwischen Bernd S. und der Plauener Polizei. Demnach wäre Bernd S. bei Staatsanwalt R. gewesen und habe mit diesem über Wlad gesprochen. Von Staatsanwalt R. habe Bernd S. erfahren, dass die Polizei zwei Sachen gegen den Wlad haben würde. Das seien Zeugenaussagen, dass Wlad zusammen mit dem Opfer gesehen wurde und man Projektile oder Hülsen gefunden hätte. Und dieser Beamte soll Bernd S. gegenüber auch gesagt haben, er brauche keine Angst zu haben, es wären bisher keine Beweise da, sondern nur Indizien.

Eine Woche nach dem ominösen Gespräch zwischen dem Beamten aus Plauen und Bernd S. ist Marek C. mit Bernd S. nach Berlin gefahren. Dabei soll Bernd S. ihm gegenüber gesagt haben, dass Wlad seinen Kumpel getötet habe. Wlad habe sich jedoch wie ein Amateur angestellt, obwohl er doch eine gute Ausbildung hätte. Er wäre bestimmt betrunken gewesen, und er, Bernd S., habe jetzt Stress, weil er sich immer um diese Leute kümmerte, wenn sie Probleme haben. Der Polizeibeamte, der mit Bernd S. so ausführlich über den Mord gesprochen haben soll, wurde im Sommer 2003 vernommen. Er bestritt alle Vorwürfe. Auf die Frage, ob er Bernd S. überhaupt kenne, antwortete er: »Ja, vom Hörensagen schon länger. Er spielt ja im kriminellen Milieu von Plauen schon länger eine Rolle.«

Dann gibt es noch einen interessanten Aktenvermerk. Dabei geht es um die Vernehmung des Russen Sakriew L. in der Justizvollzugsanstalt Chemnitz. Der gab klar zu verstehen, dass Wlad »mit Sicherheit mit der Ermordung des Kraft zu tun hatte«.

Sakriew L. war am Anfang der Vernehmungen sehr kooperativ. Wenige Tage später wurde er in der Justizvollzugsanstalt von zwei Russen mit den Vornamen Arthur und Sascha aufgesucht. Arthur gehört einer bekannten kriminellen Gruppe aus Görlitz an, was die Behörden nicht hinderte, ihm eine Besuchsgenehmigung auszustellen.

Nach diesem überraschenden Besuch änderte sich das Verhalten von Sakriew L. schlagartig. Auf einmal sagte er den Beamten, dass er kein Problem damit habe, seine Strafe abzusitzen, und er sei doch keine Person, die andere wegen eigener Schwierigkeiten belasten würde. Ende Dezember 2003 versuchten es Beamte des Landeskriminalamts nochmals. Nach der Ursache seines plötzlichen Sinneswandels befragt, erklärte Sakriew L., er habe bereits alles Interessante der Polizei gesagt und habe ansonsten von nichts eine Ahnung. »Die Frage, was er von strafbaren Handlungen des Bernd S. wüsste, brachte ihn sichtlich auf«, notierten die verdutzten Beamten. »Von solchen Aktivitäten wüsste er – entgegen seiner Andeutungen bei vorhergehenden Besuchen – rein gar nichts.« Die Befragung wurde daraufhin abgebrochen.

Noch einen Monat zuvor hatte er über Bernd S. gesagt: »Es ist riskant, gegen ihn auszusagen, da er unter Ausnutzung seiner guten Beziehungen zu allen Behörden bis jetzt die ganzen Jahre immer wieder ›leer‹ ausgegangen ist, sich eben immer wieder einer Verurteilung entziehen konnte. Bernd S. hat Verbindungen bis in höhere Ebenen.«

Im Frühjahr 2003 gab es einen letzten Versuch, Sakriew L. umzustimmen. Über einen Angestellten des Gefängnisses ließ er ausrichten, dass er nicht mit der Polizei sprechen werde.

Wlad, der geschäftstüchtige Russe, wurde Anfang 2004 trotzdem erneut verhaftet. Sein Anwalt legte gegen den neuen Haftbefehl sofort Beschwerde ein. Prompt wurde der Haftbefehl erneut aufgehoben. Der Grund: Es läge kein dringender Tatverdacht vor. Im entsprechenden Beschluss des Landgerichts Zwickau steht dazu: »Zwar konnten aufgrund der bisherigen Ermittlungstätigkeiten keine Tatzeugen festgestellt oder Tatspuren gesichert werden, die direkt auf den Beschuldigen hindeuten, doch eine Reihe von Indizien, die auf den Beschuldigen als Täter hinweisen.« Die »große Wahrscheinlichkeit«, dass er die Tat begangen hätte, die lage trotzdem nicht vor. Woraufhin wiederum die Staatsanwaltschaft Beschwerde gegen den Beschluss des Landgerichts einlegte.

Seltsam nur, dass dann ein halbes Jahr später, im September 2004, das Verfahren gegen den Russen Wlad von der Staatsanwaltschaft Plauen selbst eingestellt wurde. Bislang war sie davon überzeugt, Andrej Krafts Mörder gefunden zu haben. Die außerordentlich umfangreichen und intensiven Ermittlungen der Mordkommission des Polizeipräsidiums Chemnitz hatten zwar eine Vielzahl von Indizien zutage gefördert, die auf Wlad hingewiesen haben. Jetzt reichten sie nach Meinung der Staatsanwaltschaft auf einmal für eine Verurteilung nicht mehr aus. Zudem war ein Kronzeuge, der Wlad stark belastet hatte, unerwartet nach Tschechien ausgewiesen worden. Er stand daher als Zeuge nicht mehr zur Verfügung. Er hätte wahrscheinlich sowieso nichts mehr ausgesagt, weil er von der Plauener Polizei und dem Landeskriminalamt Sachsen »gelinkt« wurde, wie dieser Zeuge uns berichtete. Das heißt, er sei erst benutzt worden und dann seien die ihm gegebenen Zusagen nicht eingehalten worden. Damit waren die Ermittlungsmöglichkeiten erschöpft.

Was noch folgte? Das Amtsgericht Zwickau beschloss im November 2004, dass dem ehrenwerten weißrussischen Unternehmer Wlad wegen der erlittenen sechzehntägigen Untersuchungshaft eine Entschädigung zu zahlen sei – aus der Staatskasse. Der Steuerzahler freut sich über die Gerechtigkeit.

Ein Kripochef auf Abwegen?

Die Ohnmacht und Blauäugigkeit der Justiz gegenüber hochkarätigen Kriminellen ist eine von vielen Facetten. Andere sind noch weitaus bedenklicher. Sie stehen im Zusammenhang mit einem Gerichtsverfahren gegen einen Geschäftsmann. Ihm wurde unter anderem schwere Körperverletzung vorgeworfen. Demnach soll mindestens ein Staatsanwalt aus Plauen Geld angenommen haben, bei zwei weiteren gab es starke Indizien, dass sie sich bestechen ließen. Der Staatsanwalt habe demnach für Gefälligkeiten in einem Ermittlungsverfahren Mitte der Neunzigerjahre gegen Bernd S. und R. kassiert. Ein anderer Staatsanwalt soll durch den Kripochef erpresst worden sein. Und selbst ein hoher Plauener Richter wurde genannt, der Geld aus trüben Quellen kassiert haben soll. Gründlich zu Ende ermittelt wurden diese Verdachtsmomente bis zum heutigen Tag nicht, was wiederum mit einem großen Polizeiskandal zusammenhängt, der bis heute verheimlicht wird. Es geht um den Plauener Kripochef. Über ihn wurde im Herbst 1999 gemunkelt, er wolle sich nach Griechenland absetzen.

Am 2. November 1999 fuhr er zu seiner Kreis- und Sparkasse nach Hof und zahlte über 13 000 D-Mark ein. Wenige Tage zuvor hatte er bereits 6000 D-Mark einbezahlt. Weitere Summen kündigte er der Angestellten an, zur Ablösung von Krediten beziehungsweise Bausparverträgen. Der Bankangestellten erzählte der Kripochef, er wolle seine Immobilien in Hof, Plauen und Waldsassen verkaufen, da er hier keine Zukunft für sich und seine Familie mehr sehe. Mit dem Geld wolle er sich in Griechenland oder Spanien zur Ruhe setzen.

Einen Großteil seiner Unterlagen hatte er bereits im Ausland deponiert. Am 22. November 1999 erteilte er noch eine Kontovollmacht für seine minderjährigen Enkelinnen. Acht Tage danach erwähnte der Kripochef gegenüber einer Prostituierten in Plauen, dass für ihn die Luft dünn werde.

Im Hintergrund dieser Entscheidungen – die den Schluss zuließen, dass er ins Ausland flüchten wollte – stand die Gerichtsverhandlung gegen einen Bauunternehmer aus Plauen vor dem Landgericht Hof.

Außerdem wusste der Kripochef, dass gegen ihn Ermittlungen liefen. Aus diesem Grund wurde Anfang 1999 im Landeskriminalamt die Ermittlungsgruppe Sumpf eingerichtet, die sich auch mit dem Verdacht der Bestechlichkeit gegen den Kripochef beschäftigte. Anfang November 1999 wurde zum Beispiel eine Zeugin vernommen, die im Arbeitsamt Plauen für Baustellenkontrollen verantwortlich war. »Sie gab jedoch zu verstehen, dass, wenn sie ihre Aussage in einer Zeugenvernehmung protokollieren lassen würde, sie mit Repressalien seitens R.s, M.s und des Kripochefs rechnet.« Und es sei allgemein bekannt, »wenn man gegen diese Personen aussagt, diese sehr gefährlich werden können«.

Zur gleichen Zeit, als die Frau vernommen wurde, saß der Plauener Staatsanwalt Maximilian Strohmayer im Landgericht Hof und verfolgte als Zuschauer eine Hauptverhandlung gegen einen Bauunternehmer, der auch in Plauen aktiv war. Dort wurde der Kripochef als Zeuge vernommen. Die Richter wollten von ihm wissen, in welchem Verhältnis er zu dem Angeklagten P. stand und ob er bestimmte Personen kannte, die bereits im Fadenkreuz sächsischer Ermittler standen, wie der dubiose Geschäftsmann F. oder der Bauunternehmer R. Der Kripochef wies alle Vorwürfe vehement zurück. Er habe sich nichts vorzuwerfen. Niemals habe er vor bevorstehenden polizeilichen Baustellenkontrollen gewarnt beziehungsweise entsprechende Hinweise gegeben und habe selbstverständlich keine »Prostituiertendienstleistungen« in Anspruch genommen.

Der aufmerksam zuhörende Staatsanwalt Strohmayer notierte, dass verschiedene Aussagen des Kripochefs vor Gericht schlicht falsch waren. »Aus mehrfachen Gesprächen mit verschiedenen Polizeibeamten«, schrieb der Staatsanwalt, »wurde mir im Verlauf meiner Ermittlungen gegen den Kripochef bekannt, dass er der primäre Ansprechpartner bei der Polizei für sämtliche Anliegen der Gebrüder K. und des R. war und dass diese Personen, ohne zunächst zu den zuständigen Sachbearbeitern zu gehen, direkt ihre ›Anliegen‹ bei dem Kripochef (…) klären konnten und aus Sicht der untergebenen Polizeibeamten zwischen (dem Kripochef) und den Gebrüdern K. und R. eine eher freundschaftliche Beziehung bestand.«

Bereits in einem polizeilichen Aktenvermerk des Landeskriminalamts vom 20. Februar 1998 war zu lesen, dass der Kripochef gelegentlich das Bordell der OK-Größen von Plauen aufsuchte. Weiteren Vermerken ist zu entnehmen, wie eng seine Kontakte zu kriminellen Personen waren. Zeugen sagten aus, dass der Kripochef einem der Plauener Bordellbesitzer mitgeteilt habe, dass »Staatsanwalt Fischer aus Zwickau gegen ihn ermitteln« würde. Dann stellte sich bei Ermittlungen der Kripo Chemnitz heraus, dass der Kripochef 60 000 D-Mark und andere Gefälligkeiten erhalten habe, als Gegenleistung für die Niederschlagung von Ermittlungen gegen die damalige Rotlichtgröße M. Weitere Zeugen bestätigten unter anderem, dass der Kripochef Spielschulden hatte und R. als seinen Freund bezeichnete. Gegen den ermittelte die Staatsanwaltschaft seit Anfang 2000: wegen Bestechung, Betrug bis hin zu Geiselnahme und Schleuseraktivitäten. Dank des Kripochefs blieb er fast ein Jahrzehnt »möglichst unbehelligt von Polizeikontrollen und Polizeiermittlungen in seiner Tätigkeit als Bordellbetreiber«.

Ein passender Selbstmord

Am 16. Dezember 1999, es war ein Mittwoch, verübte der Kripochef Selbstmord. Das ist bis heute zumindest die offizielle Version. Am gleichen Tag fand eine Weihnachtsfeier der Kripo Plauen im romantischen Gasthof

»Zu den drei Schwänen« in Neuendorf statt. Obwohl ihr Chef fehlte, fragte niemand, wo er denn eigentlich sei. Eine Diskussion über den völlig unerwarteten »Selbstmord« gab es in den nächsten Tagen genauso wenig wie eine sorgfältige Untersuchung des Tatorts. Was dazu führte, dass manche Beamte im Landeskriminalamt heute noch an der so endgültigen Feststellung, es sei ein Selbstmord gewesen, massive Zweifel äußern.

»Dass der Beamte Anfang voriger Woche aus dem Leben schied, passt zu dem durchaus widersprüchlichen Bild, das über ihn nach seinem Ableben in Erfahrung zu bringen ist«, schrieb der Journalist Uwe Selbmann in der *Freien Presse*, nachdem der Selbstmord bekannt geworden war. »Das Unheil« nahm seiner Meinung nach seinen Lauf, als in einem Baumafia-Prozess erstmals konkrete Vorwürfe gegen den leitenden Kripobeamten laut geworden waren. Und der Reporter schrieb: »Was an den Gerüchten über (den Kripochef) wahr oder falsch ist, ob sein Suizid als ein Geständnis oder Verzweiflungstat zu werten ist, bleibt offen. Er hat sich allen Fragen entzogen. Die Ermittlungsakte gegen ihn wurde geschlossen.« Tatsächlich wurde wenig später das Ermittlungsverfahren gegen ihn eingestellt – Grund: der Tod des Beschuldigten. Und was noch wichtiger war: Die ganze Affäre sollte möglichst totgeschwiegen werden, weil sie das heroische Bild einer unabhängigen Polizei und tatkräftigen Justiz erschüttert hätte.

Nicht weniger brisant ist folgender Vorgang gewesen: Ein Jahr vor dem »Selbstmord« – es war ein trüber Montag, dieser 21. Dezember 1998 – besuchten Beamte des Polizeipräsidiums Oberfranken Staatsanwalt Maximilian Strohmayer in seinem Büro in Plauen. Sie übergaben dem Staatsanwalt ein heimlich auf Band mitgeschnittenes Telefongespräch. Das hatten sie von einem Zeugen in ihren Verfahren erhalten. Der Inhalt: Drei Staatsanwälte aus Plauen und ein Richter des Landgerichts sollen bestochen worden sein. In dem Telefonmitschnitt wurde unter anderem gesagt: »Ich war derjenige, der das Geld gebracht hat.« Das soll im Jahr 1995 geschehen sein. Anwesend war der Anwalt, dann kam noch M. dazu. »Das Geld habe ich schon am Wochenende geholt. Ich habe es M. in die Hand gedrückt. Der hat es dem Anwalt gegeben, und der hat es in unserem Beisein weitergereicht.« »Hat der Staatsanwalt X. auch etwas gekriegt«, wird er von seinem Gesprächspartner gefragt. »Ja. Der hat auch was gekriegt.

Wie viel, weiß ich nicht genau. Ich habe geholt 265 000 Mark, und 30 000 Mark waren übrig. Und die habe ich von einem Schwarzgeldkonto in Nürnberg geholt.« Staatsanwalt Maximilian Strohmayer wird in diesem Gespräch auch erwähnt. »Der ist unbestechlich«, so der Zeuge. Ein anderer Kollege von Strohmayer hingegen habe damals einen Umschlag erhalten mit Zweihundert- und Fünfhundertmarkscheinen. Der Kripochef sei bei der Übergabe dabei gewesen.

Staatsanwalt Maximilian Strohmayer notierte ordentlich das Gespräch mit den Polizeibeamten aus Oberfranken: »Insgesamt erscheinen mir die Behauptungen und insbesondere die Bestechungsvorwürfe gegen die beteiligten Staatsanwälte und Richter als offensichtlich unglaubwürdig.« Trotzdem bat er den Behördenleiter um Prüfung, ob gegen die Staatsanwälte sowie den Richter ein Ermittlungsverfahren wegen Bestechung eingeleitet werden soll.

In einer Vernehmung Anfang Januar 1999 bestätigte dieser Zeuge gegenüber der Polizei nochmals seine schweren Vorwürfe. Die wurden von den Ermittlern aus Zwickau, die inzwischen eingeschaltet wurden, durchaus ernst genommen. Doch bei einer Gegenüberstellung konnte der Zeuge keinen der von ihm Beschuldigten wiedererkennen. Er begründete das damit, dass er ja nie das Geld persönlich übergeben habe, sondern dass alles über seinen Freund, den Geschäftsmann M., gelaufen sei. Der Staatsanwaltschaft blieb daraufhin nichts anderes übrig, als die Ermittlungen einzustellen. M. wurde indes nicht vernommen.

Deshalb haben Beamte im sächsischen Innenministerium starke Zweifel, ob die schweren Vorwürfe erfunden waren. Doch die Zweifler wurden durch interne Dienstanweisungen zum Stillschweigen verdonnert. Zudem kam noch der »Selbstmord« des Kripochefs von Plauen Mitte Dezember 1999 dazwischen.

Eine Immobilie zum Schnäppchenpreis?

Dann geschah erneut Merkwürdiges. Am 7. Januar 2000 meldete die *Freie Presse* in Plauen als Schlagzeile: »Strohmayer geht – Nachfolger unklar.« Ziemlich überraschend habe Oberstaatsanwalt Maximilian Strohmayer die Vogtlandmetropole verlassen. »Und wie gehabt die Öffentlichkeit nicht dazu informiert.«[33]

»Es war sehr auffällig«, erzählen uns Journalisten, dass er »fast fluchtartig Plauen verließ, nachdem der damalige Kripochef tot aufgefunden wurde.« Redakteure der Lokalredaktion hätten gern den wahren Grund herausgefunden. »Solche Leute jedoch«, sagt uns einer, »stellen geballte staatliche Autorität und Macht dar, und die macht man sich in einer solchen Gegend nicht zum Feind.« Deshalb wurden keine weiteren Fragen gestellt.

Tatsache ist, dass Staatsanwalt Maximilian Strohmayer, der im Dezember 1999, wie wir erfahren, auf eigenen Wunsch von Plauen nach Ingolstadt wechselte, einige Jahre später, 2005, ein schönes Grundstück in der bergigen Umgebung Plauens erwerben wird. Und zwar das Objekt »Lug ins Land« in Schönberg bei Bad Brambach, nahe der Grenze zu Tschechien. Als Altersruhesitz für einen tatkräftigen Juristen ist das Grundstück sehr abgeschieden, und es bedarf großer Investitionen, die Gebäudekomplexe zu sanieren. Das Grundstück ist immerhin 69 000 Quadratmeter groß. Auf dem Gelände befindet sich ein Gästehaus, das zu DDR-Zeiten große Bedeutung hatte, sowie eine zweistöckige Sauna mit einem kleinen Teich und ein mehrstöckiger Hotelrohbau, der nur noch zu Ende gebaut werden müsste.

Zu DDR-Zeiten war das Objekt hermetisch abgeriegelt. Personen, die sich dem Gelände mitten im Wald aus der Ferne näherten, wurden von Angehörigen der Volkspolizei oder der Grenztruppen kontrolliert und ihre Personalien überprüft. Waren es Ortsfremde, wurden sie wegen »Verdachts des ungesetzlichen Verlassens der DDR«[34] vorläufig festgenommen. Nicht einmal die regimetreuen Bürger von Schönberg wussten, um was für ein Objekt es sich da handelte. Hier residierte Harry Tisch, Politbüromitglied und Vorsitzender der DDR-Gewerkschaft, des Freien Deutschen Gewerkschaftsbunds (FDGB). Zusammen mit ranghohen SED- und Staatsfunktionären, Generälen und Offizieren des Ministeriums für Staatssicherheit und der Nationalen Volksarmee (NVA) nutzte er das Bonzenreich im Wald zu Urlaubs-, Erholungs- und Jagdzwecken.

1996 verkaufte die Treuhandanstalt »Lug ins Land« für 500 000 D-Mark an die »JMS Verwaltungs- und Beteiligungs-AG« in Kassel. Ein Jahr später schauten sich dreitausend Vogtländer bei einem Tag der offenen Tür an, wie ihre einstigen Gewerkschaftsbosse logiert hatten. Die »JMS« stellte den neugierigen Bürgern gleichzeitig ein Modell für den Umbau des Gebäudekomplexes zu einem Seminar- und Jagdhotel mit zweihundert Arbeitsplätzen vor. Im Jahr 1998 erhielt das Unternehmen von der Sparkasse einen Kredit von 550 000 D-Mark, obwohl bereits Gerüchte kursierten, wonach die Seriosität des neuen Eigentümers infrage stünde. Zwei Jahre später beantragte die Sparkasse, nachdem die fälligen Kreditraten ausgeblieben waren, die Zwangsversteigerung der Immobilie. Das Unternehmen »JMS« aus Kassel gab es inzwischen nicht mehr. In keiner einschlägigen Firmendatenbank von Genios ist es zu finden.

Im Jahr 2002 kam es zum ersten Versteigerungstermin – ohne Erfolg. Der Mindestschätzwert betrug immerhin knapp 250 000 Euro. Erst beim vierten Versteigerungstermin, am 30. November 2005, gab es die Entscheidung. Maximilian Strohmayer, der Plauener Exstaatsanwalt und nunmehr Richter in Ingolstadt, war der einzige Bieter. Ihm wurde am 23. Dezember 2005 der Zuschlag erteilt – für 50 000 Euro. Er habe sich bereits für das Objekt interessiert, wird er in der *Freien Presse* zitiert, als es noch von der Treuhand zum Verkauf angeboten worden sei. Damals habe er aus der Immobilie Ferienwohnungen machen wollen, sei aber nicht zum Zuge gekommen. Er werde »Lug ins Land« wohl vorerst nur für eigene Wohnzwecke nutzen, wenn er als Pensionär ins Vogtland zurückkehre.

Gegenüber der *Freien Presse* erklärte die Sparkasse Vogtland zu den Verkaufsmodalitäten der Immobilie: »Am dritten Versteigerungstermin am 29. Juni 2004 wurde ein Gebot von 100 000 Euro abgegeben. Der Zuschlag wurde wegen eines Widerspruchs der ›JMS‹, die später aufgelöst wurde, nicht erteilt. Im Ergebnis umfangreicher Verhandlungen mit verschiedenen Kaufinteressenten ist einzuschätzen, dass eine wirtschaftliche Weiternutzung des Komplexes im gegenwärtigen Zustand für keinen der Interessenten möglich war. Aufgrund dessen war für die Sparkasse Vogtland im möglichen nächsten Versteigerungstermin kein höherer Erlös zu erwarten und der Zuschlag zuzulassen.«[35]

Ein Bürger aus der Gegend fragte sich trotzdem: »Warum war Strohmayer beim vierten Versteigerungstermin der einzige Bieter? Eine Versteigerung muss doch öffentlich vor der Versteigerung ausgeschrieben sein.

Und warum erfährt Strohmayer im tiefsten Bayern von diesem Termin und erscheint pünktlich zur Versteigerung, jedoch kein einziger anderer?«

Es gab auch eine Stimme im Dorf, die hinter vorgehaltener Hand (»hier sind doch noch alle überzeugte DDRler«) sagte: »Früher waren hier die Großen. Jetzt kommt wieder ein Großer. Aber wenn er hier Arbeitsplätze schafft, kann er sogar ein Russe sein oder ein Wessi oder ein Mann vom Mond.«

Neugierige in der Gegend bekommen auf Nachfrage nach dem neuen Besitzer auch schon mal zu hören: »Du bist wohl von der Zeitung und willst uns ausfragen? Gleich gibt es eine aufs Maul.«

Derartige Äußerungen mögen damit in Verbindung stehen, dass diese Gegend so nahe an der Grenze zu Tschechien bis zur Wende mehr oder weniger eine Art »Inzuchtgebiet« war: parteifromm, gottesfürchtig und sehr eigenbrötlerisch, irgendwie von der Außenwelt abgeschlossen.

Für diese häufig undurchsichtigen Verhältnisse steht auch ein ehemaliger Staatssekretär der Bundesregierung. Er sei, so wird behauptet, in eine ziemlich undurchsichtige Firmenkonstruktion eingebunden gewesen. Es handelt sich um Firmen, in denen er Gesellschafter war, und einige dieser Tochterfirmen würden hin und wieder Insolvenz anmelden. Die Justiz scheint, behaupten Geschädigte, nicht willens zu sein, die gesamten Hintergründe wirklich aufzuklären. Herbert Foerster, der Geschäftsführer eines dieser Unternehmen, der »VMS-Partner Bauträger GmbH«, berichtet uns verbittert: Nachdem er Ungereimtheiten im Firmengeflecht festgestellt habe, sei er »mundtot« gemacht und seine Existenz zerstört worden. Er beklagt zudem, dass die Staatsanwaltschaft nichts gegen den Exstaatssekretär unternehme. Das ist jedenfalls seine subjektive Sicht.

Bei dem Politiker handelt es sich um Joachim Günther. Ein Mann mit einer Erfolgsgeschichte. Zu DDR-Zeiten war er ein »Kreissekretär« im Kreisverband Plauen der Liberal-Demokratischen Partei Deutschlands (LDPD), der »liberalen« Blockpartei.[36] Noch im Frühjahr 1990, erinnert sich ein Bürger, habe Günther »an der führenden Rolle der SED« nicht rütteln wollen.« Daraufhin hätten LDPD-Mitglieder »ihr Parteibuch abgeliefert«. Vielleicht trügt ja auch die Erinnerung des Plauener Bürgers, der übrigens damals bei der Polizei gearbeitet hatte. Nach der Wende ging es auf jeden Fall steil bergauf für den wackeren Parteimann. Nachdem die

LDPD in der FDP aufging, war er in Windeseile politisch resozialisiert. Joachim Günther wurde im Januar 1991 Parlamentarischer Staatssekretär im Bundesministerium für Raumordnung, Bauwesen und Städtebau[37], ein Amt, das er bis Oktober 1998 innehatte. Zu Beginn seiner Tätigkeit schwebte er mit dem Hubschrauber in sein Heimatdorf Theuma nahe Plauen ein – bis der öffentliche Protest ihn zwang, mit den Insignien der Macht weniger zu protzen.

Sein Freund Ralph Oberdorfer war einst Günthers Büroleiter und Vorsitzender der FDP-Fraktion im Plauener Rathaus. Danach wurde er Geschäftsmann, und zwar ein erfolgreicher, in einem vogtländischen Unternehmen, in dem Staatssekretär Günther Gesellschafter war. Uns gegenüber berichtet der damalige Geschäftsführer, eigentlich habe Günther »das Sagen« gehabt.

Am 30. Juni 2000 meldete der bereits erwähnte Herbert Foerster, Geschäftsführer der Hauptgesellschaft »VMS-Partner Bauträger«, die Zahlungsunfähigkeit der Firma an. Drei Millionen D-Mark Schulden waren angehäuft, was die Bürger von Plauen jedoch zum damaligen Zeitpunkt nicht erfuhren. Sämtliche wichtigen Unterlagen und die Computer waren eiligst nach Berlin transportiert worden. Herbert Foerster erinnert sich dabei an eine Aussage Günthers, wonach alle Akten vernichtet werden könnten. Er habe dies abgelehnt.

Günthers Parteifreund Ralf Oberdorfer hatte inzwischen für die anstehende Oberbürgermeisterwahl in Plauen kandidiert und versprochen, für Arbeitsplätze und neue Firmenansiedlungen zu kämpfen. Überraschend wurde er am 9. Juli 2000 zum Oberbürgermeister gewählt. Seine Erkenntnis, dass »Ausdauer früher oder später belohnt wird«, erwies ihre Gültigkeit.

Herbert Foerster hingegen ist zutiefst von der Justiz enttäuscht. »Für mich ist das ein Skandal aktueller deutscher Rechtspflege, wie die Angelegenheit von der Justiz behandelt wird.« Was brachte ihn zu dieser Äußerung? Er hatte sich bereits im Jahr 2003 wegen der undurchsichtigen Unternehmenspolitik an die Staatsanwaltschaft in Chemnitz gewandt. Dort wollte der Staatsanwalt die Vorgänge aufklären. Doch lange Zeit geschah nichts. Daraufhin fragte Foerster einen Staatsanwalt, ob »bei uns die Politik das Recht beeinflusst«. Der habe ihm geantwortet: »Was bei mir über den Tisch geht – nein. Aber für diese Sachen aus der Politik ist unser Chef zuständig.« Damit meinte er in Verdacht geratene politische Hoheitsträger.

Der Oberbürgermeister von Plauen weigerte sich trotz mehrmaliger Bitte, mit uns zu reden. Er ließ uns lediglich ausrichten, dass ein im Sommer 2006 gegen ihn eingeleitetes Ermittlungsverfahren (es ging um den Verdacht der Beihilfe zur Untreue) eingestellt worden sei und er dazu nichts weiter zu sagen habe. Wozu soll man sich für etwas rechtfertigen, wenn die Justiz bei diesen undurchsichtigen Firmenkonstruktionen und Insolvenzen nichts Strafbares erkennen konnte? Letzteres trifft in Plauen ungewöhnlich häufig zu – eine blinde oder ohnmächtige Justiz. Nichts sehen, nichts hören, nichts sagen: Das ist Teil der politischen Kultur in dieser Region Deutschlands heute – fast genau wie in der Vergangenheit.

5. Tricksen, tarnen, täuschen

Wie man sich einer unbequemen Spürnase und der Wahrheit entledigt

Alle machen Fehler. Auch die Justiz ist davon nicht verschont. Statt Transparenz und die Fähigkeit zur Selbstkritik zu üben, belieben Ermittlungsbehörden jedoch zuweilen das genaue Gegenteil zu machen. Dann gehört Vertuschen zum Repertoire der Behördenleitung. Enorme Phantasie und Energie wenden manche rechtsstaatlichen Instanzen auf, wenn unbequeme Wahrheiten aus ihren Reihen aufgedeckt werden: von direkten Kollegen, Fahndern, die ihrer Arbeit nachgehen und dabei darauf stoßen, dass es bei wichtigen Ermittlungen zu gravierenden Fehlern und Pannen gekommen ist. Dann werden mitunter alle Register des Vertuschens gezogen – und auch der Perfidie. Der Fall eines schwäbischen Kommissars zeigt erschreckend deutlich die Realität hinter den Kulissen ermittelnder Behörden, die nach außen hin vorgeben, nur eines zu wollen: die Wahrheit herauszufinden und einen bestialischen Mord aufzuklären.

Zweiundzwanzig Jahre lang war Peter Jäschke ein Kriminalkommissar mit einer beachtlichen Erfolgsquote: Viele Verbrechen hat er im Raum Stuttgart mit aufgeklärt, vom Diebstahl und Einbruch bis zum skrupellosen Mord. In dienstlichen Bewertungen wurde regelmäßig das hohe Lied des Lobes auf ihn gesungen. Eine besondere Fähigkeit machte ihn über sein Revier hinaus bekannt: Peter Jäschke verstand es besonders gut, Täter bei Verhören zum »Singen« zu bringen. Nicht auf die harte Tour als »bad cop« mit drohender Gebärde und glimmender Zigarette im Mundwinkel, sondern mit psychologischem Geschick. Er dachte sich in sie hinein, baute eine Art Vertrauen auf, soweit dies zwischen Täter und Ermittler möglich ist. »Wenn ihr mich schon drangekriegt habt, dann war es wenigstens gut, dass du es warst« – an dieses Lob aus berufenem Ganovenmund kann sich Peter Jäschke noch gut erinnern.

Heute ist er dienstunfähig. Von Leonberg, dort, wo er so lange als Kommissar tätig war, ist er weggezogen. Jetzt lebt er in einem kleinen Bauernhaus im Hohenlohischen, einer herb-idyllischen Landschaft mit weiten Feldern, Wäldern, kleinen Dörfern. Und viel Ruhe. Doch zur Ruhe kommt Jäschke nicht. Was er in den letzten Jahren erlebt hat, lässt ihn nicht los: nicht die Verfahren, mit denen Staatsanwaltschaft und Kripoleitung ihn überzogen haben; noch weniger aber dieser Fall des ermordeten elfjährigen Jungen, in den er sich so reingehängt hatte. Ein Fall, über den er noch heute jeden Tag nachdenkt. Manchmal, wenn alte Kollegen ihn besuchen, flüchtet er sich in Zynismus: »Ich bin das Kollegenschwein.« Dann sagt er leise: »Mir ging es einzig und allein darum, dass dieser Mord geklärt wird.«

Die beachtliche Geständnisquote bei seinen Vernehmungen ist der Hauptgrund, warum Peter Jäschke am 22. Januar 2001 in die Sonderkommission »Weiher« berufen wird. Seit drei Monaten ermitteln seine Kollegen der Kripo Böblingen den Mord an Tobias. Am Abend des 30. Oktober 2000, gegen 22 Uhr, war der elfjährige Junge an einem kleinen Angelsee nahe Weil im Schönbuch gefunden worden, zusammengekrümmt auf dem Rücken liegend, die Beine merkwürdig verdreht, zwischen seinen Fingern nasses Laub. Tobias ist mit siebenunddreißig Messerstichen getötet worden. Der Penis war abgetrennt.

Der Mord, der die 10 000 Menschen in Weil im Schönbuch zutiefst schockierte, schien da noch rasch gelöst werden zu können. Denn schon nach wenigen Tagen war ein Tatverdächtiger festgenommen worden: Martin (Name geändert), ein sechzehnjähriger Junge aus dem Dorf, hatte sich verdächtig gemacht, als er bereits am Tag nach der Tat vor laufenden Fernsehkameras Details zum Tatort genannt hatte. Martin lebt in einer Sozialbaracke am Rande des beschaulichen Ortes, er kommt aus einer Trinkerfamilie, der Vater schlägt seine Frau. Martin fürchtet sich vor ihm. Bei dem Sonderschüler wird ein Intelligenzquotient von 64 festgestellt, weit unter Durchschnitt.

Nach einem Verhör am 9. November 2000 wird Martin in Untersuchungshaft genommen. Er habe den Mord zunächst eingeräumt, dann aber sein Geständnis plötzlich widerrufen, sickert an die Öffentlichkeit durch. Sechs Wochen später wird Martin wieder freigelassen: An der Windjacke und an der Unterhose von Tobias sind fremde Blutreste gefunden worden – sie stammen nicht von Martin. Die Soko »Weiher« und die Staatsanwaltschaft Stuttgart geraten unter öffentlichen Druck. »Rollen jetzt Köpfe?«, fragt die Boulevardpresse in großen Lettern.

Der Chef der Sonderkommission, Peter Kegreiß, ist überzeugt: Martin ist der Täter. Bei der entscheidenden Vernehmung hat der Sechzehnjährige geschildert, dass er Tobias an jenem Abend am Weiher getroffen habe und in einen Streit mit ihm geraten sei. Als Tobias hinter die Fischerhütte zum Pinkeln gegangen sei, habe er von hinten »leicht gestochen«. Plötzlich habe Tobias leblos am Boden gelegen, mit weit aufgerissenen Augen und Laub zwischen den Fingern. Er habe ihn auf den Rücken gedreht und mit dem Messer bei ihm »unten rumgespielt«, bis er »irgendetwas Weiches« in der Hand gehalten habe. Auf einem Blatt Papier zeichnete Martin korrekt auf, wo die Leiche hinter der Hütte lag. »Täterwissen«, wie Beamten dazu sagen. Ob er Tobias umgebracht habe, haben ihn die beiden vernehmenden Beamten gefragt. »Wahrscheinlich bloß aus Versehen«, sagte Martin.

Der Sokochef kennt Peter Jäschke sehr gut. Er hat den Kollegen aus der Nachbarstadt bewusst in die Sonderkommission berufen: Jäschke, der Verhörspezialist, soll noch einmal die Spuren sichten und Martin vernehmen – man hofft, dass der Sonderschüler sein Geständnis wiederholt.

Peter Jäschke kniet sich in den Fall hinein, liest akribisch jede Akte. Und er sieht sich das Videoband an, auf dem das entscheidende Verhör am 9. November 2000 aufgenommen wurde. Dabei stößt er auf die ersten verhängnisvollen Fehler in diesem Fall – auf das Desaster, das die Kripoleitung gegenüber der Öffentlichkeit verschweigt: Martin hatte die Tat eingeräumt und zahlreiche Details zum Tathergang geschildert. Doch statt dem geständigen Sonderschüler eine Pause zu gönnen, hakten die beiden Beamten mit weiteren Vorhalten nach. Sie wollten sofort auch die Frage nach der Tatwaffe geklärt haben. In der Zwischenzeit waren Martins Eltern informiert worden. Als beide ins Polizeigebäude kamen und am Vernehmungszimmer vorbeigeführt wurden, passierte es: Die Tür zum Vernehmungszimmer stand einen Spalt offen, Martin hörte die dröhnende Stimme seines Vaters – und widerrief im selben Augenblick sein Geständnis. In einem Vermerk, der später Martins Anwalt zugeschickt wird, wird kleinlaut stehen, der Vorgang sei »unbeabsichtigt« gewesen.

Peter Jäschke beginnt auch, alle Spuren zu sichten. Und stößt auf weitere Pannen. In der Asservatenkammer findet er wichtige Beweisstücke, die drei Monate nach dem Mord noch gar nicht bearbeitet worden sind: Fingernagelschmutz von Martin, auch Kleidungsstücke des Tatverdächtigen, die er am Tatabend getragen haben könnte, und eine Blutspur von der Rückwand der Fischerhütte, nahe dem Ort, wo Tobias tot aufgefunden wurde. Sokochef Peter Kegreiß tobt, als er davon unterrichtet wird. Auch von diesen Versäumnissen erfährt die Öffentlichkeit zu diesem Zeitpunkt nichts. Erst fünf Jahre später wird die Staatsanwaltschaft lapidar erklären, manche Spuren seien »nicht ganz zeitnah« geprüft worden.

Jäschke macht Kinder ausfindig, die Kontakt zu Martin hatten. Auch da stößt er auf Brisantes: Mehrere Jungs berichten von »Pornolägerle«, die Martin draußen gebaut habe, von seiner homosexuellen Neigung. Und von sexueller Belästigung. Martin habe von ihnen gefordert, an seinem Geschlechtsteil zu lecken oder anal mit ihm zu verkehren. Auch Tobias soll er an das Geschlechtsteil gegriffen haben – drei Monate vor dem Mord. Als sich der Elfjährige wehrte, habe Martin ihn mit einem Messer bedroht.

Der Sokochef schätzt Jäschke, sie kennen sich gut. Und sie sind sich ähnlich. Beide sind keine harten Cops, beide verbeißen sich in einen Fall, denken dauernd darüber nach, ob sie irgendetwas übersehen haben, wo noch Ansätze sein könnten. Kegreiß geht dieser Mord an dem Elfjährigen besonders an die Nieren: Einer seiner Söhne ist fast genauso alt. Den Eltern von Tobias hat er versprochen, dass er den Täter fassen wird. Immer wieder sitzt er am Dörschachweiher, wo der Mord passiert ist, und sinniert. Zum Anwalt des Tatverdächtigen sagt Kegreiß einmal: »Ich weiß, dass er's war, aber ich kann's ihm nicht beweisen. Ich werd' noch verrückt!« Jäschke merkt, wie der Sokochef daran leidet, dass der Fall noch nicht gelöst ist. »Versuche, die Sache nicht zu sehr an dich heranzulassen«, rät er ihm.

Für Kegreiß ist Peter Jäschke ein wichtiger Kollege und Gesprächspartner. Doch andere Sokokollegen und die Kripoleitung sehen in ihm einen Unruheherd. Und ein Risiko. Der neu in die Soko gekommene Kommissar weiß um die heiklen Fehler und Pannen, die nach außen tunlichst verschwiegen werden. Seit dem misslungenen Verhör und der Freilassung von Martin haben sich Kripoleitung und Staatsanwaltschaft in der Öffentlichkeit auf die Position fixiert: Der Blutfleck an Tobias' Windjacke und die fünf winzig kleinen Blutspritzer auf seiner Unterhose, die nicht von Martin stammen, seien eindeutig Täterspur. Ein Massengentest wird vorbereitet.

Rauswurf aus der Sonderkommission

Doch sind die Blutreste tatsächlich Täterspur? Auch in diesem entscheidenden Punkt stößt Peter Jäschke darauf, dass die Wahrheit anders aussehen kann, dass man auch hier Fehler gemacht haben könnte. In der Mordnacht hatte es in Strömen gegossen. Die Jacke von Tobias war in der Zeit vor seinem Tod lange nicht mehr gewaschen worden. Das bringt den Kommissar auf die Idee: Der Blutfleck könnte älter und schon vor dem Mord auf den Jackensaum gelangt sein. Zum Beispiel durch eine harmlose Rauferei mit einem Mitschüler. Dann wären auch die winzigen Blutspritzer auf Tobias' Unterhose, die dieselbe DNA aufweisen, keine Täterspur.

Doch wie kamen sie auf die Unterhose? Jäschke findet darauf eine Antwort: Der starke Regen in der Mordnacht könnte winzige Tröpfchen des Blutflecks »aufgewirbelt« und als stecknadelgroße Tröpfchen auf die Unterhose versprüht haben. Der Kommissar testet seine Übertragungsthese: Er zapft sich selbst Blut ab, trägt am Saum seiner eigenen Jacke einen Blutfleck auf und lässt sie mehrere Tage liegen. Dann sprüht er Wasser auf den Blutfleck, zuvor hat er ein Blatt Papier unter die Jacke gelegt. Und tatsächlich: Auf dem Papier bilden sich winzige, kaum sichtbare Blutspritzer – sie sehen genauso aus wie die Blutspritzer auf Tobias' Unterhose.

Der Sokochef ist elektrisiert, als Peter Jäschke ihn von seiner These und dem erfolgreichen Selbstversuch unterrichtet. Er hält sie für realistisch. Und Kegreiß weiß: Wenn erwiesen wird, dass die Blutpartikel auf Tobias' Unterhose keine Täterspur sind, müssen die belastenden Indizien gegen Martin für eine Anklage ausreichen. Gemeinsam mit Jäschke überlegt er, dass auch jüngere Kinder und Mitschüler, die zum elfjährigen Tobias möglicherweise Kontakt hatten, DNA-überprüft werden sollen. Beide bereiten einen Brief an die Schule von Tobias vor mit der Bitte, den infrage kommenden Kindern eine Speichelprobe entnehmen zu dürfen.

Doch dazu kommt es nicht. Zum Massengentest, der im Mai 2001 beginnt, werden nur männliche Personen im Alter von über zwölf Jahren herangezogen. Nicht aber gleichaltrige oder jüngere Mitschüler und Freunde von Tobias. Die Kripoleitung hat das in Absprache mit der Staatsanwaltschaft so entschieden. Gegen den Ansatz des Sokoleiters. Bei einer Pressekonferenz zum Start des Massengentests betont der Kripochef gebetsmühlenartig: Die Blutpartikel auf Tobias' Unterhose seien eindeutig Täterspur – und als Täter kämen nur Personen über zwölf Jahre infrage. Jäschkes These erwähnt er mit keinem Wort. Ist sie zu unbequem für die Kripoleitung, könnte sie die gesamte Pannenserie und damit die heikle Wahrheit in diesem aufsehenerregenden Fall ans Tageslicht befördern?

Peter Jäschke ist offensichtlich zum Problem für die Böblinger Kripoleitung geworden. Es erledigt sich auf eine ganz eigene, merkwürdige Weise: Jäschke verfolgt seinen Auftrag, eine Vernehmung von Martin noch einmal möglich zu machen. Er besucht den Sonderschüler wiederholt zu Hause, baut eine Art Vertrauen auf. Und der Kommissar wendet sich an Martins Anwalt. Der Stuttgarter Jurist Achim Bächle ist zunächst reserviert. Er kennt Jäschkes These, dass die Blutpartikel auf Tobias' Unterhose, die seinen Mandanten entlasten, keine Täterspur ist. Dem renommierten Anwalt ist klar: Wird die These bestätigt, droht Martin die Anklage. Schließlich stimmt Bächle doch zu, dass Jäschke den Sonderschüler in seiner Anwesenheit vernimmt. Der Termin wird festgesetzt.

Zwei Tage vor dem Verhörtermin geschehen mysteriöse Dinge. Martin macht gerade ein Schulpraktikum in einem Lebensmittelmarkt in einem Nachbarort. Seine Lehrerin hat dem Marktleiter noch nicht erzählt, dass Martin Verdächtiger in einem Mordfall ist. Sie befürchtet, dass das Praktikum sonst abgebrochen wird. Die Lehrerin bittet Jäschke, mit dem Marktleiter zu sprechen. Der Kommissar willigt ein. Bevor er losgeht, informiert er einen Sokokollegen über sein Vorhaben. Als Jäschke auf dem Weg zum Lebensmittelmarkt ist, gibt es einen dubiosen Vorgang, von dem er erst später erfährt: Bei Martins Vater meldet sich telefonisch ein Mann, der sagt, er sei Kripobeamter, und der sich als Peter Jäschke ausgibt. Der Anrufer wettert sofort los: Martin sei ein »Bastard«, dem es jetzt an den Kragen gehe, er werde sich nun mit Martin treffen. Zu diesem Zeitpunkt weiß man eigentlich nur in der Soko, dass Jäschke unterwegs ist zum Praktikumsort des Sonderschülers …

Im Lebensmittelmarkt angekommen, informiert Peter Jäschke den Betriebsleiter über die Ermittlungen gegen Martin und darüber, dass er am übernächsten Tag nicht zum Praktikum kommen könne, weil er vernommen werde. Der Marktleiter zeigt sich verständig. Als Jäschke sich gerade von ihm verabschiedet, kommt Martin dazu. Der Kommissar fragt ihn, wie er nach Hause komme. »Weiß nicht«, sagt Martin. Jäschke bietet ihm an, ihn heimzufahren – eine Idee mit fatalen Folgen: Als der Ermittler zehn Minuten später Martin vor der Sozialbaracke in Weil im Schönbuch ablädt, steht dessen Vater bereits vor dem Haus und tobt: »Ihr Schweine, ihr habt Martin vernommen!« Jäschke versucht, ihn zu beruhigen. »Ich habe Martin nur nach Hause gefahren. Wir haben nicht über den Fall gesprochen.« Doch Martins Vater ist auf hundertachtzig. Er stürmt ins Haus und ruft Anwalt Bächle an.

Die Reaktion kommt prompt – per Post: In einem Schreiben an die Böblinger Kripoleitung wirft der Anwalt Jäschke vor, er habe sich nicht an Absprachen gehalten. Im Übrigen habe Jäschke ihn gegenüber Martins Vater als »Wald- und Wiesenanwalt« bezeichnet. Bächle fordert, dass Jäschke die Soko umgehend verlassen müsse. Der Kommissar versucht, sich zu rechtfertigen: Er habe Martin in keiner Weise vernommen, genauso wenig habe er Bächle als »Wald- und Wiesenanwalt« bezeichnet. Vielmehr habe er zu einem früheren Zeitpunkt Martins Vater geraten, bei einem solchen Fall sei es ratsam, nicht einen Wald- und Wiesenanwalt, sondern einen Fachanwalt zu nehmen. Doch er stößt auf taube Ohren. Die Kripoleitung knickt sofort ein: Jäschke muss die Soko im März 2001 verlassen. »Ich kann dich nicht halten«, sagt Sokochef Kegreiß und nimmt ihn beim Abschied in den Arm.

Fünf Jahre später wird Anwalt Bächle mit einigem Stolz Journalisten erzählen: Jäschkes Blutübertragungsthese sei für ihn so realistisch und gefährlich gewesen, dass er ihn bei der ersten Gelegenheit »rausgeschossen« habe. Er scheint sich selbst zu wundern, dass dies so einfach war.

Der Massengentest wird zu einem grandiosen Misserfolg: Mehr als 12 000 Männer und Jugendliche über zwölf Jahren müssen ihren Speichel für einen genetischen »Fingerabdruck« abgeben. Bis dahin der weltweit zweitgrößte Gentest, rund 500 000 D-Mark teuer. Das Ergebnis: negativ, nichts, kein Treffer. Dennoch bleiben Kripoleitung und Staatsanwaltschaft in der Öffentlichkeit hartnäckig dabei: Die am Tatort aufgefundenen Blutpartikel seien eindeutig Täterspur. Sie jagen – nach außen hin – ein Phantom; intern sind viele Beamte sicher, dass Martin der Täter oder zumindest Mittäter ist. Aber sie haben aufgrund der Pannen zu wenig gegen ihn in der Hand. Die Böblinger Sonderkommission tritt auf der Stelle.

Der Kommissar wird mit Verfahren überzogen

Peter Jäschke, der Unruheherd, ist draußen. Er sitzt wieder in seiner Dienststelle Leonberg. Doch die unbequeme Spürnase bleibt für die Böblinger Kripo ein internes Risiko: Er kennt die Wahrheiten in diesem Fall, die Fehler und Versäumnisse. Sie sollen nicht an die Öffentlichkeit dringen. Doch die Presse thematisiert immer wieder den ausbleibenden Fahndungserfolg, fragt nach möglichen Ermittlungsmängeln. Als ein Stuttgarter Journalist in diesem Zusammenhang auch die Frage stellt, warum ein Kripobeamter die Soko verlassen musste, wird der Kripochef nervös. »Vertraulich« sagt er dem Reporter, Jäschke habe sich in der Soko unmöglich aufgeführt – im Übrigen sei er ein eigenartiger Mensch, er gehe gerne in Spielkasinos und habe eine auffallend junge Frau. Dass ein Vorgesetzter Details aus dem Privatleben eines Ermittlers öffentlich macht, verbietet sich. Doch hinter dem Verstoß steckt offenbar eine Strategie – Jäschke soll fragwürdig, unglaubwürdig und dubios erscheinen. Die Strategie geht auf: In Presseberichten wird der Kommissar negativ gezeichnet.

Der Kommissar arbeitet wieder an seinen Leonberger Ermittlungsfällen. Als in seiner Dienststelle eine neu eingerichtete Sirene nahe seinem Arbeitsplatz loslärmt, erleidet er ein Knalltrauma und dadurch einen Gehörsturz. Die anderen Kollegen hatten das Büro verlassen, keiner hatte ihn von der Sirenenprobe unterrichtet. Aufgrund des Dienstunfalls hört

Jäschke auf beiden Ohren nur noch begrenzt, er braucht ein Hörgerät. Das macht ihn noch unsicherer. Und psychisch labiler.

Der Mord von Weil im Schönbuch lässt ihn nicht los. Er hat das Bild des toten Tobias vor Augen mit den seltsam angewinkelten Beinen und dem nassen Laub in der Hand, er sieht die Szenen vor sich, wie Martin beim Verhör die Tat einräumte, Details zum Tathergang nannte und plötzlich sein Geständnis widerrief, als sein Vater an der offenen Tür des Vernehmungszimmers vorbeigeführt wurde. Und er geht immer und immer wieder seine These von der Blutübertragung durch den starken Regen in der Mordnacht durch. »Man müsste doch alles tun, um diesen Fall aufzuklären«, denkt er. Jäschke spürt seine Hilflosigkeit – und die Verbitterung darüber, aus der Soko rausgeworfen worden zu sein. Die Folgen des Dienstunfalls, das ständige Grübeln, die tiefe Enttäuschung – all das gräbt sich in seine Psyche. Sein Arzt überweist ihn in eine Klinik für psychosomatische Erkrankungen.

Das Sanatorium liegt im Allgäu, ein Gebäude mit hellen Räumen, aus denen man auf sattgrüne Wiesen, Spazierwege und die Alpen blickt. Bad Grönenbach ist weit weg von Weil im Schönbuch, doch Jäschke hat neben den Folgen des Dienstunfalls auch den ungelösten Mord in die Klinik mitgebracht. Er schleppt ihn mit sich herum, wenn er zu den Untersuchungen und Tinnitusbehandlungen geht. Mit dem Psychologen führt er lange Gespräche, er erzählt ihm von seinen Erfahrungen in der Soko »Weiher«, versucht, sie aufzuarbeiten. Der Arzt rät ihm schließlich, sich an eine übergeordnete Behörde zu wenden und der seine Anliegen mitzuteilen. Sich den Fall von der Seele zu schreiben.

Jäschke schreibt daraufhin an die Stuttgarter Staatsanwaltschaft, listet alle Indizien auf, die dafür sprechen, dass Martin der Täter oder zumindest Mittäter sei. Er schildert das Geständnis des Sonderschülers und seinen plötzlichen Widerruf. Beschreibt die Vorgänge, dass er in der Asservatenkammer auf wichtige Spuren stieß, die noch nicht bearbeitet waren. Er stellt seine These dar, dass die winzigen Blutspuren auf Tobias' Unterhose nicht vom Täter stammen, sondern durch den Regen dorthin gespült wurden. Als er den Brief abgeschickt hat, hat Jäschke Hoffnung. Die zuständige Staatsanwältin, die er gut kennt, wird sich der Sache annehmen, denkt er.

Der Aufenthalt in der Klinik hat Jäschke gutgetan. Als er nach Leonberg zurückkehrt und wieder seiner Kripoarbeit nachgeht, fühlt er sich besser, gefestigter. Bis die Antwort auf sein Schreiben eintrifft. Sie kommt nicht von der Staatsanwaltschaft, sondern von der Böblinger Kripoleitung: Gegen ihn ist ein Disziplinarverfahren eingeleitet worden, liest er fassungslos – er habe im Schreiben an die Staatsanwaltschaft seinen ehemaligen Sokokollegen Strafvereitelung vorgeworfen. Ein konstruierter Vorwurf. Die Kripoleitung weiß nur zu gut: Jäschke ging und geht es darum, dass der Fall endlich gelöst wird. Der Kommissar ist konsterniert.

Er muss wieder in Behandlung, diesmal wegen schwerer Herzrhythmusstörungen. Aber der Druck, den man auf ihn ausübt, wird noch größer. Bei der Polizeidirektion Böblingen gibt es offenbar Beamte, die bewusst Negatives über Jäschke an Dritte weitergeben. Nicht nur an Journalisten wie im Falle des Kripochefs, sondern sogar an Beschuldigte: Als in Jäschkes mehrwöchiger Abwesenheit ein Mann, gegen den er wegen des Verdachts des sexuellen Missbrauchs ermittelt hatte, noch einmal vernommen wurde, soll der frech erklärt haben: Dass von dem Vorwurf gegen ihn nichts zu halten sei, zeige sich schon daran, dass der bisher zuständige Kommissar ja aus der Soko »Weiher« rausgeworfen worden sei.

Bei der Kripo Böblingen muss es also Beamte geben, die Informationen weitergeben. Doch dem wird nicht nachgegangen. Stattdessen wird Jäschke mit einem weiteren Verfahren überzogen: Ihm wird vorgeworfen, er habe das Video von Martins Vernehmung an einen Journalisten weitergegeben. Die Staatsanwaltschaft Stuttgart ermittelt gegen Jäschke wegen des Verdachts des Geheimnisverrats. Und das, obwohl bereits kurze Zeit nach dem Mord – lange bevor Jäschke in die Soko gekommen war – erste Informationen über die gravierende Vernehmungspanne an die Presse gelangt waren. Und obwohl das Video rasch in Umlauf gekommen war: Kriminalpsychologen haben es zu sehen bekommen; und Martins Anwalt plaudert offen darüber, dass er es selbst einer Magazinjournalistin gezeigt habe. Zwei Jahre lassen sich Kripoleitung und Staatsanwaltschaft mit den Verfahren gegen Jäschke Zeit. Als sie 2005 eingestellt werden, ist der Kommissar längst dienstunfähig. Er wird frühpensioniert.

Sokochef Peter Kegreiß, sein Kollege und Freund, lebt zu diesem Zeitpunkt nicht mehr. Wie Jäschke litt auch er darunter, dass der Mord an

Tobias nicht gelöst werden konnte. An den Stammtischen hatten sie ihn als »Kommissar Fangnix« verspottet. Als seine Fahndungsgruppe 2002 aufgelöst wurde, meldete sich Kegreiß, müde und zermürbt, zur Bereitschaftspolizei. Dort unterrichtete er junge Kollegen, galt als Autorität und »Superkumpel«. Am 27. Februar 2004 erschoss sich Peter Kegreiß im Polizeipräsidium mit seiner Dienstwaffe. Er sei manisch-depressiv gewesen, sagte ein Polizeipsychologe. Kollegen wissen, dass er nie über den Mordfall hinweggekommen ist. Die Böblinger Kripoleitung behauptet derweil hartnäckig, bei Kegreiß' Selbstmord habe es keinen Bezug zum Fall Tobias gegeben. Dass nicht sein kann, was nicht sein darf. Ein Mordfall und seine Opfer.

Im Jahr 2006 kommt neue Bewegung in den Fall Tobias. Martin hat sich dem Geschäftsführer einer Kinderschutz-Organisation anvertraut. Der Sonderschüler erzählt ihm in zahlreichen Gesprächen Details zum Tathergang und zum Tatort. »Ich bin froh, dass ich so weggekommen bin«, sagt er einmal, »die haben noch nicht einmal meine Fluchtrichtung.« Und Martin scheint jetzt Reue zu zeigen: »Wenn ich könnte, würde ich alles rückgängig machen, es tut mir so leid«, soll er dem Kinderschützer und einem weiteren Zeugen gesagt und daraufhin ein klares Geständnis abgelegt haben. Der Kinderschützer informiert die Kripo und die Staatsanwaltschaft darüber.

Die Staatsanwaltschaft sieht jedoch keine »neuen Ermittlungsansätze« und hält die Vorgehensweise des Kinderschützers für fragwürdig. Im Herbst 2006 stellt sie das Verfahren gegen Martin ein, auch die Ermittlungen gegen den Sonderschüler wegen Sexualdelikten an anderen Kindern und Jugendlichen. Wieder einmal verweist man auf die »Täterspur«, die nicht von Martin stamme. Jäschkes These, dass die winzigen Blutspritzer auf Tobias' Unterhose keine Täterspur sind, habe man intensiv geprüft. Dabei habe sich »eindeutig« ergeben, dass die These von der Blutübertragung durch den starken Regen nicht realistisch sei, behauptet die Staatsanwaltschaft. Was sie verschweigt: Einer der von der Behörde beauftragten Gerichtsmediziner hat es keineswegs für ausgeschlossen gehalten, dass Jäschkes These zutrifft. In seinem Gutachten empfahl er sogar, die Übertragungsthese an Tobias' Kleidungsstücken zu testen. Was nie geschehen ist.

Gegen die Entscheidung der Staatsanwaltschaft, die Ermittlungen gegen Martin einzustellen, regt sich Widerstand. Die Eltern von Tobias legen Beschwerde ein. Sie werfen den Ermittlern öffentlich vor, nicht alles zur Aufklärung des Falles getan zu haben. Ihr Anwalt betont in der Begründung der Beschwerde unter anderem, dass es keineswegs gesichert sei, dass die winzigen Blutspritzer auf Tobias' Unterhose Täterspur seien. Er führt mit Nachdruck Jäschkes These der Blutübertragung ins Feld, die noch nicht ausreichend beachtet worden sei. Und er verweist darauf, dass eine blaue Faser sowohl auf Martins Sweatshirt als auch auf der Kleidung von Tobias übersehen worden sei.

Sein engagierter Vorstoß bringt neue Bewegung in den Fall: Als die Beschwerde bei der Generalstaatsanwaltschaft liegt, nehmen plötzlich die Kripo Böblingen und die Staatsanwaltschaft Stuttgart die zuvor eingestellten Ermittlungen wieder auf. Man beginnt tatsächlich damit, Speichelproben von Tobias' Freunden zu nehmen – jetzt macht man genau das, was Peter Jäschke und Sokochef Peter Kegreiß schon im Frühjahr 2001 vorgehabt hatten, wozu es damals aber nicht kam. Doch wieder beliebt man, die Realität zu glätten: Die Eltern von Tobias hätten erst jetzt die Namen von seinen Freunden ins Spiel gebracht, erklärt die Böblinger Kriminalpolizei.[1] Was sie nicht sagt: Kegreiß und Jäschke hatten schon 2001 eine Liste mit Namen von Kindern erstellt, von denen man eine DNA-Probe einholen sollte.

Jetzt ist das Verfahren wieder offen. Die neue Entwicklung gibt der Familie des getöteten Jungen Ende 2006 Hoffnung, dass der Mord doch noch aufgeklärt wird. Auch Peter Jäschke hofft darauf. Doch die Hoffnung währt nur kurz: Im Februar 2007 stellt die Staatsanwaltschaft Stuttgart das Verfahren gegen Martin erneut ein. Tobias Eltern sind verzweifelt. Sie haben ihren Glauben an den Rechtsstaat verloren.

Der aus der Soko gefeuerte, von Rechtsstaathütern diffamierte und verfolgte Kommissar spricht nach wie vor nicht über Einzelheiten dieses unendlichen Falles: »Sonst laufe ich Gefahr, dass wieder gegen mich vorgegangen wird.« Der Mord an Tobias beschäftigt Peter Jäschke noch jeden Tag. »Ich habe mir immer gewünscht, dass die Staatsanwaltschaft einen Indizienprozess gegen Martin führt – dann entscheidet ein Gericht, ob er schuldig ist oder nicht.« Sein Anwalt, der Jäschkes Kampf um Aufklärung bis ins Detail kennt, sagt: »Es ist beschämend, wie Peter Jäschke von der Kripoleitung aus der Soko Weiher hinausbugsiert wurde. Es wäre zu erwarten gewesen, dass sich der Kripochef nicht die Meinung des Verteidigers von Martin zu eigen macht, sondern sich vor seinen Beamten stellt und ihn schützt. Jäschke war aber wohl für die Kripoleitung gefährlich, da er Ermittlungspannen aufdeckte und nicht unter den Teppich kehrte.«

Übrigens: Eine Entschuldigung seitens der Kripoleitung oder der Staatsanwaltschaft hat Peter Jäschke nie bekommen.

Terrorfahnder im dichten Donaunebel

Der Raum Ulm ist eigentlich eine beschauliche Gegend. Das berühmte Münster ragt mächtig in den Himmel, die Schwäbische Alb grüßt mit ihrem herben Charme, und an der Donau kann man gemütlich die Gedanken spazieren lassen. Wenn nicht gerade dicker Nebel über dem Fluss liegt und den Durchblick erschwert. Versöhnlich grenzen hier die Bundesländer Baden-Württemberg und Bayern aneinander. Tragisch ist allerdings die Geschichte jenes Ulmer Schneiders, der fliegen wollte, im entscheidenden Augenblick aber abstürzte. Doch das ist sehr lange her. Ansonsten ist die Welt in Ulm und um Ulm und um Ulm herum in Ordnung. Genauer gesagt: Sie war in Ordnung. Bis die baden-württembergische Stadt Ulm und ihre bayerische Schwester Neu-Ulm zu einem viel beäugten Zentrum radikal-islamistischer Umtriebe wurde – und damit Schauplatz eines ganz schlechten Agententhrillers, in dem deutsche Rechtsstaatverteidiger eine denk- und merkwürdige Rolle spielen. Glaubt man Terrorexperten, dann war dieser Schauplatz spätestens seit den El-Kaida-Attentaten vom 11. September 2001 äußerst belebt: In nebulösen Hoch-Zeiten sollen sich gleich acht verschiedene Geheimdienste im Raum Ulm getummelt haben – darunter einige aus dem befreundeten und manche aus dem weniger befreundeten Ausland. Da können deutsche Ermittler schon mal den Durchblick verlieren. Und offenbar auch die Seriosität. Ein deutsches Ehepaar aus Neu-Ulm hat dies leidvoll erfahren müssen.

Die Vorgeschichte: Als Anlaufstelle hochrangiger Terrorverdächtiger war der Raum Ulm erstmals im Jahr 1998 ins Visier deutscher und amerikanischer Fahnder geraten. Mamdouh Mahmud Salim, mutmaßlicher Finanzchef von El-Kaida-Führer Osama bin Laden und mitverantwortlich für Anschläge auf die US-Botschaften in Nairobi (Kenia) und Daressalam (Tansania) mit Hunderten von Toten im Jahr 1998, hielt sich damals in Neu-Ulm auf. Sein Gastgeber war der ägyptische Arzt A. Kurz darauf wurde Salim in München festgenommen – auf Wunsch der Amerikaner. Nach den Terroranschlägen in New York und Washington am 11. September 2001 intensivierte sich das nationale und internationale Ermittlerinteresse am Raum Ulm. Denn: Die Hamburger El-Kaida-Zelle um den Todespiloten Mohammed Atta hatte dorthin offenbar Kontakte. Nach Aussagen mehrerer Zeugen hatte Atta wenige Wochen vor den verheerenden Anschlägen den ägyptischen Arzt A. in Neu-Ulm besucht – offenbar in Begleitung von Said Bahaji, der als Cheflogistiker der Flugzeugattentate gilt. Kurz nach dem 11. September 2001 verließ der ägyptische Mediziner die Donaustadt Richtung Sudan. Auch das geistliche Oberhaupt der Terrorgruppe Ansar al-Islam, Mullah Krekar, soll sich an der Donau schon einmal aufgehalten haben. Ansar al-Islam verübt im Nordirak immer wieder Anschläge auf Amerikaner.

Schon früh war deutschen und amerikanischen Terrorermittlern bekannt, dass sich radikale Islamisten regelmäßig im Raum Ulm treffen. Als führender Kopf der Islamistenszene galt der Imam Y., laut süddeutschen Sicherheitsbehörden ein Hassprediger. Bei seinem Sohn sollen bei einer Hausdurchsuchung Unterlagen zur Herstellung von Sprengstoff und islamistische Hassschriften gefunden worden sein. Als der Sohn im Dezember 2004 in Abschiebehaft genommen wurde, tauchte sein Vater unter.

Regelmäßig verkehrte in der Islamistenszene an der Donau ein anderer prominenter Terrorverdächtiger, für den sich auch die Amerikaner interessierten: Reda Seyam. Der gebürtige Ägypter steht im Verdacht, den El-Kaida-Anschlag auf Bali im Oktober 2002 mitfinanziert zu haben. Und aus dem Raum Ulm gingen drei junge Männer nach Tschetschenien, um als islamistische »Gotteskrieger« gegen die Russen zu kämpfen. Die deutschen Muslime wurden dabei getötet. Danach kam es laut Verfassungsschützern zu einem Vorfall in der Moschee des Neu-Ulmer Multikulturhauses: Die Witwe eines »Gotteskriegers« erklärte, sie sei stolz darauf, einen Märtyrer als Mann zu haben. Nun werde sie auch ihren Sohn in den

Dschihad, den heiligen Krieg, schicken. Die Anwesenden in der Moschee sollen applaudiert haben.

Im Raum Ulm nahm derweil Ende 2003 ein unglaublicher Vorfall seinen Anfang, der weltweit den US-Geheimdienst CIA schwer in Verruf und gleichzeitig auch deutsche Ermittlungsbehörden in arge Erklärungsnöte gebracht hat: Der deutsche Staatsbürger Khaled el-Masri wurde, als er von hier aus mit dem Bus nach Mazedonien gereist war, in einer illegalen CIA-Aktion zunächst in Skopje festgehalten und dann nach Afghanistan verschleppt. Fünf Monate lang befand sich der Deutsch-Libanese in den Händen der CIA-Entführer und wurde in einem Geheimgefängnis in Kabul wiederholt verhört, bis er Ende Mai 2004 endlich freigelassen wurde.

Nachdem seine Entführung in Deutschland bekannt geworden war, eröffnete die Staatsanwaltschaft München ein Ermittlungsverfahren gegen unbekannt. Und in Berlin begann sich im Herbst 2006 ein Untersuchungsausschuss des Bundestages mit dem brisanten Fall zu beschäftigen. Eilig betonten Bundesregierung, deutsche Geheimdienste und Ermittlungsbehörden, man habe keinerlei Ahnung von der CIA-Entführung gehabt und vor der illegalen Aktion keine Informationen über el-Masri an die Amerikaner weitergegeben. Ein brüchiges Bekenntnis, wie sich im Laufe der Zeit herausstellte. Khaled el-Masri hatte vor seiner Entführung regelmäßig in der Ulmer Islamistenszene verkehrt. Und deutsche Sicherheitsbehörden müssen damals ein Auge auf ihn gehabt haben. Denn wie aus vertraulichen Papieren des Landeskriminalamts Baden-Württemberg und des Bundeskriminalamts hervorgeht, wusste man schon vor der illegalen CIA-Aktion, dass el-Masri Kontakt zu allen islamistischen »Gefährdern« in der Donauregion hatte. Es handelt sich um insgesamt zehn Personen, darunter der Bali-Terrorverdächtige Reda Seyam, der Hassprediger Y., dessen Sohn sowie Ahmed A., der 2003 im Verdacht stand, die muslimischen Tschetschenien-Kämpfer für den Dschihad angeworben zu haben. Merkwürdig: Trotz dieser offenbar prominenten Islamistenkontakte wurde el-Masri jahrelang offiziell nur als »kleines Licht« eingestuft, gegen ihn wurde nie ermittelt.

Khaled el-Masri wunderte sich während seiner Entführung, wie gut und detailliert die CIA-Agenten über ihn und die Islamistenszene im

Raum Ulm Bescheid wussten. Gezielt fragten sie ihn bei den Verhören nach konkreten Lokalitäten, darunter das Multikulturhaus – und danach, ob er mit Reda Seyam in Neu-Ulm in einem bestimmten Geschäft regelmäßig Fisch eingekauft habe. Sie wussten sogar, wo sich im Multikulturhaus die Tiefkühltruhe befand. Detailliert fragten sie unter anderem nach Reda Seyam, Hassprediger Y. und nach dem ägyptischen Arzt A. Genauso interessierten sich die CIA-Entführer für die drei Gotteskrieger aus dem Raum Ulm. Diese seien im Multikulturhaus zum Dschihad aufgestachelt worden, sollen die Agenten in Kabul gesagt haben.

Schon kurz nachdem er in Mazedonien festgehalten worden war, wurden el-Masri nach eigener Darstellung Dinge vorgehalten, die eigentlich nur er und engste Vertraute wissen konnten: dass er einmal aus Norwegen für einen Autokauf 40 000 Euro überwiesen bekommen hatte oder dass das von Reda Seyam benutzte Auto auf el-Masris Frau zugelassen war.

Woher kannten die amerikanischen Geheimdienstler all diese Details aus dem Raum Ulm? Wer hatte zum Beispiel bei der örtlichen Bank den Geldfluss aus Norwegen rekonstruiert? Nach dem Gesetz der Logik gibt es dafür drei Möglichkeiten, die allesamt hochbrisant sind:

Entweder haben deutsche Behörden – entgegen ihren Beteuerungen – vor el-Masris Verschleppung doch detaillierte Informationen an die CIA weitergegeben. Was die Frage aufwerfen würde, ob damit die Entführung eines deutschen Staatsbürgers unterstützt wurde. Oder amerikanische Terrorfahnder haben heimlich und auf eigene Faust im Raum Ulm ermittelt. Was einen massiven Verstoß gegen deutsche Hoheitsrechte bedeuten würde und die Berliner Regierung zu einer juristischen Reaktion gegen den großen Bruder in Washington zwingen müsste. Die dritte, nicht weniger heikle Möglichkeit: Deutsche und amerikanische Ermittler haben Khaled el-Masri und die Ulmer Islamistenszene vor seiner Entführung gemeinsam observiert und sich über Details ausgetauscht.

Dass amerikanische Terrorfahnder in Deutschland agieren, ist für Sicherheitskräfte schon seit längerem ein »offenes Geheimnis«. Seit den Terroranschlägen in den USA am 11. September 2001 habe es auch regelmäßig einen Informationsaustausch mit US-Behörden gegeben. Dies sei politisch so erwünscht gewesen. »Die CIA muss Ende 2003 genau gewusst haben, dass el-Masri nach Mazedonien reiste«, heißt es hinter vorgehaltener Hand. »Dies bedeutet, dass sie dazu Informationen direkt aus dem Raum Ulm hatten.«

Diese ominösen Umstände sind die Kulisse des ganz schlechten Agententhrillers, in den ein Mann aus Neu-Ulm und seine Frau im Jahr 2003 hineingeraten – einige Monate vor der Entführung von Khaled el-Masri. Was sie erleben, wird drei Jahre später den Berliner Untersuchungsausschuss beschäftigen. Denn der Vorfall gibt konkrete Hinweise darauf, dass US-Terrorfahnder tatsächlich im Raum Ulm ermittelten, unter falscher Identität, mit illegalen Methoden – und dies in enger räumlicher Nähe zu deutschen Fahndern. Die beiden Eheleute haben derart brisante und leidvolle Erfahrungen gemacht, dass sie bis heute Angst haben. Wir haben ihnen daher andere Namen gegeben.

Observierte ein US-Agent in Neu-Ulm?

Wolfgang und Birgit Bauer haben in ihrem Leben schon viel erlebt, Gutes wie Schlechtes, Erfolge wie traumatische Erlebnisse. Wolfgang Bauer machte als Industriekaufmann eine Bilderbuchkarriere. Die Zeugnisse seiner Arbeitgeber lesen sich wie Lobeshymnen. Wegen seiner Fähigkeiten kam er schließlich in eine hohe Position als Manager bei einem amerikanischen Unternehmen. Siebzehn Jahre lang arbeitete er weltweit für den Konzern. Er sei der beste »salesman« gewesen, den das Unternehmen jemals gehabt habe, attestiert ihm das Unternehmen noch im Jahr 1998.

Doch zu diesem Zeitpunkt ist Wolfgang Bauer längst ein körperlich schwer kranker Mann. Bei einem unverschuldeten Unfall hatte er sich 1982 schwerste Verletzungen zugezogen, die von den Ärzten zunächst nicht richtig erkannt und behandelt wurden. Erst Jahre später diagnostizierten andere Mediziner die fatalen Folgen des Unfalls. Wolfgang Bauer wurde vielfach operiert. Bis heute leidet er an extremen Schmerzen, ist arbeitsunfähig. Doch seinen scharfen Intellekt und seine rhetorischen Fähigkeiten hat er nicht verloren. Seine Frau, eine sympathische, zupackende Schwäbin, stand alles mit ihm durch. Auch so manche merkwürdige Erfahrung mit der Justiz: Im Schadensersatzprozess habe der Richter nur wenig Interesse an ihrer Sache gezeigt, erzählen beide. Vielmehr habe er sich allen Ernstes beklagt, dass er wegen der sich hinziehenden Verhandlung nicht rechtzeitig zum Weißwurstessen komme.

Ähnlich grotesk ist das, was das Ehepaar im Islamisten- und Agentenzentrum Neu-Ulm über sich ergehen lassen musste. Detailliert schildern beide uns im Frühjahr 2006 die brisanten Vorgänge: Wolfgang und Birgit Bauer kommen Ende März 2003 nach mehrwöchiger Abwesenheit in ihre Wohnung in einem Stadtteil von Neu-Ulm zurück. Sie haben den Eindruck, dass die Türe aufgebrochen ist. Aus der Wohnung ist jedoch nichts entwendet worden.

Kurze Zeit später, in den ersten Apriltagen, klingelt ein Mann an ihrer Tür und verlangt Zutritt zur Wohnung: »Er behauptete, er komme von der deutschen Polizei und müsse eine gegenüberliegende Wohnung observieren. Einen Dienstausweis zeigte er jedoch nicht.« Der Mann habe seine Lederjacke geöffnet und auf eine beige Weste gezeigt, auf der in ungewöhnlicher Farbe, nämlich pink, das Wort »Polizei« gestanden habe. In der Annahme, es handle sich tatsächlich um einen dringenden Polizeieinsatz, ließen ihn die Eheleute in ihre Wohnung. Er sei zirka fünfunddreißig Jahre alt gewesen, einen Meter achtzig groß, mit fast schulterlangen dunkelblonden Haaren und Schnauzbart. Wolfgang Bauer, der fließend US-amerikanisches Englisch spricht, fällt rasch der besondere Akzent in der Stimme des Mannes auf: »Er sprach sehr gut Deutsch, aber mit einem amerikanischen Slang. Das merkte man daran, wie er manche Wörter aussprach und vor allem am rollenden ›R‹. Ich hatte den Eindruck, dass es sich um einen in Sprachen gut geschulten Amerikaner handelt.«

»Ist der verdächtige Besucher der mutmaßliche Einbrecher?«, fragt sich das Ehepaar. Den beiden fällt jedenfalls auf, wie gut er sich in ihrer Wohnung auskennt. Zielgerichtet geht er in ihr Arbeitszimmer, nimmt den Computerstuhl und setzt sich in die äußerste Ecke vor ein Fenster. Wolfgang und Birgit Bauer machen eine weitere Beobachtung, die sie sehr irritiert: »Der Mann führte eine Sporttasche mit sich. Darin sahen wir ein großes Funkgerät und zwei Teile eines olivgrünen Gewehrs. Zudem steckte in seiner Weste eine Pistole.« Als sie ihn auf seine Bewaffnung angesprochen hätten, habe er gesagt: »In diesem Geschäft muss man gut ausgerüstet sein.«

Alarmiert berichten Wolfgang Bauer und seine Frau einem Bekannten über den Besuch des mutmaßlichen Amerikaners. Und sie informieren die Polizei Neu-Ulm. Dort ist über einen solchen Einsatz nichts bekannt. Später bekommt das Ehepaar wieder Besuch – jetzt von einem Augsburger Ermittler des Polizeipräsidiums Schwaben, der sich ausweist. Von ihm erfährt das Ehepaar, dass im gegenüberliegenden Haus die Witwe eines islamistischen Tschetschenienkämpfers lebt. Auf Fragen nach dem »Amerikaner« sei der bayerische Fahnder nicht eingegangen. »Er machte den Eindruck, dass er über diesen Mann und dessen Observierungseinsatz überhaupt nicht in Kenntnis war. Er hat sich über den Vorgang mächtig aufgeregt.«

Seit diesem Tag sei der Mann mit dem US-amerikanischen Akzent nicht mehr gekommen. Dafür hätten, so erzählen die Eheleute, im Anschluss deutsche Ermittler achtzehn Monate lang sie immer wieder benutzt, um die gegenüberliegende Wohnung zu observieren. Darunter auch ein Beamter des Landeskriminalamts Baden-Württemberg. »Uns wurde nie genau gesagt, warum. Wir lebten ständig in Aufregung. Und auch in Angst.« Wiederholt seien sie aufgefordert worden, eigene Beobachtungen weiterzugeben und Autokennzeichen aufzuschreiben. Das Ehepaar meinte, als Bürger die Ermittlungsbehörden unterstützen zu müssen.

Im Herbst 2004 habe ein Fahnder ihnen vorgeworfen, seine Identität gegenüber einer anderen Dienststelle preisgegeben zu haben. »Er klagte, dadurch befinde er sich jetzt in großer Gefahr. Sein Leben stehe auf dem Spiel, er könne sich in der Straße nicht mehr blicken lassen. Damit erfuhren wir zum ersten Mal, wie gefährlich diese Sache für uns selbst war. Ich sagte dem Beamten, er und seine Kollegen sollten nie mehr unsere Wohnung betreten.« Als Birgit Bauer das erzählt, senkt sie ihre Stimme und schüttelt den Kopf: »Auch mein Mann hatte sich sehr aufgeregt, weil er erstmals erkannte, welche Brisanz die Sache anscheinend hatte und wie diese bisher verharmlost worden war. In der darauffolgenden Nacht erlitt er einen Schlaganfall.«

Als sich ein Augsburger Ermittler am nächsten Tag telefonisch bei ihr gemeldet habe, habe sie ihn angefahren: »Ihr bekommt von uns keine Informationen mehr, und wenn dort drüben Raketen reingetragen werden!« Wolfgang Bauer sagt: »Immer wieder haben wir das Polizeipräsidium

Schwaben gebeten, uns ein Foto des bewaffneten Mannes zu zeigen, der bei uns observiert hat. Doch das ist nie geschehen.«

Zeugen werden eingeschüchtert oder schlechtgemacht

Der heikle Vorfall, der ein bizarres Licht auf die Terrorfahndung in Neu-Ulm wirft, sollte von Behördenseite offenbar im dicken Donaunebel verborgen bleiben. Wiederholt seien sie mit Nachdruck angehalten worden, diese Sache nicht in die Öffentlichkeit zu bringen, erzählen Wolfgang und Birgit Bauer. Sie hatten sich auch nie an Journalisten gewandt.

Wir waren auf den Vorgang durch einen anonymen Anruf gestoßen, der bei unserem befreundeten SWR-Hörfunkkollegen Michael Gfrörer Anfang 2006 eingegangen war. Ein Mann, der sich in Sicherheitsfragen auszukennen schien, hatte mitgeteilt, aus einer Neu-Ulmer Wohnung, die gegenüber dem Haus liegt, in dem die Witwe eines Tschetschenien-Kämpfers lebe, habe 2003 ein Agent mit amerikanischem Akzent observiert. War der Anrufer ein deutscher Ermittler? Gemeinsam mit Michael Gfrörer gelang es uns, aufgrund der Angaben des Anonymus das Ehepaar Bauer ausfindig zu machen.

Als wir nach mehreren Gesprächen mit dem Ehepaar beim Polizeipräsidium Schwaben anrufen und um eine Stellungnahme bitten, werden wir rasch zu einem Gespräch eingeladen. Dieses nimmt einen bemerkenswerten Verlauf. Man habe die Sache noch im Sommer 2003 aufgeklärt, behauptet einer der Beamten. Bei dem observierenden Mann habe es sich um einen Beamten des Landeskriminalamts (LKA) Baden-Württemberg gehandelt.

Doch warum wurde dann dem Ehepaar Bauer kein Foto von diesem Mann gezeigt und damit alles aufgeklärt? An dieser Stelle werden die beiden Herren schweigsamer. Später werden wir vom LKA Baden-Württemberg erfahren, dass ein Beamter die Neu-Ulmer Wohnung am 9. April 2003 für eine Observierung genutzt habe. Nach Erinnerung der Bauers fand der Besuch des Mannes mit dem US-amerikanischen Slang aber früher, nämlich Anfang April statt. Ein LKA-Beamter, so schildern beide, sei erst einige Tage später gekommen.

»Vertraulich« erklären uns die bayerischen Ermittler vom Polizeipräsidium Schwaben, was die Stuttgarter Behörde ganz offen und offiziell sagen wird: Observiert wurde ein arabischer Mann, gegen den damals die – baden-württembergische – Staatsanwaltschaft Ulm ermittelt hat. Der Verdacht: Anwerbung für einen ausländischen Wehrdienst. Es sei um die Tschetschenien-Sache gegangen, sagen uns die beiden Beamten vom Polizeipräsidium Schwaben. Und deuten mit gewichtiger Geste an: Daran hätte doch der russische Geheimdienst sicherlich mehr Interesse gehabt als der amerikanische.

Ein bestechender Gedanke. Doch er trügt. Denn was die Herren beim »klärenden« Gespräch mit uns geflissentlich nicht erzählen: Bei dem gebürtigen Araber, der aus der Wohnung des Ehepaars Bauer heraus observiert wurde, handelt es sich um Ahmed A. Ein »Gefährder«, der laut Erkenntnis deutscher Behörden damals Kontakt hatte zu – Khaled el-Masri, der einige Monate später von der CIA entführt wurde. Man erinnere sich: El-Masri wurde von den US-Agenten gezielt auch nach den getöteten Tschetschenien-Kämpfern befragt. Und diese, so der damalige Verdacht, soll Ahmed A. für den Dschihad angeworben haben. Das Ermittlungsverfahren gegen ihn wurde im Juli 2003 eingestellt – wegen mangelnden Beweises.

Es gibt noch einen weiteren konkreten Grund, warum gerade die Amerikaner ein Interesse an Ahmed A. hatten: Er hatte laut Unterlagen österreichischer Sicherheitsbehörden Kontakt zu einem Sudanesen in Wien, in dem amerikanische Nachrichtendienste ein El-Kaida-Mitglied mit prominenten Verbindungen sahen und der nach dem 11. September 2001 in Verdacht stand, in Österreich Anschläge gegen US-Botschaften geplant zu haben. Dieser Sudanese, Omer Behari, wurde ausgerechnet Anfang 2003 – beim Rückflug aus dem Sudan nach Wien – in Amman bei einem Zwischenstopp festgenommen und nach eigenen Aussagen drei Monate lang in einem Gefängnis des jordanischen Geheimdiensts festgehalten, verhört und gefoltert. Jordanien gilt als eines der Zentren, in denen Terrorverdächtige aus dem Nahen Osten in Zusammenarbeit mit den US-Geheimdiensten verhört werden.

Das heißt: Die geheime Aktion gegen Behari lief just in der Zeit, als beim Ehepaar Bauer offenbar ein US-Terrorfahnder eine mutmaßliche

Kontaktperson des Sudanesen observierte. Behari wurde nach seiner Festnahme in Amman gezielt nach der Wiener Islamistenszene gefragt. Die präzisen Fragen der Jordanier lassen den Schluss zu, dass sie von österreichischen oder amerikanischen Fahndern Informationen bekommen hatten. Ähnlichkeiten zum Entführungsfall Khaled el-Masri dürften nicht zufällig sein. Behari sagte im Herbst 2006 vor dem EU-Ausschuss aus, der die Kooperation europäischer Staaten mit der CIA untersuchte. Der Sudanese bestreitet jeden Kontakt zu El-Kaida und betont, dass das österreichische Ermittlungsverfahren gegen ihn wegen des Verdachts der Mitgliedschaft in einer kriminellen Organisation eingestellt wurde.

Von solchen möglichen Zusammenhängen reden die beiden Beamten vom Polizeipräsidium Schwaben nicht. Dabei müssten sie sehr viel wissen. Denn seit Januar 2004 gehörten sie der länderübergreifenden Ermittlungsgruppe »Donau« an, die sich intensiv mit radikalem Islamismus beschäftigt. Als wir ihrer »Aufklärung« in Sachen Observierung beim Ehepaar Bauer nicht so recht folgen wollen, greift ein Beamter diskret, aber erkennbar zum buchstäblich letzten »Argument«: Man wisse ja, deutet er an, dass Wolfgang Bauer schwer krank sei, man müsse auch seine psychische Verfassung sehen. Und manche seiner Aussagen seien wohl eher abenteuerlich.

Eine feine Umschreibung dessen, was der Rechtsstaathüter uns damit eigentlich sagen will: Der Mann ist geistig nicht zurechnungsfähig, ein Verrückter. Als wir verdeutlichen, Wolfgang Bauer mache nach unserer Erfahrung aus zahlreichen Gesprächen mit ihm überhaupt nicht diesen Eindruck, zuckt der Beamte leicht zerknirscht mit den Schultern.

Gleichzeitig aber bestätigen die Beamten, dass man beim Polizeipräsidium Schwaben noch längere Zeit Kontakt zu Wolfgang Bauer gehabt habe. Er habe ihnen immer wieder von Vorkommnissen im gegenüberliegenden Haus berichtet. Er sei dabei auf sie zugekommen, nicht umgekehrt, betonen sie eilig. Auch der bayerische Innenminister Günther Beckstein wird nachdrücklich betonen, dass bayerische Ermittler zu keinem Zeitpunkt die Wohnung der Witwe des »Gotteskriegers« observiert hätten. Eine etwas kühne Erklärung – vielleicht aus triftigem Grund: Die bayerischen Ermittler hätten kein laufendes Ermittlungsverfahren als rechtliche Handhabe dazu gehabt. Wurden deshalb Wolfgang und Birgit Bauer, wie sie erzählen, dazu aufgefordert, Beobachtungen weiterzugeben und Autokennzeichen aufzuschreiben? Benutzte, ja missbrauchte das Polizeipräsidium Schwaben das Ehepaar für Observierungen, welche die Behörde etwa für die Amerikaner machten? Und muss Wolfgang Bauer deshalb unglaubwürdig gemacht werden, weil zum einen die illegale Aktion eines US-Agenten hochbrisant ist und das Verhalten bayerischer Ermittler nicht weniger obskur war? Augsburger Fahnder weisen dies strikt zurück.

Doch dann wird eine andere hochdubiose Ermittlungspraxis bekannt: Bayerische Ermittler haben in Abstimmung mit der Münchner Staatsanwaltschaft den Anwalt von Khaled el-Masri abgehört. Man habe herausfinden wollen, ob sich Beteiligte der Entführung bei ihm im Nachhinein melden, lautet die Begründung. Tatsächlich nutzte man den Lauschangriff unter anderem dazu, um Gespräche von el-Masris Anwalt mit Journalisten, die in der heiklen Sache intensiv recherchierten, abzuhören. Ein ungeheuerlicher Vorgang, der auch prompt von Berliner Politikern missbilligt wurde.

Journalisten abzuhören und unbequeme Zeugen mehr oder weniger für verrückt zu erklären, scheinen nur zwei Spielarten zu sein, wenn es manchen Ermittlungsbehörden darum geht, unangenehme Vorfälle, die sie in die Bredouille bringen könnten, unter »Kontrolle« zu bekommen. Gerade im Zusammenhang mit der deutschen Terrorfahndung im Raum Ulm ist es zu mehreren äußerst merkwürdigen Vorfällen vergleichbarer Art gekommen. Da droht eine Bundesbehörde schon einmal einem Ermittler, er werde gehörige Nachteile haben, wenn er weiter mit Medien spreche. Die Kenntnis der Behörde über konkrete Gesprächsinhalte lassen den dringenden Schluss zu, dass er heimlich abgehört wurde.

Vielsagend auch die Erfahrung, die Reporter des *ARD*-Politikmagazins »Report Mainz« bei einer Recherche zur Neu-Ulmer Islamistenszene und Entführung von el-Masri machten. Ein fränkischer Taxifahrer hatte in Vorgesprächen mit den Fernsehjournalisten mehrfach behauptet, er habe Khaled el-Masri vor den Terroranschlägen vom 11. September 2001 zusammen mit zwei anderen Arabern von Nürnberg nach Hamburg gefahren – zum späteren Todespiloten Mohammed Atta, der die Taxirechnung bezahlt habe. Sicherheitsbehörden erfuhren von der Recherche. Als die Journalisten wenig später den Mann besuchten und seine Aussagen filmen wollten, hatte der Taxifahrer plötzlich einen totalen Blackout: Er wusste kaum noch, wer er selbst überhaupt ist. Geschweige denn, wen er damals nach Hamburg fuhr. »Informanten abräumen« nennt man so etwas im Fachjargon.

Im Falle des Neu-Ulmer Ehepaars geht derweil die etwas durchsichtige Strategie, Zeugen als psychisch angeschlagen und daher unglaubwürdig erscheinen zu lassen, nicht so richtig auf. Wolfgang Bauer ist von solch moralisch fragwürdigen Attacken längst nicht mehr überrascht, er kennt sie bereits aus gewissen Telefonanrufen. Vor allem aber wurde die Rechnung ohne Birgit Bauer gemacht, die kerngesund ist und bei der die Legende geistiger Unzurechnungsfähigkeit so gar nicht greifen kann. Sie und ihr Mann haben die behördlichen Verunglimpfungen satt. Im Oktober 2006 gehen sie an die Öffentlichkeit: »Wenn es nötig ist, sagen wir vor dem Berliner Untersuchungsausschuss unter Eid aus, was damals passiert ist.« Als die Onlineausgabe des *Stern* und »Report Mainz« im Oktober 2006 über Bauers Erfahrungen mit dem mutmaßlichen US-Agenten und den deutschen Fahndern berichten, attestiert der Chef des Bundes deutscher Kriminalbeamter (BDK), Klaus Jansen, den Eheleuten, ihre Aussagen seien »sehr glaubhaft«.

Der Berliner Untersuchungsausschuss nimmt den Neu-Ulmer Vorgang sehr ernst und befasst sich mit ihm. August Hanning, in der fraglichen Zeit Chef des Bundesnachrichtendienstes, wird vom Gremium gefragt, ob es Aktivitäten von US-Geheimdienstlern im Raum Ulm gegeben habe. Er könne es nicht bestätigen, antwortet Hanning – aber er wolle es auch »nicht ausschließen«. Auch Vertreter bayerischer Sicherheitsbehörden werden danach befragt, ob amerikanische Terrorfahnder im Raum Ulm aktiv waren und es eine Zusammenarbeit mit deutschen Behörden gab. Die geladenen Beamten verneinen dies, müssen aber kritische Zusatzfragen über sich ergehen lassen.

Auch ein Beamter des Polizeipräsidiums Schwaben, Teilnehmer des »klärenden« Gesprächs mit uns, wird im Untersuchungsausschuss befragt. Woher denn die Amerikaner derart detaillierte Kenntnisse von der Ulmer Islamistenszene und el-Masri hatten, will man unter anderem von ihm wissen. Er fällt durch eine besonders sinnige Antwort auf: »Vielleicht aus der Zeitung.« Plötzlich scheint man an den geistigen Fähigkeiten des Befragten irgendwie zu zweifeln. Ein Ausschussmitglied gibt zu verstehen, dass dies damals nicht der Fall gewesen sein kann. Dass Khaled el-Masri beispielsweise 40 000 Euro aus Norwegen überwiesen bekommen hat, habe damals mitnichten in irgendeiner Zeitung gestanden.

Dem kann der Augsburger Beamte nicht widersprechen. Er macht einen eher mürrischen Eindruck. Mit seinen Widersprüchen im Gepäck reist der bayerische Terrorfahnder zurück – in den dichten Donaunebel. Dorthin, wo tarnen, tricksen, täuschen offenbar zum Geschäft von Rechtsstaathütern gehört.

6. Im Zweifel für die Macht

Neue Leuna-Spuren und die untätige Justiz

Deutsche Staatsanwälte haben die Pflicht, allen verfolgbaren Straftaten nachzugehen. Was als »Legalitätsprinzip« die Basis ihrer Arbeit darstellt, sollte selbstverständlich sein. Denn so wird ein wichtiges Stück Demokratie gewährleistet. Doch diese grundlegende Pflicht wird von einigen Justizbehörden vornehmlich dann außer Kraft gesetzt und umgangen, wenn es um mögliche Straftaten derer geht, die demokratische Macht ausüben – um hochrangige Politiker. Ein Widerspruch in sich, mehr noch: ein massiver Verstoß gegen demokratische Grundregeln. Geradezu als Symbol für diese eklatante, Demokratie-gefährdende Pflichtverletzung steht seit vielen Jahren der Name eines ostdeutschen Ortes, bei dem ehemalige Regierungspolitiker bis heute blass und sehr schweigsam werden und Vertreter der Justiz putativ die Schultern einziehen: Leuna. Der Fall ist so brisant wie grotesk:

Beim Verkauf der ostdeutschen Leuna-Raffinerie an den französischen Staatskonzern Elf Aquitaine im Jahr 1993 waren über Schweizer Konten Provisionen in Höhe von insgesamt achtzig Millionen D-Mark geflossen. Rund fünfzig Millionen an den deutschen Lobbyisten Dieter Holzer und dreißig Millionen an den französischen Vermittler Pierre Lethier, beides ehemalige Geheimdienstler. Weil Staatsanwaltschaften in der Schweiz und in Frankreich diese Provisionszahlungen zu hoch erschienen und der Verdacht bestand, dass Holzer damit auch Politiker bestochen haben könnte, ermittelten sie.

Genfer Fahnder beschlagnahmten Bankunterlagen und stießen auf ein weit verzweigtes Geflecht aus Firmen und Stiftungen, über die nach ihrer Einschätzung Geldwäsche betrieben worden sein musste. Sie entdeckten eine »deutsche Spur« der mutmaßlichen Bestechung. Konkret handelte es sich um Zahlungen, die offenbar unter dem Codewort »Ostdeutsches Observatorium« gelaufen waren. Bei Vernehmungen der Pariser Untersuchungsrichterin Eva Joly sagte der ehemalige Elf-Aquitaine-Manager Maurice Mallet aus, es seien »gewaltige Schmiergelder und Provisionen« nach Deutschland geflossen. Empfänger seien deutsche Politiker gewesen. Ähnlich äußerten sich später auch der damalige Elf-Präsident Loïk Le Floch-Prigent und Alfred Sirven, der Herr der schwarzen Kassen bei Elf Aquitaine war. Schweizer Ermittler wiederum hatten Anhaltspunkte dafür, dass Schmiergelder vor allem an deutsche CDU-Politiker geflossen seien.

Im April 1997, als die Ermittlungen auf Hochtouren liefen, spielte sich in Paris ein ganz schlechter Krimi ab: Im Büro der französischen Finanzpolizei wird eingebrochen. Die Täter kennen das Codewort für den Zentralcomputer. Sie stehlen gezielt alle Unterlagen, die auf die deutsche Leuna-Spur hinweisen. Einen Tag später betont der Bundesnachrichtendienst (BND), er sei an diesem Einbruch nicht beteiligt gewesen – obwohl dies gar nicht behauptet wurde. Der Leuna-Deal war auf höchster politischer Ebene auf den Weg gebracht worden: zwischen dem damaligen Bundeskanzler Helmut Kohl und dem französischen Staatspräsidenten François Mitterand. Mehrere Regierungs- und Landespolitiker vornehmlich der Union waren in das Milliardenprojekt eingebunden gewesen. Die Schweizer und französischen Ermittlungen warfen akut die Frage staatlicher Korruption auf: War die Regierung Kohl käuflich? Eine hochheikle Frage, bei der sich deutsche Justizbehörden gleich in Serie wegduckten.

Unglaublich, aber wahr: Bis heute hat keine einzige deutsche Staatsanwaltschaft Leuna-Ermittlungen ernsthaft aufgenommen, obwohl aus der Schweiz ein ganzer Lastwagen voll Unterlagen bereitgestellt wurde. Die Journalisten Thomas Kleine-Brockhoff und Bruno Schirra, die sich intensiv mit der Leuna-Affäre beschäftigt haben, sprachen schon 2001 von einem »Fall von kollektiver Ermittlungsverweigerung hart an der Grenze zur versuchten Strafvereitelung«.[1]

Wie recht sie damit haben. Bis heute. Neue Leuna-Spuren, auf die wir durch eine lange Recherche stießen, deuten darauf hin, dass und wie die Elf-Schmiergelder nach Deutschland geflossen sind. Sie zeigen in drastischer Weise, wie sich die deutsche Justiz ganz bewusst blind gestellt hat – wider besseres Wissen. Offensichtlich aus Gründen der Staatsraison. Es ist ein gräuliches Lehrstück dafür, wie der Rechtsstaat und damit die Demokratie durch untätige, gleichwohl willfährige Juristen enormen Schaden nimmt.

Die deutsche Leuna-Spur wird nicht ermittelt

Die Millionenprovisionen aus dem Leuna-Geschäft sind in einem weit verzweigten System von Offshore-Unternehmen, Briefkastenfirmen und Stiftungen verschwunden. Ein überaus aufwändiges Kanalsystem, über das bis 1999 mehr als 123 Millionen Euro hin- und herbewegt wurden. Schweizer Ermittler haben in minutiöser Kleinarbeit diese dunklen Geldflüsse rekonstruiert und in einem riesigen Schaubild festgehalten, der so genannten Leuna-»Tapete«. Darauf tauchen an zentralen Stellen immer wieder die Namen zweier Deutscher auf – als WB, »wirtschaftlich Berechtigte«, der meisten Unternehmen, über deren Konten Millionensummen geflossen sind: Dieter Holzer, der Lobbyist und Exgeheimdienstler, sowie der ehemalige CSU-Verteidigungsstaatssekretär Ludwig-Holger Pfahls, den wir schon aus den geschmierten Panzerlieferungen nach Saudi-Arabien und als Manager von DaimlerChrysler kennengelernt haben.

Pfahls wird später vor dem Augsburger Landgericht sagen, er sei von fremder Seite und ohne sein Wissen als »wirtschaftlich Berechtigter« eingetragen worden. Und Holzer wird im Januar 2001 eine eidesstattliche Versicherung abgeben, wonach er im Zusammenhang mit dem Leuna-Projekt weder Spenden an deutsche Parteien noch Geld- oder Sachzuwendungen an CDU-Politiker gegeben habe. Doch wozu diente dann dieses höchst klandestine System? Beim genauen Studium der »Tapete« finden sich zwei Zentralstellen im dubiosen Leuna-Geldfluss: ein Holzer zugeordnetes Konto beim Schweizer Bankenverein Sankt Gallen und ein Konto der von Holzer als Generalbevollmächtigter geführten Firma Delta International bei der Luxemburg-Dependance der Deutschen Siedlungs- und Landesrentenbank, abgekürzt DSL Bank. Gerade vom Konto der DSL

Bank in Luxemburg gingen immer wieder hohe Summen auf Wanderschaft durchs dunkle Kanalsystem – und kehrten dorthin wieder zurück. Oft nach Devisengeschäften oder Barabhebungen.

Bedeutende Guthaben, so finden die Genfer Ermittler heraus, sind Richtung deutsche Konten abgeflossen. An dieser Stelle sind deutsche Justizbehörden gefragt, sowohl was Ermittlungen wegen mutmaßlicher Geldwäsche angeht als auch den Endverbleib der Millionen. Der Genfer Generalstaatsanwalt Bernard Bertossa nennt sogar konkrete Namen mutmaßlicher »Helfershelfer«. Es sind allesamt CDU-Politiker, die sofort jeglichen Vorwurf bestreiten. Wiederholt informiert Bertossa deutsche Kollegen über die Spuren nach Deutschland. Er weist sie darauf hin, dass der Fluss der untersuchten und zu untersuchenden Gelder letzten Endes einen Zusammenhang mit Abläufen habe, die der öffentlichen Bestechung unterlägen. Doch deutsche Strafverfolger bis hin zum Bundeskriminalamt stellen sich in trauter Einheit blind, taub und stumm. Die Augsburger Staatsanwaltschaft wird die Leuna-Akten abgeben. Danach weigern sich nicht weniger als sechs deutsche Staatsanwaltschaften, ein Ermittlungsverfahren wegen Bestechungsverdachts zu eröffnen.

Daraufhin wählt Bertossa einen bis dahin einmaligen Weg, um die deutsche Justiz doch noch aus dem Leuna-Tiefschlaf zu rütteln: Am 14. September 2000 schickt er einen wesentlichen Teil seiner Ermittlungsergebnisse nach Deutschland – »an die zuständige deutsche Behörde«, wie es in seinem siebzehn Seiten langen Brief an die Augsburger Staatsanwaltschaft heißt. Detailliert gibt Bertossa die Schweizer Erkenntnisse über die Bewegungen der Leuna-Gelder weiter. Mit Nennung der zentralen Personen Dieter Holzer und Ludwig-Holger Pfahls. Und mit zig Hinweisen auf das zentrale Holzer-Konto bei der DSL Bank Luxemburg, der Dependance einer deutschen Bank.

Die DSL Bank mit Sitz in Bonn war zum Zeitpunkt des Leuna-Verkaufs eine halbstaatliche Bank, die unter der Obhut der damaligen Kohl-Regierung stand. Das Bundeslandwirtschafts- und das Finanzministerium waren an ihr beteiligt. Im Jahr 1993 waren Jochen Borchert (CDU), der im Januar das Landwirtschaftsressort übernommen hatte, und Theo Waigel (CSU) die Aufsichtsminister. Genau bei dieser Bank lag das im System des dubiosen Leuna-Geldflusses so wichtige Holzer-Konto. Hier hätten deutsche Justizbehörden ihre Ermittlungen ansetzen können. Viel mehr: Sie hätten dort ansetzen müssen. Doch dies passiert nicht. Gar nichts passiert. Es ist der Skandal im Skandal: Die deutsche Leuna-Spur wird in Deutschland nicht ermittelt. Selbst die Generalbundesanwaltschaft in Karlsruhe wird am Ende die Schweizer Ermittlungsergebnisse wie eine brandheiße Kartoffel anfassen und rasch wieder fallen lassen.

Nur zwei Aufrechte in dieser mächtigen Justizgroteske »verstoßen« gegen dieses System der kollektiven Arbeitsverweigerung: der Augsburger Staatsanwalt Winfried Maier und der Steuerfahnder Winfried Kindler. Sie wollen ermitteln und damit ihrem Auftrag als Strafverfolger nachkommen. Und beide sind damals, wie unsere Recherchen ergaben, der deutschen Leuna-Spur sehr nahe gekommen – bis sie von der justiz-politischen Obrigkeit zurückgepfiffen wurden.

Maier und Kindler sind jene Ermittler, die maßgeblich die Schwarzgeldpraxis der CDU ans Tageslicht gebracht haben. Ihre akribische Arbeit ließ seit Mitte der Neunzigerjahre vor allem Unionspolitiker bange nach Augsburg blicken. Denn dort liefen gleich mehrere Verfahren gegen CDU/CSU-Prominenz: Exschatzmeister Walther Leisler Kiep zählte genauso zu den Beschuldigten wie der ehemalige Verteidigungsstaatssekretär Ludwig-Holger Pfahls und Max Strauß, der Sohn des verstorbenen bayerischen Ministerpräsidenten Franz Josef Strauß. Es ging um den Verdacht der Bestechlichkeit, Geldwäsche und Steuerhinterziehung. Die »Mutter« aller dieser Verfahren waren Ermittlungen gegen den kontakt- und schmiergeldfreudigen Waffenhändler Karlheinz Schreiber, der sich nach Kanada abgesetzt hatte.

Bei ihren Ermittlungen stellen Winfried Maier und Winfried Kindler fest, dass es Schnittmengen in den verschiedenen Affären gibt. Immer wieder geht es um dieselben Beteiligten und dieselben Konten – im Falle Pfahls, Strauß und Schreiber scheinen Gelder über dasselbe Firmen- und Kontengeflecht geflossen zu sein, in dem auch die Elf-Millionen verschwunden sind. Als Maier darauf stößt, will er auch in Sachen Leuna ermitteln. Doch er wird abgeblockt – nach allen Regeln der juristischen Kunst, die Aufklärung eines Staatsskandals zu verhindern. Die Münchner Justizverwaltung, diskret gelenkt von der CSU, sagt kategorisch nein. Und Maiers Chef, der Leiter der Augsburger Staatsanwaltschaft, hält sich daran:

Leuna wird nicht ermittelt. Man sei ja schon durch die anderen Ermittlungsverfahren überlastet, wird erklärt.

Fortan ist der Leuna-Fall in der bayerischen Justiz vermintes Gelände: nicht betreten, politische Einflussgefahr. Staatsanwalt Winfried Maier darf sich nicht einmal mit der französischen Untersuchungsrichterin Eva Joly in Paris austauschen. Seinen Dienstreiseantrag bescheidet die Münchner Generalstaatsanwaltschaft negativ. Maier trifft sich dennoch mit Eva Joly am Rande einer Konferenz. Die mutige Ermittlerin in Paris betont, wie wichtig es ist, die deutsche Spur zu verfolgen – den Abfluss der Leuna-Schmiergelder an deutsche Politiker.

Maier und Kindler handeln – in dem engen Rahmen, der ihnen gesteckt ist. Nach ihren damaligen Erkenntnissen hatte Max Strauß 1994 von der Liechtensteiner Holzer-Firma Delta International 300 000 D-Mark nach München transferiert – der Geldfluss lief über die DSL Bank in Luxemburg. Die Augsburger Ermittler haben den Verdacht, dass auf diesem Weg Bestechungsgelder gewaschen wurden. Sie wissen auch, dass Strauß im April 1990 bei der DSL Bank in Bonn ein Darlehen in Höhe von 780 000 D-Mark aufgenommen hatte. An diesen Punkten setzen sie an. Innerhalb des Strauß-Verfahrens beantragen sie die Beschlagnahmung sämtlicher Bankunterlagen von Max Strauß bei der Deutschen Siedlungs- und Landesrentenbank. Sie haben Glück, vom Amtsgericht Augsburg bekommen sie am 22. April 1999 grünes Licht für die Hausdurchsuchung. Sie bezieht sich freilich nur auf die DSL-Bankzentrale in Bonn. Für Nachforschungen in der Luxemburger DSL-Dependance wäre ein Rechtshilfeersuchen nötig, daran ist nicht zu denken.

Brisante Informationen über eine halbstaatliche Bank

Was die beiden Ermittler in der Bonner Bankzentrale damals erfahren, ist bisher nicht an die Öffentlichkeit gelangt. Ein Vertreter des Geldinstituts sagt den Augsburger Fahndern, die DSL Bank sei schon seit den Achtzigerjahren von der Union als »Hausbank« missbraucht worden, vornehmlich von der CSU. Auf politischer Seite habe man sich der Bank nach Belieben »bedient«. Immer wieder seien sehr diskrete Geldbewegungen über sie abgewickelt worden, deutet er an. Dass die Augsburger Ermittler wegen des Verfahrens gegen Max Strauß gekommen sind, findet der Bankvertreter »schade«: In anderer Sache, so gibt er mit Unterton zu verstehen, hätte er ihnen deutlich mehr erzählen können. Ein Hinweis auf Leuna?

Seit Beginn der Regierungsära Kohl im Jahr 1982 waren und blieben die Ministerien für Finanzen und für Landwirtschaft immer fest in Unionshand. Hat dies auch und besonders damit zu tun, dass gerade diese Ministerien für die DSL Bank zuständig waren – sollte damit der Zugriff auf die »Hausbank« kontinuierlich gewahrt bleiben? Und spielte diese diskrete Zugriffsmöglichkeit im Fall Leuna eine entscheidende Rolle?

Maier und Kindler können solchen Fragen nicht nachgehen. Sie dürfen es nicht. Es gibt kein Leuna-Ermittlungsverfahren. Punkt, aus. Als die Münchner Justizverwaltung von der Hausdurchsuchung bei der DSL Bank erfährt, soll es mächtig Ärger gegeben haben. Die Rolle der halbstaatlichen deutschen Bank in der Leuna-Affäre wird wie eine Verschlusssache geführt. Ermitteln verboten. Obwohl ein Großteil von Holzers monumentalem Geldkarussell immer wieder über das Konto von Delta International bei der DSL Bank Luxemburg führte. Obwohl die Hausdurchsuchung deutliche Anzeichen dafür gebracht hatte, dass sie für politisch dubiose Transaktionen benutzt wurde. Und obwohl – Zufall oder nicht – im wichtigen Jahr 1993 zwei Unionspolitiker, die mit Dieter Holzer befreundet waren und die auf seine Bitten hin beim Leuna-Verkauf aktiv geworden waren, just Staatssekretäre in den DSL-Bank-Aufsichtsministerien Finanzen und Landwirtschaft waren: Manfred Carstens (CDU) und Wolfgang Gröbl (CSU).

Carstens war für Holzer besonders hilfreich. Als die Zustimmung des Bundesfinanzministeriums zum Leuna-Kaufvertrag auf sich warten ließ, bat der Elf-Lobbyist seinen Freund Carstens am 5. Oktober 1992, Elf Aquitaine zu versichern, »dass es sich bei dem Zustimmungsverfahren um einen ganz normalen Vorgang deutscher Administration handelt«. Nur einen Tag später meldete Carstens nach Paris: »Die haushaltsrechtliche Einwilligung ist ein normales, gesetzlich normiertes Verfahren.«[2] Der Finanz-Staatssekretär war auch behilflich, als es darum ging, dem französischen Konzern finanzielle Versprechungen zu machen.[3] Am 10. Juli 1992 hatte Carstens den damaligen Elf-Präsidenten Loïk Le Floch-Prigent in

Bonn getroffen.[4] Als die Genfer Generalstaatsanwaltschaft Ende 1999 in einem Rechtshilfeersuchen Angaben über mögliche Bestechung deutscher Unionspolitiker erbat, die mit Holzer bekannt seien, wurde auch Carstens Namen genannt.[5] Er wies jeglichen Bestechungsvorwurf weit von sich.

Auch Wolfgang Gröbl, zunächst Staatssekretär im Verkehrsministerium und ab Januar 1993 Staatssekretär im Landwirtschaftsministerium, tat für Dieter Holzer Gutes. Er bestätigte später, sich mit seinem Freund mehrfach in Sachen Leuna getroffen zu haben.[6] Im Verkehrsministerium war es um die Privatisierung und den Verkauf der Minol-Tankstellen gegangen, konkret um eine kartellrechtliche Ausnahmeregel für Autobahntankstellen – und damit um eine Bevorzugung von Elf Aquitaine. Der anfängliche Widerstand in Gröbls Ministerium hatte sich plötzlich und für die Franzosen wunderbar aufgelöst.[7] Später wird Gröbl betonen, dass er zwar mit Holzer befreundet sei, geschäftlich aber mit ihm überhaupt nichts zu tun habe.[8] Als Elf-Lobbyist Dieter Holzer von der französischen Justiz angeklagt worden war, machten sowohl Manfred Carstens als auch Wolfgang Gröbl 2003 im Pariser Prozess Aussagen, die ihren Freund entlasten sollten.[9]

Keinem deutschen Ermittler ist jemals aufgefallen, dass die beiden Holzer-Freunde Carstens und Gröbl im Jahr 1993 Staatssekretäre in jenen Ministerien waren, unter deren Obhut die für den Schmiergeld-Kreislauf so wichtige DSL Bank stand. Wie sollte es auch, sie durften solchen Schnittstellen nicht nachgehen. Genauso wenig der Frage, welches Wissen der damalige DSL-Bankchef hatte. Dabei könnte gerade sie der Schlüssel bei der deutschen Leuna-Spur sein. Der Banker, der enge Kontakte in die CDU und CSU gehabt haben soll, war seit den Achtzigerjahren Vorstand der DSL Bank, 1989 wurde er Vorstandschef. Er war mit Dieter Holzer befreundet, wie der uns selbst bestätigte. Als Holzers filigrane Geldflüsse starteten, war er der führende Mann bei der DSL Bank. An Weihnachten 1992 flossen die Leuna-Provisionen in Höhe von rund 250 Millionen Franc an eine Briefkastenfirma, deren Treuhänder mit Dieter Holzer befreundet sind. Im Februar 1993 wird das Geld zwischen Holzer und den französischen Leuna-Vermittlern aufgeteilt. Die Briefkastenfirma überweist jetzt 152 Millionen Franc auf Holzers Delta-Konto bei der DSL Bank in Luxemburg.

Wäre die Justiz, statt gegen ihren eigenen Auftrag zu verstoßen, der Frage nachgegangen, ob und wie Elf-Schmiergelder an deutsche Politiker gelangten, hätte sie die DSL Bank dringend ins Visier nehmen müssen. Denn die »Hausbank« der Union bot aufgrund ihrer halbstaatlichen Struktur ein geradezu optimales, weil verschwiegenes System, über das geräuschlos klandestine Geldtransfers abgewickelt werden konnten. Dafür, dass dies tatsächlich auch passiert ist, gibt es Hinweise: Der damalige Chef der DSL Bank soll einem langjährigen Freund erzählt haben, dass Anfang 1993 über die DSL Bank Leuna-Schmiergelder an Unionspolitiker ausbezahlt worden seien, teilweise bar auf die Hand. Der Mann behauptet, der Banker habe ihm damals diese Information für den Fall anvertraut, dass ihm etwas passiere.

Den Bankchef kann man heute dazu nicht mehr befragen. Seine Geschichte, für die sich offenbar niemand interessiert hat, ist tragisch. Und mysteriös. Im Frühsommer 1993 sind seine Tage bei der DSL Bank plötzlich gezählt. Für die Öffentlichkeit unerwartet, verkündet der Verwaltungsrat die Trennung von ihm. Offizielle Begründung: Es gebe unterschiedliche Ansichten über die zukünftige strategische Ausrichtung der teilprivatisierten Bank. Keine Rede ist davon, dass über die politische »Hausbank« offenbar seit längerem diskrete Geldbewegungen stattgefunden haben.

Der Bankchef arbeitet danach für ein Geldinstitut in der Schweiz. Am 12. Oktober 1995 ist er tot. Offiziell heißt es, er sei an den Folgen einer langen Krankheit gestorben. Fakt ist: Am Morgen des 12. Oktober 1995 hat er sich in einem Hotel in Iserlohn tödliche Verletzungen zugezogen – durch einen Treppensturz. Ausgerechnet auf einer Sicherheitstreppe. Er wird noch ins Krankenhaus gebracht, wo man ihm nicht mehr helfen kann.

Zwei Monate vor seinem Tod sind erstmals Gerüchte laut geworden, wonach es im Zusammenhang mit der Privatisierung und dem Neubau der Leuna-Raffinerie zu Subventionsbetrug gekommen sein soll. Im September 1995 setzt der Bundestag den Untersuchungsausschuss »DDR-Vermögen« ein, der sich später auch mit Leuna beschäftigen wird. Den ehemaligen DSL-Bankchef kann man da nicht mehr vernehmen.

Übrigens: Durch einen Treppensturz kommt im Jahr 2001 in einer Villa in Cannes auch ein Mann mit besten Kontakten zur Kohl-Regierung und angeblich brisantem Wissen ums Leben: der deutsche Milliardär

Diethelm Höner. In der französischen Presse wird berichtet, dass Höner unter anderem Kenntnisse über die Leuna-Affäre gehabt haben soll. Die Lage, in der die Leiche aufgefunden wird, gibt der französischen Polizei Rätsel auf, sie ermittelt wegen möglichen Fremdverschuldens. Die Ermittlungen werden schließlich eingestellt. Heikle Fragen bleiben: Warum waren in der festungsartigen Höner-Villa ausgerechnet zum Zeitpunkt seines tödlichen Treppensturzes die Sicherheitskameras ausgeschaltet?

Die französische Untersuchungsrichterin Eva Joly und der Genfer Generalstaatsanwalt Bernard Bertossa konnten es nie fassen, dass ihre deutschen Kollegen in Sachen Leuna völlig untätig blieben. »Die Motive solcher Staatsanwälte sollte man mal untersuchen«, ärgerte sich Eva Joly noch 2006 in einem Interview. »Wollten sie lieber in Ruhe in Urlaub fahren? Wollten sie einem Freund helfen? Wollten sie ihre Karriere nicht behindern?« Und Joly betonte: »Das Problem in Deutschland ist, dass die Staatsanwälte nicht unabhängig sind. Ohne unabhängige Staatsanwälte gibt es keinen echten Kampf gegen Korruption.«[10]

Den »würdigen« Schlusspunkt in der deutschen Justizgroteske namens Leuna setzt die Generalbundesanwaltschaft in Karlsruhe. Gänzlich frustriert vom Tiefschlaf jenseits der Grenze schickt Bertossa Ende Mai 2001 alle Schweizer Ermittlungsunterlagen zur »deutschen Spur« nach Deutschland – an das Bundesjustizministerium. Die Bürger in Deutschland hätten das Recht zu erfahren, warum und wie bei der Leuna-Privatisierung Geld veruntreut worden sei und wer davon profitiert habe, sagt Bertossa. Diesen Teil der Wahrheit könne nur die deutsche Justiz ans Licht fördern. »Andernfalls bliebe nur der Schluss, dass gewisse Delikte wie Korruption in Deutschland nicht verfolgt werden. Dann muss man sie auch konsequent aus dem Strafgesetzbuch streichen.«[11]

Das Bundesjustizministerium gibt den Aktenberg an den Generalbundesanwalt, er soll seine Zuständigkeit prüfen. Die deutsche Justiz müsse im Fall Leuna handeln, heißt es zunächst im hohen Hause von Kay Nehm. Doch schon nach erster Durchsicht sieht der »General« keinen Anlass für »zentrale Ermittlungen«.[12] Es bleibt dabei: Die deutsche Justiz lässt die Finger von Leuna. An möglicher Staatskorruption möchte man sie nicht verbrennen. Die Politik kann sich auf ihre Rechtsstaathüter verlassen. Im Zweifel für die Macht.

War der Leuna-Geldfluss eine Camouflage?

So kommt es auch, dass eine weitere brisante Spur bis heute völlig unter dem roten Teppich blieb. Die Millionenprovisionen waren von Elf Aquitaine geflossen, das stand fest. Für manchen Insider blieb aber immer fraglich, ob Dieter Holzer ausschließlich für seine Aktivitäten beim Leuna-Deal so fürstlich belohnt worden war. Immerhin schien sich seine Tätigkeit auf ein paar gelenkige Handreichungen bei der Anbahnung und Umsetzung des Raffinerieverkaufs zu beschränken. Seine guten Kontakte zum Kohl'schen Kanzleramt, wo er Quellenschutz genoss, waren sicher hilfreich. Doch hat der gewiefte Geschäftsmann mit Geheimdienstkontakten den Franzosen vielleicht noch andere wichtige Dienste geleistet? Und warum tauchte ausgerechnet der Name von Ludwig-Holger Pfahls, als Verteidigungsstaatssekretär im Leuna-Komplex eher artfremd, wiederholt im monumentalen Elf-Geldkreislauf auf? Und was steht schließlich hinter den Hinweisen von Ermittlern, wonach auch der Waffenhändler Karlheinz Schreiber Zugang zu diesem dubiosen Geldkreislauf hatte?

Mögliche Antworten auf diese Fragen findet man, wenn man sich auf ein – in vielerlei Hinsicht – vermintes Terrain begibt: in den internationalen Rüstungsbereich. Konkret: die Geschäfte des damaligen französischen Staatskonzerns Thomson, der heute als Rüstungsriese Thales firmiert. Fakt ist: Fast zeitgleich zum Leuna-Projekt von Elf Aquitaine wickelte Thomson Anfang der Neunzigerjahre einen Rüstungsdeal ab, bei dem genauso Schmiergelder in rauen Millionenmengen flossen – teilweise bezahlt über Elf Aquitaine. Es ging um den Verkauf von sechs Marinefregatten an Taiwan in Höhe von 16,4 Milliarden Franc. Im Zuge des Verkaufs wanderten mehrere hundert Millionen US-Dollar auf Schweizer Konten. Eindeutig Bestechungsgelder, wie Pariser Untersuchungsrichter später sagen werden.

Auch bei dieser Affäre sind Personen, die offenbar über Wissen verfügten, unter mysteriösen Bedingungen ums Leben gekommen. Einer von ihnen ist Thierry Impert, der dem französischen Auslandsgeheimdienst DGSE[13] angehörte. Er soll aus dem Fenster seines Pariser Apartments gestürzt sein, als er den Fensterladen richtete. Imperts Vater, früherer DGSE-Chef, erklärte jedoch, sein Sohn habe ihm anvertraut, dass er wisse, wie die Provisionen im Fall der Fregatten verteilt worden seien.

Frankreichs damaliger Außenminister Roland Dumas hatte sich zunächst gegen den Fregattenverkauf gestellt, da die Volksrepublik China sich beschwerte und mit einer Verschlechterung der diplomatischen Beziehungen drohte. Im Jahr 1991 stimmte Dumas jedoch dem Deal zu. Bis dahin hatte Elf Aquitaine seiner Geliebten Christine Deviers-Joncours zwei Jahre lang jeden Monat rund 12 500 Euro bezahlt, ohne dafür jemals eine Gegenleistung zu erhalten. Zusätzlich erhielt sie weitere neun Millionen Euro. Der Elf-Skandal in Frankreich und die Fregattenaffäre von Thomson haben sich also gekreuzt: Elf zahlte für die Belange des Rüstungskonzerns Schmiergelder aus. Eine Camouflage, hinter der vor allem ein Mann stand: Alfred Sirven, der Herr der schwarzen Elf-Kassen – genau jener Alfred Sirven, der auch bei den Provisionszahlungen in Sachen Leuna die Fäden zog. Und damit ein enger »Geschäftspartner« von Dieter Holzer war.

Fakt ist auch: Es gab prägnante Schnittstellen zwischen Protagonisten der deutschen Bestechungsaffären und dem Thomson-Konzern. Bei dem bayerischen Waffenlobbyisten Karlheinz Schreiber sind sie offenkundig: Als die österreichische Regierung 1994 einen 1,3 Milliarden Schilling schweren Auftrag für Radar-Luftraumüberwachung zu vergeben hatte, war Thomson einer der Bewerber. Doch die Franzosen standen bei der internen Bewertung des Wiener Wirtschaftsministeriums nur auf Platz drei. Daraufhin suchten sie eilig den Kontakt zum damaligen Wirtschaftsminister Wolfgang Schüssel. Ein Thomson-Manager wandte sich an Karlheinz Schreiber mit der dringenden Bitte, Türöffner zu spielen.

Der Waffenhändler aus Kaufering blieb offenbar nicht tatenlos: »Wiesheu wegen Schüssel«, steht in Schreibers legendärem Kalender mit Datum 3. September 1994. Und Schreiber gab später an, er sei mit dem Thomson-Manager beim damaligen bayerischen Wirtschaftsminister Otto Wiesheu gewesen, der bei Schüssel angerufen habe, um Thomson einen persönlichen Termin bei Schüssel zu verschaffen. Am Ende bekam Thomson den Zuschlag. Schüssel bestritt später, von Thomson bestochen worden zu sein. Tatsache jedoch ist, dass der französische Konzern definitiv Schmiermittel einplante, um den Auftrag zu bekommen. Ein Thomson-Repräsentant bot damals einem SPÖ-Wehrexperten zwanzig Millionen Schilling in einem Koffer an. Der aber informierte seine Partei über das unmoralische Angebot.[14]

Für die Vermittlung des Schüssel-Termins klagte Schreiber acht Jahre später gegen Thomson sein »Honorar« ein. Man einigte sich vor Gericht in einem Vergleich, über dessen Inhalt Stillschweigen vereinbart wurde. Schreiber soll nach österreichischen Medienberichten von Thomson zwei Millionen Franken bekommen haben.

Zwei wichtigen Fragen ist die deutsche Justiz nie nachgegangen: Gab es, wie Insider berichten, auch zwischen Ludwig-Holger Pfahls und Thomson eine gewisse Zeit lang eine Affinität? Und trifft die Behauptung von »Whistleblower« zu, dass Dieter Holzer im Fregattengeschäft des französischen Konzerns mit Taiwan involviert gewesen sein soll? Holzer sagte uns gegenüber, er habe »sicherlich« für Thomson gearbeitet. Er dementiert jedoch, am Taiwan-Geschäft beteiligt gewesen zu sein. Fremd ist Dieter Holzer das asiatische Land freilich nicht. Genauso wenig Ludwig-Holger Pfahls. Immerhin hielt sich Pfahls im Sommer 1999 just in Taiwan auf, nachdem in Deutschland Haftbefehl gegen ihn erlassen worden war. Von Taiwan flog er nach Hongkong. Als er dort am 3. Juli 1999 untertauchte, war sein Freund Dieter Holzer an seiner Seite. Am Flughafen von Hongkong habe sich Pfahls plötzlich verabschiedet, er habe danach keinen Kontakt mehr zu ihm gehabt, erzählte Holzer danach. Zielfahnder des BKA haben ihm diese Aussage nie abgenommen.

Sinnfällig ist auch die Geografie von Pfahls Flucht. Ende 2002 kann der international gesuchte Expolitiker scheinbar mühelos in ein europäisches Land einreisen und sich dort zwei Jahre unerkannt aufhalten. Es ist ausgerechnet das Stammland der staatlichen Konzerne Elf Aquitaine und Thomson und das Land, in dem Holzer einige Geheimdienstkollegen aus alten Tagen hat: Frankreich. Im Jahr 2005 startet die Staatsanwaltschaft Augsburg ein Ermittlungsverfahren gegen Holzer – wegen des Verdachts der Fluchthilfe für Pfahls. Nach Zeugenaussagen soll Pfahls in Frankreich finanziell unterstützt worden sein – von Holzer oder dessen Freunden.

Fahnder, die sich jahrelang mit dem Fall Pfahls befasst haben, sind sich ziemlich sicher: Pfahls Verwicklung im Fuchspanzer-Deal, bei dem er von Karlheinz Schreiber Gelder bekommen hat, könne nicht der einzige Grund sein, warum er fünf Jahre auf der Flucht war. Da müsse mehr dahinterstecken. Oft fällt dann das Stichwort Leuna. Angesichts all dieser Umstände drängen sich Fragen auf, die zu stellen sich die deutsche Justiz selbst nie erlaubt hat: Hat es im Fall Leuna eine ähnliche Elf-Camouflage gegeben wie beim Fregattengeschäft? Waren also Teile der Schmiergeldmillionen an Holzer auch »Lohn« für brisante Rüstungsgeschäfte der Franzosen? Und hat die Tatsache, dass Pfahls' Name im monumentalen Geldkreislauf auftaucht, damit zu tun?

Wie bedeutsam eigentlich diese Fragen sind, zeigt sich in fast schon zynischer Weise: Als die Pariser Untersuchungsrichterin Eva Joly sich für den möglichen Rüstungshintergrund des Elf-Skandals interessierte, wurde ihr diskret, aber unmissverständlich beschieden: »Sie werden das nicht überleben ...«

Höchstrichterliche Anleitungen für Schwarzgeldjongleure

Der Fall Leuna zeigte es schon: Manche Augsburger Ermittler erinnerten viele Jahre lang an die wackeren Gallier Asterix und Obelix. Wobei ihr Chef, wie man gesehen hat, immer wieder befürchtete, dass ihm der Münchner Himmel auf den Kopf fällt. In ganz Deutschland fand sich keine Staatsanwaltschaft, die dem Verdacht politischer Korruption nachgeht. Ganz Deutschland? Nein, in der altehrwürdigen Fuggerstadt versuchten couragierte Fahnder, Licht in eine ganze Serie dunkler Schmiergeldfälle zu bringen.

Karlheinz Schreiber, der »Vater« all dieser Affären, hatte bei der Verteilung der Millionenprovisionen einige Fantasie walten lassen. Die Gelder stammten nach Erkenntnissen der Augsburger Staatsanwaltschaft aus dem Verkauf von Airbus-Flugzeugen nach Kanada und Thailand sowie aus dem berühmt-berüchtigten Verkauf von 36 Spürpanzern nach Saudi-Arabien. Der Kauferinger Waffenhändler ließ die in Tranchen gezahlten Provisionen auf von ihm persönlich unterhaltene Nummernkonten beim Schweizer Bankverein in Zürich transferieren. Für die prominenten Personen, denen er Teilbeträge aus dem reichhaltigen Schmiergeldpotenzial zukommen ließ, eröffnete er in Zürich so genannte Rubrikkonten, denen er jeweils Decknamen zuordnete – orientiert an den Vornamen der mutmaßlichen Provisionsempfänger. Dem Augsburger Steuerfahnder Winfried Kindler gelang es, den Code dieser Rubrikkonten zu knacken: »Holgart« stand demnach für Holger Pfahls, »Waldherr« für den früheren CDU-Bundesschatzmeister Walther Leisler Kiep, »Jürglund« und »Winter« für die Thyssen-Manager Jürgen Maßmann und Winfried Haastert.

Ein 1988 eröffnetes Rubrikkonto war zunächst auf den Decknamen »Master« gelaufen und Anfang 1991 auf »Maxwell« geändert worden. Dahinter stand, wie Kindler herausfand, Max Strauß, Sohn von Franz Josef Strauß. Wobei, so wurde spekuliert, »Master« für den Chef des Strauß-Clans, FJS persönlich, gestanden habe könnte. Max Strauß soll bei der Anbahnung und Vermittlung von Airbus-Projekten beteiligt gewesen sein und dabei alte Kontakte seines Übervaters genutzt haben. Nach Erkenntnissen der Augsburger Staatsanwaltschaft ließ Schreiber dem Strauß-Sohn in den Jahren 1991 bis 1993 mehr als drei Millionen D-Mark zukommen. Und die Ermittler kamen zu dem Ergebnis, dass es zwischen Schreiber und Max Strauß eine Absprache gegeben habe, wonach der Waffenhändler dessen Provisionen auf das Schweizer Rubrikkonto »Maxwell« überweist und die Gelder für ihn verwaltet.

Schreiber habe damit die Strauß-Provisionen als Treuhänder verwaltet, meinte die Justizbehörde. Und für sie war auch klar: Diese Übereinkunft und der diskrete Geldweg über das Rubrikkonto »Maxwell« sollten es Strauß ermöglichen, die Provisionszahlungen am deutschen Fiskus vorbeizulenken. Max Strauß wurde wegen Steuerhinterziehung angeklagt. Das Landgericht Augsburg sah es als erwiesen an, dass Strauß Einkommensteuer in Höhe von 1,6 Millionen D-Mark hinterzogen habe, und verurteilte ihn im Jahr 2004 zu einer Haftstrafe von drei Jahren und drei Monaten. Im Gegensatz zum reuigen Sünder Ludwig-Holger Pfahls hatte Strauß den Vorwurf stets zurückgewiesen. Wobei er vor Gericht einen auffallend abwesenden Eindruck machte, weshalb der Vorsitzende Richter Maximilian Hofmeister an den Verhandlungstagen regelmäßig nach dem werten Befinden des Angeklagten fragte.

Dieses dürfte sich am 11. Oktober 2005 erheblich verbessert haben. Denn an diesem Tag fällte der fünfte Strafsenat des Bundesgerichtshofs (BGH) in Leipzig eine Entscheidung, welche die Augsburger Ermittler und Richter buchstäblich an ihrer jahrelangen Arbeit (ver-)zweifeln lassen muss: Der BGH-Senat unter Vorsitz von Monika Harms hob das Augsburger Urteil auf. Was viele Rechtsexperten damit kommentierten, dass Max Strauß nun mit einem Freispruch rechnen könne.

Die Begründung der hohen Richter hat es in sich. Ein zentraler Einwand des BGH-Senats gegen das Augsburger Urteil war: Ein Treuhandverhältnis zwischen Max Strauß und Karlheinz Schreiber sei nicht »hinreichend belegt«.[15] Eine Vereinbarungstreuhand, wie es das Landgericht Augsburg als gegeben ansah, müsse auf »ernst gemeinten und klar nachweisbaren Vereinbarungen zwischen Treugeber und Treuhänder beruhen und tatsächlich durchgeführt werden«.[16] Wesentliches Kriterium für die Annahme eines Treuhandverhältnisses sei die Weisungsbefugnis des Treugebers gegenüber dem Treuhänder und damit korrespondierend die Weisungsgebundenheit des Treuhänders gegenüber dem Treugeber sowie – im Grundsatz – dessen Verpflichtung zur jederzeitigen Rückgabe des Treuguts. Dies sei im Falle des Rubrikkontos »Maxwell« nicht gegeben. Der BGH-Senat bestätigt zwar, dass das von Schreiber eingerichtete Rubrikkonto »Maxwell« Max Strauß zuzuordnen sei. Doch die Richter kommen zu dem Schluss: »Eine klar nachweisbare Vereinbarung, wie der für diese Rubrikkonten weiterhin allein zeichnungsberechtigte Schreiber mit den Geldern hätte verfahren sollen, lässt sich (…) nicht erkennen.« Und der BGH-Senat betont: Vom Rubrikkonto »Maxwell« seien gar keine Gelder an Max Strauß geflossen.[17]

Dass das Treuhandverhältnis zu Schreiber nicht eindeutig nachgewiesen sei, hatte der fünfte Strafsenat des Bundesgerichtshofes bereits in den Revisionsfällen der verurteilten Thyssen-Manager Maßmann und Haastert geltend gemacht. Es war die zentrale Begründung dafür, dass die Augsburger Landgerichtsurteile gegen Maßmann und Haastert teilweise aufgehoben wurden.

Natürlich sind hochrichterliche Entscheidungen zu respektieren. Ermittler und Richter halten sich an dieses Prinzip. In so manchen Juristen- und Fahnderkreisen aber schüttelt man relativ fassungslos den Kopf. Denn bezieht man die BGH-Entscheidung auf den Ermittlungsalltag, dann könnte man eine einigermaßen bizarre Praxis ableiten. Schmiergeldfahnder müssen demnach künftig wohl darauf hoffen, dass Akteure von Provisionsflüssen fein säuberlich und schriftlich »klar nachweisbare« Vereinbarungen über ihr diskretes Tun anfertigen. Am besten mit einer klar leserlichen Unterschrift und Siegel. Das müsste dann in etwa so aussehen: »Ich, Schmiergeldempfänger A., vereinbare hiermit mit dem Treuhänder B., dass dieser die Millionensumme x für mich verwaltet und ich jederzeit Zugriff und Anspruch auf diese Gelder habe.« Bitte Namen und Summen vollständig angeben! Mit respektvollem Blick auf die Ermittler wäre es auch gut und zuvorkommend, Folgendes in der Vereinbarung hinzuzufügen: »Von dem Konto y, das der Treuhänder B. für mich angelegt hat, fließen die Provisionen nicht direkt an mich, sondern über die Umwege klein a) bis d). In Einzelfällen wird das Schmiergeld auch per Barabhebung zu mir gelangen.« Ein richtig guter Service für Fahnder wäre es, gleich das gesamte Netzwerk des filigranen Geldkreislaufs akkurat zu dokumentieren, unter Aufführung aller beteiligten Briefkastenfirmen und Konten. Die »Tapete« des Elf-Geldflusses, in dem Dieter Holzer professionelle Fähigkeiten bewiesen hat, mag dazu als hilfreiche Vorlage dienen.

Es liegt wohl leider in der Natur der Sache, dass bei Provisions- und Schwarzgeldvorgängen jedweder Art die Akteure eher selten in dieser Weise vorgehen. Sagen wir es mal so: Korruptionsermittlungen sind durch die BGH-Entscheidung nicht unbedingt einfacher geworden. Manche Fahnder haben eher den Eindruck, dass damit eigentlich nur das Schmieren einfacher wird. Weil die hohen Richter die Anleitung zum erfolgversprechenden Umgang mit Provisionen gleich mitgeliefert haben.

Der fünfte Senat des Bundesgerichtshofes in Leipzig wurde in den vergangenen Jahren mehrfach für »mutige« Entscheidungen öffentlich gelobt. Vor allem seine Vorsitzende Richterin. Als Monika Harms im Jahr 2006 die juristische Karriereleiter ein weiteres Stück hochstieg und Generalbundesanwältin in Karlsruhe wurde, erinnerten die Medien ehrfurchtsvoll an spektakuläre BGH-Revisionsentscheidungen, die ihre Handschrift tragen. Etwa an die Bestätigung der sechsjährigen Haftstrafe gegen den letzten DDR-Staatschef Egon Krenz, wobei Harms den Mitgliedern des Politbüros vorwarf, Hintermänner der Todesschüsse gewesen zu sein. Oder daran, dass sie es gewesen sei, die 2004 den Schlussstrich unter den Anschlag auf die Berliner Disco »La Belle« zog und deutlich gemacht habe, dass die eigentlichen Hintermänner und Drahtzieher in Libyen säßen. Bei all den Lobeshymnen und der Aufzählung ihrer Glanzleistungen wurde merkwürdigerweise die Aufhebung des Urteils gegen Max Strauß irgendwie vergessen. Schade eigentlich.

Nur der Vollständigkeit halber sei angemerkt: Monika Harms ist CDU-Mitglied. Und dieses politische Ticket war für ihren Karrieresprung nach Karlsruhe nicht gerade hinderlich.

Dämon unter Staatsschutz

Wenn Anklagen ausbleiben, obwohl es dringende Verdachtsmomente gibt, steht sehr oft mächtige Staatsraison dahinter. Sie bestimmt ganz stark das Verhalten der deutschen Justiz. Oft wirkt sie lange nach, wie im Fall der Terrorzeiten in den Siebziger- und Achtzigerjahren. In den Jahren der Roten Armee Fraktion (RAF), die im »deutschen Herbst« 1977 ihren blutigen Höhepunkt fanden, reagierte der Staat mit manchen Gegenmaßnahmen, die bis heute von den politisch Verantwortlichen verschwiegen werden – weil sie juristisch oder moralisch fragwürdig sind. Justizbehörden unterwarfen sich damals diesen »übergeordneten« Interessen. Und sie unterwerfen sich ihnen noch heute. Bürger, die Licht in diese brisante Dunkelzone bringen wollen, stören empfindlich das System des Verschweigens.

Als der Bauingenieur Karlheinz Ibach auf einen solchen Justizfall um heikle Staatsgeheimnisse stößt, gerät er in einen realen Thriller, der an Brisanz, Dramatik und auch Groteske jede Filmfiktion überbietet. Der in Baden-Württemberg lebende Mann hat stets an den Rechtsstaat geglaubt. Für Karlheinz Ibach stand fest: Die Justiz in diesem Land tut immer und in jedem Fall alles, um Straftaten vollständig aufzuklären und Täter zur Rechenschaft zu ziehen. Wie Ibach heute weiß: ein frommer Glaube, den er verlor, als er feststellen musste, dass sogar Dämonen offenbar tabu sind und unter besonderem Schutz stehen – wenn sie dem Staat in obskurer Weise hilfreich waren.

Es passiert am 13. Februar 2001. Karlheinz Ibach arbeitet an diesem Tag in seinem Büro bei Rastatt, als er am frühen Abend die schreckliche

Nachricht bekommt. Er hört sie am Telefon, doch er begreift sie nicht. Er will sie nicht begreifen: Seine geschiedene Frau Beate ist tot in der Badewanne aufgefunden worden. Ibach fährt sofort zur Wohnung seiner Exfrau. Gedanken rasen durch seinen Kopf, Bilder spulen sich ab, Szenen von früher, als er Beate kennengelernt hatte, die Heirat, die Geburt ihrer Tochter, die Scheidung. Und plötzlich erinnert er sich an die Frage, die ihm seine Exfrau erst zwei Wochen zuvor gestellt hat, aufgeregt und drängend: »Wenn mir etwas passiert, wirst du dich dann um unsere Tochter kümmern?«

Beate hat sich am Morgen dieses Tages fiebrig gefühlt. »Eine Erkältung, nichts Schlimmes«, sagte sie zu ihren Kolleginnen in der Gemeindeverwaltung. Die vierundvierzigjährige Verwaltungsangestellte erledigte noch ein paar Dinge, gegen zwölf Uhr verließ sie das Rathaus. Als sie mittags in ihre Wohnung kam, rief sie ihre Mutter an: »Jetzt trinke ich einen Glühwein und nehme ein heißes Bad. Dann werde ich mich bestimmt besser fühlen.« Gegen sechzehn Uhr kam ihre Tochter nach Hause. Die fünfzehnjährige Schülerin öffnete die Tür. »Mama, bist du schon da?« Keine Antwort. Sie sah den Mantel ihrer Mutter an der Garderobe hängen, wurde unruhig. Das Mädchen ging die Treppe hinauf, in ihr Zimmer.

Plötzlich stand er in der Tür: Georg J., der Freund ihrer Mutter. Sie hatte nicht gemerkt, dass er offenbar schon in der Wohnung war, als sie nach Hause gekommen war. Georg wirkte sehr aufgeregt, sein Gesicht war blass. »Deine Mutter«, stammelte er, »ruf die 112 an.« Das Mädchen raste hinunter in den Flur zum Telefon, wählte die Notrufnummer. In diesem Augenblick öffnete Georg die Türe zum Badezimmer. Sie ließ den Hörer fallen. Zitternd betrat sie das Bad, ging ein, zwei Schritte hinein. Und wich mit einem Aufschrei zurück. Ihre Mutter lag regungslos in der Badewanne. Zusammen mit Georg zog die Fünfzehnjährige den leblosen Körper aus der Wanne, sie legten ihn auf den gefliesten Boden. Georg forderte das Mädchen auf, Wiederbelebungsversuche zu machen. Sie begann sofort damit, Georg schaute nur zu. Jede Hilfe kam zu spät.

Als Karlheinz Ibach die Wohnung seiner Exfrau betritt, sind die Notärzte und die Polizei schon auf dem Rückweg. Beates Leiche hat man weggebracht. Als Erstes stößt Ibach auf ihn: Georg J. sitzt in der Küche, die Arme auf den Tisch gestützt, das Gesicht darin vergraben. Als sich Ibach ihm nähert, hebt J. langsam den Kopf. Zum ersten Mal sieht Ibach diesen Mann, blickt in sein blasses, leicht aufgedunsenes Gesicht, in die zusammengekniffenen matten Augen. Karlheinz Ibach schaut ihn lange und eindringlich an, schweigend. Innerlich denkt er: »Du warst es, du bist für den Tod von Beate verantwortlich!« Und plötzlich hört Ibach wieder Beates Stimme: »Wenn mir etwas passiert …«

Es ist der Augenblick, in dem sich das Leben von Karlheinz Ibach schlagartig ändert. Als ob jemand einen Schalter umgelegt hätte. Es ist der Augenblick, in dem sich der ruhig wirkende, besonnene Mann schwört: Ich werde keine Ruhe geben, bis ich Klarheit über Beates Tod habe. Ibach weiß: Ein Stück weit bestimmt schlechtes Gewissen diesen Entschluss, der quälende Gedanke, nicht alles für seine geschiedene Frau getan zu haben, der Selbstvorwurf, ihre Warnung nicht ernst genug genommen zu haben. Es ist der Augenblick, in dem Karlheinz Ibach beginnt, akribisch jedes Detail, jeden Fetzen möglicher Realität zu sammeln und an Akten heranzukommen, um das Puzzle dieses Todes zusammenzusetzen.

War es ein Unfall, hat Beate Selbstmord verübt – oder wurde sie ermordet? Die Kripo Rastatt geht allen drei Möglichkeiten nach. Karlheinz Ibach erfährt bald, dass die Ermittler den Freund seiner Exfrau im Visier haben. Georg J. steht unter Mordverdacht. Und Betrugsverdacht. Nach und nach haben die Kripobeamten herausgefunden, dass er Beate um viel Geld betrogen hat – mit einem hinterhältigen Trick. Georg J. ist Sozialhilfeempfänger, doch er besuchte auffallend oft die Spielbank Baden-Baden. Er könne nicht arbeiten, weil er seine alte Mutter, die im Pflegeheim lebt, betreuen müsse, hat er beim Sozialamt angegeben. Er brachte Beate dazu, ihm im Laufe ihrer Beziehung insgesamt 100 000 D-Mark zu geben – mit der Lüge, er leide an Leukämie. Beate glaubte ihm, fiel auf die falsche Mitleidstour herein. Als sie selbst keine eigenen Mittel mehr zur Verfügung hatte, hob sie sogar vom Konto ihrer Tochter Geld ab, um ihm zu helfen.

Karlheinz Ibach erfährt auch, dass Georg J. noch einen perfiden Schritt weiter gegangen war: Er schaffte es, Beate zum Abschluss einer Risikolebensversicherung über 400 000 D-Mark zu bewegen. Begünstigter: Georg J. Am 1. Dezember 2000 wurde die Lebensversicherung abgeschlossen – nur knapp drei Monate vor Beates Tod. Die Ermittler sehen darin ein mögliches Mordmotiv von Georg J. Sein Alibi ist brüchig. Zur Todeszeit sei er bei seiner Mutter im Pflegeheim gewesen und habe dort Fernsehen geschaut, gibt er an. Doch die Sendung, die er gesehen haben will, lief an diesem Nachmittag nicht.

Karlheinz Ibach ist da noch optimistisch. Die Justiz scheint mit den Todesermittlungen rasch voranzukommen. Es sieht danach aus, dass sie Georg J. als Mörder überführen kann. Ibach erfährt von einer frühzeitigen Telefonnotiz der Gerichtsmedizin Heidelberg an die Staatsanwaltschaft Baden-Baden, die ihn darin bestärkt: Der Pathologe, der Beates Leiche obduziert, teilt zwei Tage nach ihrem Tod der Justizbehörde mit, dass es sich bei dem vorliegenden Fall um eine »sehr faule Sache« handle. »Der Befund der Obduktion spricht nicht für einen Ertrinkungstod in bewusstlosem Zustand.« Die Obduktion ergibt schließlich, dass Beate kurz vor ihrem Tod Alkohol zu sich genommen hatte: Rotwein, Portwein und einen Obstler. Der gemessene Blutalkoholwert ist auffallend hoch: 1,78 Promille.

Ein sehr ungewöhnlicher Befund. Beate hat nur selten Alkohol getrunken, wie Bekannte und Verwandte in Zeugenaussagen bestätigen. Schon gar nicht Rotwein, weil sie davon Migräneanfälle bekam. Die Pathologen stellen in ihrer nüchternen Gutachtersprache auch fest, dass der Ertrinkungskampf sehr lange angedauert habe – was eigentlich in einer Badewanne kaum vorkommen könne. Fremdeinwirkung habe man zwar nicht feststellen können. »Theoretisch denkbar« aber sei, dass sie »überraschend und plötzlich an den Füßen nach oben gezogen wurde, weshalb Oberkörper und Kopf unter Wasser gelangt sein können«. An beiden Fersen fanden sich Hautabschürfungen. Die Gerichtsmediziner tendieren offenbar zu einer Todeserklärung: Mord.

Immer und immer wieder stellt sich Karlheinz Ibach vor, was an diesem 13. Februar 2001 geschah – geschehen sein muss: »Dieser Georg hat Beate betrunken gemacht und dann, als sie nicht mehr alles wahrnehmen konnte, ihre Beine hochgezogen, bis sie ertrank«, denkt er. »Vielleicht hat er ihr auch etwas ins Glas getan, Gift?« Tage und Nächte hat er mit seiner Tochter geredet, über Beate und diesen Georg, wie der es schaffte, dass sie ihm so viel Geld gab, und wie er sie auf diese heimtückische Weise betrog. Die Tochter lebt nun bei Ibach, die Fünfzehnjährige leidet schwer am Trauma dieses Todes, das sie bis in die Träume verfolgt. Sie ist eine starke

Persönlichkeit, am Gymnasium engagiert sie sich weiterhin, und sie bleibt eine sehr gute Schülerin. Auch sie ist irgendwann überzeugt: Georg J. hat ihre Mutter ermordet. Das Mädchen erinnert sich daran, wie er einmal eine Pistole zeigte, sie rumliegen ließ. Und ihr fallen seine dunklen Andeutungen wieder ein, er habe früher Wichtiges für irgendwelche Geheimdienste gemacht. »Mir kann keiner was«, habe Georg J. immer wieder geprahlt. Ihr Vater horcht auf.

Karlheinz Ibach ist sich sicher: Dieser Mann hatte Macht über Beate. Irgendeine dunkle, undefinierbare Macht. An dem Tag, als sie ihn fragte, ob er sich um die gemeinsame Tochter kümmern werde, wenn ihr was passieren sollte, hatte sie gesagt: »Es gibt eine Planung, ein System.« Kurz danach war sie mit Georg J. nach Malta gereist. Sinn und Zweck der Reise waren im Dunkeln geblieben, sie hatte sich nicht geäußert. Nur dass man sich mit jemandem treffen werde. Ibach spürte es damals deutlich: Seine Exfrau hatte vor irgendetwas Angst.

Im Kalender von Beate findet Ibach eine merkwürdige Eintragung: Der 13. April 2001 ist eingekringelt. Es ist der Karfreitag. Was bedeutet das? Ibach schreckt auf: Beates Todestag ist auch ein 13. Er recherchiert weiter. Und stößt auf weitere Daten mit der mysteriösen 13. Am 13. September 2000 war Beates Vater gestorben. Ganz dubios: Am 13. Juni oder Juli 2000 war Beate plötzlich weg, für einige Stunden verschwunden. Als sie zurückkehrte, hatte sie ihrer Tochter nicht gesagt, wo sie gewesen war und was sie getan hatte. War Satanismus im Spiel?

Ibach erzählt alles den Ermittlern. Als daraufhin der von Georg J. mitgenutzte Computer untersucht wird, stößt man tatsächlich auf Stichworte wie »Satan« – und »Selbstmord auf Befehl«. Die Kripo meint: Es handele sich um eine von J. bewusst gelegte falsche Fährte. Ibach wendet sich an Sekten- und Satanismusexperten. Einer erklärt ihm, im Pseudosatanismus, hinter dem oft sexueller Missbrauch stehe, würden Frauen mit konkreten Todesdaten unter Druck gesetzt – die Daten lägen oft um Karfreitag.

Noch immer hofft Ibach darauf, dass die Staatsanwaltschaft die Ermittlungen erfolgreich abschließen und J. wegen Mordes anklagen wird. Irritiert ist er jedoch, als er in dieser Zeit zwei merkwürdige Informationen erhält: Der Rest aus der Rotweinflasche, die in Beates Wohnung gefunden worden war, sollte untersucht werden, auf Giftspuren. Als Ibach deswegen bei Ermittlern nachfragt, bekommt er die Antwort: Den Rotweinrest habe man bei der Spurensicherung in ein Filmdöschen geleert – dieses aber sei inzwischen nicht mehr auffindbar. Ibach macht das stutzig. Ebenso ist er irritiert, als er aus Ermittlungskreisen erfährt: Über Georg J. gebe es eine Staatsschutzakte.

Dann die Nachricht im Januar 2002, fast ein Jahr nach Beates Tod: Die Staatsanwaltschaft Baden-Baden hat die Mordermittlungen gegen J. eingestellt. Die Ergebnisse der Obduktion sprächen zwar »nicht unerheblich« gegen J., reichten aber bei einer Gesamtschau aller Umstände zur Anklageerhebung nicht aus. Als Ibach die Einstellungsverfügung liest, traut er seinen Augen nicht: »Weder ein Suizid noch ein Unglücksfall können mit der erforderlichen Sicherheit ausgeschlossen werden«, steht da. Und: »Das starke Motiv des Beschuldigten«, dem bekannt gewesen sei, dass Beate eine Risikolebensversicherung über 400 000 D-Mark zu seinen Gunsten abgeschlossen hatte, »genügt allein nicht, um zu der Annahme eines Tötungsverbrechens zu gelangen.«

Die RAF kommt ins Spiel

Karlheinz Ibach ist konsterniert. Zum ersten Mal bricht für ihn eine Welt zusammen, an die er bis dahin fest geglaubt hatte: seine Vorstellung vom Rechtsstaat. »Wie in aller Welt kann es möglich sein, dass dieser Mann frei herumläuft?« Täglich bohrt diese Frage in ihm, wenn er aufwacht, wenn er arbeitet, wenn er einzuschlafen versucht. Flieht er ins Freie, hat sie ihn bereits eingeholt. Nach und nach wird ein kritischer Gedanke daraus, ein Argwohn, der sich schließlich zum Verdacht auswächst: »Darf die Staatsanwaltschaft J. gar nicht wegen Mordes anklagen? Gibt es im Hintergrund Interessen, das zu verhindern?« Der Satz von Georg J., von dem die Tochter erzählt hatte, hat sich bei ihm tief eingegraben: »Mir kann keiner was.«

Karlheinz Ibach beginnt, alles über diesen Mann zusammenzutragen, was er an Informationen bekommen kann. Mit detektivischem Geschick findet er unter anderem heraus, dass J. kurz nach Beates Tod über das Internet versucht hat, Kontakt zu Frauen zu bekommen – wieder mit der Lüge, er sei schwer krank. Ibach kann sich ein Foto von J. beschaffen. Und er erfährt auch, dass J. in einer Kneipe Frauenbekanntschaften sucht und dabei immer wieder Erfolg hat. Mehreren Frauen erzählt er von seinen »bestimmten Kontakten«, er habe Verbindung zu deutschen und ausländischen Geheimdiensten. Ibach erfährt zudem, dass Georg J. offenbar Pässe gefälscht habe. Und er stößt darauf, dass J. mehrfach verheiratet war und immer den Namen der jeweiligen Frau angenommen hatte. J. wurde 1951 in Stuttgart geboren, hatte den Realschulabschluss, machte eine Ausbildung zum Großhandelskaufmann.

Was hat dieser Mann zu verbergen? Ibachs Tochter erzählt: »Einmal sagte er, er sei in den Siebzigerjahren V-Mann des Verfassungsschutzes gewesen. Und er erzählte, dass da irgendwas mit Stammheim war.« Ibach notiert sich alles.

Im September 2002 steht J. wegen Betruges an Beate vor Gericht. Karlheinz Ibach sitzt jeden Tag im Gerichtssaal, er fixiert den Angeklagten, lauscht jedem Detail. Vor allem als J.s Anwalt dessen schriftlich verfassten Werdegang vorliest. J. gibt darin an, er sei Mitte der Achtzigerjahre im Tierschutz aktiv gewesen, »als Einzelgänger«. Von verschiedenen Staatsanwaltschaften und Polizeibehörden sei er um Zusammenarbeit gebeten worden, da die damalige RAF versucht habe, Leute aus der autonomen Tierschützerszene zu rekrutieren. Zuletzt hätten sich damals Vertreter des Verfassungsschutzes und des BKA mit ihm in Verbindung gesetzt. »Dummerweise« sei bei einer Gerichtsverhandlung in Bayern sein Name gefallen, sodass ihm aus Sicherheitsgründen geraten worden sei, abzutauchen. Er habe daraufhin in Portugal auf einem kleinen landwirtschaftlichen Anwesen gelebt.

Zum ersten Mal ist das brisante Stichwort gefallen: RAF. Ibach ist wie elektrisiert. Er hakt bei der Staatsanwaltschaft nach – und stößt auf Schweigen. Am letzten Verhandlungstag aber nimmt ihn ein Ermittlungsinsider zur Seite: J. habe Ende der Siebzigerjahre für den Staat irgendeine schmutzige Arbeit gemacht und dafür Straffreiheit bekommen, sagt der Mann mit gepresster Stimme. Und: »Die Ermittler kommen an die Staatsschutzakte nicht heran.« Auch jetzt fällt, hinter vorgehaltener Hand, das Stichwort RAF.

Ibach beschafft sich den Werdegang, den J. von seinem Anwalt verlesen ließ. Von 1975 bis 1978 habe er sich in Afrika und Südamerika aufgehalten, gibt J. darin vor – ausgerechnet in der Hochphase des RAF-Terrors, im »deutschen Herbst« 1977, als Arbeitgeberpräsident Hanns-Martin Schleyer entführt und ermordet wurde und als die RAF-Führer Andreas Baader, Gudrun Ensslin und Jan-Carl Raspe nach der Befreiung der von arabischen Terroristen gekaperten Lufthansa-Maschine »Landshut« tot in ihren Stammheimer Zellen aufgefunden wurden. Ibach kommt das merkwürdig vor. Noch ergibt sich kein Gesamtbild, noch hält Ibach nur einzelne Bruchstücke dieses brisanten Puzzles in der Hand.

Die Suche nach der ganzen Wahrheit, für die sich die Justiz offenkundig nicht interessiert, sein Ziel, selbst Licht ins Dunkel von Beates Tod zu bringen, all das bestimmt längst Ibachs Alltag. Er kann sich kaum noch auf die Arbeit konzentrieren, im Büro bleibt vieles liegen. Der tiefe Frust über die Justiz und sein Hass gegen diesen Mann fressen ihn auf. Georg J. ist zwar wegen Betrugs zu drei Jahren und zwei Monaten Haft verurteilt worden, doch er hat Berufung eingelegt. Nach kurzer Zeit wird er wieder aus der Haft entlassen. Hat er einen Persilschein? Was hat es mit der »schmutzigen Arbeit« auf sich, die J. in der RAF-Zeit offenbar für den Staat gemacht haben soll? Was steht in der Staatsschutzakte? Warum wird sie den Ermittlern nicht zugänglich gemacht?

Als Ibach im Magazin *Stern* eine Reportage über die RAF und die »Nacht von Stammheim« liest, meint er, Antworten gefunden zu haben. Der Tod von Andreas Baader, Gudrun Ensslin und Jan-Carl Raspe sei ein staatlich unterstützter Selbstmord gewesen, wird dort berichtet: Staatliche Instanzen, die in der RAF-Bekämpfung aktiv waren, hätten frühzeitig gewusst, dass die RAF-Anführer bei einem Scheitern der Landshut-Entführung Selbstmord verüben würden – und dass sie im Hochsicherheitstrakt bereits seit längerer Zeit im Besitz von Waffen seien.

Das hieße: Der Staat nahm in Kauf, dass die Gefängniswärter von Stammheim in großer Gefahr ihren Dienst verrichten mussten – nicht ahnend, dass die RAF-Gefangenen sie mit Waffen in ihre Gewalt hätten bringen können. Der *Stern* führt zahlreiche Indizien dafür an. Und er berichtet von dem Mann, der dem Staat vor dem Selbstmord der RAF-Anführer von den Waffen in den Stammheimer Zellen erzählt haben soll: Volker Speitel, der Mann, der für die RAF gearbeitet hatte, bis er nach seiner Verhaftung Anfang Oktober 1977 zum Kronzeugen des Generalbundesanwalts mutiert war. Zum »Meistersänger«, wie ihn die RAF-Szene seitdem titulierte. Speitel hatte bei Vernehmungen ausgesagt, dass die zuvor in Aktenordnern versteckten Waffen über die beiden RAF-Anwälte Arndt Müller und Armin Newerla in den Hochsicherheitstrakt geschmuggelt worden seien. Müller und Newerla wurden danach zu Haftstrafen verurteilt. Sie hatten den Waffenschmuggel immer bestritten.

Speitel wurde für seine Zeugenaussagen vom Staat belohnt: Nach einer kurzen Haftstrafe kam er am 1. September 1979 frei, wurde ins Zeugenschutzprogramm des BKA aufgenommen, ausgestattet mit einem fürstlichen Handgeld. Bei Nacht und Nebel brachte ihn ein BKA-Beamter außer Landes. Unter neuem Namen – Thomas Keller – ging Speitel zunächst nach Afrika, danach nach Brasilien, gründete dort eine Werbefirma, arbeitete für »VW do Brasil«, heiratete eine Brasilianerin. Früh zog es Speitel, der schon in der RAF-Szene als Windbeutel galt, nach Deutschland zurück. Um 1984 arbeitete er mit neuer Identität für ein Unternehmen bei Stuttgart, 1985 wurde er Pressechef eines großen Campingwagen-Herstellers bei Gütersloh. Als eine Mitarbeiterin Keller 1987 auf einem Foto in einer Zeitschrift erkannte, informierte sie daraufhin die Geschäftsleitung. Sofort tauchten Beamte des Bundeskriminalamts auf, lösten die Wohnung des Kronzeugen auf – Speitel alias Thomas Keller tauchte erneut unter. Seitdem war er spurlos verschwunden.

Das Foto von Volker Speitel, das in dem Magazin abgebildet ist, lässt Ibach nicht los. Er vergleicht es mit dem Foto von Georg J., das er sich beschafft hat. Der dubiose RAF-Kronzeuge sieht J. sehr ähnlich. »Er muss Speitel sein«, denkt Ibach. Plötzlich erscheint alles so klar: die Staatsschutzakte, die nicht herausgegeben wird, die Einstellung des Mordverfahrens, die Aussage von J., »mir kann keiner was«, der heimliche Hinweis des Ermittlungsinsiders, »er hat für den Staat eine schmutzige Arbeit gemacht«. Das alles passt nun zusammen. Wie die beiden Fotos. Ibach zeigt der Schwester von Beate das Foto aus dem Magazin. Sie sagt: »Ja, das ist Georg.«

Ibach recherchiert weiter, studiert noch einmal intensiv die biografischen Angaben von J. – und stößt auf mehrere Schnittstellen: Speitel ist fast so alt wie J., wurde auch in Stuttgart geboren, Speitel war in Afrika und Südamerika, genau das hat auch J. angegeben. Wie Speitel war auch J. wieder in den Raum Stuttgart zurückgekehrt. Und beide verfügen über grafische Fähigkeiten: Speitel als gelernter Plakatmaler, der in Brasilien eine Werbefirma hatte, von J. weiß Ibach unter anderem, dass dieser die Spiegelschrift beherrscht, hat dazu einen Beleg. Beide hatten ein Kunststudium angefangen.

Ibach nimmt Kontakt zu einem der Autoren des *Stern*-Berichts über Stammheim und Speitel auf. Als der Journalist danach die Staatsanwaltschaft Baden-Baden telefonisch auf die auffälligen Parallelen zwischen J. und Speitel anspricht, spürt er den Schock am anderen Ende der Leitung. Er bekommt nur ausweichende Antworten. Ibach erfährt, dass kurz nach diesem Gespräch der für die Mordermittlungen zuständige Staatsanwalt aufgeregt den Richter besucht hat, der J. wegen Betrugs verurteilt hat. Neue Anrufe bei der Staatsanwaltschaft. Jetzt herrscht Schweigen. »Kein Kommentar.« Der Journalist wendet sich an den Hauptermittler der Kripo Rastatt. Der darf nichts sagen. Hat er einen Maulkorb bekommen?

Zwei Wochen später teilt plötzlich der Staatsanwalt dem Journalisten mit: Es stehe fest, dass J. nicht Volker Speitel sei, sagt er. Der Reporter ist verblüfft. Er fragt nach, warum sich dies jetzt plötzlich so definitiv sagen lasse. Der Staatsanwalt schweigt einige Sekunden, dann sagt er: Es gebe einen Fingerabdruck von J. Und daran zeige sich, dass er nicht Speitel sei.

»Wurde der Fingerabdruck im jüngsten Mord- und Betrugsverfahren gegen J. genommen?«, will der Reporter wissen.

Der Staatsanwalt druckst herum. »Nein.«

»Wann dann?«

»Das ist schon länger her.«

»Wie lange?«

»Ende der Siebzigerjahre«, hört er den Staatsanwalt sagen.

Der Journalist horcht auf. Es gibt nach so langer Zeit noch einen Fingerabdruck von Georg J.?

»Warum wurde er damals genommen?«, fragt der Reporter. Er spürt, dem Staatsanwalt ist das Gespräch unangenehm.

Es habe damals so etwas wie ein Verfahren gegeben, sagt der Staatsanwalt schmallippig.

»Welches Verfahren?«

Wieder schweigt der Beamte zunächst. Dann sagt er: »Es war nichts Großes.«

»Wurde J. damals deswegen verurteilt?«

Jetzt ist der Staatsanwalt kaum noch zu hören. »Nein«, flüstert er und räuspert sich.

Der Journalist hebt seine Stimme: »Sie wollen sagen, seit Jahrzehnten wird ein Fingerabdruck von J. aufbewahrt – aus einem Verfahren Ende der Siebzigerjahre, das gar nicht zur Verurteilung geführt hat?«

Keine Reaktion.

»Ist das normal?«

Keine Reaktion.

»Gibt es eine Staatsschutzakte über J.?«

Der Staatsanwalt räuspert sich erneut.

Der Journalist versucht nachzuhaken: »Sie haben immer noch nicht erklärt, warum damals ein Fingerabdruck …«

Der Staatsanwalt fällt ihm ins Wort. »Mehr ist nicht zu sagen.« Dann ist das Gespräch beendet.

Karlheinz Ibach saugt jedes Wort auf, als er von dem Telefongespräch mit dem Staatsanwalt erfährt. Seine Augen flackern unruhig. »Im Prozess wurde klar gesagt, J. sei nicht vorbestraft.« Ibach schüttelt den Kopf. »Da läuft doch ein ganz mieses Spiel. Der angebliche Fingerabdruck stammt gerade aus der Zeit, als J. für den Staat diese ›schmutzige Arbeit‹ gemacht hat.«

Ein V-Mann in Sachen Terror

Noch einmal geht Ibach die biografischen Angaben durch, die J. vor Gericht gemacht hatte. »1975 bis 1978 Afrika- und Südamerikareise«, steht darin. 1978 habe er Maria geheiratet, eine Brasilianerin. Von Vorgängen, die in dieser Zeit zur Abnahme seines Fingerabdrucks geführt haben, kein einziges Wort. Keine Andeutung von einem polizeilichen Verfahren gegen ihn. J. suggeriert, dass er in dieser Zeit gar nicht in Deutschland war. Eine Lüge?

Ibach liest weiter: »Bis 1983 zusammen mit meiner Mutter und meiner Frau ein brasilianisches Speiselokal in Stuttgart geführt.« Stimmt die Angabe von J., dass er von 1978 bis 1983 dieses Lokal hatte? Ibach sammelt weiter Informationen – längst macht er das, was die Justiz hätte tun müssen. Bei der Stuttgarter Stadtverwaltung findet sich die damalige Genehmigung zum Betrieb des brasilianischen Lokals. Die Konzession war auf die Mutter von J. ausgestellt. Datiert ist sie auf das Jahr 1982. Beendigt wurde der Lokalbetrieb 1986. Jetzt steht fest: J. hat in seinem Werdegang, den er vor Gericht von seinem Anwalt verlesen ließ, falsche Angaben gemacht. Ausgerechnet für die Zeit, in der jener mysteriöse Vorgang mit dem Verfahren und dem Fingerabdruck stattfand – und in der er für den deutschen Staat offenbar eine »schmutzige Arbeit« machte und dafür Straffreiheit bekam. Es war die Hochphase der staatlichen Konfrontation mit dem RAF-Terror.

Doch kann J. wirklich Volker Speitel, der Kronzeuge der RAF-Prozesse und »Meistersänger«, sein? Zweifel kommen auf, als sich zwei Presseberichte aus der Zeit Mitte der Achtzigerjahre finden. Darin wird J. namentlich genannt – als Tierschützer, der an Aktionen gegen Tierhändler beteiligt war und dabei mit Fernsehreportern zusammengearbeitet hatte. In der Boulevardpresse wurde J. sogar als »Hunderetter« gefeiert. In Stuttgart findet sich eine Tierschützerin, die J. Mitte der Achtzigerjahre persönlich kannte. »Er war eine merkwürdige, zwielichtige Figur. Irgendwas stimmte mit ihm nicht, er hatte ein Geheimnis«, sagt die Frau. Sie hat aus dieser Zeit ein Foto, das eindeutig J. zeigt. Jetzt spricht alles dafür: Nach menschlichem Ermessen kann J. nicht Speitel sein. Ibach ist zunächst enttäuscht, dann sagt er: »Aber eines steht für mich fest: Wenn er vielleicht nicht Volker Speitel ist, dann hatte er aber für den Staat damals wohl die Funktion eines Spitzels.«

Dafür findet Ibach tatsächlich mehrere Indizien. Und am Ende klare Beweise. Es gelingt ihm, weitere Personen ausfindig zu machen, die mit J. in Kontakt standen. Eine Frau erzählt: »Er sprach viel davon, dass er für staatliche Stellen gearbeitet habe, in Zusammenhang mit der RAF. Und er sagte mehrmals, dass er Ende der Siebzigerjahre in Stammheim eingeschleust gewesen sei.« War das die »schmutzige Arbeit«, die J. für den Staat gemacht haben soll? War er als Spitzel im Hochsicherheitsknast eingesetzt? Als Ibach und der Journalist in den Ort fahren, in dem J. inzwischen lebt, passiert Merkwürdiges: Hinter ihnen hält ein Auto mit fremdem Kennzeichen, der Fahrer fixiert sie. Plötzlich nimmt der Mann eine Fotokamera in die Hand, hält sie auf Ibach und den Journalisten. Danach rast der Unbekannte mit quietschenden Reifen davon. Werden sie observiert?

Neue brisante Puzzleteile kommen hinzu: Georg J. hat eine schriftliche Erklärung verfasst – »zur Sache BKA-Mitarbeiter«. Bereits zur Zeit, als die Stammheimer Prozesse gegen RAF-Mitglieder stattfanden, habe er mit verschiedenen Staatsanwaltschaften zusammengearbeitet, schreibt J. darin. Damals habe er bereits eine eigene Tierschutzorganisation gegründet. Eines Tages sei über einen Kripobeamten ein baden-württembergischer Verfassungsschützer an ihn herangetreten. »Er machte mich auf die RAF-Situation aufmerksam, teilte mir mit, dass diese aus Mangel an Personal im Moment versuchen würde, aus allen Ecken militante Leute zu rekrutieren.« Bei dieser Besprechung sei ein Mann vom BKA anwesend gewesen. »Er hatte sich damals mit Ausweis ausgewiesen.« J. habe zugestimmt, dass er als Besucher an den Stammheimer Prozessen teilnehme – »ich hatte damals lange Haare, Bart, typischer Woodstock-Jahrgang«.

Der Auftrag von J. war offenbar noch weitaus brisanter: Da er der portugiesischen, französischen und englischen Sprache mächtig sei, habe man ihn für besonders geeignet gehalten, Kontakte zu einer portugiesischen und französischen Terrorgruppe sowie zu Anhängern der deutschen RAF aufzunehmen. »Meine Aufgabe war es, mich in eine WG von RAF-Sympathisanten einzuschleusen.« Der Verfassungsschützer habe ihm für diesen Auftrag eine Telefonnummer und den Decknamen »Apollo« gegeben.

»In eine WG konnte ich mich nicht einschleusen«, schrieb J. weiter. »Es gelang mir aber, über Portugal … Mitteilung über ein RAF-Kommando zu erhalten, welches mit einem hellen VW-Bus über Kehl die französische Grenze passieren wollte, das Datum weiß ich nicht mehr.« Wie er später vom Verfassungsschützer erfahren habe, habe dieses Kommando, das offensichtlich in Deutschland einen Anschlag geplant habe, genau mit dem von ihm beschriebenen VW an diesem Grenzübergang dingfest gemacht werden können. Von dem Kripobeamten und Verfassungsschutzmann habe er »in regelmäßigen Abständen neutrale weiße Umschläge mit Inhalt als Gegenleistung erhalten«.

Die Staatsanwaltschaft Baden-Baden schweigt beharrlich zu diesen schriftlichen Erklärungen von J. Doch einige Zeit später bekommt Ibach

Gewissheit: Georg J. war tatsächlich V-Mann der Kripo – und des Verfassungsschutzes Baden-Württemberg. Ein Staatsspitzel in der RAF-Zeit. »J. gab uns wiederholt Informationen über Aktionen radikaler Tierschützer, aufgrund derer dann ermittelt wurde«, bestätigt heute sein damaliger V-Mann-Führer bei der Kripo. J. verfügte vor allem aber über erstaunlich gute Informationen über RAF-Mitglieder.

»Terror war nicht mein Bereich, daher habe ich ihn als V-Mann an den Verfassungsschutz weitergegeben«, sagt der damalige Kripobeamte. Um das Jahr 1984 habe J. erklärt, er habe genauere Kenntnis, wo sich ein mutmaßliches RAF-Mitglied aufhielte: Bei Nacht sei die Frau bei Saarbrücken über die französische Grenze geflüchtet. Und tatsächlich: RAF-Fahnder stellten fest, dass die Hinweise von J. zutrafen. »Er hatte Insiderwissen«, sagt der Kripomann. »Für mich war er ein merkwürdiger Mensch, ein Abenteuertyp, der meist finanziell klamm war.« Der Kripomann bestätigt auch, dass J. Mitte der Achtzigerjahre abtauchen musste.

Jetzt wird für Ibach immer klarer, warum die Justiz im Fall J. so mauert – und dass in diesem Fall Staatsraison vor Aufklärungspflicht steht: »Es darf nicht herauskommen, dass ein dubioser Staatsspitzel offenbar zum Mörder geworden ist.« Ibach recherchiert weiter. Und stößt auf weitere Ungeheuerlichkeiten. Ibach weiß, dass J. in den Achtzigerjahren mit einer Frau in Portugal lebte. Monatelang versucht er, sie ausfindig zu machen. Endlich hat er Erfolg. Er ruft die Frau an, erzählt ihr seine Geschichte, von Beates Tod, von seinen Recherchen über J., vom aufreibenden Kampf gegen »diesen Mörder«. Sie ist bereit, sich mit ihm zu treffen. »Ich habe das Gefühl, dass sie viel weiß«, sagt Ibach. Er fiebert dem Gespräch entgegen.

Als die Frau zwei Wochen später das Café betritt, in dem sie sich mit Ibach verabredet hat, schaut sie sich unsicher um. Am Tisch sagt sie: »Georg J. war von Grund auf böse. Ein Dämon. Er war besessen von der Phantasie, Macht über Menschen zu haben.« Sie beginnt zu erzählen, von J.s Gewaltausbrüchen, die sich immer wieder auch gegen sie gerichtet hätten. Und von den Waffen, die er offen herumliegen ließ. »Einmal hat er einen Hund mit einem Schlag getötet.« Sie spricht von Körperverletzung, sexuellen Übergriffen, gefälschten Kontoauszügen, Ladendiebstahl, Betrug. »Georg machte alles, um nicht arbeiten zu müssen. Er fand es erniedrigend, arbeiten zu müssen. Über Leute, die ihrer Arbeit nachgingen, machte er sich lustig.« Sein Ziel sei es immer gewesen, Frauen willig zu machen, damit die ihm sein Leben finanzieren. »Er war intelligent, hatte rhetorische Fähigkeiten. Er konnte Menschen überzeugen – und er spielte mit ihnen, betrog sie. Die Legende mit der Leukämie brachte er schon damals.« Ihre Stimme ist fest, die Gestik bestimmt. Ibach merkt: Diese Frau ist eine starke Persönlichkeit. »Was muss sie alles erlitten haben«, denkt er, »so wie Beate.«

Plötzlich sagt sie: »J. hat sich zwanzig Jahre auf diesen Mord vorbereitet.« Ibach schaut die Frau verblüfft an. »Schon damals hat er mit Giften experimentiert, die nicht nachzuweisen sind«, erzählt sie. »Als ich ihn damit konfrontierte, sagte er, er befasse sich seit den Siebzigerjahren damit. Tatsächlich hatte er mehrere Bücher zu diesem Thema.« In Ibach arbeitet es. »Ich habe es immer gewusst: J. hat Beate etwas in den Rotwein gegossen – Gift!«, denkt er. Er ballt die Faust: »Im Rotweinrest hätten die Ermittler das Gift vielleicht nachweisen können. Es löst wohl epileptische Anfälle aus. Ich wurde damals von der Kripo gefragt, ob Beate Epileptikerin war. Was nicht der Fall war. Das Gift wäre der Beleg für den Mord gewesen. Und plötzlich war die Filmdose mit dem Rotweinrest verschwunden …«

Wie in Trance hört Ibach die Frau weiter erzählen. »Georg ging damals noch weiter. Er hat Frauen auf unseren Hof gelockt, als Gäste, dann schüttete er ihnen K.-o.-Tropfen ins Getränk. Ich glaube, er verwendete unter anderem die Samen der Herbstzeitlosen dazu. Georg wollte die Frauen so sexuell gefügig machen. Und sie berauben.« Einmal habe eine Frau zwei Tage durchgeschlafen. »Danach war ihr Geld weg.« Die Expartnerin von J. richtet sich in ihrem Stuhl auf. »Er malte Bilder – voller Gewalt gegen Frauen.« Dann sagt sie: »Dass ich ihm Paroli bot, hat ihn völlig schockiert. Ich habe ihn verlassen, dafür hasste er mich.«

Auf einem Bild, das J. malte, bedrohe ein Mann eine Frau mit Messern. Diese Frau trage ihre Gesichtszüge. »Das Bild hängte er im Schlafzimmer seiner neuen Frau auf. Das ist doch krank, oder?« Immer wieder habe J. angedeutet, keiner könne ihm was. Er habe »gewisse Freunde«. Gleichzeitig habe er immer peinlich genau darauf geachtet, dass von ihm keine Fotos gemacht wurden. Er müsse sich verstecken, habe er gesagt. »Da war die Sache mit Stammheim«, sagt die Frau. »J. erzählte mehrfach, er sei im Hochsicherheitstrakt eingeschleust gewesen, um jemanden zu bespitzeln. Er habe dafür Geld bekommen.« Ibach ist wie elektrisiert: »Hat er gesagt, wen er in Stammheim bespitzeln musste?« Die Frau denkt nach. »Nicht direkt«, sagt sie, »aber er deutete an, dass es irgendetwas mit inhaftierten RAF-Mitgliedern zu tun gehabt habe.« Nach einer Pause fährt sie fort: »Von damaligen Ermittlern habe ich vor einiger Zeit erfahren, dass J. tatsächlich in Stammheim eingeschleust worden sei.«

Da sei noch etwas, sagt die Frau: Einmal habe J. sie in Stuttgart zu einem Haus geführt, auf ein Schild am Eingang gezeigt und gesagt: »Da arbeitet ein Anwalt, mit dem ich zu tun hatte. Der könnte mir heute gefährlich werden.« Auf dem Schild habe »Emmaus« gestanden.

Karlheinz Ibach ist fassungslos. Und erleichtert zugleich. Diese Frau, die mit J. zusammenlebte, ihn so gut kennt wie kaum ein anderer, sie ist sicher, dass er Beate ermordet hat. Sie liefert dafür neue Indizien. Und sie bestätigt bis ins ungeheuerliche Detail, dass er ein Dämon ist. In der Nacht nach diesem Gespräch schreckt Ibach nicht aus dem Schlaf hoch, läuft nicht unruhig durch sein Haus – zum ersten Mal seit vielen Monaten. »Ich bin innerlich ruhiger geworden«, sagt er am nächsten Tag. »Ich weiß jetzt, dass alles so war, wie ich es recherchiert und immer wieder gedacht habe. Ich weiß, dass alles, was ich seit Beates Tod gemacht habe, nicht umsonst ist.«

Ein plötzlicher Tod

Was aber hat es mit »Emmaus« auf sich? Eine neue Spur? Nach einigen Anrufen steht fest: »Emmaus« ist der Name einer karitativen Organisation in Stuttgart, bei der Armin Newerla seit vielen Jahren tätig ist. Ibach kann es kaum fassen: Es ist jener ehemalige RAF-Anwalt Armin Newerla, dem vorgeworfen wurde, zusammen mit seinem Kollegen Arndt Müller die Waffen in den siebten Stock des Stammheimer Gefängnisses geschmuggelt zu haben. Der dafür zu einer Haftstrafe verurteilt worden war – aufgrund der belastenden Aussagen des »Meistersängers« Volker Speitel. Aussagen, mit denen Speitel rasch Freiheit erlangte, vom Staat viel Geld bekam und unter BKA-Betreuung nach Brasilien ging und Anfang der Achtzigerjahre mit neuer Identität nach Deutschland zurückkehrte.

Plötzlich kommt der dubiose Kronzeuge Volker Speitel, den Ibach für J. gehalten hat, doch wieder ins Spiel. Und plötzlich gibt es einen Bezug zwischen dem Staatsspitzel J. und Armin Newerla. Der Anwalt war in Stammheim inhaftiert. Und Georg J. sagte von sich wiederholt, er sei ins RAF-Gefängnis eingeschleust worden. Immer mehr spricht dafür: Georg J. war von staatlichen Behörden auf Armin Newerla angesetzt, er musste sich an ihn ranmachen und ihn bespitzeln. »Das war wohl seine schmutzige Arbeit für den Staat«, sagt sich Ibach.

Aber warum ausgerechnet Armin Newerla? Ibach erfährt wenig später von einem Justizinsider: Seit Jahren versuche die Polizei alles, um von Newerla eine DNA-Probe zu bekommen. Man gehe dabei so weit, Newerla zu Unrecht verschiedene Delikte vorzuwerfen. Ein Fall spielt sich 2001 ab: Newerla will sich mit Mitgliedern seiner Arbeitsloseninitiative in einer Stadt im Großraum Stuttgart treffen. Als einige Straßen weiter eine Jugendliche sexuell bedrängt wird, gilt Newerla sofort als tatverdächtig. Er soll sich einer erkennungsdienstlichen Behandlung bei der Kripo unterziehen. Er weigert sich. Als der dubiose Fall öffentlich bekannt wird, rudert die Polizei zurück.

Fast dreißig Jahre nach dem »deutschen Herbst« wird Armin Newerla offenbar von der Justiz schikaniert. Ibach fragt sich: Waren Newerla und Arndt Müller doch unschuldig, wie beide immer wieder betont hatten, hatten sie die Waffen gar nicht ins Gefängnis geschmuggelt? Waren die Pistolen auf anderem Weg in den Hochsicherheitstrakt gelangt? Andreas Baader hatte 1977 einem seiner Anwälte erzählt, es gebe in Stammheim Leute, die sich anboten, ihm Waffen zu besorgen. Waren also die – vom Staat stattlich honorierten – Aussagen des »Meistersängers« Volker Speitel Lügen und Legenden? Und war Georg J. in diesem Schmierenstück ein williges Instrument? Alles brisante, hochpolitische Fragen, die von der Justiz hätten geklärt werden können. Wenn sie die Mordermittlungen gegen Georg J. forciert und nicht eingestellt hätte. Mehrere Jahre lang hat Karlheinz Ibach selbst intensiv »ermittelt« – damit die Arbeit der Staatsanwaltschaft getan. Doch die interessiert sich nicht für seine Erkenntnisse. Man mauert, schweigt – im Zweifel für die Staatsraison.

Für die Justizbehörde erledigt sich der heikle Fall mit derselben Rätselhaftigkeit, die sämtliche Vorgänge um Georg J. prägt. Als sich seine Berufungsverhandlung nähert, unternimmt J. alles, damit das gegen ihn verhängte Urteil wegen Betrugs an Beate nicht rechtskräftig wird – und er nicht in den Knast muss. Er will offenbar auf eigene Kosten einen Privatdetektiv anheuern, der Belastungszeugen ausspionieren und sie möglichst fragwürdig erscheinen lassen soll. Wiederholt wird der Verhandlungstermin hinausgeschoben. »Der geht nicht ins Gefängnis«, sagt Karlheinz Ibach verbittert, »irgendwie wird auch das wieder verhindert werden.«

Ibach weiß da noch nicht, wie bizarr-realistisch seine dunkle Ahnung ist. J. liegt im Krankenhaus, heißt es plötzlich. Er soll an einer schweren Lungenentzündung leiden. Ibach ist misstrauisch: »Ich habe ihn doch letzte Woche noch in Rastatt beim Einkaufen gesehen.« Nach einiger Zeit wird J. aus der Klinik entlassen. Er ist halbseitig gelähmt – aufgrund einer Lungenentzündung? Als sich die Lähmungserscheinungen etwas abschwächen, beginnt J. physiotherapeutische Übungen zu machen. Und er geht wiederholt mit seiner neuen Partnerin zu einem kleinen Baggersee, macht im Uferbereich Schwimmübungen. Im seichten Wasser, nur dort. Seine Frau achtet streng darauf.

Als J.s Frau eines Tages nach Hause kommt, findet sie einen Zettel auf dem Tisch: »Bin schon zum Baggersee vorausgegangen.« Sie hat ein merkwürdiges Gefühl. Rasch verlässt sie das Haus, fährt zum Baggersee. Am steinigen Ufer liegen eine Handvoll Menschen auf Badetüchern, sie sonnen sich. Von ihrem Mann ist nichts zu sehen. Er kann sich nur im Uferbereich aufhalten, denkt sie, er macht das immer so, wegen der Teillähmung hat er noch Angst, ins tiefere Wasser zu gehen. Immer wieder sucht sie das Ufer ab. Keine Spur.

Dann blickt die Frau auf den See – in der Mitte des Gewässers sieht sie einen Körper treiben. Sofort springt sie ins Wasser, schwimmt zur Seemitte. Jetzt sieht sie, dass die Person auf dem Rücken liegt. Für den Bruchteil einer Sekunde wundert sie sich darüber. Dann schreit sie nur noch: »Hilfe, Hilfe, mein Mann, Hilfe!« Ein junger Mann, der ihre Schreie gehört hat, krault hektisch zu ihr, er hilft ihr, den regungslosen Körper ans Ufer zu bringen. Dort beginnt die Frau mit Wiederbelebungsversuchen. Irgendjemand hat den Notarzt gerufen. Doch Wiederbelebungsversuche bleiben ohne Erfolg. Georg J. ist tot.

Am selben Abend betritt ein Mann, den man im Ort nicht kennt, die

Leichenhalle. Er geht zum einzigen Sarg, der sich in dem dunklen kühlen Raum befindet. Lange schaut sich der Mann die Leiche an. Dann zieht er eine kleine Kamera aus der Tasche und macht Fotos vom Gesicht des Toten. Der Mann kommt aus Rastatt. Er ist der Hauptermittler im Mord- und Betrugsfall Georg J. Er will Gewissheit, dass es sich tatsächlich um die Leiche von J., dem staatlich geschützten Spitzel, handelt.

7. Das Nachspiel

Ein Fall von Existenzvernichtung

Egon Schneider war lange Jahre Richter am Oberlandesgericht Köln und arbeitete danach als Rechtsanwalt. Seine Erkenntnisse und Erfahrungen mit der Justiz fasste er 1999 in folgendem Satz zusammen: »Es gibt in der deutschen Justiz zu viele machtbesessene, besserwissende und leider auch unfähige Richter, denen beizukommen offenbar ausgeschlossen ist.«[1] Auf unsere Nachfrage, ob er heute, im Jahr 2007, dass Gleiche nochmals behaupten würde, antwortete er: »Es hat sich nichts verändert. Im Gegenteil. Es ist schlimmer geworden.«

Seine Bilanz ist niederschmetternd. Aber sie sollte nicht auf Richter bei Straf-, Zivil- oder Verwaltungsgerichten beschränkt werden. Für manchen deutschen Staatsanwalt trifft die Erkenntnis des Juristen Egon Schneider ebenfalls zu. Manchmal mag die Devise sein »Anklage erwünscht«. Das geschieht sogar, wenn der vermeintliche oder tatsächliche Verdächtige ein »Prominenter« ist. In solchen Fällen könnte es angemessen sein, ganz unangemessen zu agieren, vielleicht um zu demonstrieren, dass die Justiz eben nicht blind ist, sondern das Gleichbehandlungsprinzip beherzigt?

Ein solcher Fall wäre für einen Vorgang in Hannover denkbar, wo Verdächtigungen einer Krankenkasse und danach einer Staatsanwaltschaft zur finanziellen und psychischen Zerstörung eines Arztes führten. Bis ins Jahr 2003 hinein war der Mediziner Dr. Joachim Ledwoch noch ein renommierter, international anerkannter Facharzt. Und er entsprach geradezu perfekt dem vorurteilsbeladenen Bildnis eines gut aussehenden, erfolgreichen Arztes: Luxuskarosse, prächtige Villa und einige noble Patienten wie Caroline von Monaco aus dem europäischen Adel oder berühmte Hollywood-Schauspieler. Bei seinen Patienten – ob Kassenpatienten oder privat versichert – wie in der medizinischen Wissenschaft ist er trotz allem, was ihm später widerfahren sollte, bis zum heutigen Tag hoch angesehen. Denn er war für an Borreliose erkrankte Patienten einer der wenigen Ärzte in Deutschland, der mit seinen Methoden den teilweise schwer geschädigten Kranken Heilung und Linderung verschaffte. Dem Mediziner Joachim Ledwoch gelang es, das ist unbestritten, Tausenden Patienten zu helfen.

Rüdiger von Baehr, Professor am Institut für Medizinische Diagnostik in Berlin, erklärte: »Zumindest hat gerade Joachim Ledwoch überwiegend Problempatienten behandelt. Und ich weiß, dass er für viele Borreliosekranke eine Hoffnung ist, da er zahlreiche Patienten erfolgreich behandelt hat.«

Borreliose ist eine durch Zeckenbisse verursachte gefährliche Infektionskrankheit. Allein in Deutschland erkranken jährlich bis zu 80 000 Menschen an Borreliose. »Im Frühstadium ist sie zu hundert Prozent heilbar, im Spätstadium nach Monaten oder Jahren in jedem fünften Fall nicht mehr.«[2] Die dramatischen Folgen einer nicht erkannten Borreliose (und sie wurde in der Vergangenheit häufig nicht erkannt) sind Schädigungen des zentralen und peripheren Nervensystems, der Gelenke, innerer Organe bis hin zu drastischen Persönlichkeitsstörungen. Häufig wird die Erkrankung viel zu spät erkannt – wenn überhaupt.

Pech für den Mediziner Ledwoch war, dass seine Behandlungsmethode kostspieliger als die herkömmliche Therapie war. Da er bestimmte Patienten wegen der Schwere der Borrelioseerkrankung nicht nur ambulant, sondern auch stationär behandelte und zwangsläufig entsprechend hohe Kosten verursachte, versuchte insbesondere die AOK-Hannover, ihm daraus einen Strick zu drehen. Sie warf ihm Abrechnungsbetrug vor und übergab den Vorgang der Staatsanwaltschaft Hannover. Die Lawine, die mit der Strafanzeige im Jahr 2002 gegen Joachim Ledwoch von der AOK-Hannover ins Rollen gebracht wurde, war nun nicht mehr aufzuhalten. Die Medien hatten inzwischen den Verdacht des Abrechnungsbetruges aufgegriffen und ausführlich darüber berichtet. Der wirtschaftliche Abstieg Joachim Ledwochs begann.

Am 29. März 2004 stellte die Staatsanwaltschaft Hannover zwar das Verfahren wegen Abrechnungsbetrugs ein, weil es keinen Verdacht des Betruges gegeben habe. Die AOK-Hannover, in Person des Leiters der Arbeitsgruppe Falschabrechnung, Peter Scherler, gab jedoch nicht auf. Er genießt bei Ärzten einen durchaus zweifelhaften Ruf. So klagte der Verwaltungschef der Paracelsus-Klinik bei Hannover, in der auch Joachim Ledwoch bis zum Jahr 2003 Belegbetten hatte, über Peter Scherler: »Er setzt Ärzte unter Druck und droht mit Sanktionen, bevor die Justiz die Vorwürfe überprüfen kann.«

Nun kam von der AOK-Hannover der nächste Schlag. Joachim Ledwoch wurde von ihr verdächtigt, für die fahrlässige Tötung zweier Patienten, die an Leberzirrhose im fortgeschrittenen Stadium erkrankt und deshalb gestorben waren, verantwortlich zu sein.

Einen Verbündeten im Kreuzzug gegen den prominenten Arzt fand die AOK bei dem für Wirtschaftskriminalität zuständigen Staatsanwalt in Hannover, der in Fachkreisen ein hohes Ansehen genießt. Er eröffnete erneut das Verfahren wegen Abrechnungsbetruges und ermittelte gleichzeitig wegen des Vorwurfs der fahrlässigen Tötung. In beiden Fällen war die AOK-Hannover der Anzeigeerstatter. Der Öffentlichkeit sollte anscheinend vorgeführt werden, dass man in Niedersachsen beherzt gegen betrügerische Ärzte vorgehe – was eine vornehme Methode sein kann, um Kosten einzusparen. Es geschah in einer Phase, in der in Deutschland gerade über diverse Fälle von Abrechnungsbetrug durch Ärzte heftig diskutiert wurde. So gesehen, passte alles gut zusammen.

Dabei hatte doch Angelika Jahns, die gesundheitspolitische Sprecherin der CDU-Landtagsfraktion, in einer Debatte im Landtag am 18. Mai 2005 erklärt: »Die Behandlungsverläufe und die Spätfolgen verursachen dermaßen hohe Kosten, dass auch die Krankenkassen ein Interesse daran haben müssen, dass eine Verbesserung der Diagnose sowie der Behandlungsmethoden erreicht wird.«[3] Genau das hatte der in das Visier von AOK und Staatsanwaltschaft geratene Joachim Ledwoch getan: durch klare Diagnosen und seine Behandlungstechnik langfristige Kosten eingespart, die durch die Nichterkennung von Borreliose entstehen. Deshalb schlug die SPD-Landtagsabgeordnete Gerda Krämer in der gleichen parlamentarischen Debatte vor, dass Joachim Ledwoch aufgrund seiner Erfahrungen prädestiniert sei, landesweit als Referenzzentrum oder Referenzpraxis für Borreliose zu agieren. »Die Landesregierung sollte daher nach meiner Meinung auch zu Joachim Ledwoch Kontakt aufnehmen.« Sie erwähnte außerdem, dass es Probleme wegen der kostenträchtigen Borreliosetherapie unter den Bedingungen der Arzneimittelbudgetierung geben könne.

Es steht noch ein weiteres Motiv für die hanebüchenen Attacken gegen den Arzt zur Diskussion. Das benennt Bettina S., die Exleiterin der deutschen Borreliose-Selbsthilfegruppe: »Ich habe den Verdacht, dass die Pharmaindustrie und Krankenkassen die wirkungsvolle Bekämpfung der Borreliose blockieren. Wir Patienten sollen chronisch erkranken, damit die Pharmaindustrie profitieren kann. Den Pharmaunternehmen gehen riesige Gewinne verloren, wenn sie die zahlreichen Medikamente, mit denen an den Symptomen der Borreliosepatienten kuriert wird, nicht mehr verkaufen können.«

Mit diesem Verdacht dürfte sie nicht falschliegen. Tatsache ist, dass Joachim Ledwoch von zwei großen Pharmaunternehmen eine hohe Geldsumme angeboten wurde, wenn er sich verpflichte, keine Borreliosepatienten mehr in Deutschland zu therapieren, da in absehbarer Zeit ein Impfstoff gegen diesen Erreger auf den deutschen Markt kommen solle. Vermittler des Vorschlags waren ein Virologe und ein Rechtsanwalt S. aus Leipzig. Joachim Ledwoch hatte zu dem Gespräch seine Anwältin mitgebracht. Dabei habe der Virologe dem Mediziner Ledwoch mindestens zehn Millionen Euro angeboten. Abgewickelt werden sollte der Deal über die Anwaltskanzlei in Leipzig. Ledwoch lehnte ab.

Die Patientenvertreterin Bettina S. jedenfalls ist überzeugt: »Dr. Ledwoch hat vielen Patienten, die mir dieses bestätigt haben, geholfen und somit sogar Leben gerettet, da diese schwerwiegende, ernst zu nehmende Erkrankung bei Nichtbehandlung tödlich verlaufen kann.« Eine Patientin schrieb an Joachim Ledwoch: »Ich hatte viele Jahre lang eine eingeschränkte Lebensqualität bei unklarer Diagnose, wurde unnütz mit hoch dosierten Medikamenten behandelt. Alles mit äußerst geringem Erfolg, massiven Nebenwirkungen und der Angst, dass die schweren Medikamente in meinem Körper Schaden hinterlassen könnten. Nach der Diagnose Borreliose durch Sie und anschließender Therapie bin ich seitdem völlig beschwerdefrei, und keinerlei Medikamente sind notwendig.«

Diese eindeutigen Stellungnahmen, wie Hunderte andere auch, nutzten nichts.

Wegen des Vorwurfs der fahrlässigen Tötung von zwei Patienten in den Jahren 2000 und 2003, beide waren an unheilbarer Leberzirrhose erkrankt, erließ das Amtsgericht Hannover im Juli 2005 auf Antrag der Staatsanwaltschaft Hannover einen Strafbefehl – eine Geldstrafe in Höhe von 15 000 Euro.[4] Doch Joachim Ledwoch akzeptierte den Strafbefehl nicht, weil er sich nicht schuldig fühlte, und legte Widerspruch ein. Aufgrund des Strafbefehls hatten sich jedoch inzwischen die Medien auf ihn eingeschossen. Sie überschlugen sich mit Horrormeldungen. An vorderster Front stand die *Bild-Zeitung*, die über Joachim Ledwoch titelte: »Ist dieser Arzt ein ›Dr. Tod‹?«[5] oder »Viagra-Connection. Ist er der Pate?«[6] und schließlich »Jetset-Arzt ›Dr. Zecke‹ pleite«[7].

Der Irrsinn lässt sich noch steigern

Am 31. Januar 2006 erließ die Staatsanwaltschaft Hannover einen Haftbefehl gegen Joachim Ledwoch. Der Vorwurf diesmal: »Die stationäre Behandlung seiner Patienten in seiner Belegabteilung in der Paracelsus-Klinik, obwohl dies medizinisch nicht notwendig war, und die Diagnose Borreliose bei seinen Patienten mit seiner nicht unproblematischen Borrelien-Antibiose-Therapie.« Außerdem habe »ein gesicherter Nachweis der entsprechenden Erkrankung überhaupt noch nicht vorgelegen«.

Das widersprach allem, was Joachim Ledwoch bislang geleistet hatte, insbesondere den Aussagen der an Borreliose erkrankten Patienten. Und es widersprach sogar den Erkenntnissen der Krankenkassen selbst, die in der Vergangenheit seine Therapie bezahlt hatten. Nur der AOK-Hannover dürfte diese Begründung gefallen haben.

Mit großem Polizeiaufgebot wurde der Arzt am 3. Februar 2006 verhaftet. Nach Meinung der Staatsanwaltschaft bestand Fluchtgefahr, obwohl er bereits seit Jahren hätte ins Ausland flüchten können. Er tat es nicht, wie er uns erzählte, weil er damals noch an die Gerechtigkeit glaubte. Nach zwei Wochen Untersuchungshaft – er hatte keinen Hofgang, sondern blieb Tag und Nacht in der Zelle eingeschlossen – erlitt er eine schwere Thrombose. An Händen und Füßen wie ein Schwerverbrecher gefesselt, wurde er auf sein flehentliches Bitten, wie er erzählt, in ein Krankenhaus gebracht. Obwohl die Gefahr einer Lungenembolie akut war, musste er an den Füßen gefesselt noch bis zum Krankenwagen laufen. Dabei sollten die JVA-Bediensteten wissen, dass Fesselungen an Händen und Füßen bei Thrombose lebensbedrohlich sind.

Erst einen Tag später, auf Intervention des Chefarztes des Nordstadtkrankenhauses, wurde die Fesselung an das Krankenbett aufgehoben. Dafür standen sechs Beamte an seinem Bett beziehungsweise vor seinem Krankenzimmer. Professor Henzen, der Chefarzt für Innere Medizin im Nordstadtkrankenhaus sagte dazu: »Ich habe noch nie erlebt, dass ein Mensch, der aus der Justizvollzugsanstalt bei uns eingewiesen wurde, so behandelt wurde wie Ledwoch.«

Unterdessen wurde sein gesamtes Vermögen beschlagnahmt und seine Patienten wussten nicht mehr, von wem und wo sie behandelt werden konnten. Unter ihnen befanden sich viele Kranke, die bislang von anderen Ärzten falsch oder nur mangelhaft behandelt worden waren. Da auch die Patientenakten beschlagnahmt wurden, wehrten sich Patienten über einige Zeitungen. Daraufhin kündigte die Staatsanwaltschaft an, dass sich die Betroffenen wegen ihrer Unterlagen an die Kriminalpolizei wenden könnten. Die Beamten waren jedoch nach kurzer Zeit überfordert und lehnten weitere Kontakte zu den Patienten ab, die dann von einer Behörde zur anderen geschickt wurden.

Das interessierte die Staatsanwaltschaft in Hannover hingegen herzlich wenig. Während seiner Untersuchungshaft beantragte die AOK-Hannover zudem die Insolvenz für die Praxis des Arztes mit der Begründung ausstehender Sozialabgaben in Höhe von 7000 Euro. Der Insolvenzantrag wurde ihm während seiner Haftzeit nicht übergeben, er konnte sich also nicht dagegen wehren.

Es sei nur am Rande erwähnt: Während seiner Untersuchungshaft verübten drei Mitgefangene Selbstmord. Obwohl bekannt war, dass Ledwoch Arzt ist, wurde er nicht gerufen. Und als Stunden nach den Selbstmordversuchen der Anstaltsarzt kam, war bereits jede Hilfe vergeblich.

Anfang April 2006 wurde Joachim Ledwoch aus der Untersuchungshaft entlassen und gleichzeitig ein vorläufiges Berufsverbot gegen ihn ausgesprochen. In der Begründung der Amtsrichterin in Hannover heißt es unter anderem: »Nach Auswertung der Akte hat der Beschuldigte unter Ausnutzung einer auf Dritte charismatisch wirkenden Erscheinung seinen Arztberuf dazu missbraucht, sich einen luxuriösen Lebensstandard zu leisten und sich als ›Borreliose-Spezialist‹ darzustellen.« Und weiter schreibt die Haftrichterin, dass Ledwoch »über Jahre hinweg umfänglich strafrechtsrelevant aktiv gewesen sei; unter augenscheinlichem Verlust eines Realitätsbezuges hat er aus ›jeder sich bietenden Quelle‹ illegal Gelder bezogen …«[8]

Das war abenteuerlich, was da – ohne irgendeinen eindeutigen Beweis und ohne Gerichtsverhandlung – von der Amtsrichterin G., gestützt auf die Akten der Staatsanwaltschaft, behauptet wurde. Immerhin wurde dem inzwischen mittellosen Joachim Ledwoch die Genehmigung erteilt, in einer Arztpraxis zu arbeiten. Borreliosepatienten jedoch durfte er nicht mehr behandeln. Anfang September 2006 schrieb der zuständige Oberstaatsanwalt Mahnkopf an Ledwochs Anwältin Leonore Gottschalk-Solger: »Angesichts der personellen Situation bei der Polizei (der Hauptsachbearbeiter ist ersatzlos für ein Jahr ausgeschieden) und angesichts der Tatsache, dass sich Ihr Mandant ganz offensichtlich an die Auflagen der Haftrichterin gehalten hat, erwäge ich, den Haftbefehl aufheben zu lassen.«[9]

Eine Woche nach diesem Brief wurde der Haftbefehl tatsächlich aufgehoben. Gleichzeitig kündigte der Staatsanwalt an, dass der Arzt wieder Borreliosepatienten behandeln darf. Was die Amtsrichterin als Grund für das vorläufige Berufsverbot und Behandlungsverbot von Borreliosekranken ausgesprochen hatte, das schien plötzlich nicht mehr zu gelten.

Im Februar 2007 begann das Gerichtsverfahren gegen Joachim Ledwoch vor dem Landgericht Hannover wegen fahrlässiger Tötung von zwei Patienten. Dabei lag der Staatsanwaltschaft Hannover seit Monaten eine Stellungnahme von Professor Dieter Jung von der Medizinischen Hochschule Hannover vor, wonach in beiden Fällen Joachim Ledwoch kein Verschulden für den Tod der beiden Patienten angelastet werden könne. So habe einer der eingewiesenen bereits schwer kranken Patienten nachweislich jede Therapie abgelehnt, und ein Überleben wäre selbst bei entsprechenden medizinischen Maßnahmen für beide Patienten nicht erzielt worden.

Vor Gericht sagten hingegen zwei von der AOK beauftragte Gutachter aus, Joachim Ledwoch sei zwar nicht für die Behandlung persönlich verantwortlich, sondern ein überforderter Assistenzarzt. Aber er habe die Verantwortung als leitender Arzt gehabt. Die Krankheitsgeschichte der beiden Patienten, so stellte sich bei der Verhandlung heraus, kannten die von der AOK beauftragten Gutachter überhaupt nicht. Bereits am ersten Tag wollte die Richterin das Verfahren einstellen – doch die Staatsanwaltschaft lehnte ab. Anfang März 2007 wurde das Verfahren eingestellt.

Fazit: Die unendliche Geschichte eines offensichtlichen Rachefeldzuges gegen den einst lebenslustigen prominenten Arzt, der so vielen Patienten geholfen hat, geht weiter. Joachim Ledwoch ist ein Arzt, dessen gesamtes Lebenswerk auch durch die Justiz zerstört wurde. Selbst wenn er bei den künftigen Gerichtsverhandlungen als unschuldig den Gerichtssaal verlassen sollte, finanziell und psychisch ruiniert hat er den Glauben an den Rechtsstaat verloren. Oder anders formuliert: Rechtsanwendung ist zur Herrschaft über Menschen geworden. Und wenn er wieder seine Praxis eröffnen wird, dann wird er keine Kassenpatienten mehr behandeln. Die an Borreliose erkrankten Menschen dürfen sich dafür bei der AOK-Hannover und Staatsanwaltschaft bedanken.

Ein ganz besonders tüchtiger Mietrichter

Der folgende Fall aus München ist vollkommen anders gelagert, obwohl es auch hier um Schicksale von Menschen geht, und zwar solchen mit geringem Einkommen. Seit Jahren wurden Mieter mit kaltschnäuzigen Entmietungspraktiken von bestimmten Anwaltskanzleien konfrontiert. Soziale Gesichtspunkte spielten bei diesen teilweise kriminellen Entmietungen keine große Rolle.

Die Techniken der Entmietung waren und sind bekanntlich vielfältig. Bei Modernisierungsankündigungen wird vom Mieter verlangt, mit seiner Unterschrift nicht nur den geplanten Maßnahmen zuzustimmen, sondern auch vorab der Mieterhöhung. Gleich im ersten Anschreiben wird mit einer gerichtlichen Auseinandersetzung gedroht, falls man nicht zustimmen sollte. Häufig gewählter Grund für fristlose Kündigungen ist die angebliche Beleidigung des Vermieters durch den Mieter. Üblicherweise schlagen Richter in diesem Fall einen Vergleich vor. Gibt es Zeugen für die Beleidigung, gekauft oder nicht, ergeht in der Regel ein Räumungsurteil. Für die angeblichen Vergehen des Mieters werden von bestimmten Anwälten Zeugen benannt, die in wirtschaftlicher Abhängigkeit zum Vermieter stehen. Dann steht Aussage gegen Aussage. Scheitert trotzdem eine Räumungsklage, wird so lange nachgesetzt, bis der Mieter zermürbt aufgibt.

Besonders beliebt ist auch das Entmietungsargument Eigenbedarf. Obwohl es höchstrichterliche Entscheidungen gibt, wonach der Eigentümer die Wohnung tatsächlich nutzen muss, steht sie nach der Kündigung des Mieters leer. Und das geschieht in großem Stil. Anzeigen gegen diesen offensichtlichen Betrug laufen in München in aller Regel bei der Justiz ins Leere.

Überhaupt blieben Klagen gegen die unwürdige Entmietungspraxis vor den zuständigen Richtern in der Vergangenheit häufig ohne Erfolg. Die Folgen dieser Praxis beschreibt ein engagiertes Ehepaar aus München: »Während bei korrupten Strukturen in Managementetagen von Energiekonzernen der Bürger dieses mittelbar ›nur‹ an den Nebenkosten merkt, fliegt man bei einer Entmietung mit Gerichtshilfe gleich aus der Wohnung und manchmal sogar ins Obdachlosenheim.«

Über Mietermobbing in München berichtete in den letzten Jahren ausführlich die *Süddeutsche Zeitung*, geändert hat sich bis heute wenig. Viele Mieter fragen sich: »Wie kann das sein? Hängt es vielleicht damit zusammen, dass einige Mietrichter von gewieften Anwälten hofiert wurden?« Damit ist man bei einem bekannten Mietrichter, der gleichzeitig für eine prominente Anwaltskanzlei Vorträge über Mietrecht hält. Der Journalist Bernd Kastner von der *Süddeutschen Zeitung* schrieb dazu am 15. März 2003: »Auch das bayerische Justizministerium beschäftigt der Kontakt zwischen einem Mietrichter und der Anwaltskanzlei T., die von der Staatsanwaltschaft verdächtigt wird, eine Entmietungsstrategie ausgearbeitet zu haben.« Die gegen die Anwaltskanzlei T. vom Münchner Mieterbeirat erstatteten Anzeigen vom Mai 2000 wurden knapp sieben Jahre später, am

23. Januar 2007, alle eingestellt. Eine Schuld sei den Eigentümern und Anwälten nicht nachzuweisen. »Die Vorsitzende des städtischen Mieterbeirats, der die Fälle angezeigt hatte, kündigte jedoch Beschwerde gegen die Einstellung an, die somit noch nicht rechtskräftig ist.«[10]

Viel bedeutsamer als die Behäbigkeit aber scheint die Rolle einiger Mietrichter zu sein. Zum Beispiel die des Mietrichters W. Der *Süddeutschen Zeitung* lagen Unterlagen vor, die belegen, dass der Mietrichter mit Schreiben des »Vermietervereins e. V.« zum Beispiel als Referent ins »Haus der Kanzlei Prof. Dr. T.« eingeladen wurde. Thema des Vortrages war die »ordentliche Kündigung des Wohnraummietverhältnisses«. Vorsitzender des Vermietervereins e. V. Deutschland ist Volker T. Auf der Webseite der Anwaltskanzlei T. ist unter der Rubrik »Zitatenschatz« folgender Satz des britischen Poeten Lord Byron zu lesen: »Sollte ich einmal einen Sohn haben, soll er etwas Prosaisches werden: Jurist oder Seeräuber.«

Manche Mieter in München sehen den Anwalt eher als Seeräuber. Er hingegen preist sich als »einer von Deutschlands renommiertesten Vermieteranwälten« und ist Autor mehrerer Ratgeber, in denen er beispielsweise erklärt, »wie Sie Räumungsklagen schnell durchsetzen« oder »mit welcher Kündigungsstrategie man als Eigentümer am schnellsten ans Ziel gelangt«.[11] Volker T. ist nicht nur ein Prominentenanwalt, sondern unternehmerisches Multitalent. Im *Spiegel* wird er »die selbst ernannte juristische Allzweckwaffe«[12] genannt. Gemeint ist wohl, dass er den deutschen Vermieterverein kontrollierte und sich sogar um das Amt des Augsburger Oberbürgermeisters bewarb. Nicht vergessen werden darf, dass ihn zudem Immobiliengeschäfte im Osten reizten, wo er Steuersparobjekte an den Mann brachte.

Vielleicht ist er deshalb prädestiniert, um an der Fachhochschule Anhalt/Bernburg den Studenten Immobilienrecht zu lehren. Nach Auskunft des zuständigen Dekanatssekretariats dozierte auch der fragliche Mietrichter über Immobilienrecht. In den Stunden- und Prüfungsplänen der Fachhochschule Bernburg sind sowohl Rechtsanwalt T. wie auch der Mietrichter W. am 20. September 2006 gemeinsam eingetragen, als Prüfer für spezielles Immobilienrecht.

Tatsache ist, dass Mietrichter Axel W. Vorträge in den Räumlichkeiten der Kanzlei T. gehalten hat. Veranstalter war eine Kester-Haeusler-Stiftung, deren Vorstandsvorsitzender Anwalt T. ist. Mietrichter W. hielt hier zum Beispiel einen Vortrag zum Thema »Die Kündigung von Mietverhältnissen«. Das Publikum wird sicher nicht aus Mietern bestanden haben, deren Wohnungen gekündigt wurden. Er referierte auch in Halle für die Stiftung. Volker T. übernahm dabei die Moderation und Diskussionsleitung. Die Anmeldung für die Veranstaltung erfolgte über seine noble Kanzlei. Axel W. ist also nicht nur Mietrichter am Amtsgericht München, sondern auch Referent unter anderem bei der Deutschen Richterakademie, der Industrie- und Handelskammer München und der Rechtsanwaltskammer München. Mietrichter W. erhielt für seine sachkundigen Vorträge Honorare in vierstelliger D-Mark-Höhe, wie er selbst einräumte.

Aber wie unabhängig kann er wirklich sein? Pikant ist in diesem Zusammenhang, dass er und einer seiner Kollegen nach diesen Vorträgen in Mietverfahren geurteilt haben sollen, bei denen die Anwaltskanzlei T. die jeweiligen Vermieter vertrat. »Dabei urteilten sie«, so *die tageszeitung*, »in zwei sehr umstrittenen Fällen zugunsten eines Anwalts der T.-Kanzlei.«[13] Ein Vorwurf wiederum, der von der T.-Kanzlei zurückgewiesen wurde.

Sicherheit vor Freiheitsrechten

Der Bürger in einer aufgeklärten demokratischen Gesellschaft verlangt nicht nur Gerechtigkeit, sondern auch Souveränität. Ein Garant dafür sollte die Justiz sein, indem sie die Grundrechte der Bürger vor staatlicher Willkür schützt. Doch in den unsicheren Zeiten der terroristischen Bedrohung spielen die fundamentalen Grundrechte eine immer geringer werdende Rolle. Stattdessen steht eine neue Form von Sicherheit im Vordergrund – die maximale Sicherheit vor dem nicht greifbaren Phänomen des internationalen Terrorismus. Justiz und Polizei werden von Politikern entsprechend munitioniert, diese »Sicherheit« zu garantieren. Die nicht weniger zentrale Frage nach der sozialen Sicherheit der Bürger wird in diesem Zusammenhang dagegen vollkommen ausgeblendet. Schleichend ersticken fundamentale bürgerliche Freiheiten. Und das begünstigt die unheilvolle Liaison zwischen Politik und Justiz. Immerhin – eine politische Justiz gibt es in Deutschland nicht. Aber wohl eine politisierte Justiz.

Ein Paradebeispiel dafür lieferte die rot-grüne Bundesregierung. Der ehemalige Generalbundesanwalt Kay Nehm klagte in internen Kreisen, in welcher Weise die Politik, namentlich das Justizministerium und Bundeskanzleramt, versuchten, die Generalbundesanwaltschaft einzuschüchtern, die sich im Kampf gegen den Terrorismus an justizkonforme Vorgaben halten wollte. In Karlsruhe, dem Sitz der Generalbundesanwaltschaft, sprachen Staatsanwälte in vertraulichen Gesprächen davon, dass Kay Nehm im Berliner Justizministerium wegen seiner kritischen Einwände gegen bestimmte Gesetzesvorhaben »wie ein Schuljunge abgewatscht wurde«. Selbst Folter und Entführungen deutscher Staatsbürger werden heimlich legalisiert, sofern sie nur dem Kampf gegen den Terrorismus dienen und außerhalb deutscher Staatsgrenzen stattfinden.

Ein intimer Kenner der Machtverhältnisse, der als hoher Beamter jedoch nicht genannt werden will, sagt: »Es stellt sich die Frage, ob hohe deutsche Beamte und Politiker sich nicht erniedrigt haben, die Kammerdiener von Folterknechten zu werden.« Gemünzt ist diese Aussage auf den völkerrechtswidrigen Angriffskrieg der USA auf den Irak und den internationalen Kampf gegen den Terrorismus, wie er von der Bush-Regierung diktiert wurde. In den USA ist die Außerkraftsetzung verfassungsrechtlicher Prinzipien unter US-Präsident George W. Bush bereits an der Tagesordnung. Die politischen Mandarine in Berlin, im Speziellen Exinnenminister Otto Schily, beugten sich zunehmend diesem abstrusen Verfassungsverständnis.

Gleichzeitig droht, wie bereits in den USA, die Militarisierung der inneren Sicherheit. Wolfgang Hetzer, einst im Bundeskanzleramt zuständig für die Nichtverbreitung von Massenvernichtungswaffen, nachrichtendienstliche Informationsbeschaffung und organisierte Kriminalität, also ein ausgewiesener Sicherheitsexperte, schreibt in Anbetracht seiner politischen Erfahrungen: »Wechselnde politische Machthaber fühlen sich offensichtlich verpflichtet, zur Demonstration ihrer eskalierenden Entschlossenheit Hand an Verfassungsprinzipien zu legen, an deren Unantastbarkeit nach den Erfahrungen mit der menschenverachtenden und massenmörderischen Politik, die der Verabschiedung des Grundgesetzes in Deutschland vorausgegangen war, auch heute nicht der geringste Zweifel bestehen sollte.«[14]

Die letzte Hürde vor der Militarisierung der inneren Sicherheit ist nicht etwa der Gesetzgeber, also das Parlament, sondern das Bundesverfassungsgericht. Das hebelte bereits das Gesetz zur Neuregelung von Luftsicherheitsaufgaben vom 11. Januar 2005 aus, das von der rot-grünen Regierung beschlossen wurde. Mit dem durch das Parlament abgesegneten Gesetz sollte die Rechtsgrundlage geschaffen werden, um Gefahren abzuwehren, die von zivilen Flugzeugen ausgehen könnten, die zu terroristischen Zwecken missbraucht würden. Die Luftwaffe hätte den Einsatzbefehl zum Abschuss erhalten, eindeutig ein Verfassungsbruch.

Bundespräsident Horst Köhler äußerte zwar erhebliche Bedenken gegen das Gesetz, unterschrieb es trotzdem. Er empfahl jedoch eine verfassungsgerichtliche Überprüfung. Otto Schily, damals Innen- und Verfassungsminister, meinte zur Kritik des Bundespräsidenten: »Da hat sich der sehr verehrte Bundespräsident leider geirrt.« Unangenehm für Schily, dass das Bundesverfassungsgericht dann ihn als den Dummen hinstellte, das heißt als einen Politiker, der einen rüpelhaften Umgang mit der Verfassung pflegte. Der ehemalige Präsident des Hessischen Landeskriminalamtes, Klaus Timm, eher ein zurückhaltender Mann, bezeichnete das Urteil hingegen klar als »vernichtendes Zeugnis für die Legislative«.[15] Otto Schily wusste es natürlich besser. Er kanzelte das Urteil des Bundesverfassungsgerichts als ein »Produkt von Bemühungen« ab, »in dieses Gesetz etwas hineinzulesen, was da gar nicht drinsteht«.[16]

Otto Schily wollte einfach nicht wahrhaben, dass sich das höchste deutsche Gericht für den strikten Schutz der Menschenwürde und des Grundrechts auf Leben ausgesprochen hat und damit eine Einschränkung, wie es das Gesetz zur Neuregelung von Sicherheitsaufgaben vorsah, ausschloss. An anderer Stelle war es ihm jedoch nach den Terroranschlägen gelungen, sein von Sicherheitswahn geprägtes Denken in praktische Politik umzusetzen. Er initiierte einschneidende Sicherheitsgesetze, die im Eilverfahren durch ein fast kritikloses Parlament gepeitscht wurden. Grundrechte wie etwa das Recht auf informationelle Selbstbestimmung wurden dadurch wie selbstverständlich eingeschränkt.

Übrigens wurden mit der technischen Durchsetzung einzelner Maßnahmen dieser Gesetze, wie der Einführung biometrischer Merkmale in Ausweispapieren, bestimmte Firmen betraut. Kaum musste Otto Schily nach der Bundestagswahl 2005 seinen Ministerposten räumen, jubelten nicht nur seine Mitarbeiter im Innenministerium. Otto Schily wurde jetzt Aktionär zweier dieser Unternehmen, in einem der beiden sitzt er sogar im Aufsichtsrat. »Dafür, dass er seine früheren Kontakte aus der Ministerzeit nutzen soll, um der Firma ›Türen und Tore‹ zu öffnen, bekommt er eine Aufwandsentschädigung. Bundestagsmandat und Lobbyauftrag – wie passt das zusammen?«, fragt Klaus Jansen, der Bundesvorsitzende des Bundes Deutscher Kriminalbeamter.[17]

Nicht bekannt ist, dass ein Staatsanwalt sich darüber lange den Kopf zerbrach, ob nicht ein Verfahren wegen des Verdachts des bösen Anscheins der Käuflichkeit gegen ihn einzuleiten sei. Otto Schily selbst sah kein Problem darin, »zwei junge Unternehmen, die moderne Sicherheitstechnik entwickeln, insbesondere bei ihren Exportbemühungen zu unterstützen«.[18] In Zeiten der Terrorangst brauchen diese Unternehmen sicher keine Zukunftsängste zu haben.

Doch zurück zu dem Luftsicherheitsgesetz, weil es demonstriert, wie sehr der Gesetzgeber inzwischen bereit ist, fundamentale verfassungsrechtliche Vorgaben außer Kraft zu setzen. Obwohl das Bundesverfassungsgericht eindeutige Vorgaben gegeben hat, startete der jetzige Innen- und Verfassungsminister Wolfgang Schäuble einen neuen Versuch. Wieder legte er einen Gesetzentwurf vor, wonach Passagierflugzeuge, sofern die Gefahr drohe, sie würden zu terroristischen Zwecken benutzt, abgeschossen werden können. Deutschland mutiert vom Rechtsstaat zum Präventions- beziehungsweise Sicherheitsstaat. Dazu passt, dass der ehemalige Kanzlerberater Horst Teltschik anlässlich einer Demonstration gegen die Münchner Sicherheitskonferenz im Februar 2007 in einem Interview sagte: »Es ist die Tragik jeder Demokratie, dass bei uns jeder seine Meinung öffentlich vertreten kann und dass man politisch Verantwortliche in einer Demokratie schützen muss. In Diktaturen würde so etwas nicht passieren.«[19]

Hinter solcher Einstellung verbirgt sich eine Ideologie, die der Strafrechtler Professor Detlef Krauß in einem Vortrag im Jahr 2006 in Hamburg so beschrieb: »Was unter dem Stichwort der inneren Sicherheit verhandelt wird, sind nicht in erster Linie neue objektive Gefahren, sondern politisch aufbereitete Bedrohungen zu gezielter Verunsicherung der Bürger.« Krauß macht auch deutlich: »Der eigentliche Angriff auf Menschenbild, Menschenwürde und Menschenrecht erfolgt durch eine umfassende, technisch gestützte Informationsgewinnung und Informationsverarbeitung in allen Bereichen der bürgerlichen Gesellschaft.« Auch hier ist die theoretische Betrachtung längst dabei, von der politischen Umsetzung überholt zu werden.

Zum Beispiel durch die Versuche von Innenminister Wolfgang Schäuble, ein Gesetz zur Online-Durchsuchung zu verabschieden, um die heimliche Sichtung und Auswertung von Computern rechtlich abzusichern. Es wäre einer der massivsten Eingriffe in die bürgerlichen Grundrechte, das Recht der informationellen Selbstbestimmung. Immerhin haben hier nicht nur die Datenschützer große Bedenken, sondern auch der Koalitionspartner der Bundesregierung, die SPD. Der SPD-Innenexperte Sebastian Edathy in einem Gespräch mit Spiegel-Online: »Der Deliktsbereich muss klar definiert sein, richterliche Bewilligung und Kontrolle sind unabdingbar. Der verdeckte Datenzugriff muss verhältnismäßig und alternativlos sein.«[20]

Auf der Strecke bleibt jenes hohe demokratische Gut, für das gerade die Justiz garantieren müsste: die soziale Freiheit. Schlimmer noch, mit seiner rechtspolitischen Aufrüstung gerade in der Terrorbekämpfung beschafft sich der Präventions- und Sicherheitsstaat die juristischen Mittel, um soziale Kontrolle zu perfektionieren. Im Klartext: Für den nicht unrealistischen Fall, dass in Deutschland künftig die Schere zwischen Arm und Reich, oben und unten, Arbeitsplatzinhaber und Arbeitslosem noch stärker auseinanderklafft und dies zu sozialen Unruhen führt, haben Politiker bereits die »Sicherheitsmaßnahmen« in der Hand. Für kritisch denkende Justizexperten wie Professor Krauß ist das letztlich der eigentliche Sinn und Zweck der jüngsten Gesetzesverschärfungen im Bereich der Sicherheit. »Man wird dann wohl von Sozialterrorismus sprechen«, sagt der Strafrechtler uns gegenüber.

Erste Anzeichen für diese hochbrisante Entwicklung zeigen sich in den Kommunen: »Ausgerüstet mit gemeindlichen Bettel- und Rauchverboten und besonderen Aufenthaltsbeschränkungen setzen die Gemeindestreifen, ihren eigenen Feindbildern folgend, in erster Linie die sozial Randständigen unter Druck: Bettler, Fixer, Prostituierte, streunende Arbeitslose«, erläutert Professor Krauß. Straßenschlachten unterprivilegierter

Jugendlicher mit der Polizei in Frankreich, Großbritannien oder Belgien, die schwere Verletzungen von Polizeibeamten in Kauf nehmen, all das dokumentiert, dass die westlichen Demokratien an Stabilität eingebüßt haben. Für die in ethnisch abgeschotteten Ghettos lebenden unterprivilegierten Jugendlichen, die in einigen deutschen Kommunen in einer Parallelgesellschaft leben, hat diese Demokratie sowieso keine Bedeutung mehr.

Nachwort

Blinde werden sehen, Lahme gehen und deutsche Rechtsprechung wird Gerechtigkeit erzeugen. Es ist ein frommer Wunsch geblieben. Bereits 1982 schrieb der ehemalige Bundesverfassungsrichter Professor Willi Geiger: »In Deutschland kann man, statt einen Prozess zu führen, ebenso gut würfeln.«[1] Zuvor schon, im Jahr 1968, also vor knapp vierzig Jahren, hatten sich junge Juristen zusammengefunden. Sie wollten mit der verkrusteten Vergangenheit des Justizapparates, in dem viele Männer bereits im Nazireich Recht gesprochen hatten, nichts mehr zu tun haben. Ihr Ziel war das publizistische Engagement für Demokratie, Rechtsstaat und den Schutz von Minderheiten ohne Bindungen an eine politische Partei. Daraus entstand die Zeitschrift *Kritische Justiz*.

Die Zeitschrift gibt es immer noch. »Nicht wenige aus der Gründergeneration der kritischen Rechtswissenschaft und -praxis sind heute aufgestiegen zu Justizministern, Bundesverfassungsrichtern und so weiter. Es ist der für herausragende Juristen und Juristinnen durchaus übliche biografische Schritt hin zum Zentrum der Macht/der Mächte.«[2] Und Ivana Mikesic schrieb anlässlich des Festaktes zum dreißigjährigen Jubiläum dieser Zeitschrift: »Es steht außer Frage: Die Kritischen partizipieren an der Macht … Sie haben uns gezeigt, wie man kritisiert. Das war schön, aber es reicht uns noch nicht. Jetzt sollen sie uns vormachen, wie man in diesem Geiste regiert und dirigiert, teilt, herrscht, mächtig ist. Wenn sie das nicht können, sollen sie es uns überlassen.«[3]

Sie hat ja vollkommen recht. Otto Schily, Exinnenminister, war einst ein solch »kritischer Jurist«. Und was ist aus ihm geworden? Weil Macht verführt und vielleicht alles nur Camouflage war? Denn was hat sich wirklich für den Bürger in diesen Jahrzehnten verändert? Viel zu wenig. Anders ist das enorme Vertrauensdefizit der Bürger in die Dritte Gewalt nicht zu verstehen. Nach einer Erhebung der Technischen Universität Dresden aus dem Jahr 2005 glauben gerade einunddreißig Prozent der Befragten an gerechte Entscheidungen der Justiz. Im Umkehrschluss haben wohl zwei Drittel der Deutschen den Glauben daran verloren.[4]

Die Justiz beschreitet, wie wir in diesem Buch dokumentierten, häufig Labyrinthe der Rechtsfindung, die dem Bürger nicht mehr zu vermitteln sind. Die Skrupellosigkeit einiger Staatsanwälte (genauso wie die Ohnmacht engagierter Staatsanwälte), die Willkür und elitäre Ignoranz von Richtern – dies alles befördert die tiefe Enttäuschung immer mehr Bürger in die Justiz.

Geradezu Paradebeispiele, wie die Justiz zunehmend ihre Legitimität verliert, sind zwei Vorgänge, die sich Mitte Februar 2007 in Thüringen, und zwar in der Stadt abspielten, die sich mit dem Titel *Stadt im Herzen Deutschlands* schmückt, in Mühlhausen. Dort hatte sich ein Arbeitsloser nach einem Diebstahl von zwei Brötchen und einem Stück Kräuterbutter im Wert von fünfundachtzig Cent gegen die Festnahme durch den Marktleiter gewehrt. Er wurde zu sechs Monaten Haft auf Bewährung verurteilt. Außerdem muss der Arbeitslose noch zweihundertfünfzig Stunden gemeinnützige Arbeit leisten. Zur gleichen Zeit stellte die Staatsanwaltschaft Mühlhausen ein Ermittlungsverfahren gegen hochrangige Manager wegen Insolvenzverschleppung ein. Der Schaden belief sich auf zwölf Millionen Euro. Die Begründung des Staatsanwalts in Mühlhausen für die Einstellung des Verfahrens: »Der Sachverhalt ist ausgesprochen komplex und schwierig, und eine Hauptverhandlung wäre mit einem enormen Aufwand verbunden.«[5]

Über die Hintergründe dieser beiden unglaublichen Skandale hätte man in den Medien gern etwas Ausführlicheres gelesen. Fehlanzeige. Überhaupt findet kritische und insbesondere nachhaltige Justizberichterstattung in den elektronischen Medien wie den Printmedien – mit wenigen Ausnahmen wie dem *Spiegel* – allenfalls am Rande statt. Dabei wäre es für das demokratische Gemeinwesen ungemein hilfreich, auf die vielen Schwachstellen des herrschenden Justizsystems ständig und nachdrücklich hinzuweisen.

Nicht weniger unfassbar ist, wenn in einer Staatsanwaltschaft in Mecklenburg-Vorpommern Aktenmanipulationen und Aktentausch bei Strafakten zugunsten einer Sparkasse vorgenommen werden. Oder wenn

Richter, wie im thüringischen Gera, Entscheidungen über Prozesskostenhilfe über zwei Jahre hinauszögern. Das sei inzwischen gängige Praxis, klagen Anwälte, damit bestimmte Verfahren wegen des Geldmangels der Betroffenen überhaupt nicht eröffnet werden.

Am Verstand der Justiz verzweifelt wiederum mancher, der den plötzlich ausbrechenden Ermittlungswahn der Stuttgarter Staatsanwaltschaft beobachtete. Die verfolgte mit Sturheit ihre juristische Interpretation des Paragrafen 86 a des Strafgesetzbuches. Dabei ging es darum, dass Hakenkreuze – in welcher Form auch immer – im öffentlichen Raum nichts zu suchen haben. Deshalb wurde ein Versandhändler zu einer Geldstrafe verurteilt, weil er, so die abenteuerliche Begründung, durch den Verkauf von Buttons mit durchgestrichenen Hakenkreuzen dazu beigetragen haben soll, dieses wieder gesellschaftsfähig zu machen. Das Landgericht folgte der Argumentation der Staatsanwälte. Nachdem unter anderem der DGB-Chef Michael Sommer aus Solidarität ebenfalls das Protestzeichen gegen Neonazis bei einer Veranstaltung trug, ermittelte die Staatsanwaltschaft Stuttgart auch gegen ihn. Diese juristische Absurdität ist glücklicherweise nur auf die Stuttgarter Staatsanwaltschaft in jeder Beziehung »beschränkt« und vom Bundesgerichtshof im März 2007 eindeutig korrigiert worden.

Andererseits gibt es tatsächlich Staatsanwälte wie in Heidelberg, die einen dreiundsechzigjährigen Mannheimer Jugendrichter vor Gericht zerren wollten, weil er ihrer Meinung nach zu lasch arbeiten würde. In der Juristensprache heißt der Vorwurf »Strafvereitelung im Amt«. Er habe, behauptete die Staatsanwaltschaft in der Anklageschrift, in einundzwanzig Fällen als Jugendrichter »ohne Anzeige einer vermeintlichen Überbelastung bewusst ... Verfahren mit dem Willen, diese für eine längere Zeit nicht zu bearbeiten, nicht ordnungsgemäß gefördert«. Dabei genoss genau dieser Richter hohes Ansehen bei Kolleginnen und Kollegen, Referendaren und Anwälten, weil er bereit war, ungewöhnlich viel Verantwortung und persönlichen Einsatz zu zeigen und sorgfältig zu arbeiten. Nicht dass es keine Richter gäbe, für die Engagement und Arbeitseifer eher Fremdworte wären. In diesem Fall traf es jedoch überhaupt nicht zu.

Das zuständige Landgericht lehnte die Eröffnung des Hauptverfahrens am 17. April 2003 ab. Der sture Staatsanwalt legte sich nicht auf die faule Haut, sondern im Sinne eines Dienstes nach Vorschrift sofortige Beschwerde ein. Das Oberlandesgericht Karlsruhe wies seine Beschwerde am 9. Dezember 2003 in einer ausführlichen Würdigung als unbegründet ab, und eine Richterin fragte sich: »Was denkt sich einer, der ein solches Exempel an einem renommierten langjährigen Strafrichter statuiert? Und angesichts des ersten ablehnenden Eröffnungsbeschlusses weitermacht, intern unkorrigiert weitermachen kann? ›Schneller arbeiten‹ sollen die Richterinnen und Richter in Baden-Württemberg.«[6]

In einem offenen Brief vom 5. Dezember 2004 an den Justizminister von Baden-Württemberg Ulrich Goll diktiert Klaus Kögele, Richter am Amtsgericht Karlsruhe, einen ungewöhnlich mutigen Brief und bezieht sich ebenfalls auf den Fall des Mannheimer Jugendrichters, dem der Prozess gemacht werden sollte. Er wagt es, was inzwischen nicht mehr selbstverständlich ist: den Dienstherrn zu kritisieren, anstatt wie üblich ihm Puder in den Hintern zu blasen: »Allzu lange habe ich mich gegen die Schlussfolgerung gewehrt, dieser Akt der ›Selbst-Kannibalisierung der Justiz‹ habe einen anderen Hintergrund als nur die Profilneurose eines jungen Staatsanwalts. Da jedoch sowohl die Generalstaatsanwaltschaft als auch das Justizministerium von Anfang an Kenntnis von der beabsichtigten Anklageerhebung besaßen, durfte der zuständige Staatsanwalt auch ein Schweigen des Ministeriums als Zustimmung werten, falls nicht ohnehin eine ausdrückliche Billigung erfolgte.« Für den Richter drängte sich von Anfang an der Verdacht auf, dass die Anklage als »dienstherrliche« Warnung an alle Richter gelte, die sich weigern, Effizienz im Sinne bloßer Erfüllung von Erledigungszahlen über alle anderen richterlichen Anforderungen zu stellen.«

Es könnte noch ein weiteres Motiv für den juristischen Amoklauf der Staatsanwaltschaft geben, glaubt Lorenz Böllinger, Professor für Strafrecht und Kriminologie an der Universität Bremen: »Angenommen werden muss, dass hier ein verselbstständigtes Zweckdenken am Werke war, welches sich deshalb so ›nassforsch‹ Bahn brechen konnte, weil ein Gefühl der Sicherheit und Unanfechtbarkeit dahinter stand, möglicherweise das effektiv unterfütterte satte Bewusstsein: ›Die großen Brüder General und Justizminister stehen hinter mir!‹ Dieses Gefühl … kann auf einem abstrakten und allgemeinen Zeitgeist neofeudaler, exekutivischer Selbstherrlichkeit ebenso beruhen wie auf einer sehr konkreten und spezifischen

Disziplinierung der Generalstaatsanwaltschaft und des Justizministeriums gegenüber der Dritten Gewalt.«[7]

Am Ende des justizinternen Irrsinns blieb nur ein Opfer – der einst engagierte Jugendrichter. Er hat sich aufgrund der persönlichen Belastung vorzeitig pensionieren lassen. Der ihn anklagende Staatsanwalt hingegen wurde belohnt. Er übt nun selbst ein Richteramt aus. Im Hintergrund dieser Affäre schwebt der schwerwiegende Verdacht kritischer Amtsrichter, dass ein Exempel statuiert werden sollte, um die Amtsrichter möglichst effizient nach Fallzahlen arbeiten zu lassen, und dass Problemfälle fallengelassen werden. Fallzahlen, Personalmanagement, Qualitätssicherung – das waren die schönen Worte eines in Baden-Württemberg eingeführten neuen Personalmanagementsystems. Dahinter verbirgt sich nichts anderes als das Prinzip der Einsparungen im Polizei- und Justizapparat. Den »Modernisierungskurs« bezeichnete die damalige baden-württembergische Justizministerin Corinna Werwigk-Hertneck (FDP) mit den Worten: »Aus ehemals staubigen Amtsstuben haben wir zeitgemäße Büroarbeitsplätze gemacht.«[8] Sie will nicht nur im Interesse der Bürger gehandelt haben, die Recht suchen, sondern selbstverständlich auch im Interesse der Richter/innen.

Völlig anderes als die baden-württembergischen Politiker, die mit der Justizreform Wahlkampf machten, sahen es hingegen aufgebrachte Richter. So schreibt ein Amtsrichter aus Baden-Württemberg in einem uns vorliegenden Brief an den Justizminister: »Bekennen Sie doch einfach Farbe. Sie haben doch längst erkannt, dass es bei den ganzen Zahlenspielereien nicht darum geht, die Justiz effizienter zu machen, sondern ausschließlich darum, die Illusion zu vermitteln, man arbeite daran, die Justiz effizienter zu machen. Dass unter dem Deckmantel der Effizienz die Erste und Zweite Gewalt alles unternehmen, einen Ausverkauf der Dritten Gewalt vorzunehmen, was niemanden interessiert, weil die Presse, die Vierte Gewalt, sich dieses Themas nicht annimmt.«

Über den Präsidenten eines Gerichts wissen Insider zu berichten, dass der ermitteln lässt, wie lange die ihm unterstellten Richter täglich den Computer laufen lassen. Das alles schafft Arbeitsfreude. Übrigens wurde Justizministerin Corinna Werwigk-Hertneck im Sommer 2004 aus ihrem hohen Amt gekegelt. Ihr wurde zur Last gelegt, dass sie Details aus einem

Ermittlungsverfahren weitergegeben habe, und zwar an ihren Parteikollegen, den damaligen Wirtschaftsminister Walter Döring, gegen den ein Ermittlungsverfahren wegen uneidlicher Falschaussage eingeleitet worden war.[9] Sie bestreitet diesen Freundschaftsdienst. Was die Staatsanwaltschaft nicht daran hinderte, gegen ihre einstige oberste Dienstherrin ein Strafverfahren zu eröffnen. Hut ab davor, dass die Staatsanwaltschaft trotz heftigen politischen Drucks standhaft geblieben ist.

Die einstige Ministerin nimmt nun ihre unzweifelhaft vorhandenen Rechte extensiv in Anspruch. Nach Verlesung der Anklage durch die Staatsanwaltschaft im November 2006 forderte ihr Verteidiger, die zuständige Staatsanwaltschaft zu ersetzen.[10] Gründe seien Unglaubwürdigkeit und Unfähigkeit der Anklagebehörde. Zuvor bereits hatte ihr Anwalt die Zuständigkeit des Landgerichts angezweifelt. Und so zieht sich das Verfahren in jene prozessüblichen Längen, die sie als Justizministerin heftig bekämpfte. Wie meinte ein Prozessbeobachter, übrigens ein Richter im Forum des *Amtsrichterverbands*: »Es bestätigt sich erneut: Politiker und solche, die es gewesen sind, propagieren die geringe Prüfungsdichte zwar für Otto Normalverbraucher, aber nicht für sich selbst und selbstverständlich auch nicht für ihre politischen Freunde. Wenn ich doch als Richter bei der Entscheidung, welche ›Prüfungsdichte‹ ich walten lasse, nur immer schon wüsste, ob ich es mit einem Amigo oder Vetter oder einem sonstigen Spezi jenes Politikers zu tun habe oder ›nur‹ mit einem normalen Bürger.«[11]

Ein ganz normaler Bürger erlebte wiederum, wie mit einer Strafanzeige von ihm umgegangen wurde. Der pflichtbewusste Beamte hatte mit einer Strafanzeige gegen einen korrupten Bürgermeister die zuständige Staatsanwaltschaft informiert. Die Strafanzeige wurde durch die Staatsanwaltschaft per Fax sofort dem Rechtsanwalt des angezeigten Bürgermeisters zugestellt, ohne dass sich der Rechtsanwalt per Vertretungsvollmacht überhaupt legitimiert hätte. Das Verfahren wurde nach oberflächlicher Vernehmung von drei unwichtigen Zeugen nach Paragraf 172 Strafprozessordnung (StPO) eingestellt.

Und der Anzeigeerstatter, was erlebte er nun? »Ich erhielt trotz Antrages keine Einstellungsverfügung der Staatsanwaltschaft, da ich angeblich nur der Überbringer der Strafanzeige sei. So nahm man mir die Möglichkeit, gegen die Einstellungsverfügung ins Verfahren zu gehen.« Jetzt erstattete jedoch der Bürgermeister gegen den mutigen Bürger eine Anzeige, und zwar wegen übler Nachrede und Verleumdung, mit der Folge, dass der Beamte einen Strafbefehl erhielt, gegen den er natürlich Einspruch erhob. »Im Verfahren vor dem Strafrichter wurde ich zu einer Geldbuße verurteilt, und im Berufungsverfahren nach fünf Jahren wurde das Verfahren nach Paragraf 153 a StPO gegen Zahlung eines Schmerzensgeldes an den früheren Beschuldigten eingestellt.«

Sowohl im ersten Verfahren wie auch im Berufungsverfahren wurden entscheidende Zeugen nicht geladen, die von dem jetzt Beschuldigten benannt waren. Die Konsequenzen? »Das Berufungsverfahren wäre für mich negativ verlaufen, ob ein Revisionsverfahren erfolgreich gewesen wäre, weiß ich nicht. Jedenfalls hätten sich weitere Kosten aufgetürmt, zumal der Bürgermeister eine Schmerzensgeldklage erhoben hatte, die mich in eine noch höhere finanzielle Schieflage gebracht hätte. So bin ich wenigstens straffrei, und mein Dienstherr kann mir zusätzlich disziplinarrechtlich nicht an die Karre. In der Öffentlichkeit bin ich als Rufmörder dargestellt worden, viele Menschen haben sich von mir abgewandt, und dies nur, weil ich mich vertrauensvoll an die Staatsanwaltschaft gewandt habe.«

Am Ende zieht er ein bitteres Resümee: »Ich kann nur jedem raten, den Mut nicht aufzubringen und Missstände an die zuständigen Behörden heranzutragen. Dies kostet nicht nur Geld (mich einen unteren Mittelklassewagen), sondern auch viel Zeit und insbesondere die Gesundheit (einschließlich der Leiden der Familie).« Was er nicht wusste, als er die Anzeige erstattet hatte – alle wichtigen Personen, der Bürgermeister, dessen Rechtsanwalt, der Vertreter der Aufsichtsbehörde und der Vertreter der Staatsanwaltschaft, waren im Lions-Club vernetzt.

Wenn jedoch prominente Politiker, gar Ministerpräsidenten in dubiose Machenschaften verstrickt sind, dann geht es ganz anders zur Sache. Ein Beispiel ist der in den Medien so verehrte ehemalige Ministerpräsident von Sachsen, Kurt Biedenkopf. Er soll während seiner Regierungszeit Einfluss auf Mietverträge für das Behördenzentrum Leipzig-Paunsdorf genommen haben. Dabei ist dem Steuerzahler von Sachsen ein Millionenschaden entstanden. In der Landtagsdebatte vom 5. Februar 2004 redete der SPD-Landtagsabgeordnete Karl Nolle Klartext: »Zunächst wollte oder durfte die Staatsanwaltschaft den konkreten Ermittlungshinweisen des Landeskriminalamtes nicht folgen. Stattdessen wurde ein Vorermittlungsverfahren, übrigens von der Strafprozessordnung gar nicht vorgesehen, mit einem Umfang von dreißig Aktenordnern angelegt. Dann meinte die Leipziger Staatsanwaltschaft, dass die Verjährung drohe. Aus der Generalstaatsanwaltschaft wurde zunächst geäußert, man solle mit einer Beschuldigtenvernehmung die Verjährung unterbrechen. Als man sich aber bewusst wurde, dass womöglich der Ministerpräsident zu vernehmen sei, hieß es plötzlich, dann solle man es wohl besser lassen.«[12]

Kritischen Bürgern steht zudem eine Art Richteroligarchie gegenüber. Unabhängig davon, dass es glücklicherweise noch viele herausragende Richterpersönlichkeiten mit Sachkompetenz und menschlichem Einfühlungsvermögen gibt, entwickelte sich in den letzten Jahren die Herrschaft der Richter über Politik und Menschen. Aus dieser zunehmenden Machtfülle ist eine untragbare Selbstherrlichkeit und Selbstgerechtigkeit entstanden. Ekkehart Reinelt, ein bekannter Münchner Anwalt, hat das folgendermaßen beschrieben: »Die Entwicklung zum oligarchisch aristokratischen Richterstaat ist nicht nur ein methodischer Irrweg, sondern birgt außerdem die Gefahr, dass jedenfalls weniger gefestigte Richterpersönlichkeiten ihre Funktion und Bedeutung überschätzen und das den Rechtsunterworfenen deutlich spüren lassen. … Jedem Anwalt sind aus seiner Praxis Fälle bekannt, die die These bestätigen.«[13]

Hinzu kommt das gravierende Problem, dass Richter keiner ausreichenden Kontrolle unterliegen. Dies macht ein Fall deutlich, der Anfang 2007 im baden-württembergischen Nürtingen spielt: Gegen einen Amtsrichter, der unter anderem für vormundschaftliche Entscheidungen zuständig war, wird wegen des Verdachts der versuchten Rechtsbeugung ermittelt. Der Vorwurf: Er habe sich bei der Genehmigung von freiheitsentziehenden Maßnahmen bei Bewohnern von Senioren und Pflegeheimen keinen persönlichen Eindruck von den betroffenen Personen gemacht, wozu er verpflichtet gewesen wäre. Durch fingierte Anhörungsprotokolle habe der Richter dies verschleiert. Das Ganze war aufgeflogen, weil er solche Maßnahmen für eine Frau genehmigt hatte, die bereits verstorben war.

Was kann, was sollte endlich getan werden?

Was muss innerhalb des deutschen Rechtssystems verändert werden? Aufgrund der teilweise unzumutbaren Arbeitsbedingungen und Anforderungen wurde in Baden-Württemberg am 11. Dezember 2003 der Verband zur Förderung der Rechtspflege und Unabhängigkeit von Richtern am Amtsgericht (ARV) gegründet. Die Richter und Richterinnen, die sich hier organisierten, wollten die Willkür der Justizbürokratie und der politischen Masterminds nicht mehr hinnehmen. Für sie hatte jede Justizreform der vergangenen Jahre, angefangen in den Siebzigerjahren mit der Übertragung der Familiensachen vom Landgericht auf das Amtsgericht und endend mit der letzten Reform, ein Ergebnis gebracht: »Entlastung der übrigen Gerichte auf Kosten der Amtsgerichte, und das bei einem damit einhergehenden Stellenabbau bei den Amtsgerichten auf allen Ebenen.« So steht es auf ihrer Webseite.

Die Mitglieder des Verbandes zeigten nicht nur Zivilcourage, sondern stellten Forderungen auf, die eigentlich selbstverständlich sein sollten. Zurückhaltend kleideten sie die Forderungen in das Wort »wünschenswert«. Demnach wäre es wünschenswert, dass erkannt würde, »dass Schnelligkeit und Qualität zwei Paar Schuhe sind, dass keine Stelle, egal ob Geschäftsstelle, Rechtspfleger oder Richter, wochenlang unbesetzt bleibt, dass ältere Kollegen nicht vom Arbeitsanfall zermalmt und krank werden, dass hervorragende Schreibkräfte nicht mit ständigen Halbjahresverträgen vertröstet und letztlich zum Wechsel in die freie Wirtschaft gebracht werden, dass erkannt würde, dass die Justiz nur dann Gerechtigkeit nach außen üben kann, wenn sie dies auch nach innen tut, dass die sich innerhalb des Amtsgerichts bei allen Mitarbeitern und Kollegen immer mehr verbreitete Ängstlichkeit, Verzagtheit und Mutlosigkeit nicht mit Harmonie und Frieden gleichgesetzt werden, sondern endlich als Warnsignal erkannt werden, und dass sich die Erkenntnis durchsetzt, dass die Justizverwaltung den Richtern zu dienen hat und nicht umgekehrt.«[14]

Eine bessere personelle und qualitative Ausstattung der Justiz mit ausreichenden Finanzmitteln ist demnach zwingende Voraussetzung, um etwas innerhalb des Systems zu verändern. Doch es wäre nur eine Teillösung des Problems. Das zentrale Problem ist die politische Unabhängigkeit beziehungsweise Abhängigkeit der Justiz. Dabei zeigen Studien, dass es einen engen Zusammenhang zwischen der Unabhängigkeit der Justiz und dem Wachstum der Wirtschaft gibt. Professor Lars Feld von der Universität Heidelberg und Professor Stefan Voigt von der Universität Kassel haben berechnet, dass »eine faktisch unabhängige Justiz beachtliche ökonomische Konsequenzen hat. So würde sich die Wachstumsrate dieses Landes um 1,5 bis 2,1 Prozentpunkte erhöhen. Diese Veränderung allein würde eine Verdoppelung des Einkommens nach dreiunddreißig bis siebenundvierzig Jahren zur Folge haben.«[15]

Unabhängige Justiz bedeutet aber gleichzeitig eine qualifizierte Justiz, die den neuen gesellschaftlichen Entwicklungen Rechnung trägt, zum Beispiel im Zusammenhang mit der transnationalen Kriminalität im Bereich Wirtschaft. Uwe Dolata, einer der bekanntesten deutschen Wirtschaftskriminalisten, fordert daher: »Je größer die Sozialschädlichkeit bestimmter Delikte und Deliktsgruppen ist, umso nachhaltiger müssten die Anstrengungen sein, die zu ihrer Bekämpfung unternommen werden. Ist dies aber richtig – und ich kenne keine rationale Erwägung, die dagegen sprechen könnte –, so müsste der Kampf gegen die Wirtschaftskriminalität auch in der Strafrechtspflege als erklärte Schwerpunktaufgabe begriffen werden. Viel wäre gewonnen, wenn alle Innen- und Justizminister, die leitenden Beamten der Kriminalpolizei und der Staatsanwaltschaft und auch die Richter der Strafgerichtsbarkeit dieses Postulat akzeptieren und mit allen daraus fließenden finanziellen und personellen Konsequenzen in die Tat umsetzen.«[16]

Doch genau das Gegenteil praktizieren die von Uwe Dolata Angesprochenen. Und so bleibt die Diskussion, ob eine unabhängige Justiz ökonomische Vorteile für den Bürger und den Staat bringt, rein theoretisch. Wirtschaftskriminalisten führen inzwischen, von wenigen Ausnahmen abgesehen, ein Schattendasein in der Polizeihierarchie. Das ist zweifellos politisch gewollt.

In Bayern wird, um diesen politischen Kurs der Öffentlichkeit zu verkaufen, die so genannte Umlaufgeschwindigkeit von Strafverfahren als Instrument eingesetzt, um langwierige Verfahren auszubremsen. Je schneller ein Verfahren abgeschlossen wird, umso besser kann sich der Justizminister damit brüsten, wie toll seine Behörde funktioniert. Deshalb meldeten die Medien am 23. Februar 2007: »Bayerns Justiz arbeitet am schnellsten. Laut

Justizministerin Beate Merk (CSU) haben die bayerischen Juristen außerordentlich viele Fälle zu bearbeiten, sind aber auch sehr schnell.«[17] Verfahren im Bereich der Wirtschaftskriminalität stören diese schnelle Umlaufgeschwindigkeit. Also werden sie entweder überhaupt nicht eröffnet oder nur in Teilbereichen bearbeitet. Das Legalitätsprinzip wird damit zur Farce.

Beliebt ist auch die Manipulation der so genannten PSK, der Polizeilichen Kriminalstatistik. Sie wird in den Bundesländern wie im Bund selbst alljährlich zelebriert, um zu demonstrieren, wie erfolgreich Kriminalität bekämpft wird. Bei der medienwirksamen Vorstellung der PSK werden die Statistiken, teilweise verkleidet in schönen Schaubildern, dem Bürger als die reine Wahrheit verkauft. Denn Statistiken können ja nicht lügen. Dabei ist die PSK besonders anfällig für Wunschdenken, Zielvorgaben der politisch Verantwortlichen und vielerlei Manipulationen. Erfahrene Ermittler vergleichen ihren Wert mit dem Lesen im Kaffeesatz. In Mecklenburg-Vorpommern war Frank von der Heide im Landeskriminalamt verantwortlich für ein Forschungsprojekt der Universität Greifswald. Es ging um die Erforschung der Ursachen, warum eindeutige Tötungsdelikte oft nur noch als Körperverletzung oder andere Delikte geahndet werden. Als er im Jahr 2004 die Ergebnisse vortragen wollte, wurde ihm das vom LKA-Direktor untersagt. Der Grund, klagt Frank von der Heide uns gegenüber: »Die Defizite der polizeilichen Ermittlungstätigkeit und Probleme der Rechtsanwendung bei Staatsanwälten und Richtern sollen vertuscht werden. Und gleichzeitig sollen messbare Erfolge in der Kriminalitätsbekämpfung vorgetäuscht werden.«

Weil er so widerspenstig war und es sogar wagte, vor dem Innenausschuss des Landtags von Mecklenburg-Vorpommern als Fachexperte des Bundes Deutscher Kriminalbeamter (BDK) den Mund aufzumachen, wurde er gemobbt. Ihm wurde zudem vom Leiter der Polizeiabteilung im Innenministerium vorgeworfen, seine Wohlverhaltenspflicht und Verschwiegenheitspflicht verletzt zu haben. Was folgt daraus? Duckmäusertum wie Lähmung kritischen Denkens sind bei Beamten politisch gewollt. Aber nicht nur das. Handlungsunfähig wird die Justiz durch die rigiden Sparmaßnahmen. Gleichzeitig wuchern Gesetze, die vom Gesetzgeber, das heißt dem Parlament, teilweise handwerklich miserabel formuliert sind. Leidtragende sind diejenigen, die diese Gesetze exekutieren müssen. Da zitiert *Der Spiegel* eine Staatsanwältin, die bei ihren Kollegen zunehmend Frust feststellt, der so manche Staatsanwälte zum Therapeuten treibt: »Die sagen dann gern, man solle sich die Sache nicht so zu Herzen nehmen, unsere Aufgabe sei doch nicht, Gerechtigkeit zu schaffen.«[18]

Mit jedem Regierungswechsel, ob in den Ländern oder im Bund, ändert sich auch die Rechtskultur, indem die neuen politischen Entscheidungsträger alles dafür tun, die Justiz in ihrem Sinne zu instrumentalisieren und an die politische Kette zu legen. An vorderster Front dieser Instrumentalisierung steht die Generalstaatsanwaltschaft. Hinter der steht häufig eine willfährige Truppe, die den vorauseilenden Gehorsam bereits verinnerlicht hat. Hier liegt ein zentrales Problem der Justiz. Im Gegensatz zur Richterin/zum Richter ist die Staatsanwältin/der Staatsanwalt weder sachlich noch persönlich unabhängig, sondern an Weisungen des Dienstvorgesetzten gebunden. Und das ist letztlich der Justizminister. Zwar sind die Staatsanwälte dem Legalitätsprinzip verpflichtet, aber das ist bekanntlich ziemlich dehnbar. »Seit zehn Jahren haben die Staatsanwaltschaften von Potsdam und Frankfurt/Oder Kenntnis von Straftaten, die der Wirtschaftskriminalität im Zusammenhang mit der Vereinigungskriminalität zuzurechnen sind.«[19] Doch sie tun nichts, weil es politisch nicht ins Konzept passt.

Weisungen an die Staatsanwälte finden auf unterschiedliche Weise statt. Da gibt es die beliebten verdeckten internen Weisungen, die nicht dokumentiert werden, oder die Einflussnahmen bei internen Dienstbesprechungen. Und dazu zählen, wie es der ehemalige Staatsanwalt Winfried Maier aus Augsburg formulierte, »telefonische Bitten der Vorgesetzten, oftmals als Reaktion oder im Vorfeld von Berichten an die vorgesetzte Behörde. Dies ist die praktisch häufigste, einfachste und gefährlichste Art der Einflussnahme.«[20]

Schließlich besteht die Möglichkeit, dass sich der Staatsanwalt gegen eine Anweisung des Dienstvorgesetzten wehrt. Es ist die Möglichkeit der beamtenrechtlichen Remonstration. Dazu sagt der ehemalige Staatsanwalt und jetzige Richter am Familiengericht Augsburg, Winfried Maier: »Ich selbst habe mir das erlaubt. Über Konsequenzen erlaube ich mir zu schweigen.«[21] Er wurde bekanntlich weggelobt, weil er sich den Anordnungen seiner Dienstvorgesetzten nicht beugen wollte. Er sagt auch: »Politisch wird sich die Unabhängigkeit der Staatsanwälte aus meiner Sicht nicht durchsetzen lassen. Der Sparzwang wird nicht so groß sein, als dass man auf eine Generalstaatsanwaltschaft verzichten könnte oder diese Behörde effektiv etwa im Bereich der Rechtshilfe eingesetzt würde.«[22] Dabei ginge es natürlich anders. Und hier lohnt ein Blick ins benachbarte Italien.

In Italien haben unabhängige Staatsanwälte und Richter immerhin ein verkrustetes mafioses System teilweise zerschlagen. Bei ihnen ist die Unabhängigkeit verfassungsrechtlich verankert. Deshalb konnten sie so lange selbstbewusst gegen das System von Mafia, korrupten Politikern wie kriminellen Wirtschaftsfürsten auftreten. Interessant ist: In dem Moment, als die italienischen Staatsanwälte diese Polit-Mafia bekämpfen konnten, »plädierten gerade diese Regierungs- und Parlamentsmitglieder dagegen, gegen die wenig später wegen solcher Delikte wie Korruption und illegaler Parteifinanzierung ermittelt wurde, für die Übernahme eines streng hierarchischen, von der Exekutive weisungsabhängigen Modells der Staatsanwaltschaft. Dabei wurde in der politischen Diskussion auf das deutsche, hierarchische Modell verwiesen.«[23]

Das sollte eigentlich jedem in Deutschland zu denken geben. Aber wer denkt hier schon? Das gilt auch für die Generalstaatsanwaltschaft, die es in jedem Bundesland gibt. Da sie politischen Weisungen unterliegt und viele Praktiker in ihr keinen Sinn sehen, wäre es schon einmal ein wichtiger Schritt, sie überhaupt abzuschaffen. Das Einzige, was Generalstaatsanwaltschaften bislang leisten ist, Fragen der Rechtshilfen oder Beschwerden gegen Beschlüsse der Staatsanwaltschaft abzubügeln. Ihre Abschaffung fordert übrigens auch – vergeblich selbstverständlich – der Deutsche Richterbund, Landesverband Rheinland-Pfalz. Und er legte einen entsprechenden Gesetzesentwurf vor. Der Gesetzesentwurf sieht jedoch nicht nur die Abschaffung der Generalstaatsanwaltschaften vor, sondern auch die Abschaffung des externen Weisungsrechts für Staatsanwälte. »Der bisweilen unverhohlen geäußerte Verdacht, Staatsanwälte könnten von denen, die die politische Macht haben, gesteuert und als Instrument zur Durchsetzung ihrer Politik benutzt werden, beschädigt das Ansehen von Staatsanwaltschaft und Justiz und läuft letztlich auch den Interessen der politisch Verantwortlichen zuwider.«[24]

Besonders dringlich ist, dass das im Justizapparat verbreitete System des Wegschauens, Begünstigens und des der politischen Klasse Dienenwollens grundlegend aufgebrochen und überwunden wird. Das gültige Beamtenrecht fördert genau dieses Verhaltensmuster und verhindert selbstkritische Reflexionen über das eigene Tun und kritische Auseinandersetzung mit den Vorgesetzten. Nicht die Beamten sind in Deutschland überflüssig, sondern es ist ein Beamtenrecht, das aus den Zeiten des Obrigkeitsstaates stammt. Das abzuschaffen wäre bereits ein wichtiger Grundpfeiler für selbstverständliche Zivilcourage auch in der Justiz.

Engagierte Richter, Staatsanwälte und Polizeibeamte geraten bisher intern unter enormen Druck, wenn sie Fehlentscheidungen ihrer eigenen Behörde anprangern, wenn sie auf Pannen hinweisen oder die mangelnde Bereitschaft kritisieren, trotz konkreter schwerer Verdachtsmomente gegen die Mächtigen aus Politik und Wirtschaft vorzugehen. Gar nicht zu reden davon, was sie erwartet, wenn sie auf eigene Faust dem Legalitätsprinzip nachkommen wollen und Ermittlungen gegen hochrangige Politiker oder Wirtschaftsbosse einleiten. Das ist nichts Neues, ändert aber nichts daran, dass es ein unhaltbarer Zustand ist.

In vielen Fällen werden sie dann von höherer Stelle zurückgepfiffen, in ihrer beruflichen Entwicklung behindert oder gemobbt. Ohne eine neutrale, auch diskrete Anlaufstelle, an die sie sich wenden können, bleiben sie meist tragische Einzelkämpfer, die für ihre Zivilcourage im übertragenen Sinne bestraft werden. Daher ist das, was die Wirtschaft, oft nolens volens, bereits eingeführt hat, auch für die Justiz unabdingbar: die Einsetzung von Ombudsleuten – Vertrauenspersonen, die anonym anzusprechen sind, wenn in Ermittlungsbehörden oder Gerichten erkennbar Willkür, Ignoranz oder Willfährigkeit geübt werden und Anklagen aus »mächtigen« Gründen mal wieder unerwünscht sind. Hier könnte die überflüssige Generalstaatsanwaltschaft eine bedeutsame Mittlerrolle spielen, vorausgesetzt, sie ist politisch vollkommen unabhängig, nicht an ministerielle Weisungen gebunden. Schließlich sitzen in vielen Generalstaatsanwaltschaften überaus qualifizierte Juristen.

Immer mehr Bürger nehmen das Verschweigen der Krise, unter der sie allein leiden, weil sie die Opfer sind, nicht mehr hin. Über das Internet formiert sich zum Beispiel eine Selbsthilfe engagierter Bürger, die die Justiz stärker öffentlich kontrollieren wollen und zu diesem Zweck die »Richter-Datenbank« – www.richterdatenbank.org – eingerichtet haben.

Auf dieser Internetseite werden krasse Fehlurteile und anmaßende Urteilssprüche deutscher Richter dokumentiert. In der Begründung für diese Richter-Datenbank heißt es: »Uns geht es um die Richter, die der ehemalige Richter am Oberlandesgericht, Dr. Egon Schneider, mit seinem Zitat im Auge hat (machtbesessen, unfähig, besserwissend usw.), und nach seiner Aussage und unseren leidvollen Erfahrungen gibt es von dieser Sorte leider eben viele, zu viele.«

Eine weitere Bürgerinitiative, die die Justiz im Internet kritisch beobachtet, ist unter der Webadresse www.justizirrtum.de zu finden. Das Motiv für ihr Engagement: »Ein besonderes Anliegen ist es uns, dass bei dieser Sammlung nicht Gerichte (als abstrakte Institutionen), sondern Richter(innen) als ›Urheber‹ der jeweiligen ›Skandale‹ benannt werden: Es sind immer Menschen, konkrete Personen, die ein Urteil fällen, nicht ›Institutionen‹. Und wenn solche Urteile ideologisch, unlogisch, handwerklich schlampig usw. sind, dann sollen diese Personen dafür auch in der Öffentlichkeit ›gebrandmarkt‹ werden (das ist schließlich bei Politikern, die auch sehr viel Macht über uns haben, auch nicht anders!).«

Der Justizapparat selbst kann nicht allein seine tiefe Strukturkrise überwinden, um damit Vertrauen in der Gesellschaft zurückzugewinnen. Die kritischen Bürger selbst sind aufgefordert, genauer hinzuschauen und sich zu wehren. Sie müssen massiven Druck auf die jeweiligen zuständigen politischen Entscheidungsträger ausüben. Größere Transparenz und Selbstkritik innerhalb der Justiz ist zudem eine wesentliche Voraussetzung für eine Veränderung. Es gibt sie ja, die kritischen Richter, Staatsanwälte und Polizeibeamten. Ihnen muss der Rücken gestärkt werden im Kampf gegen rückgratlose und selbstherrlich agierende Dienstvorgesetzte. Deshalb ist vor allem die Einführung von unabhängigen Ombudsleuten ein entscheidender Weg – zurück zur konsequenten Ausübung des verfassungsmäßigen Auftrages als unabhängige Dritte Gewalt. Es ist nicht zuletzt die Courage jener Bürger, die sich – immer wieder erfolgreich – gegen dieses System von Willkür und Korruption wehren und dabei dessen Abgründe aufzeigen; dieser Mut und diese Entschlossenheit können und müssen für jeden »Rechtsstaathüter« Anlass sein, endlich nach- und umzudenken.

Für Kritik, Informationen und Anregungen: www.juergen-roth.com

Dank

Unser Dank gilt den vielen couragierten Bürgern, die sich uns anvertraut haben, genauso Fahndern, Finanzbeamten, Staatsanwälten und Richtern, die offen mit uns über skandalöse Missstände innerhalb ihrer Behörden gesprochen haben. Sie sind mitunter ein hohes Risiko eingegangen, verstanden es aber als ihre selbstverständliche bürgerliche Pflicht, auf die tiefe Krise der Justiz hinzuweisen.

Wir danken auch unseren Familien, für die journalistische Recherchen vor allem lange Abwesenheit des Partners und Vaters bedeuteten und die dennoch keine Anklage gegen uns erhoben.

Nicht weniger dankbar sind wir den kritischen und fachkundigen Lektorinnen Beate Koglin und Carmen Kölz, die viele wichtige Anregungen gegeben haben.

Schließlich ist unserer Agentin Sigrid Bubolz-Friesenhahn dafür zu danken, dass es ihr gelungen ist, drei so unterschiedliche Autoren zu diesem Projekt zusammenzubringen.

Anmerkungen

Einleitung

1 *Süddeutsche Zeitung* Nr. 274, 28. 11. 2006, S. 5
2 Presseerklärung der SPD-Fraktion im Hessischen Landtag vom 23. 11. 2005
3 Heribert Prantl, »Nicken Sie, nicken Sie!«, *Süddeutsche Zeitung*, 14. 11. 2006
4 Arthur Kreuzer, Zeit-online, 26. 01. 2007
5 Wolfgang Hetzer, »Verschleppung und Folter: Staatsraison oder Regierungskriminalität«, in: *Rechtspolitisches Forum*, Trier 2006, S 34
6 *Frankfurter Rundschau*, 23. 09. 2006
7 Schreiben der Hessischen Polizeischule, Wiesbaden, vom 29. 11. 2006

Kapitel 1

1 *Stern*, Ausgabe 49/2000
2 Durchsuchungsbericht der Polizeidirektion Offenburg vom 10. 11. 2000
3 Schreiben des Spielbankkontrolldienstes vom 21. 09. 2000
4 Urteil des Landgerichts Offenburg vom 22. 07. 2001, S. 24
5 Pressemitteilung des OLG Karlsruhe vom 16. 04. 1999
6 Jahresbericht 2003 der Financial Intelligence Unit Deutschlands, S. 12
7 Bericht der Arbeitsgruppe »Verschärfung der Zugangskontrollen zum Kleinen Spiel in Spielbanken«, S. 4
8 Landtag Baden-Württemberg, Drucksache 12/3778 vom 24. 02. 1999

9 Schreiben von Sigrun Lang an die Staatsanwaltschaft Baden-Baden vom 26. 02. 2001

10 *Stern*, Ausgabe 49/2000

11 Rechtsgutachten »Staatliche Monopole und Konkurrenzwirtschaft im Spielbankenwesen, Verfassungsgerichtliche Beurteilung«, von Professor Hans-Jürgen Papier, 1995, S. 38

12 Beschluss des Ersten Senats des Bundesverfassungsgerichts, 19. 07. 2000, S. 19

13 Beschluss des Bundesverfassungsgerichts zur Selbstablehnung des Vizepräsidenten Papier vom 10. 05. 2000

14 Schreiben des Richters am Europäischen Gerichtshof für Menschenrechte, Professor Georg Ress, an Andreas Frank vom 28. 09. 2004

15 Entscheidung des Ersten Senats des Bundesverfassungsgerichts »durch den Vizepräsidenten Papier und die Richter Steiner, Hoffmann-Riem« vom 15. 08. 2000

16 Einstellungsbescheid der Staatsanwaltschaft Baden-Baden, Az: 200 Js9116/05, vom 04. 04. 2006, S. 1

17 Ebd., S. 26

18 Beschluss des BGH III ZR 65/05 vom 15. 12. 2005

19 *dpa*-Meldung vom 10. 01. 2007

20 *ZDF*-Pressemitteilung Frontal, 10. 10. 2000; vgl. *dpa,* 10. 10. 2000

21 *Die Welt*, 10. 10. 2000

22 *AP*, 29. 06. 2003

23 *ZDF*, Frontal 21, 30. 09. 2003

24 *dpa*, 28. 09.2000

25 *Der Standard*, 22. 04.2002

26 Gutachten im Auftrag der Staatsanwaltschaft, 25. 02. 2005, S. 57

27 In der Fachbuchliteratur heißt es zu der Krankheit: »Sie ist charakterisiert durch das Vorhandensein von zwei oder mehr unterscheidbaren Identitäten oder Persönlichkeitszuständen, die wiederholt die Kontrolle über das Verhalten der Person übernehmen.« (H. Saß, H.U. Wittchen, M. Zaudig, »Diagnostisches und statistisches Manual Psychischer Störungen DSM IV«, Göttingen 1996, zit. nach Peter Fiedler, *Dissoziative Störungen und Konversion*, Weinheim 1999, S. 3.) Professor Dr. Christian Scharfetter von der Psychiatrischen Universitätsklinik Zü-

rich schreibt: »Alternierende oder multiple Persönlichkeit: Bei diesem heute dissoziative Identitätsstörung genannten kaleidoskopartigen Wechsel der dominanten Identität (…) besteht jeweils Ich-Bewusstsein, aber es fehlt die Kontinuität einer dominanten Ich-Identität durch das ganze Leben hindurch.« (Christian Scharfetter, *Allgemeine Psychopathologie*, 5. Auflage, Stuttgart, New York 2002, S. 95.) Nach der Beschreibung von Professor Dr. Peter Fiedler vom Psychologischen Institut der Universität Heidelberg bekommen »in der dissoziativen Identitätsstörung« Therapeuten es »mit separierenden Selbstsystemen zu tun, die jeweils eine eigene und in sich integrierte Selbstbewusstheit, Erinnerungs- und Gefühlswelt besitzen und entsprechend über eine eigene kognitive Struktur mit zugehörigen Kompetenzen verfügen.« (Peter Fiedler, *Dissoziative Störungen und Konversion*, Weinheim 1999, S. 197) Patienten dieses Krankheitsbildes weisen nach Fiedler »in Kindheit und Jugend und im Unterschied zu anderen psychischen Störungen die häufigsten Missbrauchserfahrungen« auf. (Ebd., S. 169)

28 Vgl. Sabine C. Herpertz, Henning Saß, *Persönlichkeitsstörungen*, Stuttgart/New York 2003, S. 84 ff.

29 Im Vordergrund dieser Störung steht ein Wiedererleben traumatischer Ereignisse, die sich »trotz oder wegen erfolgreicher Dissoziaten« aus der bewussten Erfahrung beharrlich auf mindestens eine der nachfolgend beschriebenen Weisen aufdrängt:

1. »als wiederkehrende und eindringliche belastende Erinnerungen an das Trauma, die Bilder, Gedanken oder Wahrnehmungen umfassen können;
2. als wiederkehrende belastende Träume von dem Ereignis;
3. als ein Handeln oder Fühlen, als ob das traumatische Ereignis wiederkehrte.« (Fiedler, 1999, S. 47)

30 Gutachten im Auftrag der Staatsanwaltschaft, 25. 02. 2005, S. 23

31 Ebd., S. 35

32 Ebd., S. 156 f.

33 Snuff-Filme sind Streifen, in denen die Tötung von Menschen mit dem Ziel der filmischen Verwertung vollzogen wird. Im Mittelpunkt steht meist kommerzielles oder voyeuristisches Interesse.

34 Vgl. Rainer Fromm, *Satanismus in Deutschland*, München 2003, S. 195
35 *Der Spiegel* 51/2002
36 Vgl. www.arminm.com, 25. 02. 2004
37 Zit. nach *ARD*, Fakt, 23. 01. 2006
38 Das Reine Böse soll sich hier finden, 22. 11. 2003 – da auf der Seite auch Kinder für sexuelle Gewalttaten angeboten werden, wird auf eine konkrete Zitation verzichtet.
39 Ebd., 08. 06. 2003, 00.43 Uhr – Fehler entsprechen dem Original; vgl. auch ebd., 25. 06. 2003, 14.58 Uhr
40 Ebd., 23. 10. 2001, 12.42 Uhr – Fehler entsprechen dem Original
41 Ebd., 23. 10. 2001, 20.05 Uhr – Fehler entsprechen dem Original
42 *AFP*, 10. 05. 2005
43 Das Verspeist Forum, 11. 09. 2004, 21.52 Uhr
44 Ebd., 12. 09. 2004, 13.20 Uhr
45 Zit. aus *ARD*, Fakt, 07. 07. 2003
46 *Bonner Rundschau*, 11. 11. 1997
47 Zit. aus www.jandoerffel.de/vamp.html; vgl. auch http://home.arcor.de/zordan666/Killer/Killer.html
48 *Leipziger Volkszeitung*, 06. 03. 2003
49 *AFP*, 08. 07. 2004; vgl. www.kurier.at/chronik/667272.php
50 Gutachten im Auftrag der Staatsanwaltschaft, 25. 02. 2005, S. 83
51 *Berliner Morgenpost*, 09. 02. 2003
52 Vgl. *SonntagsZeitung*, 19. 07. 1998; vgl. www.sonntagszeitung.ch/1998/sz29/92433.htm
53 *Berliner Morgenpost*, 18. 07. 1998

Kapitel 2

1 *Offenbach Post,* 14. 01. 2005
2 *Frankfurter Rundschau*, 13. 01. 2005
3 *Offenbach Post*, 18. 01. 2005
4 *Frankfurter Allgemeine Zeitung*, 17. 01. 2005
5 Fachärztliche Stellungnahme, Evangelisches Krankenhaus Darmstadt, 27. 09. 2004

6 Strafanzeige von Rechtsanwalt Jürgen Fischer an die Staatsanwaltschaft Frankfurt vom 9. Juni 2006

7 Ebd.

8 Kernbotschaft des 2. Internationalen Kongresses für medizinische Ethik 1966, zit. nach www.behandlungsfehler-arztpfusch.de

9 *Medical Tribune*, 15. 02. 2002, vgl. *Welt am Sonntag*, 14. 04. 2002

10 Vgl. *Freies Wort*, 29. 11. 2003

11 Es handelt sich dabei um die »C-reaktiven Proteine« (CRP).

12 Auf medizinischen Fachseiten wird eindringlich vor zu hohen CRP-Werten gewarnt: »Werte jenseits von 30 bis 40 mg/dl sind exzessiv und deuten mit sehr hoher Wahrscheinlichkeit auf eine bakterielle Infektion, möglicherweise sogar auf eine lebensbedrohliche Situation«; zit. nach www.rheuma-online.de/a-z/a-z110.html

13 Amtsgericht Suhl, 132 Js 21301/00 2 Ds, Sitzung, 21. 03. 2003, S. 8

14 *Südthüringer Zeitung*, 19. 11. 2004

15 Gutachten des MDK Thüringen

16 Gutachten der Schlichtungsstelle Hannover, 29. 06. 1999, S. 3

17 *Welt am Sonntag*, 14. 04. 2002

18 *Südthüringer Zeitung*, 19. 11. 2004

19 Zit. nach *Medical Tribune*, 15. 02. 2002

20 *Freies Wort*, 29. 01. 2002

21 Amtsgericht Suhl, 132 Js 21301/00 2 Ds, Sitzung, 21. 03. 2003, S. 7

22 *Freies Wort*, 29. 11. 2003

23 Amtsgericht Suhl, 132 Js 21301/00 2 Ds, Sitzung, 11. 03. 2003, S. 3

24 Ebd., S. 6

25 Ebd., S. 3

26 *AP*, 04. 04. 2003

27 Nach eindeutigen Aussagen des Richters im Vorfeld der Einstellung wusste Kordes als Nebenkläger, dass der Chefarzt näher an einem Freispruch als an einer Verurteilung war. Deshalb stimmte auch er als Nebenkläger der Einstellung des Verfahrens zu, was er einem positiven Urteilsspruch zugunsten des Professors vorzieht.

28 Amtsgericht Suhl, 132 Js 21301/00 2 Ds, Sitzung, 21. 03. 2003, S. 9 und S. 12

29 *Freies Wort*, 04. 04. 2003

30 *Thüringer Allgemeine Zeitung*, 04. 04. 2003
31 Amtsgericht Suhl, 132 Js 21301/00 2 Ds, Sitzung, 03. 04. 2003, S. 2
32 *Welt am Sonntag*, 30. 03. 2003
33 Zit. nach *Thüringer Allgemeine Zeitung*, 23. 03. 2003
34 Zit. nach *Thüringer Allgemeine Zeitung*, 07. 09. 2005
35 *Medical Tribune*, Nr. 38, 23. 09. 2005
36 *Thüringer Allgemeine Zeitung*, 07. 09. 2005
37 *Westfälische Rundschau*, 10. 09. 2005
38 Vgl. www.aerzte-pfusch.de; www.geburtsschaden.de; www.behandlungsfehler-arztpfusch.de
39 www.geburtskanal.de/Wissen/G/Geburtsschaden.php
40 Dabei handelt es sich nach Auskunft von Elmar Kordes um eine Nachricht an seine verstorbene Ehefrau.
41 *Berliner Morgenpost*, 05. 04. 2005
42 Vgl. *Süddeutsche Zeitung*, 04. 05. 2005
43 *Der Tagesspiegel*, 14. 08. 2006
44 www.wdr.de/tv/aks/spezialbeitraege/20050128_aerztepfusch.jhtml, WDR, 28. 01. 2005
45 Vgl. www.aerzte-pfusch.de; vgl. www.geburtsschaden.de; vgl. www.behandlungsfehler-arztpfusch.de
46 www.aerzte-pfusch.de
47 *Gesundheit und Gesellschaft*, 6/06, S. 19
48 www.univie.ac.at/hygiene-aktuell/coliformenvortrag.pdf
49 Werner Nickolai/Hartwig Daewel/Axel Wiebrock/Martin Faber, *Ein Plädoyer zur Abschaffung der Sicherungsverwahrung*, Freiburg/Schwerin 2003, S. 7
50 Im Mai 2003 verurteilt das Landgericht Gießen den 35-jährigen Thomas V. zu einer lebenslangen Haftstrafe; vgl. *Stern* Shortnews, 20. 05. 2003; zum weiteren Tathintergrund: *AFP*, 06. 05. 2003
51 Klinik für forensische Psychiatrie Hanau, Halbjahresvollzugsplan 2. Halbjahr 2006, Akte von Karsten B.
52 »Paraphil« ist ein aus dem Griechischen stammender Begriff, zusammengesetzt aus »para«, was »neben«, »daneben«, »anders«, »abweichend« bedeutet, und »philia«, was für »Neigung« oder »Liebe« steht; vgl. Andreas Marneros, *Sexualmörder*, Bonn 2000, S. 38; davon unter-

scheidet die psychiatrische Literatur den »normalen« Sex, das heißt die »koitale«, auf die Paarung fixierte Sexualhandlung, »die in gegenseitigem Einverständnis mit einem heterosexuellen Partner in einer Weise stattfindet«, dass »eine Befruchtung stattfinden könnte« und »keiner der Partner dabei leidet oder Schaden nimmt«; vgl. Christian Scharfetter: *Allgemeine Psychopathologie*, 5. Auflage, Stuttgart/New York 2002, S. 318

53 Klinik für forensische Psychiatrie Hanau, Prognosegutachten, 21. 02. 2006, S. 2

54 Landgericht Darmstadt, Az.: 343 Js 4120/00

55 Staatsanwaltschaft bei dem Landgericht Darmstadt, 343 Js 20509/05, 24. 11. 2005, S. 2

56 Marneros, 2000, S. 40; eine andere Definition sieht im »Sadismus« eine ausgelebte »sexualisierte Destruktivität«, deren »zerstörerische Dynamik« zumindest für den Aktiven äußerst »lustvoll« ist; vgl. Eberhard Schorsch, zit. nach Marneros, 2000, S. 40

57 Landgericht Darmstadt, 5 Js 4120/00

58 Vgl. Bundesgerichtshof, Urteil vom 6. Mai 1997 – 1 StR 17/97; der Begriff »eine andere schwere seelische Abartigkeit« ist ein Rechtsbegriff, der auf keiner festen Diagnose basiert; darunter werden solche schweren Veränderungen der Persönlichkeit erfasst, die nicht medizinisch sind, also im medizinischen Sinn keine Krankheit darstellen. Die »schweren anderen seelischen Abartigkeiten«, die im Gesetz festgeschrieben sind, umfassen Psychopathien, Neurosen und Triebstörungen.

59 Forensik bedeutet präzise »Gerichtspsychiatrie«, der Begriff leitet sich aus dem Lateinischen »Forum« her, was unter anderem »Gericht« bedeutet; vgl. Marneros, 2000, S. 18

60 Nur wenn die durch die Persönlichkeitsstörung hervorgerufenen psychosozialen Leistungseinbußen mit den Defiziten vergleichbar sind, die im Gefolge forensisch relevanter krankhafter seelischer Verfassungen auftreten, kann von einer schweren anderen seelischen Abartigkeit gesprochen werden (vgl. Dr. Axel Boetticher/Prof. Dr. Norbert Nedopil/Dr. Hartmut A. G. Bolinski/Prof. Dr. Henning Saß, *Neue Zeitschrift für Strafrecht*, Heft 2, 15. 02. 2005, S. 60).

61 Die Diagnose »Paraphilie« setzt voraus, »dass die Person tatsächlich ihren Impulsen entsprechend handelt oder deutlich unter ihnen leidet«; zit. nach Marneros, 2000, S. 38

62 Im Maßregelvollzug werden psychisch kranke und suchtkranke Rechtsbrecher zum Schutze der Bevölkerung gesichert untergebracht. Im Unterschied zum Strafvollzug findet im Maßregelvollzug eine Therapie der Insassen statt. Die Patienten werden entsprechend ihres Krankheitsbildes und des begangenen Rechtsbruches medizinisch und therapeutisch behandelt.

63 *Süddeutsche Zeitung*, 16. 08. 2006; vgl. auch *Der Spiegel*, 27/2006, S. 117

64 Landeswohlfahrtsverband Hessen, *Maßregelvollzug*, 3. Auflage, Kassel 2005, S. 12

65 Zit. nach *Der Spiegel*, 27/2006, S. 116

66 *Deutsches Allgemeines Sonntagsblatt*, 27. 11. 1998

67 Zit. nach *Ärztezeitung*, 09. 06. 2006

68 Ebd.

69 Landgericht Darmstadt, Az.: 343 Js 4120/00

70 RA Seipel, Schriftsatz an das LG Kassel, Frankfurt, den 20. 09. 2006, S. 23

71 5 Js 4120/00 KLs

72 Staatsanwaltschaft beim Landgericht Frankfurt, Der Generalstaatsanwalt, Geschäftszeichen 3 Zs 94/06

73 Oberlandesgericht Frankfurt, 15. 03. 2006, Az.: 2 Ws 29/06; 343 Js 20509/05 StA Darmstadt, S. 3

74 Matthias Seipel, Verfassungsbeschwerde, S/go 142/04S07, Frankfurt, 29. 06. 2006, S. 6

75 Ebd., S. 4

76 Gutachten Professorin Dr. Sabine Nowara, 21. 11. 2005, S. 108; die Bandbreite des »devianten Verhaltens bei der dissozialen Persönlichkeitsstörung variiert zwischen kleinen, lässlichen Lügen und Betrug in großem Stil, Manipulation und Ausbeutung, kleinen Sticheleien über Bedrohung bis zu offenen Tätlichkeiten und brutaler Aggression«; zit. nach Sabine C. Herpertz/Henning Saß, *Persönlichkeitsstörungen*, Stuttgart/New York 2003, S. 71. Die Störung ist zu diag-

nostizieren, wenn mindestens vier Kriterien erfüllt sind: 1.) dickfelliges Unbeteiligtsein und Mangel an Empathie, 2.) Missachtung sozialer Regeln und Pflichten, 3.) Unvermögen zur Beibehaltung längerfristiger Beziehungen, 4.) geringe Frustrationstoleranz und niedrige Schwelle für aggressives Verhalten, 5.) Unfähigkeit zum Erleben von Schuldbewusstsein, 6.) Neigung, andere zu beschuldigen, 7.) andauernde Reizbarkeit; ebd., S. 71 f.

77 Als Indikatoren für die Diagnose einer antisozialen Persönlichkeitsstörung werden in der psychologischen Fachbuchliteratur »eine bereits längere Suchtmittelabhängigkeit, eine geringe Impulskontrolle, ein mit dem pathologischen Lügen verbundenes, ausweichendes Verhalten«, weiter die Unfähigkeit, einer geregelten Arbeit nachzugehen und enge Beziehungen aufrechtzuerhalten, sowie schließlich eine häufig beschriebene mangelnde Schuld- und Schamfähigkeit als wesentlich aufgeführt (...).« Zit. nach Peter Fiedler, *Dissoziative Störungen und Konversion*, Weinheim 1999, S. 324

78 Marneros, 2000, S. 90

79 Ebd.

80 Gutachten Prof. Dr. Sabine Nowara, 21. 11. 2005, S. 110

81 Ebd., S. 113

82 Ebd., S. 112 f.

83 Ebd., S. 113

84 Zit. nach Rechtsanwalt Seipel, Schriftsatz an das Landgericht Marburg, Frankfurt, den 15. 05. 2006, S. 11

85 7 StVK 246/04, Vermerk von Richterin Simon, Landgericht Marburg, 05. 04. 2006; ähnlich lautet auch das Prognosegutachten des Hanauer Klinikums vom 21. 02. 2006. Hier schreiben die Forensiker: »Eine Deliktbearbeitung war hier nicht ersichtlich. Eine Auseinandersetzung mit der Problematik Sexualität und Gewalt konnte nicht festgestellt werden. (...) Aufgrund der, bereits durch die Klinik für Psychiatrie Haina festgestellten, mangelnden Therapierbarkeit bestehen auch nach hiesiger Sicht Bedenken, ob die Unterbringung in einem psychiatrischen Krankenhaus des Maßregelvollzuges sinnvoll ist.« (S. 4)

86 Vgl. Landgericht Marburg, Az.: 7 StVK 264/04 343 Js 4120/00, S. 5

87 Zit. nach Landgericht Marburg, 7 StVK 246/04 343 Js 4120/00, S. 5

88 Hans Kammeier, »Gefährlichkeit nach Finanzklausel? – Zu rechts- und finanzpolitischen Möglichkeiten, die Aufwendungen für den Maßregelvollzug zu steuern«, Vortrag auf der 2. Forensiktagung der Klinik für forensische Psychiatrie Nette-Gut in Andernach, 07. 11. 2005, S. 2

89 Vgl. Werner Rüther, »Internationale Erfahrungen bei der Behandlung von Sexualstraftätern, in: *Monatsschrift für Kriminologie und Strafrechtsreform* 81, Heft 4 (1998), S. 247

90 Zit. nach *Der Spiegel*, 27/2006, S. 117

91 Ursula Schneider, *Neue Zeitschrift für Strafrecht*, Heft 12, 15. 12. 2004, S. 649

92 Ebd., S. 650; vgl. auch Oberlandesgericht Frankfurt NJW 1978, 2347

93 Ursula Schneider, *Neue Zeitschrift für Strafrecht*, Heft 12, 15. 12. 2004, S. 654

94 Zit. nach *Der Spiegel*, 27/2006, S. 117

95 Landeswohlfahrtsverband Hessen, *Maßregelvollzug*, 3. Auflage, Kassel 2005, S. 8

96 Bericht der Klinik für Forensische Psychiatrie Haina, 27. 04. 2004, zit. nach Landgericht Marburg, 7 StVK 246/04 343 Js 4120/00, S. 3

97 Prognosegutachten des Hanauer Klinikums vom 21. 02. 2006, S. 4

98 Vgl. Professor Dr. Jürgen H. Mauthe, »Projekt forensische Psychiatrie: Exposé zu Begutachtungsproblemen und zu Maßnahmen der Kapazitätssteuerung im Maßregelvollzug in Niedersachsen«, o. O., o. J., S. 3

99 Vgl. Mauthe, o. J., S. 4

100 Vgl. *Süddeutsche Zeitung*, 10./11. 06. 2006

101 Landeswohlfahrtsverband Hessen: Maßregelvollzug, Kassel 2005, S. 12

102 Vgl. Mauthe, o. J., S. 15

103 Ebd., S. 17

Kapitel 3

1 Das Legalitätsprinzip bezeichnet die Pflicht der Staatsanwaltschaft, alle strafbaren Handlungen zu verfolgen.
2 Unter Bossing versteht man das ständige Schikanieren einzelner Mitarbeiter durch Vorgesetzte.
3 Schreiben von Rudolf Schmenger, 15. 09. 2004
4 Plenarprotokoll 16/99. 99. Sitzung des Hessischen Landtags, 30. 03. 2006
5 Ebd.
6 Ebd.
7 Nach dem Beamtenrecht unterliegt der Beamte der Gehorsamspflicht. Wenn er gegen die Rechtmäßigkeit einer Weisung Bedenken äußert, muss der Beamte seinem unmittelbaren Vorgesetzten gegenüber remonstrieren, das heißt gegen die Ausführung der Weisung Einwände erheben. Hilft das nicht, muss er sich an den nächsthöheren Dienstvorgesetzten wenden. Bestätigt dieser die Weisung, muss der Beamte die Weisung ausführen. Er hat keinerlei Ermessenspielraum.
8 Friedrich August von Hayek, *Recht, Gesetzgebung und Freiheit*, Band 1, München 1980, S. 75
9 Antrag der Bank BNP gegenüber dem Berufungsgericht von Monaco, vom 28. 10. 1997, S. 5 ff.
10 *Der Spiegel*, 18. 03. 1991
11 *Bild-Zeitung*, 20. 03. 1991
12 *Der Spiegel*, 29. 04. 1991
13 *Stuttgarter Nachrichten*, 01. 10. 2005
14 *Stern*, Ausgabe 22/2000, S. 222
15 *Focus*, Ausgabe 36/2006, S. 23 f.
16 Ebd., Ausgabe 31/2005, S. 120
17 Organisation for Economic Cooperation and Development/Organisation für wirtschaftliche Zusammenarbeit und Entwicklung
18 Bericht der UN-Kommission zum Öl-für-Lebensmittel-Programm, herausgegeben am 27. 10. 2005, S. 365 ff.
19 Ebd., S. 405

20 Ebd., S. 375 ff.
21 Ebd., S. 421
22 *Stern*, Ausgabe 45/2005
23 *Financial Times Deutschland*, 02. 01. 2007
24 Ebd., 03. 01. 2007

Kapitel 4

1 *Frankfurter Allgemeine Zeitung*, 23. 10. 2003
2 Crystal gehört zur Gruppe der Amphetamine und führt zu vermindertem Schmerzempfinden, mangelndem Hunger- und Durstgefühl, überhöhtem Aktivitätsdrang. Es hat eine starke psychische Abhängigkeit zur Folge.
3 *die tageszeitung*, 31. 10. 2003
4 Cathrin Schauer, *Kinder auf dem Strich. Bericht von der deutsch-tschechischen Grenze*, Bad Honnef, 2003
5 UNICEF-Pressetext, 28. 10. 2003
6 Ebd.
7 *dpa*, 31. 10. 2003
8 *Vogtland Anzeiger*, 04. 11. 2003
9 www.n24.de, 30. 10. 2003
10 *Der Tagesspiegel*, 21. 11. 2003
11 *Sächsische Zeitung*, 02. 12. 2004
12 *ARD*, Report, 24. 07. 2000
13 *Berliner Zeitung*, 24. 11. 2003
14 Ebd.
15 Vgl. www.mdr.de/eu/aktuell/107494.html
16 *Sächsische Zeitung*, 28. 11. 2003
17 Sächsisches Staatsministerium für Soziales, Pressemitteilung, Dresden 25. 02. 2004, S. 1
18 Ebd., S. 2
19 Ebd., S. 2 f.
20 BKA, *Polizeiliche Kriminalstatistik*, Wiesbaden 2003, S. 135; BKA, *Polizeiliche Kriminalstatistik*, Wiesbaden 2006, S. 137

21 apfe, »KARO – Zielgruppenspezifische grenzüberschreitende Sozialarbeit in Prostitutions- und Drogenszenen«, Zwischenbericht August 2003, S. 6

22 D. Kleiber, D. Velten, *Prostitutionskunden*, Schriftenreihe des Bundesministeriums für Gesundheit, Baden-Baden 1994, zit. nach: apfe, 2003, S. 8; die Liste völlig veralteter Quellen lässt sich fortsetzen: E. Launer, *Sextourismus*, Göttingen 1993; R. O'Grady, *Die Vergewaltigung der Unschuldigen*, Bad Honnef 1995; J. Riecker, *Ware Lust – Wirtschaftsfaktor Prostitution*, Frankfurt am Main 1995; (vgl. apfe, 2003, S. 50 ff.)

23 Vgl. Richard Reichel/Karin Topper, *Aufklärung und Kritik – Zeitschrift für freies Denken und humanistische Philosophie*, »Prostitution – der verkannte Wirtschaftsfaktor«, 2/2003, 10. Jahrgang, S. 10; vgl. auch http://besondere-dienste.hamburg.verdi.de/arbeitsplatz_prostitution

24 apfe, 2003, S. 47

25 Ebd., S. 48

26 *Prager Zeitung*, 06. 07. 2006

27 ECPAT Deutschland, Inge Bell/Ales Pickar, *Kinderhandel zum Zwecke sexueller Ausbeutung – Länderbericht Tschechische Republik*, Freiburg, o. J., S. 3

28 Ebd., S. 56

29 Ebd., S. 57

30 Ebd.

31 Ebd., S. 8

32 *Der Tagesspiegel*, 21. 11. 2003

33 *Freie Presse*, Plauen, 07. 01. 2000

34 Nach Paragraf 213 StGB der DDR

35 Schreiben der Sparkasse Vogtland, 04. 01. 2006

36 Die Liberal-Demokratische Partei Deutschlands war eine Blockpartei und über die Nationale Front mit der SED gleichgeschaltet. Am 11. August 1990 schloss sie sich mit der FDP zusammen.

37 Zunächst unter Irmgard Schwaetzer, FDP, als Ministerin bis 1994, dann unter Bundesminister Klaus Töpfer, CDU

Kapitel 5

1 *Stuttgarter Nachrichten*, 21. 12. 2006

Kapitel 6

1 Thomas Kleine-Brockhoff, Bruno Schirra, *Das System Leuna*, Reinbek 2001, S. 19
2 *Die Woche*, 01. 06. 2001
3 Ebd.
4 *Der Spiegel*, 07. 07. 2000
5 *Süddeutsche Zeitung*, 29. 08. 2000
6 *Der Spiegel*, 14. 07. 2003
7 Ebd.
8 *Münchner Abendzeitung*, 26. 03 2004
9 *Der Spiegel*, 25. 08. 2003
10 *Stern*, 28. 09. 2006
11 Thomas Kleine-Brockhoff, Bruno Schirra, *Das System Leuna*, Reinbek 2001, S. 35
12 Ebd., S. 37
13 Direction générale de la Sécurité extérieure
14 *News Wien*, 05. 07. 2001
15 Beschluss des BGH, 5StR 65/05, vom 11. 10. 2005, S. 5
16 Ebd., S. 6
17 Ebd.

Kapitel 7

1 Dr. Egon Schneider in: *Zeitschrift für anwaltliche Praxis*, Nr. 6/1999 vom 24. 03. 1999, S. 266
2 Dr. Andreas Püttmann, Gutachten, 20. 09. 2003
3 Niedersächsischer Landtag, Drucksache 15/1939, S. 6918

4 Strafbefehl des Amtsgerichts Hannover. Aktenzeichen: Cs2172 Js 46910/03, vom 14. 07. 2005
5 *Bild-Zeitung*, 19. 08. 2005
6 Ebd., 22. 07. 2005
7 Ebd., 26. 10. 2005
8 Beschluss des Amtsgerichts Hannover, 5181 Js 57422/05, 04. 04. 2006
9 Schreiben vom 02. 09. 2006 der Staatsanwaltschaft Hannover an Rechtsanwältin Leonore Gottschalk-Solger, Hamburg
10 *Süddeutsche Zeitung* vom 21. 02. 2007
11 *die tageszeitung* vom 12. 03. 2003
12 Robin Hood unter Beschuss, *Der Spiegel*, Nr. 10/2003, S. 88
13 *die tageszeitung* vom 12. 03. 2003
14 Wolfgang Hetzer, »Menschenopfer im Rechtsstaat«, *Kriminalistik*, April 2007
15 Klaus Timm, *Kriminalistik*, März 2006, S. 146
16 *Der Spiegel*, 20. 02. 2006, S. 36
17 *der kriminalist*, Heft 10, Oktober 2006, S. 401
18 Falk Lüke, »Ein neuer Job«, *Die Zeit*, 11. 08. 2006
19 Spiegel-Online, 08. 02. 2007
20 Ebd., 11. 02. 2007

Nachwort

1 Professor Willi Geiger in: *Deutsche Richterzeitung,* Nr. 9/1982, S. 325
2 Ivana Mikesic, »Die Kritik der Kritik der Kritik. Ein Glückwunschbeitrag zur Dreißigjahrfeier der Kritischen Justiz«, Frankfurt am Main: www.kj-online.de/kj/kj30/kj30.htm
3 Ebd.
4 »Mut zur Zumutung«, Rede von Wolfgang Thierse am 10. 09. 2006 vor dem Ost-West-Forum in Gödelitz/Sachsen; vgl. auch sz-online, 12. 03. 2005
5 Spiegel-Online, 15. 02. 2007
6 Sabine Stuth, Richterin am Verwaltungsgericht Bremen, in: *Justiz,* Nr. 29, September 2004, S. 339

7 Lorenz Böllinger, »Überlasteter Richter angeklagt wegen Strafvereitelung – Rechtskultur 2004«, nachzulesen unter www.amtsrichterverband.com/LinksAktuelles/Boellinger-Glosse-Richteranklage.pdf

8 Presseerklärung des Justizministeriums Baden-Württemberg, 29. 01. 2004

9 Döring hat inzwischen einen Strafbefehl wegen uneidlicher Falschaussage über neun Monate auf Bewährung und 20 000 Euro Geldauflage akzeptiert. Er ist damit vorbestraft.

10 *Pforzheimer Zeitung*, 17. 11. 2006

11 www.amtsrichterverband.com/

12 Sächsischer Landtag, Dresden, Plenarprotokoll 3/100, 05. 02. 2004

13 Ekkehart Reinelt, »Irrationales Recht«, *Zeitschrift für Anwaltspraxis* (ZAP), Sonderheft zum 75. Geburtstag von Egon Schneider, Münster

14 Die höchst interessante Internetseite des »Verbands zur Förderung der Rechtspflege und der Unabhängigkeit von Richtern am Amtsgericht« ist zu finden unter: www.amtsrichterverband.com

15 Stefan Voigt, Lars Feld, »Making Judges Independent – Some Proposals Regarding the Judiciary«, CESifo Working Paper 1260, Center for Economic Studies & Ifo Institute for Economic Research, August 2004

16 Uwe Dolata, »Bearbeitung der Wirtschaftskriminalität«, in: *Rothenburger Beiträge*, Polizeiwissenschaftliche Schriftenreihe der Fachhochschule für Polizei Sachsen, Rothenburg, Band 21, S.115

17 *Main-Post*, 23. 02. 2007

18 *Der Spiegel*, Nr. 39/2006, S. 58

19 Jochen Elgt, David Frank Elgt, *Strausberg – Ein Doku-Report über ein Tabu der Deutsch-Deutschen Wiedervereinigung*, Berlin 2003, S. 109

20 Winfried Maier, Vortrag zum Thema Korruption in Politik und Verwaltung, 6. Speyerer Demokratietagung der Hochschule Speyer, 24. 10. 2002

21 Ebd.

22 Ebd.

23 Raoul Muhm, »Der unabhängige Staatsanwalt«, *Rechtsphilosophische Hefte* 1996, Heft Nr. 6, vgl. www.larchivio.org/xoom/roaul.htm

24 *Mitteilungsblatt des Deutschen Richterbunds*, Landesverband Rheinland-Pfalz, Mai 2004, S. 2/3

Empfohlene Literatur

Bossi, Rolf: *Halbgötter in Schwarz. Deutschlands Justiz am Pranger,* Frankfurt 2005

Dürrenmatt, Friedrich: *Justiz*, München 1998

Friedrichsen, Gisela: *Ich bin doch kein Mörder. Gerichtsreportagen 1989-2004*, Berlin 2006

Godau-Schüttke, Klaus-Detlev: *Der Bundesgerichtshof. Justiz in Deutschland*, Berlin 2005

Kramer, Helmut; Wette, Wolfram (Hrsg.): *Recht ist, was den Waffen nützt. Justiz und Pazifismus im 20. Jahrhundert*, Berlin 2004

Otto, Hans-Dieter: *Das Lexikon der Justizirrtümer. Skandalöse Fälle, unschuldige Opfer, hartnäckige Ermittler*, Berlin 2003

Rückert, Sabine: *Unrecht im Namen des Volkes. Ein Justizirrtum und seine Folgen*, Hamburg 2007

Schöndorf, Erich: *Strafjustiz auf Abwegen. Ein Staatsanwalt zieht Bilanz,* Frankfurt 2001

Wette, Wolfram: *Filbinger – eine deutsche Karriere,* Springe 2006